本书系教育部人文社会科学研究青年基金项目
"宋明以来闽西北的民间信仰与地方社会研究"（18XJC770002）成果

本书出版得到2019年度西南大学人文社科基金后期资助项目（SWU1909008）及
"西南大学创新研究2035先导计划"（SWUPilotPlan029）资助

宋明以来闽西北
大众信仰与地方社会研究

李 军 著

人民出版社

序

一般来说，中国传统社会的民间信仰主要表现在神明崇拜、祖先崇拜、宗教信仰方面，非常具有中国社会文化的特色，深受学术界的重视。李军博士的《宋明以来闽西北大众信仰与地方社会研究》一书，是一部从地域社会研究民间信仰的专著。作者为了讨论家乡的民间信仰，收集利用大量的族谱、科仪文书和碑铭等民间文献资料，结合田野考察，讲起家乡的故事，内容丰富、准确而生动，值得一读。我觉得该书具有如下特色：

首先，从长时段考察民间信仰的演进，揭示了当地的社会变迁。宋元时期闽北的邵武地区，民俗信鬼好巫，民间信仰的主流是佛道信仰，地方官员通过倡行儒学、移风易俗，积极推动儒家礼仪的普及。当地科举官宦家族与理学士人群体逐渐形成，进行宗族实践。世家大族向佛寺施舍土地，营造寺宇，建立坟庵，组织佛会。作者重点考察了弥陀会、瑜伽教、三佛祖师信仰等个案，考察佛道与地方信仰结合的历程。唐宋以来闽北地区重要的神明信仰是欧阳祐信仰，作者不仅考察欧阳祐信仰的形成、演变和传播历史，还分析了地方官员、僧侣、士绅、宗族和庶民等各种力量在其中发挥的作用。明清时期，唐宋时附属于大族的佛寺、祠庙逐渐演变为村社的公共信仰空间，作者对家族庙宇的运作、纠纷及其对家族组织的影响做了深入探讨。作者还关注商贸活动与跨区域商业网络的形成，以及对妈祖信仰传播的影响。

其次，从日常生活的视角观察民间信仰。作者对宋元时期佛寺大量出现影响地方社会的组织关系和日常生活加以论述，还考察了欧阳祐信仰与民众日常生活的关系，理解其背后体现的闽西北区域社会的历史变迁。也就明清时期神明祭典与村社生活的相互关系进行考察，关注明中叶以来愈发活跃的祭典活动，将祭典期间的供品分配和游神仪式，作为社区关系的展演。特别是考察了明清时期民间信仰对地方公共事务和社会生活的影响。注意到商业浪潮对于建庙设坛、演戏酬神、饮福聚会等活动的浸染。

再次，结构性地分析民间信仰的空间层级和多元群体。作者提出闽西北神明崇拜的等级结构可以分为家户、家族、村社、跨村落、跨区域 5 个层次，未发现在莆田和台湾地区盛行的逐级"分香"立社庙的现象，这 5 个层面也不能看作是一个单一体系。地方信仰具有杂糅性和复杂性。作者也强调，各种群体的信仰观念是有差异的，正统的官员、士人和理学家欲禁革神明崇拜以正风俗，官员们为了祈福禳灾、求雨乞旸有时也会求助神灵。普通民众认为神明崇拜能满足自身的生活以及精神需求，借助神明顺利度过各种人生困难。女性的信仰活动则扩大她们的社会交往，使其精神得到慰藉。

此外，该书推进了一些具体学术问题的研究。如南宋范汝为起事与晏梦彪起事等所谓"峒寇"问题，朱子及其门人宗族建设、理学观念的地方社会实践，三佛祖师崇拜问题，庙宇与家族组织的关系，明清乡村祭祀庆典与饮食生活，均值得关注。

总而言之，该书对于认识宋以后福建区域社会特别是民间信仰是非常有益的，是中国社会史研究的重要成果，在此祝贺李军博士专著的问世！

常建华

2024 年 1 月 5 日

目　录

绪　论

大众信仰是中国传统社会民众日常生活的重要组成部分。与制度化宗教不同的是，大众信仰一般缺乏固定的教义、经典和专业术士，其传承传播大多通过一系列的信俗活动，在家庭/家族、社区和自发性民间群体当中完成其信仰实践。① 大众信仰植根于百姓的日常生活，其最普通的表达形式也蕴含于风俗和大众心态之中。② 因此，把民众的信仰形式重新还原为活生生的生活，是大众信仰研究的应有之义。大众信仰也是认识和理解传统中国社会结构、地域文化资源、权力支配关系和普通百姓生活的重要途径。通过对其深入研究，有助于展现地域社会文化结构的动态过程，揭示在这些过程中所蕴含和积淀的社会文化内涵。③

第一节　问题与学术史

一、问题的提出

本书的出发点是探讨大众信仰如何在地方社会诞生、演变，并影响民众的日常生活。笔者将目光投向一个具体地域的长时段的发展历程。闽西北地区位于武夷山南麓，介于闽浙赣三省交界地带，明清时期主要包括邵武府辖内的邵

---

① 王霄冰、任洪昌：《妈祖信俗的概念与内涵——兼谈民间信仰的更名现象与制度化问题》，《文化遗产》2018 年第 2 期。

② 陈春声：《信仰与秩序：明清粤东与台湾民间神明崇拜研究》，中华书局 2019 年版，第 3 页。

③ 郑振满、陈春声主编：《民间信仰与社会空间》，福建人民出版社 2003 年版，"导言"第 2 页。

武、泰宁、光泽、建宁4县及建宁府、延平府部分地区。该区域自古以来即是福建与他省联系的最主要通道之一，民间信仰活跃。本研究选择闽西北地区作为考察对象，利用田野考察搜集民间资料，结合传统文献，力图追溯宋明以来神明崇拜的演变、信仰群体的变迁、信仰仪式与地域支配关系的互动等问题，从而探讨信仰传统的变化所折射出的王朝国家与地域社会的互动关系，理解传统社会中大众信仰之于民众生活世界与观念形态的重要意义。

二、学术史回顾

（一）大众信仰的社会史研究

大众信仰作为一种历史悠久的社会文化现象，对中国传统社会产生了深刻的影响。长期以来，大众信仰受到中外学者的广泛关注，积累了丰硕的研究成果，涉及历史学、民俗学、宗教学、社会学、人类学等多学科领域。由于本书主要是从区域社会视角考察大众信仰，因此笔者不拟面面俱到地胪列前人成果，而是以议题和研究思路为中心，重点讨论勾勒学术史大体脉络。一些同本书相关的具体论点，将随文述及，此不赘言。

社会史范式下的大众信仰研究最早可以追溯至20世纪20年代的民俗学运动。在此运动中，大众信仰作为学术对象被纳入科学研究：顾颉刚等人组织调查了北京妙峰山进香习俗，并出版调查报告[①]；江绍原、容肇祖、许地山等学者关于民间社会各种迷信的分析研究陆续出版[②]；北京大学《歌谣》周刊、中山大学《民俗》周刊等刊物发表了大量各地风俗信仰的评介文章。更为重要的是，这一运动提倡的"到民间去调查""站在民众的立场上来认识民众"的理念后来成为民俗学与社会史学界的普遍共识。[③]

---

① 顾颉刚：《妙峰山》，国立中山大学语言历史学研究所1928年版。按，为便于按时间顺序梳理学术史，本节所引资料均用初版。

② 江绍原：《发须爪：关于它们的迷信》，开明书店1928年版；江绍原：《中国古代旅行之研究》，商务印书馆1935年版；容肇祖：《迷信与传说》，中山大学民俗学会1929年版；许地山：《扶箕迷信底研究》，商务印书馆1931年版。

③ 吴真：《民间信仰研究三十年》，《民俗研究》2008年第4期；赵世瑜：《眼光向下的革命：中国现代民俗学思想史论（1918—1937）》，北京师范大学出版社1999年版。

　　20 世纪 50 年代至 70 年代，受现代民族国家理念的影响，在破除迷信的口号下，大众信仰研究几乎绝迹。直到 20 世纪 80 年代以来，随着社会史的复兴，"作为民间社会重要组成部分的民间信仰开始受到史学工作者的关注，他们尝试解读民间信仰中所包含的历史信息，从而使民间信仰成为全面了解中国传统社会和普通百姓的一个独特视角"①。一些学者采用传统史学的文献考证法，梳理神祇或仪式的出身来历，分析诸神在神谱中的位阶，同时搜集流传民间的灵验故事等民间文学。② 宗力、刘群主编《中国民间诸神》从《三教搜神大全》等明清大众信仰文献中系统整理出二百余位神灵源流。③ 李乔《中国行业神崇拜》从行业神灵的角度对大众信仰进行了探讨，并考察传统社会民众的造神运动。④ 侯杰、范丽珠论述了近代民众宗教意识的生成环境、宗教情绪、宗教信仰的功利性格、生死观、祖先崇拜、神秘心理等。⑤ 陈宝良在详尽占有资料的基础上，对大量史料进行排比、归类、分析、考订，形成《中国的社与会》。该书将中国传统会社分为政治、经济、军事、文化四种类型，按照时间顺序，对其起源、分类、发展、变迁、特点等进行了详尽严谨的阐述，并探讨其组织结构及对中国社会的影响。⑥

　　改革开放以来，随着中外文化交流日益深入，一些海外学者关于中国大众信仰的研究成果陆续被译介到国内，引起了广泛的关注与讨论。海外学者对中国民间宗教的象征体系、组织结构及运作模式、仪式实践、社会功能等都有较深入的考察。⑦ 其中，杨庆堃对制度型宗教（institutional religion）和弥散型宗

---

　　① 王健：《近年来民间信仰问题研究的回顾与思考：社会史角度的考察》，《史学月刊》2005 年第 1 期。

　　② 吴真：《民间信仰研究三十年》，《民俗研究》2008 年第 4 期。

　　③ 宗力、刘群编：《中国民间诸神》，河北人民出版社 1986 年版；河北教育出版社 2001 年版。

　　④ 李乔：《中国行业神崇拜》，中国华侨出版社 1990 年版。

　　⑤ 侯杰、范丽珠：《中国民众宗教意识》，天津人民出版社 1994 年版。

　　⑥ 陈宝良：《中国的社与会》，浙江人民出版社 1996 年版；《中国的社与会（修订本）》，人民出版社 2023 年版。

　　⑦ 陈进国：《中国民间信仰研究述评——以大陆地区为中心》，载路遥等：《中国民间信仰研究述评》，上海人民出版社 2012 年版，第 52 页。

教（diffused religion）的类型划分①，弗里德曼（Maurice Freedman）对华南的宗族组织及祖先崇拜的分析②，武雅士（Arthur P. Wolf）对神灵谱系如神、鬼、祖先在社区中的功用的思考③，桑高仁（P. Steven Sangren）对地域崇拜中社区宗教仪式的功能分析④，王斯福（Stephan Feuchtwang）对地域神明谱系的"帝国隐喻"的剖析⑤，韩明士（Robert Hymes）对地域崇拜体系中的精英作用的历史梳理⑥，杜赞奇（Prasenjit Duara）对华北农村"权力的文化网络"的讨论⑦，都对国内的社会史、宗教人类学界产生深远影响。

在社会学、人类学理论的影响下，社会史领域的大众信仰研究大致有以下几个方面：

其一，大众信仰与国家权力。在中国历史上，政府为了加强对大众信仰的控制，一方面以强力手段摧毁"淫祠"，另一方面对认定为有功于民的"正祀"赐予庙额、封号，以重新整编秩序及国家祭祀体系。日本学者松本浩一通过《宋会要辑稿》礼制部分有关诸神祠的记载，探讨宋代对祠庙的政策，考察获得赐额、赐号神祠的时空分布、神祇种类。据他统计，神祠地域分布以四川、福建、浙江的数量最多；时代方面以北宋神宗、徽宗时期，南宋高宗、孝宗及宁宗时期为最。此后，韩森（Valerie Hansen）、须江隆、皮庆生等学者都关注

---

① ［美］杨庆堃：《中国社会中的宗教：宗教的现代社会功能与其历史因素之研究》，范丽珠译，上海人民出版社 2007 年版。

② Maurice Freedman, *Chinese Lineage and Society Fukien and Kwangtung*, London: The Athlone Press,1966；［英］莫里斯·弗里德曼：《中国东南的宗族组织》，刘晓春译，上海人民出版社 2000 年版。

③ ［美］武雅士：《中国社会中的宗教与仪式》，彭泽安、邵铁峰译，江苏人民出版社 2014 年版。

④ Steven Sangren, *History and Magical Power in a Chinese Community*, Stanford: Stanford University Press, 1987.

⑤ ［英］王斯福：《帝国的隐喻：中国民间宗教》，赵旭东译，江苏人民出版社 2008 年版。

⑥ ［美］韩明士：《道与庶道：宋代以来的道教、民间信仰和神灵模式》，皮庆生译，江苏人民出版社 2007 年版。

⑦ ［美］杜赞奇：《文化、权力与国家：1900—1942 年的华北农村》，王福明译，江苏人民出版社 2003 年版。

到宋代对地方神明册封的活动及其对地方宗教的影响。① 杨俊峰以唐宋之间国家和南方祀神风俗的互动为主轴，考察庶民的祠祀文化如何成为统治阶层政治操作之重要凭借的历史过程。②

一些学者研究历史上的毁淫祠现象。小岛毅以福建兴化府和泉州府为例，运用方志讨论了官方对于民间祠祀的态度，认为明嘉靖后地方志对淫祠的定义趋于严格。③ 明代魏校在广东的毁淫祠以及清初汤斌在江南以毁五通神为中心的相关行动，是明清国家管控地方信仰的著名事件，科大卫、井上徹、吴建华、蒋竹山分别撰文，对事件的实施过程、目的、士绅态度、儒学政策等进行了全面考察。④ 王健指出，明清时期苏州民间信仰除了祀典与淫祀，还存在着"私祀"，摇摆于非法与合法之间。他还考察了明中叶江南的毁淫祠运动，认为这是地方官员整体社会改革计划的有机组成部分，虽一度取得成效，但终归失败。⑤ 范正义以明清时期闽台地区保生大帝信仰为例，探讨传统社会中国家权力在边陲控制上的多维变通以及民间社会对此作出的积极应对。⑥ 赵献海和罗东阳从总体上考察了明代的毁淫祠问题。⑦

---

① ［美］韩森：《变迁之神：南宋时期的民间信仰》，包伟民译，浙江人民出版社1999年版，第76—101页；皮庆生：《宋代民众祠神信仰研究》，上海古籍出版社2008年版，第80—96页；蒋竹山：《宋至清代的国家与祠神信仰研究的回顾与讨论》，《新史学》1997年第8卷第2期。

② 杨俊峰：《唐宋之间的国家与祠祀——以国家和南方祀神之风互动为焦点》，上海古籍出版社2019年版。

③ ［日］小岛毅：《正祠と淫祠——福建の地方志における记述と论理》，《东洋文化研究所纪要》第114册，1991年。

④ 科大卫：《明嘉靖初年广东提学魏校毁"淫祠"之前因后果及其对珠江三角洲的影响》，载科大卫：《明清社会和礼仪》，北京师范大学出版社2016年版，第74—80页；［日］井上徹：《魏校的捣毁淫祠令研究——广东民间信仰与儒教》，《史林》2003年第2期；蒋竹山：《汤斌禁毁五通神事件——清初政治精英打击通俗文化的个案》，《新史学》1995年第6卷第2期；吴建华：《汤斌毁"淫祠"事件》，《清史研究》1996年第1期。

⑤ 王健：《祀典、私祀与淫祀：明清时期苏州地区民间信仰考察》，《史林》2003年第1期；《十五世纪末江南毁淫祠运动与地方社会》，《社会科学》2015年第1期。

⑥ 范正义：《祀典抑或淫祀：正统标签的边陲解读——以明清闽台保生大帝信仰为例》，《史学月刊》2005年第11期。

⑦ 赵献海：《明代毁淫祠现象浅析》，《东北师大学报（哲学社会科学版）》2002年第1期；罗冬阳：《从明代淫祠之禁看儒学、皇权与民间社会》，《求是学刊》2006年第1期。

大众信仰传统与国家意识与国家认同有着非常密切的关系。华琛（James Watson）关于天后信仰的研究，展现了一个神明标准化的历史过程。他认为传统朝廷通过对神祇的敕封与推崇，得以整合不同的地方文化，建构起大一统氛围。① 此论引起不少争议。宋怡明（Michael Szonyi）对流行于福州地区的五帝崇拜的研究，说明朝廷官员对地方信仰进行的标准化改造，多在本质上无法触及被列为淫祀的地方神祇。地方文化并非被动地接受国家文化的整合，而是在与国家文化的互动过程中保持着顽强的适应性和持久的独特性。② 科大卫和刘志伟也撰文讨论地方信仰与仪式所体现的地方传统多元性和中国文化大一统之间的关系，提醒学者们进一步思考具有差异性的正统化样式是如何被不同地方的人群所接受并且形成了中国文化的"大一统"结构。他们主张不应只停留在研究"大一统"结构本身，而是要将研究引向对形成这一结构的复杂历史进程的揭示，并且要对不同地域的这一历史演变进行比较研究。③

其二，大众信仰与地域社会。大众信仰的产生和演变与社区的发展、地域社会的变迁密切相关。科大卫、陈春声、刘志伟、郑振满、赵世瑜等学者非常注重大众信仰与地域社会变迁问题的研究。他们都不是宗教研究者，之所以对地方宗教感兴趣，是希望借此重构地方社会的变化。他们认为大众信仰及其与乡村的关系，往往深刻地反映了地方文化资源和权力结构的历史变迁与存在实态。因此，主张将"在某一'共时态'中见到的乡村庙宇及其仪式行为，视为一个复杂的、互动的、长期的历史过程的'结晶'和'缩影'"。④

---

① [美] 华琛：《神明的标准化：华南沿海天后的推广，960—1960 年》，载 [美] 罗友枝、[美] 黎安友、[美] 姜士彬主编：《中华帝国晚期的大众文化》，赵世玲译，北京师范大学出版社 2022 年版，第 447—496 页。

② [加] 宋怡明：《帝制中国晚期的标准化和正确行动之说辞：从华琛理论看福州地区的仪式与崇拜》，载刘永华主编：《中国社会文化史读本》，北京大学出版社 2011 年版，第 151—170 页；宋怡明：《实践中的宗族》，王果译，北京师范大学出版社 2020 年版。

③ 科大卫、刘志伟：《"标准化"还是"正统化"？——从民间信仰与礼仪看中国文化的大一统》，《历史人类学学刊》2008 年第 6 卷第 1、2 期合刊；黄瑜：《山水"峒氓"：明清以来都柳江下游地区的家族、婚姻与仪式传统》，社会科学文献出版社 2020 年版，第 11 页。

④ 郑振满、陈春声主编：《民间信仰与社会空间》，福建人民出版社 2003 年版，"导言"第 2 页。

在此理念的指引下，研究取得了丰硕的成果。科大卫（David Faure）研究佛山北帝祖庙及游神活动与社区整合①。陈春声通过对三山国王信仰、双忠公信仰、妈祖信仰、大峰祖师信仰和社区神庙系统的深入考察，揭示宋明以来韩江中下游流域的社会变迁，探讨潮州地区乡村社会逐步融入"国家"体制的过程。② 刘志伟考察了在珠江三角洲地域社会建构过程中扮演重要角色的北帝崇拜的历史，认为民间神祭祀传统的形成和变化，是地域社会变迁的一种文化机制。③

郑振满通过解读福建中部沿海莆田平原的历代碑铭，考察了唐宋以降宗族与宗教之间的动态关系，探讨了这一地区社会结构的长期演变趋势，指出明中叶以后，里社与神庙系统直接结合，促成了各种超宗族的社会联盟。郑振满还以莆田江口平原为例，探讨神庙祭典组织与社区发展的密切关系，对由日本学者冈田谦提出、我国台湾学者广泛运用的"祭祀圈"理论进行修正。他认为莆田的例子表明神庙祭典组织不仅是一种宗教组织，同时也是一种社区组织，神庙系统体现了国家权力与社区组织的有机结合。④ 丁荷生（Kenneth Dean）也从莆田平原社神崇拜演变的分析入手，探讨唐宋以来当地的社会文化演变轨迹，指出明清时期社成为莆田地域性组织和网络形成的一个基本单位。⑤

赵世瑜主张对包括民间信仰、神祇建构在内的一切文化事象的理解，都应该放在一个区域发展演变的复杂动态过程中去理解。他以长时段的眼光，从

① 科大卫：《皇帝和祖宗：华南的国家与宗族》，卜永坚译，江苏人民出版社 2009 年版，第 236—256 页；科大卫：《明清社会和礼仪》，第 130—148 页。

② 陈春声：《信仰与秩序：明清粤东与台湾民间神明崇拜研究》，中华书局 2019 年版；《地方故事与国家历史：韩江中下游地域的社会变迁》，生活·读书·新知三联书店 2021 年版。

③ 刘志伟：《神明的正统性与地方化——关于珠江三角洲地区北帝崇拜的一个解释》，《中山大学史学集刊》第 2 辑，广东人民出版社 1994 年版，第 107—125 页；《地域社会与文化的结构过程——珠江三角洲研究的历史学与人类学对话》，《历史研究》2003 年第 1 期。

④ 郑振满：《莆田平原的宗族与宗教——福建兴化府历代碑铭解析》，载郑振满：《明清福建家族组织与社会变迁》，中国人民大学出版社 2009 年版，第 210—234 页；《神庙祭典与社区发展模式——莆田江口平原的例证》，《史林》1995 年第 1 期。

⑤ ［美］丁荷生：《福建社神之转型》，载刘永华主编：《中国社会文化史读本》，北京大学出版社 2011 年版，第 235—273 页。

晋南地区庙宇与太原晋祠及周边地区寺庙入手，考察山西区域社会的结构过程。① 赵世瑜新著《猛将还乡：洞庭东山的新江南史》选择苏州洞庭东山为研究地域，以刘猛将信仰为切入点，考察东太湖地区水上人上岸的历史过程及其对江南社会经济的影响，为江南地区农业聚落的形成、商业与市镇的繁荣、宗族建构等结构过程提供新的解释路径。②

此外，行龙对于晋水流域水利祭祀系统与水权的研究③；王铭铭对闽南溪村社区仪式与地方政治的研究④；范正义关于保生大帝信仰与闽台社会的研究⑤；王健关于明清以来江南苏松地区民间信仰中不同群体互动的研究⑥；贺喜对粤西南地区亦神亦祖祭祀现象的研究⑦；杜正贞关于晋南村社组织与乡土社会制度变迁的研究⑧；宋燕鹏对南部太行山区祠神信仰的研究⑨；廖小菁有关何仙姑信仰与广东增江流域地方社会的研究⑩，等等。诸如此类的研究都意在揭示中央王朝的制度、教化与地域社会复杂互动的契合过程。

其三，经济变动与神明信仰。宋明以来中国经济经历了多次巨变，这些变化对中国社会与民众心理产生了深远的影响。美国学者万志英（Richard von Glahn）通过对宋明以来江南地区五通神信仰的历时性考察，探讨民众对待财富的观念是如何影响到神祇崇拜的，认为民众透过五通神信仰，表达了对财富

---

① 赵世瑜：《从贤人到水神：晋南与太原的区域演变与长程历史——兼论山西历史的两个"历史性时刻"》，《社会科学》2011 年第 2 期；《多元的标识，层累的结构——以太原晋祠及周边地区的寺庙为例》，载赵世瑜：《历史人类学的旨趣：一种实践的历史学》，北京师范大学出版社 2020 年版。

② 赵世瑜：《猛将还乡：洞庭东山的新江南史》，社会科学文献出版社 2022 年版。

③ 行龙：《以水为中心的晋水流域》，山西人民出版社 2007 年版。

④ 王铭铭：《溪村家族——社区史、仪式与地方政治》，贵州人民出版社 2004 年版。

⑤ 范正义：《保生大帝信仰与闽台社会》，福建人民出版社 2006 年版。

⑥ 王健：《利害相关：明清以来江南苏松地区民间信仰研究》，上海人民出版社 2010 年版。

⑦ 贺喜：《亦神亦祖：粤西南信仰构建的社会史》，生活·读书·新知三联书店 2011 年版。

⑧ 杜正贞：《村社传统与明清士绅：山西泽州乡土社会的制度变迁》，上海辞书出版社 2007 年版。

⑨ 宋燕鹏：《南部太行山区祠神信仰研究：618—1368》，中国社会科学出版社 2015 年版。

⑩ 廖小菁：《褫织仙名：何仙姑信仰与广东增江流域地方社会（960—1864）》，广东人民出版社 2022 年版。

变动无常的体验。① 韩森（Valerie Hansen）研究南宋时期的民间信仰问题，将大量碑铭资料与对鬼怪故事的分析融合在一起，考察信仰、经济与社会之间的紧密关系。② 日本学者滨岛敦俊考察江南城隍信仰及土神，认为明清江南地区总管神信仰与社会经济结构变动所造成的商业化密切相关，并通过对市镇城隍信仰的开创性研究，探讨乡民对市镇经济兴起的体验。③ 梁洪生考察数百年间江西一个商业市镇主神崇拜的变迁，指出商镇经济和社会的变化，与具有"全国"意义的社会政治变动密不可分。④ 吴滔从历史和空间两个层面探讨清代苏州地区镇庙与村庙的关系，透过镇城隍庙和"解钱粮"习俗，审视民间信仰在农村与市镇交往中的样态。⑤ 他还与佐藤仁史等人合作，通过在以吴江为主的太湖东岸农村社会的实地调查，结合地方文献，考察刘王信仰对江南乡村社会的统合作用，分析民间信仰中体现出的村落与市镇之间的关系。⑥

其四，王朝礼制与乡村礼仪。近年学界对宋明礼仪变革、王权与礼仪关系、礼仪变革与地域社会的演进等问题，进行了深入探讨。郑振满提出宋代以降由于程颐、朱熹等理学家倡导，以及民间社会的创造性利用，逐渐形成了一种"庶民化"的宗法伦理。宋以后福建的祭祖活动与宗祧继承方式，突破了官方宗法制度的桎梏，也背离了宋儒宗法理论的要求，而与民间家族组织的发展相适应。⑦ 常建华以宋儒重建宗族理论的社会化、国家与宗族的互动关系、祭

---

① ［美］万志英:《财富的法术——江南社会史上的五通神》，陈仲丹译，刘永华校，载刘永华主编:《中国社会文化史读本》，北京大学出版社 2011 年版，第 65—107 页;［美］万志英:《左道:中国宗教文化中的神与魔》，廖涵缤译，社会科学文献出版社 2018 年版。

② ［美］韩森:《变迁之神:南宋时期的民间信仰》，包伟民译，浙江人民出版社 1999 年版。

③ ［日］滨岛敦俊:《明清江南农村社会与民间信仰》，朱海滨译，厦门大学出版社 2008 年版。

④ 梁洪生:《传统商镇主神崇拜的嬗变及其意义转换——江西吴城镇聂公崇拜的研究》，载郑振满、陈春声主编:《民间信仰与社会空间》，第 222—262 页。

⑤ 吴滔:《清代江南市镇与农村关系的空间透视——以苏州地区为中心》，上海古籍出版社 2010 年版，第 179—198 页。

⑥ ［日］佐藤仁史、吴滔等:《垂虹问俗:田野中的近现代江南社会与文化》，广东人民出版社 2018 年版。

⑦ 郑振满:《明清福建家族组织与社会变迁》，中国人民大学出版社 2009 年版;《宋代以后福建的祭祖习俗与宗族组织》，载郑振满:《乡族与国家:多元视野中的闽台传统社会》，生活·读书·新知三联书店 2009 年版，第 103—116 页。

祖礼俗的变化为中心，探讨了宋以后的宗族制度。此外，他还依据文集、族谱和方志资料，对宋元明时期的宗族祠庙祭祖礼制、祭祖习俗和观念开展系统研究。[①] 日本学者井上徹对明清时期的祭祖仪式和乡礼与国家礼制的关系进行探讨，在此基础上提出了"化乡"概念。[②] 科大卫（David Faure）追溯了长时段礼仪改变的脉络，认为 16 世纪的"礼仪革命"彻底改变了珠江三角洲的社会面貌，明嘉靖"大礼议"之后，县级政府的行政改革，加上家庙普及的礼仪改革，造就了宗族社会。[③] 他还提出"礼仪标识"（ritual marker）的概念，即"地方社会成员所认为是重要的客观且可见的礼仪传统标识"。赵世瑜认为，历史学者在描述地方历史进程的基础上，重构更大空间的结构过程时，"礼仪标识"可以成为某种统领式概念。[④]

刘永华在分析闽西四保礼生仪式文献和田野观察资料的基础上，考察礼生在当地仪式生活中扮演的重要角色，讨论礼生表演仪式的基本结构，追溯礼生步入四保乡村的历史进程，探讨礼生与道教等其他仪式传统之间的关系，进而提出礼生乃民间礼仪和文化中介的假设。刘永华认为，儒家礼仪在乡村的普及，带来了乡村社会结构和社会传统的转型，然而这并不是自上而下的过程，以礼生为代表的地方文化精英对于儒家礼仪抱持折中主义态度，具有很强的能动性。[⑤] 此外，刘永华还对明清时期的里社坛与乡厉坛制度展开深入研究，在时间上系统梳理两坛制度出台的历史脉络，在空间上考察里两坛制度在全国多个地区的推行实态，探讨两坛制度与明清乡村社会的互动关系。[⑥]

---

① 常建华：《宗族志》，上海人民出版社 1998 年版；《明代宗族研究》，上海人民出版社 2005 年版；《宋以后宗族的形成及地域比较》，人民出版社 2013 年版。

② ［日］井上徹：《中国的宗族与国家礼制：从宗法主义角度所作的分析》，钱杭译，上海书店 2008 年版。

③ 科大卫：《宗族程式：16 世纪的礼仪革命与帝制晚期中国的国家》《祠堂与家庙：从宋末到明中叶宗族礼仪的演变》，载科大卫：《明清社会和礼仪》，第 3—26、278—297 页。

④ 赵世瑜：《结构过程·礼仪标识·逆推顺述：中国历史人类学研究的三个概念》，载赵世瑜：《历史人类学的旨趣：一种实践的历史学》，北京师范大学出版社 2020 年版，第 79—124 页。

⑤ 刘永华：《民间礼仪、王朝祀典与道教科仪：近世闽西四保祭文本的社会文化史阐释》，载刘永华主编：《仪式文献研究》，社会科学文献出版社 2016 年版，第 175—229 页；刘永华：《礼仪下乡：明代以降闽西四保的礼仪变革与社会转型》，生活·读书·新知三联书店 2019 年版。

⑥ 刘永华：《帝国缩影：明清时期的里社坛与乡厉坛》，北京师范大学出版社 2020 年版。

其五，大众信仰与日常生活。在传统中国社会，大众信仰与民众日常生活紧密相关，从一般民众的日常生活入手是理解大众信仰的核心。赵世瑜《狂欢与日常：明清以来的庙会与民间社会》以"庙会"为切入口，探索明清社会转型时期的民众生活与大众文化。该书涉及一系列重要议题，包括庙会的经济和文化娱乐功能、寺庙与民间文化、庙会与城乡关系、江南庙会与华北庙会之比较、庙会及娱神活动中狂欢精神、妇女的宗教活动与闲暇生活等。作者指出庙会一类游神祭祀活动，不仅构成了民众日常生活的一部分，而且也集中展现了特定时节、特定场合的全民狂欢。[①] 朱小田对江南庙会作了专门的研究，认为庙会兼具神圣与凡俗的双重性。[②] 他还通过对近代浙江上虞乡民呈现孝义观念的"曹娥文化"的研究，认为社会互动、日常版本和地方生活过程的有机结合，构成近代以降民众观念存续的独特机理。[③]

王振忠长期致力于徽州文书的搜集与研究，力图从社会文化史的角度，考察徽州社会经济、文化、民间信仰之间的相互联系，从而展示出丰富多彩的日常生活图景。[④] 陶明选利用民间文书探讨徽州信仰与民众日常生活，细致考辨了徽州张王、太子及相关诸神的源流，分析宗族对待内神与外神的态度，并从社会、戏剧和建筑等视角考察徽州民间信仰现象。[⑤] 李俊领从区域社会与日常生活的角度，探讨了近代华北泰山信仰的演进及其境遇，从一个侧面揭示近代华北社会变迁的路径与机制。[⑥] 陈进国以福建为探讨中心，考察风水文化与近世乡土社会的认同、分类意识，以及社会文化秩序整合的关联问题，并"再现"

---

① 赵世瑜：《狂欢与日常：明清以来的庙会与民间社会》，生活·读书·新知三联书店 2002 年版。

② 朱小田：《在神圣与凡俗之间——江南庙会论考》，人民出版社 2002 年版。

③ 小田：《论民众观念的日常存续——基于近代"曹娥文化"的扩展分析》，《历史研究》2013 年第 4 期。

④ 王振忠：《徽州社会文化史探微：新发现的 16—20 世纪民间档案文书研究》，上海社会科学院出版社 2002 年版，《华云进香：民间信仰、朝山习俗与明清以来徽州的日常生活》，《地方文化研究》2013 年第 2 期。

⑤ 陶明选：《明清以来徽州信仰与民众日常生活研究》，光明日报出版社 2014 年版。

⑥ 李俊领：《天变与日常：近代社会转型中的华北泰山信仰》，社会科学文献出版社 2017 年版。

风水的知识与观念在长时段乡土变迁中所创造的文化图像和生活场景。①

　　美国学者太史文（Stephen F.Teiser）探讨了鬼神信仰、鬼节风俗与民众生活。② 欧大年（Overmyer）指出："中国人的宗教性传统，更多地体现在家庭或地方社区日常生活的仪式和信念，以达到趋福避祸目的。"③ 韩书瑞（Susan Naquin）长期致力于清代民间宗教研究，后将注意力转到北京民间信仰活动上。她与于君方合编《进香：中国历史上的朝圣之地》讨论了八座名山作为朝圣之地的形成过程，并关注香客、香会组织的日常活动。④ 她的《北京：公共空间和城市生活（1400—1900）》一书以北京为场域，观察信仰活动对城市生活的影响，认为北京的寺庙更多地作为一种复合性的公共空间而存在，寺庙具有公共活动功能（如演剧、市场、慈善救济、士大夫讲会、外人投宿等）和藏书、出版、旅游休闲功能，以寺庙为中心的公共活动有助于北京建构共享的城市文化。⑤

　　关于福建大众信仰的研究领域，一些学者聚焦于信仰习俗本身，对各种信俗形态、神灵体系、仪式特征、传承体系、法师崇拜、巫觋传统、历史源流等方面展开探讨，通过扎实的史料考辨，并结合大量田野调查资料，取得了重要进展。

　　林国平、彭文宇从自然、祖先与祖师、女神、佛道俗神崇拜等方面考察了福建民间信仰的发展、演变，认为其具有功能性与实用功利性、多神教与融合性、区域性与宗族性等三大特征。⑥ 林国平将复杂的闽台民间诸神归结为五大类型进行考察，同时考察闽台民间主要的祭祀仪式、信仰习俗、神明传说等，

　　① 陈进国：《信仰、仪式与乡土社会：风水的历史人类学探索》，中国社会科学出版社2006年版；《于胥斯原：乡族、风水与地方记忆》，中信出版集团2024年版。
　　② ［美］太史文：《幽灵的节日：中国中世纪的信仰与生活》，侯旭东译，浙江人民出版社1998年版。
　　③ 范丽珠、欧大年：《中国北方农村社会的民间信仰》，上海人民出版2013年版，"前言"第1页。
　　④ ［美］韩书瑞、于君方编：《进香：中国历史上的朝圣之地》，孔祥文、孙昉译，九州出版社2023年版。
　　⑤ ［美］韩书瑞：《北京：公共空间和城市生活（1400—1900）》，孔祥文译，中国人民大学出版社2019年版。
　　⑥ 林国平、彭文宇：《福建民间信仰》，福建人民出版社1993年版。

思考其社会历史作用。① 他还以闽台区域为中心，对签占信俗进行全面而细致的研究，考察其源流与仪式，分析签占与社会文化的关系。② 徐晓望研究福建民间信仰的发展及其在不同时期的特点。③ 汪毅夫对闽西客家民间信仰的主要事象进行系统考察，包括自然物、"客师"与客家巫术、鬼魂、俗神和俗佛崇拜等方面。④ 陈支平主编《福建宗教史》探讨福建几种主要宗教及其传播发展演变史，并考察其与福建社会文化的相互联系。⑤ 刘大可从历史与现实相结合的角度，对福建民间信仰活动进行梳理和描述。⑥

叶明生长期从事福建民间戏曲与民间宗教文化研究，成果丰硕。他论证了福建各地闾山教的教派形态，探讨其与古代巫法及瑜伽教、道教符箓派等教派之间的关系；考察闽北普庵教的教派及道坛情况、追修科仪。⑦ 更为可贵的是，他将田野调查所得的一手资料汇编出版，嘉惠学林。其中，《福建省邵武市大阜岗乡河源村的"跳番僧"与"跳八蛮"》是首部关于闽西北傩舞的田野报告；《福建省建阳市闾山派科仪本汇编》是他和劳格文（John Lagerwey）合作，对闽北建阳地区民间道教的调查和研究成果。

加拿大学者丁荷生（Kenneth Dean）对福建地区道教传统与经典以及保生大帝、清水祖师、广泽尊王等地方信仰进行了深入论述。⑧ 法国汉学家劳格文（John Lagerwey）与杨彦杰、王秋桂等人主持的大型民族志研究计划，对闽、赣、粤相关客家区域进行田野调查，出版"客家传统社会丛书"30册，其中，杨彦杰主编的《闽西的城乡庙会与村落文化》《闽西北的民俗、

---

①　林国平：《闽台民间信仰源流》，福建人民出版社 2003 年版。

②　林国平：《签占与中国社会文化》，人民出版社 2014 年版。

③　徐晓望：《福建民间信仰源流》，福建教育出版社 1993 年版。

④　汪毅夫：《客家民间信仰》，福建教育出版社 1995 年版。

⑤　陈支平主编：《福建宗教史》，福建教育出版社 1996 年版。

⑥　刘大可：《传统与变迁：福建民众的信仰世界》，社会科学文献出版社 2011 年版。

⑦　叶明生：《福建傀儡戏史论》，中国戏剧出版社 2004 年版；《道教闾山派与闽越神仙信仰考》，《世界宗教研究》2004 年第 3 期；《试论"瑜伽教"之衍变及其世俗化事象》，《佛学研究》1999 年；《福建泰宁的普庵教追修科仪及与瑜伽教关系考》，载谭伟伦主编：《民间佛教研究》，中华书局 2007 年版，第 244—278 页。

⑧　Kenneth Dean, *Taoist Ritual and Popular Cults of Southeast China*, Princeton: Princeton University Press, 1993.

宗教与社会》涉及闽西北村落的社会经济、宗教信仰、民风民俗、岁时节庆等。①

李志鸿考察宋元以来道教仪式的演变，同时，对明清以来闽、浙、赣三省的民间宗教进行研究，梳理该地区宝卷流传的实际情形，以及宣卷仪式与广大民间社会的内在关联。② 陈明华关注清代闽浙赣山区的斋教与移民。③ 黄建兴从宏观角度考察广泛流行于南方的仪式传统，比较各地法师仪式传统的共同特征、仪式结构及其与其他信仰文化的互动。④ 巫能昌对闽西道教法师传统和法师崇拜进行了深入考察，以闽西道教灵应堂为中心，探讨仪式传统、神明谱系与地方社会之间的紧密关系。⑤

（二）闽北区域史研究回顾

学界对闽北区域社会的研究起步较早，具有良好的开端。早在 20 世纪三四十年代，傅衣凌先生就对闽浙赣毗邻地区的社会经济史展开研究。抗日战争时期，傅先生在闽北山区发现了大量契约文书，并据此撰成《明清时代永安农村的社会经济关系》《清代永安农村赔田约的研究》等文章，1944年编为《福建佃农经济史丛考》。⑥ 他在书中提出了"经济社区""从局部看整体""与社会科学对话""寻找民间的资料"等核心概念，这些都涉及区域史研究的学理性问题。⑦ 此后，他撰写多部论著，考察佃农经济、租佃斗争、土地制度、乡族组织、商人群体等问题，当中多处论及闽北山区社会经

① ［法］劳格文主编：《客家传统社会》，中华书局 2005 年版；［法］劳格文主编：《客家传统社会丛书》，（香港）国际客家学会、海外华人资料研究中心、法国远东学院 1996—2006 年版。

② 李志鸿：《宋元新道法与福建的"瑜伽教"》，《民俗研究》2008 年第 2 期；《闽浙赣宝卷与仪式研究》，博扬文化事业有限公司 2021 年版。

③ 陈明华：《清代斋教与山区移民认同的塑造——以闽浙赣地区为例》，《开放时代》2020年第 2 期。

④ 黄建兴：《师教：中国南方法师仪式传统比较研究》，中华书局 2018 年版。

⑤ 巫能昌：《闽西客家地区的伯公、社公和公王崇拜》，《世界宗教研究》2014 年第 1 期；《制造科仪本：以闽西道坛灵应堂的度亡科本为例》，《道教学刊》2018 年第 2 期；《闽西道教法师传统和法师崇拜考》，《宗教学研究》2019 年第 1 期；《仪式、神明与地方社会：闽西灵应堂法师传统研究》，新文丰出版公司 2019 年版。

⑥ 傅衣凌：《福建佃农经济史丛考》，私立福建协和大学中国文化研究会 1944 年版。

⑦ 郑振满：《区域史研究的问题导向》，《区域史研究》2020 年第 1 辑。

济。① 傅先生的研究"以社会史与经济史相结合为特征，注重从许多前人弃置不用的资料如族谱、碑铭、帐籍、契约等民间文献，探讨中国社会经济的历史变迁，实际上在中国历史学领域开创了中国社会经济史学派"。②

1980 年以来，傅衣凌的学术思想继续启发着区域史研究。同时，随着法国年鉴学派的史学理论、美国学者施坚雅（William Skinner）的市场区域理论、英国学者弗里德曼（Maurice Freedman）关于华南宗族的研究、日本学者的地域社会论等理论相继传入，国内的区域史研究获得快速发展。③ 在此背景下，学界对闽北区域社会进行了更为具体的研究。

关于闽北山区经济发展问题的讨论。杨国桢根据契约文书研究明清时代土地制度的传统，着重探讨明清时期闽北、闽南、台湾等地区的一田多主、土地抵押、典当、买卖等问题，进而对明清契约文书与土地制度进行区域比较研究。④ 徐晓望依据方志、文集等资料的记载，从山区商品经济、商业性农业和乡村工业等几个方面，探讨明清时期闽浙赣边区山区经济的发展趋势和历史地位。⑤ 他的《明清东南山区社会经济转型》一书对闽浙赣边地区的商品经济与乡村工业展开系统研究，涉及山区与沿海区域互动、粮食生产与市场、山林经济、山区工业、租佃制度、棚民经济、商人群体、墟市与市镇等主题。他认为明清时期包括闽北在内的闽浙赣边山区出现了小商品经济浪潮，产生了许多以乡村工业为基础的乡镇企业，山区商人也走向东南诸省，

① 傅衣凌：《明清商人与商业资本》，人民出版社 1956 年版；《明清农村社会经济》，生活·读书·新知三联书店 1961 年版；《明清农村社会经济史论文集》，人民出版社 1982 年版；《明清社会经济变迁论》，人民出版社 1989 年版；《傅衣凌治史五十年文编》，厦门大学出版社 1989 年版。

② 郑振满、刘永华：《福建学者的华南区域史研究概况》，载华南研究会编：《学步与超越：华南研究会论文集》，文化创造出版社 2004 年版，第 157 页。

③ 常建华：《当代中国社会史研究的特征》，载常建华：《社会生活的历史学：中国社会史研究新探》，北京师范大学出版社 2004 年版，第 12—16 页。

④ 杨国桢：《试论清代闽北民间的土地买卖——清代闽北土地买卖文书剖析》，《中国史研究》1981 年第 1 期；《明清土地契约文书研究》，人民出版社 1988 年版。

⑤ 徐晓望：《明清闽浙赣边区山区经济发展的新趋势》，载傅衣凌、杨国桢：《明清福建社会与乡村经济》，厦门大学出版社 1987 年版，第 193—226 页。

散布于南北各地。来自东南山乡的动力，成为改变中国经济的潜在力量。①

　　戴一峰关注福建区域经济发展与社会变迁，考察了近代闽北山区的初级市场、商品生产及制约因素、山区开发与环境变迁、闽江航运业等议题。②陈支平认为，随着明清两代社会经济的发展，闽江上下游地区的商品流通趋于活跃。然而，闽江上下游间的经济发展程度一直不平衡，且存在着倾斜性的经济联系：闽北山区的土特商品向闽南地区的单向输入；下游较上游发展程度高，但向上游输出产品较从上游输入产品少。③水海刚以口岸和腹地的关系为切入点，以区域研究的视角，呈现了近代闽江流域的经济与社会变迁的历史风貌。④肖坤冰以武夷茶的流动为线索，通过对近代闽北山区茶叶生产的地景、文化传播、历史档案、乡野传说而展开的历史人类学考察，勾勒出17世纪至20世纪初期闽北山区社会变迁的历史进程。⑤

　　关于乡族组织与地域社会的探讨。郑振满利用大量的族谱、契约、碑刻、分家文书等民间历史文献，集中考察闽北乡族地主经济。⑥他指出，宋以后闽北的各种乡族组织，大多拥有土地、山林、店铺、借贷资本等不同形式的资产，使之构成了以坐食租利为特征的乡族地主经济；闽北乡族地主经济的主要成分是族田，而族田的主要成分是祭田，祭田主要来自分家之际的提留；乡族地主经济的权益分配可分为"轮收"与"公管"两种方式，就所有权形式而

　　① 徐晓望：《明清东南山区社会经济转型——以闽浙赣边为中心》，中国文史出版社2014年版。
　　② 戴一峰：《区域性经济发展与社会变迁：以近代福建地区为中心》，岳麓书社2004年版。
　　③ 陈支平：《闽江上下游经济的倾斜性联系》，《中国社会经济史研究》1995年第2期。
　　④ 水海刚：《口岸贸易与腹地社会：区域视野下的近代福州及闽江流域研究》，厦门大学出版社2019年版；《明至民国时期的东南山区开发与中国的现代化进程——以武夷山区为例》，《中国社会经济史研究》2023年第1期。
　　⑤ 肖坤冰：《茶叶的流动：闽北山区的物质、空间与历史叙事（1644—1949）》，北京大学出版社2013年版。
　　⑥ 郑振满：《明清时期闽北乡族地主经济》，厦门大学1984年硕士学位论文；《清至民国闽北六件"分关"的分析：关于地主的家族与经济关系》，《中国社会经济史研究》1984年第3期；《明清闽北乡族地主经济的发展》，收入傅衣凌、杨国桢编：《明清福建社会与乡村经济》，厦门大学出版社1987年版，第79—127页；《明以后闽北乡族土地的所有权形态》，《平准学刊》1989年第5辑，光明日报出版社1989年版。

言，前者是按份共有的地主经济，后者是共同共有的地主经济。① 尽管"地主经济"的提法具有鲜明的时代印记，但上述阐述对于我们深刻理解中国传统社会基层组织的存在形态与运行模式仍然具有重要启发意义。陈启钟从清代闽北客民研究着手，探讨闽北客民形成的因素、客民对闽北经济与环境的冲击、客民与闽北社会秩序的变动、清政府对于闽北客民问题的治理、客民的土著化与地方认同。② 徐文彬从慈善救济、地域人群、民间信仰、民间组织等多个方面，考察明清以来福建区域社会的运行机制、人群活动特点及国家权力对基层社会的影响。③

20 世纪八九十年代，"地域社会论"在日本的明清社会史研究中占据着主导地位。所谓的地域社会研究包括两个含义，即具有确定含义的地域社会论和地域研究中的社会研究，两者都将视野转向地域社会。④ 作为地域社会研究的倡导者，森正夫对闽西北的地域社会较为关注，于 1973—1978 年间撰写《17世纪福建宁化县的黄通抗租叛乱》（一）（二）（三），以福建宁化县为中心，探讨明清之际闽、赣、粤三省交界地区的抗租与政治权力、地域支配层、同族集团之关联，以及跨省的叛乱集团间的相互关系等问题。后又撰写《〈寇变纪〉的世界》一文，从地方秩序维持者李世熊的角度，分析明末清初黄通领导的抗租运动与福建省宁化县的地域社会的情况，探讨士绅在地域秩序重构中所起的作用。⑤ 三木聪从抗租风潮、保甲制、图赖习俗等方面入手，考察明清福建乡村的权力构造与社会经济，对闽北崇安县、沙县和闽西汀州的抗租运动进行了

① 郑振满：《明清时期闽北乡族地主经济》，《清史研究》2003 年第 2 期，后收入郑振满：《乡族与国家：多元视野中的闽台传统社会》，生活·读书·新知三联书店 2009 年版，第 3—50 页。
② 陈启钟：《清代闽北的客民与地方社会》，天津古籍出版社 2016 年版。
③ 徐文彬：《明清以来福建区域社会史研究》，人民出版社 2019 年版。
④ 常建华：《日本 20 世纪 80 年代以来的明清地域社会研究》，载常建华：《社会生活的历史学：中国社会史研究新探》，第 171—190 页。
⑤ ［日］森正夫：《十七世紀の福建寧化県における黄通の抗租反乱（一）、（二）、（三）》，分别刊于《名古屋大学文学部研究论集》第 59 号（1973）、第 62 号（1974）、第 74 号（1978），后收入《森正夫明清史论集》第 2 卷，（日本）汲古书院 2006 年版，第 121—268 页；［日］森正夫：《"地域社会"视野下的明清史研究：以江南和福建为中心》，江苏人民出版社 2017 年版，第 310—360 页。

深入的个案研究。①

佐竹靖彦阐述了唐宋时期福建地区的地域特性，认为福建自先秦以来一直是少数民族"洞蛮"的居住地带，从南北朝以来，特别是唐代进行的汉族对地方基层行政组织的掌控、汉族移民的增加以及区域流通经济的发展，使此地变成了汉族居住区。②此外，佐竹靖彦还以宋代闽北建州为中心，考察地方社会的权势群体——"土豪"在物资流通和地方行政中的主导型地位。③

韩国学者李瑾明从"地域社会"视角考察南宋初期闽北地区此起彼伏的起义事件，对范汝为起义过程进行了细致梳理，认为该起义最重要的背景是地域盐政的混乱和持续的变乱引发的农村破败，揭示了当时闽北社会存在的问题，更进一步是南宋政权的构造和存在形态。④

关于闽北区域文化的研究。徐晓望《闽北文化述论》一书，对闽北的精英文化、通俗文化、宗教文化、茶文化等，进行了通论性的梳理。⑤美国学者贾晋珠（Lucille Chia）以闽北建阳地区刘氏、余氏和熊氏三大刻书世家为重点，考察北宋至清初建阳商业出版（刻书）的传承与演变历程，提出并回答了建阳这个地处偏远的小城何以能成为商业出版中心，且历时如此久远的问题。⑥日本学者中砂明德《中国近世的福建人：士大夫与出版人》聚焦福建这一"朱子学的原乡"，以闽人的科举入仕之路与出版活动为切入点，分析福建在中国近

---

① [日] 三木聪：《清代前期福建农村社会与佃农抗租斗争》，《中国社会经济史研究》1988第2期；《明清福建农村社会の研究》，日本北海道大学图书刊行会2002年版。

② [日] 佐竹靖彦：《唐宋期福建の家族と社会——山洞と洞蛮》，《东京都立大学人文学报》第277号，1993年3月，第35—92页。

③ [日] 佐竹靖彦：《宋代福建地区的土豪型物资流通和庶民型物资流通》《宋代建州地域的土豪和地方行政》，皆收入 [日] 佐竹靖彦：《佐竹靖彦史学论集》，中华书局2006年版，第199—233页。

④ [韩] 李瑾明：《南宋初福建一带的民众叛乱与地域社会》，（韩国）《中国学报》1999年第39辑；《南宋初范汝为起义与招安策的施行》，姜锡东主编：《宋史研究论丛》第13辑，河北大学出版社2012年版，第126—151页。

⑤ 徐晓望：《闽北文化述论》，中国社会科学出版社2009年版。

⑥ [美] 贾晋珠：《谋利而印：11至17世纪福建建阳的商业出版者》，邱葵等译，福建人民出版社2019年版。

世的历史地位与文化分量。①

综上所述，中外学界对于大众信仰社会史与闽北区域史的研究，结合了宗教学、人类学、社会经济史、社会文化史等不同的研究视角，在研究方法、学术视野、研究结论等诸多方面，都对本书写作提供了很好的借鉴与启发。

其一，大众信仰与区域史的结合仍将是深化相关研究的重要路径。正如刘永华所言，应强调将宗教仪式置于具体的时空脉络的重要性，"不管哪一种宗教仪式，都存在于具体的时空之中，对它们的讨论，都不应离开这个脉络"。因此，需要"在田野中重新观察区域仪式传统，在文献中重新建构区域仪式传统的演变轨迹，重新审视不同宗教仪式传统之间的关系。"②

自 20 世纪 90 年代以来，一批具有历史人类学取向的学者注重地方宗教仪式的研究。他们聚焦于民间文化、基层社会、普通群众、日常生活，通过乡村庙宇、祭祀习惯及村落关系等的田野考察，结合家谱、碑铭、契约、科仪书等民间文献，重构了当地历史的社区单位系统及其运作。③ 他们从事区域民间信仰研究的兴趣点并不在于大众信仰本身，而是在于神明信仰所依存的历史语境和社会空间，借此考察地方社会的历史脉络与结构过程。这一研究路径值得社会史研究者继续坚持与发扬。

其二，区域研究的精细化与跨区域比较研究的可能。学界关于区域大众信仰的研究主要聚焦于闽、台、粤、江、浙、晋、鲁、冀、京等省市，其他区域的相关研究较为薄弱。同时，对于同一区域内部的研究也不平衡。以福建为例，根据地理区位的不同，可粗略分为闽南、闽东、闽西、闽北四个区域（各区域内部具有差异性，还可细分）。既有研究偏重于闽南、闽西地区，而闽北、闽东则较为薄弱。有关闽北区域史的研究集中在山区经济发展、乡族组织、区域文化等方面，尚未有一部以大众信仰为切入口，探讨闽西北区域社会长时段演变的专著。

---

① ［日］中砂明德：《中国近世的福建人：士大夫与出版人》，吴淑敏译，福建人民出版社 2025 年版。

② 刘永华：《"民间"何在？——从弗里德曼谈到中国宗教研究的一个方法论问题》，载复旦大学文史研究院编：《"民间"何在：谁之"信仰"》，中华书局 2009 年版，第 11、25 页。

③ 吴真：《民间信仰研究三十年》，《民俗研究》2008 年第 4 期。

鉴于区域差异性和社会复杂性，区域史研究应跳出概说性质的范畴，进行比较精致的细部研究，把握区域社会发展的内在脉络，在此基础上再尝试跨区域的比较研究。诚如陈春声深刻地指出："眼下的区域研究论著，除了有一些作品仍旧套用常见的通史教科书写作模式外，还有许多作者热衷于对所谓区域社会历史的'特性'做一些简洁而便于记忆的归纳。这种做法似是而非……要理解特定区域的社会经济发展，有贡献的做法不是去归纳'特点'，而应该将更多的精力放在揭示社会、经济和人的活动的'机制'上面。"①

其三，日常生活史视野下的大众信仰研究。学者们考察大众信仰时，特别重视仪式、象征、结构等要素。将民间信仰活动与地方各种政治权力、势力的展演，将信仰活动中的神祇诠释成地方社群的象征。不可否认，地方信仰的确具有较强的地方权力象征性与指向性，这种分析框架有利于厘清地方社会错综复杂的关系网络。但是若过于强调这点，则易忽略了信仰活动的生活化、娱乐化面向。"既然民间信仰植根于百姓的日常生活，那么，其最普通的表达形式当然蕴含于风俗和大众心态之中。"②借助大众信仰的研究可以较近距离地观察民众日常生活的诸多侧面，展示丰富多彩的日常生活图景。在大众信仰领域，日常生活史不失为一种新的研究取向。

第二节　概念界定和框架结构

一、概念界定

在展开本书的探讨前，必须先对几个相关概念的内涵进行阐释和说明。

1. 大众信仰（Popular Beliefs）

学者进行宗教信仰研究时，常使用"民间信仰"一词，指普通百姓所具有的神灵信仰，包括围绕这些信仰而建立的各种仪式活动。它们往往没有组织系统、教义和特定的戒律，既是一种集体的心理活动和外在的行为表现，也是人

---

① 陈春声：《走向历史现场》，《读书》2006年第9期。

② 陈春声：《信仰与秩序：明清粤东与台湾民间神明崇拜研究》，中华书局2019年版，第3页。

们日常生活的一个组成部分。① 笔者认同这一定义，但是"民间"隐含了与"官方""精英"的二元对立，而事实上在信仰领域没有截然的精英与非精英的区别，因此为避免歧义，本书采用"大众信仰"（Popular Beliefs）。同时，在地方层面，尤其是福建乡村地区，地方神明崇拜及仪式区别于道教、佛教或国家宗教的经典祭拜传统，但又并非与截然对立，而是不断地与这些制度化宗教进行互动。因此，本书也使用"地方信仰"一词与"大众信仰"互通，它是一个相对模糊的、弹性的概念，既包括在本地产生的神明崇拜，如欧阳祐信仰；也包括佛道二教吸收、融合了本地信仰习俗，而发展出的信仰形态和仪式，如三佛祖师信仰。

2. 地方社会

本书所谓"地方社会"等同于"区域社会"。区域社会史研究者认为，"在现阶段，各种试图从新的角度解释中国传统社会历史的努力，都不应该过分追求具有宏大叙事风格的表面上的系统化，而是要尽量通过区域的、个案的、具体事件的研究表达出对历史整体的理解。"② 区域社会史作为一种方法论，特别强调作为"区域"的空间感和作为"史"的时间序列。主张将历史现象放回他产生的区域脉络中加以审视，并将此"空间结构"视为一个复杂的、互动的、长期的历史过程的"结晶"和"缩影"。③"区域"不是一个固定的地理范围，而是一个有意识的历史建构过程。研究者通过"置社会史于地理空间"④"在空间中理解时间"，进而寻找造就这个空间结构之历史过程的各种动力和要素。⑤

3. 日常生活

越来越多的学者开始关注历史上的日常生活问题，尝试从生活的角度来看待历史现象。蒲慕州认为，生活史研究"把传统史学中比较边缘的问题放到关注的重心上，由关心过去社会中人们——尤其是所谓一般大众——的生活面

---

①　赵世瑜：《狂欢与日常：明清以来的庙会与民间社会》，生活·读书·新知三联书店 2002年版，第 13 页。

②　陈春声：《走向历史现场》，《读书》2006 年第 9 期。

③　陈春声：《走向历史现场》，《读书》2006 年第 9 期。

④　常建华：《当代中国社会史研究的特征》，载常建华：《社会生活的历史学：中国社会史研究新探》，第 12—16 页。

⑤　赵世瑜：《从社会史到中国社会的历史人类学》，载赵世瑜：《历史人类学的旨趣：一种实践的历史学》，北京师范大学出版社 2020 年版，第 52—65 页。

来进入历史，是研究者角度和价值观的重大改变"①。常建华在深入论析新文化史、社会史、历史人类学关于日常生活研究理路的基础上指出，社会生活史是以人的生活为核心联接社会各部分的历史，生活史研究的最大价值，应当是建立以人为中心的历史学。他提出生活史的研究带来视角与方法的变化，可以从习以为常发现历史，从日常生活来看国家，挑战传统史料认识，从生活方式的转变可以考察民族关系与进行不同文明比较，阐述社会变迁。②可见，日常生活史是以日常生活为视角进行的史学研究，强调以人的日常生活为关注的重点，"建立以人为中心的历史学"③。

二、框架结构

本书试图从大众信仰的视角，对宋明以来福建西北地区融入王朝体系的过程进行详细的论证，探讨大众信仰折射出的区域社会权力结构关系和历史变迁、民众日常生活等话题。本书尝试将日常生活史概念引入区域史研究，强调"人"的生活与信仰的关系。大量运用族谱、庙簿、碑刻等民间文书，结合文集、方志、档案等传统文献，对宋明以来闽西北民间信仰的阶段性变化，科举、家族、村社、商业与信仰的关系，展开系统论述。

本书分作 7 个部分，大致以时间的序列为线索。

绪论部分梳理国内外近年关于大众信仰的社会史研究、闽北区域史研究的学术成果，介绍本书的结构与概要，概述闽西北的地理区位与行政沿革。

第一章，宋元的风俗、治理与礼仪教化，梳理闽西北从"闽越故地"到"邹鲁之乡"的发展历程。考察精英士人对闽西北地域风俗传统的书写，在士人笔下，该区域是"化外之地"，民俗信鬼好巫，剽悍难驯。探讨宋元地方官员强化行政和教化的努力，即通过倡行儒学、移风易俗和治理"峒乱"，积极推动儒家礼仪的普及。重点考察当地科举官宦家族与理学士人群体的形成过程。土著豪强策略性地利用科举、理学等王朝话语，进行宗族实践，以提升和巩固其文化地位。

①　蒲慕州：《西方近年来的生活史研究》，《新史学》1992 年第 3 卷第 4 期。
②　常建华：《日常生活与社会文化史——"新文化史"观照下的中国社会文化史研究》，《史学理论研究》2012 年第 1 期。
③　常建华：《中国社会生活史上生活的意义》，《历史教学》2012 年第 2 期。

第二章，宋元佛道与地方信仰的互动，梳理宋元时期闽西北地区佛教与道教的大致形态。重点考察佛教与官方及地方大族的互动过程。世家大族对佛寺的参与特别热心：施舍土地、营造寺宇、建立坟庵、组织佛会等。这使得佛寺大量出现，也影响了地方社会的组织关系和日常生活。通过弥陀会、瑜伽教、三佛祖师信仰等个案，考察佛教和道教与地方信仰结合的历程。

第三章，神明崇拜与地方社会，梳理唐宋以来欧阳祐信仰的形成、演变和传播历史，分析地方官员、僧侣、士绅、宗族和庶民等各种力量在其中发挥的作用，考察民间信仰与民众日常生活的关系，理解其背后体现的闽西北区域社会的历史变迁。

第四章，明清时期的地方信仰与家族、村社生活，考察由宋至明，闽西北地区社会结构的转变，以及村社的发展状况。历经宋元鼎革与元明更迭的动乱，世家大族纷纷凋零，庶民家族成为地方社会的主导力量。在唐宋时附属于大族的佛寺、祠庙也逐渐演变为村社的公共信仰空间。通过文献研究与田野考察，探讨家族庙宇的运作、纠纷及其对家族组织的影响，考察神明祭典与村社生活的相互关系。明中叶以来，里社祭祀制度松动，跨村社的中心庙宇形成，与之相应的祭典活动也愈发活跃，祭典期间的供品分配和游神仪式也是社区关系的展演。

第五章，明清商业活动与大众信仰，探讨明清时期闽西北商业市镇的兴起状况。考察商业活动与民间信仰传播的关系，重点关注跨区域商业网络的形成，以及对妈祖信仰传播的影响。考察大众信仰之于地方公共事务和社会生活的影响，这种影响体现在铺路造桥、建庙设坛、组建善会、演戏酬神、饮福聚会、赌博狂欢等活动中，并受到商业浪潮的浸染。

结语部分回顾闽西北地区1000多年的历史传统与信仰脉络。总结本区域民间信仰的特点，探讨不同空间层级和不同群体的信仰活动特点，进一步深化对信仰生活之理解。

第三节　闽西北的地理与政区

闽西北指的是福建西北部一带，基本位于今南平地区的辖境内。明清时期大致包括邵武府及建宁府、延平府部分地区。其中，邵武府邵武县（今邵武市）是本书所讨论的重点区域。该区域虽处于福建内陆腹地，却拥有丰富的山林资源，盛产稻米，且与外界保持着密切的联系，是福建较早开发的区域之一。

一、地理区位

邵武，古称昭武、武阳、邵阳，别称樵川、樵阳，地处福建省西北部武夷山脉南麓。东北邻建阳县，东南连顺昌县，南接将乐、泰宁、建宁县，西与江西省抚州市黎川县毗邻，西北与光泽县交界。全境属丘陵地带，山峦重叠，蜿蜒起伏。地势走向大致是西南和东北往中部富屯溪谷地倾斜。

邵武境内有两大水系，一是闽江上游主要支流——富屯溪，自西北光泽县方向入境，流向东南顺昌县方向，最终由福州入海。宋人戴式之有诗云："千山表里重围过，一水中间自在流"①，正是对邵武地理形势极为贴切的写照。在1958年鹰厦铁路通车前，富屯溪一直是闽西北与福建沿海地区商贸交通的主通道。另一水系，流经境西南，汇大埠岗镇南边溪、北边溪，和平镇禾田溪，肖家坊镇将石溪、新厝溪等主要支流，流入泰宁县金溪，在顺昌县汇入富屯溪，最终流入闽江。②

河谷地带断续分布，形成不少狭长小平原及串珠状河谷盆地，组成了若干小块地理区域空间，土质肥沃，适合农耕，村镇聚落便星罗棋布地分散其中。诚如明代后期游宦福建的王世懋所言："自邵武之建阳，非孔道也。然所过六十里间，是闽西最佳丽地。原隰夷衍，竹树田畴，丰美饶裕，器落相望，烟火不绝，夹溪面衡，人家时有数百。"③

邵武介于闽浙赣三省交界地带，自古以来即是东南诸省进入福建主要的通道之一。对此，嘉靖《邵武府志》这样记载：

---

① （清）李正芳修，张葆森纂，福建省邵武市地方志编纂委员会整理：咸丰《邵武县志》卷1《疆域·山川》，1986年内部发行本，第21页。
② 福建省邵武县地名办公室：《邵武县地名录》，1981年自印本，第1页；卓朗然主编：《邵武市志》第一篇《概述》，群众出版社1993年版，第28页。
③ （明）王世懋：《闽部疏》，《丛书集成初编》第3161册，第9页。

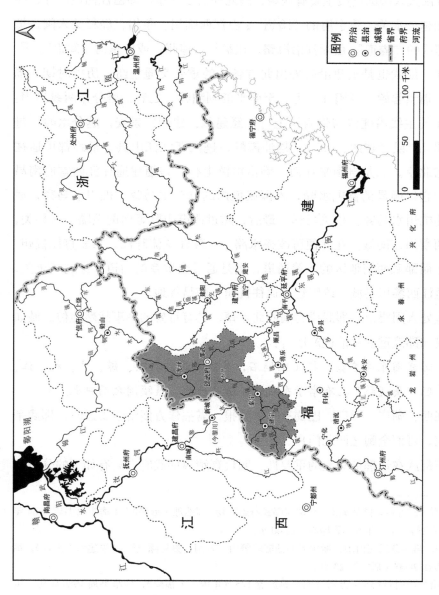

图1 清代闽西北邵武府及周边区域示意图 ①

① 据谭其骧主编《中国历史地图集》第8册（清时期）（中国地图出版社1996年重印本，第42—43页）绘制。

入闽有三道：建宁为险道，两浙之所窥也；邵武为隘道，江右之所趋也；广、漳航海为间道，奇兵之所乘也。[①]

北方汉人入闽的路线主要有四条，闽北即占了三条，即由江西或浙江，经铅山，翻越分水关入建宁府的"险道"；由江西临川、黎川，经杉关入闽，抵光泽、邵武的"隘道"；由浙江沿海路，往福州、漳州，或广东的"间道"。[②]

同样，邵武也是福建沿海外出北方各地的重要交通枢纽。历史时期，福建驿道从福州起始，溯闽江而上，至南平的剑浦驿，之后，可分作两线出闽：一是向北的主线沿建溪与崇安溪上行，经建瓯、建阳、崇安，越分水岭，进入江西铅山；或经建瓯、浦城，越仙霞岭，进入浙江江山县，最终都可通往江、浙与北京。二是自南平往西，溯富屯溪上行，是福建通往江西首府南昌的驿道。它经顺昌的富屯水驿，入邵武境内的拿口水马驿、樵川水马驿，通向光泽的杭川水马驿、杉关马驿。最后，越过武夷山脉著名的关隘——杉关，到达江西黎川、南城，在此便可改换水路——赣江支流旴江，乘船直抵抚州、南昌。[③] 而邵武西南地区的入赣通道，则是通过金坑乡的山道，穿越黄土关，经熊村至江西黎川县城，改船运，通往抚州、南昌等地。

因地处入闽要道，邵武成为闽西北重镇，具有重要的军事战略地位。诚如宋人胡寅《邵武重建军治记》所言：

昭武固东南名垒，扼飞猿峭石，其险足恃。自洪、潭、广、桂、江、汉、巴、属〔蜀〕之有事于东瓯者，道必出此。盖瓯闽之西户也。[④]

若江西、湖广、两广、巴蜀有军事警报，需福建方面给予支援时，邵武是必经之道，可谓全闽之西北门户。

对于邵武在地理形势上的重要性，明代嘉靖《邵武府志》有如下的分析：

---

① （明）邢址修、陈让编次：嘉靖《邵武府志》卷2《地理·形势》，上海古籍书店1964年据天一阁明嘉靖二十二年刊本影印本，第40页。

② 按，第四条线路由闽、浙边界的仙霞岭等山口入闽。参见陈支平：《福建六大民系》，福建人民出版社2000年版，第23页。

③ （明）申时行等修：万历《明会典》卷145《驿传一·福建》，中华书局1989年版，第742页；另见陈启钟：《清代闽北的客民与地方社会》，天津古籍出版社2016年版，第41页。

④ （宋）胡寅撰，尹文汉校注：《斐然集》卷21《邵武重建军治记》，岳麓书社2009年版，第420页。

邵居闽藩上流六百七十余里。石岐以东，两山夹溪如围，溪流悍急，横波之石，廉利侔剑戟……江右有警，则邵必被兵，西连建昌、新城。杉关岩险闻天下，极高、羊头、昂山、铁牛、云际、大竹蓝诸隘相联络。唐设铁牛关，宋元皆重门击柝焉。宋不能守，故范汝为得由杉关以犯邵武。保据光泽，元得取邵武军。元不能守，故陈友谅得由杉关取邵武路。今之大寺寨巡检司在焉，固全闽第一重关也……建宁在杉关之南，北接南丰，南通宁化，为寇盗之冲……南虞汀寇，西虞赣寇。兵家所谓我得亦利，彼得亦利，我可以往，彼可以来者也……八闽所守，必在邵阳，邵阳所守，必以杉关为门户，珠寮、分水为屏障，西安、梅口为襟喉，水口为扃钥……抗铁牛之关，塞西安、梅口之道，拒分水之险，扼水口之津，则邵可无虞。①

明代《府志》编者结合历代邵武的军事事例，分析了邵武府辖内各关隘的扼守要略，特别指出杉关之于邵武、邵武之于福建的战略意义，一旦邵武不保，则下游的延平、福州也会堪忧。因而，强调"八闽所守，必在邵阳，邵阳所守，必以杉关为门户"。

闽西北广阔的丘陵山地、肥厚的土壤、温暖湿润的气候，孕育了丰富的山林资源和经济作物。乾隆《福建通志》言"〔闽〕西北负山，茶、笋、山木之饶遍天下"②。这些山场出产毛竹、杉木、桐、麻、菁、茶、笋、纸、药材、菌类等山林资源，尤以竹、茶、杉木为大宗，对当地民众生活的影响极大。丰富的物产不仅让民众的生计有所保障，也为商品经济的繁荣提供了可能。

在农业方面，闽北的延平、建宁、邵武三府，虽然位于山区，但其间分布着许多土壤肥沃的河谷小平原，是福建的粮食主产区。以位于邵南地区的和平为例，溪流在相对独立的山间谷地流淌，罗前溪与和田溪交汇于和平村。溪水过处，两岸冲积成狭长河谷小平原，为农业耕作提供了优良的水土。历史上和平一直盛产稻米，故又被称"禾坪"。清道光间任职邵武的陈盛韶即云："邵武土宜稻，而北境狭，稻米出于东北与西南者为多。拿口之米，顺流而东运之省

---

① 嘉靖《邵武府志》卷2《地理·形势》，第41页。

② （清）郝玉麟等修，（清）谢道承，（清）刘敬与纂：乾隆《福建通志》卷10《物产》，乾隆二年刻本，第1页。

城。西南禾坪、古山，市集颇大，城内食米率取诸此。"①

二、政区沿革

在华南诸省中，福建的开发算是较晚的一个。特别是在与中原王朝的联系和地方行政机构的设置方面，更晚于周边的浙江、江西和广东。② 秦汉时期，闽北地区是闽越人活动的核心区域。三国吴永安三年（260），吴主孙休罢会稽南部都尉府，设建安郡（治所在今建瓯市），并析其地立昭武、绥安等县，属建安郡管辖。昭武置县自此始。③ 西晋元康元年（291），惠帝司马衷为避其祖司马昭讳，改昭武为邵武。其时建安郡属江州（治所在今江西九江市）管辖。东晋太宁元年（323），又改邵武县为邵阳县（一作武阳）。南朝刘宋永初元年（420），复改为邵武县，仍属建安郡。从南朝至唐初的两百多年间，王朝更替频繁，邵武的归属也变动不一。时而改属泉州（治所在今福州市），时而划归江西临川郡。唐武德七年（624），邵武复归建州（原建安郡）。

随着人口的增长、地理区位优势的凸显，宋太宗太平兴国四年（979），"以户口繁会，路当要冲，于县置邵武军。从转运司之奏请也"④。次年，析邵武之财演镇，置光泽县。下辖四县：邵武、建宁、归化（宋元祐元年改名泰宁）、

① （清）陈盛韶：《问俗录》卷5《邵军厅·开把》，《四库未收书辑刊》第10辑第3册，第259页。

② 葛剑雄：《福建早期移民史实辨证》，《复旦学报（社会科学版）》1995年第3期。

③ 嘉靖《邵武府志》卷2《王制·建制沿革》，第50页。按，建安郡领有十县：建安（今建瓯市）、建平（今建阳市）、吴兴（今浦城县）、东平（治所未详）、将乐（今将乐县）、昭武（今邵武市）、绥安（今泰宁县、建宁县）、南平（今南平市）、候官（今福州市）、东安（今同安县、南安县）。参见嘉靖《建宁府志》卷1《建制沿革》，上海古籍书店1964年影印天一阁藏明嘉靖刻本，第3页。

④ （宋）乐史撰，王文楚等点校：《太平寰宇记》卷101《江南东道十三·邵武军》，中华书局2007年版，第2017页。按，邵武军始置时间，《宋会要》《元丰九域志》《皇朝郡县志》《宋史》《文献通考》《八闽通志》等书皆作太平兴国五年（980）。南宋学者王象之也留意到史书对邵武置军时间有不同记载，并据宋代《图经》及《续资治通鉴长编》，考订为太平兴国四年。今考《续资治通鉴长编》太平兴国四年十一月辛卯条，记载："以建州邵武县为邵武军"。本书据此认为，当从太平兴国四年说。参见（宋）王象之：《舆地纪胜》卷134《福建路·邵武军·风俗形胜》，中华书局1992年影印本，第3830页；（宋）李焘：《续资治通鉴长编》卷20，中华书局1979年版，第464页。

光泽，隶属福建路。至此，"一军（府）领四县"的行政格局正式形成，并一直延续至清末。

民国二年（1913），废府存县，属福建省建安道。其后 70 年间，行政区划频更，先后隶第九行政督察区、第三行政督察区、建阳专区、南平专区。1983年，改县为市，归属南平地区，今因之。①

---

① 　卓朗然主编：《邵武市志》第三篇《建置》，群众出版社 1993 年版，第 86 页。

第一章　宋元时期闽西北的风俗、治理与礼仪教化

宋元之际，闽北著名的理学家陈普创作了《劝学》诗，用以勉励闽地士子矢志向学，接续闽学的辉煌。这首长诗回溯了福建由蛮荒之区蜕变为理学中心的发展历程。对于闽地早期历史，该诗这样写道：

> 七闽四海东南曲，自有天地惟篁竹。
>
> 无诸曾拥汉入秦，归来依旧蛮夷俗。
>
> 未央长乐不诗书，何怪天涯构板屋。
>
> 人民稀少禽兽多，云盘雾结成烜燠。
>
> 楼船横海未入境，淮南早为愁蛇蝮。
>
> 自从居股徙江淮，鸟飞千里惟溪谷。
>
> 经历两世至孙氏，始闻种杏匝庐麓。
>
> 依然未识孔圣书，徒能使虎为收谷。
>
> 异端神怪非正学，但可出野惊麋鹿。
>
> 三分南北又几年，匹士单夫无可录。
>
> 开元天宝唐欲中，阑干始见盘中蓿。
>
> 日南韶石出名公，新罗二士非碌碌。
>
> 七闽转海即洙泗，仅有令孜与思勖。
>
> 令人不忍读唐书，不胜林壑溪山辱。①

在陈普的认知中，宋代以前的福建，完全是一个蛮烟瘴雨之地。这里虽曾获得汉廷册封，建立闽越国，后来也被纳入到了中央王朝的版图，但依旧保持着蛮夷风俗。儒家教化难以推行，"异端神怪"却大行其道。到了唐代，连偏

---

① （宋）陈普：《石堂先生遗集》卷16《劝学（有序）》，《续修四库全书》第1321册，第521—522页。

远的边陲之地都出现了名公贤士，而闽地最有名的人物竟是田令孜与杨思勖两位并不光彩的宦官。这种情形，对于闽地士人而言，简直就是耻辱。

若以今人的标准视之，陈普的描述不免有夸大之嫌，且表露出对地域文化的强烈偏见，但这却代表了宋元士人对闽地文化的普遍认知和想象。甚至到了陈普引以为傲的宋代，闽西北的土著文化仍旧保持着相当强劲的影响力，在当时的文献中，也依然存在着不少带有荒诞色彩的故事，呈现出闽西北作为"化外之地"的文化形象。

第一节　化外之地：士人笔下的闽西北风俗

在士人笔下，闽西北风俗具有三个面向：其一，作为"闽越故地"，留下了丰富的物质遗迹与口头传说。这些文化资源一方面反映出此处拥有悠久的地域历史传统；另一方面，作为一种文化象征，代表了蛮荒与偏僻。[①] 其二，民众信鬼好巫，尚待儒家礼仪教化。其三，民风剽悍不驯，易动难安，是王朝控制的薄弱区域。

一、闽越故地

春秋战国时期，闽西北是闽越人活动的核心区域。虽与中原文明有一定的联系，但仍处于中原王朝的势力范围之外。秦始皇统一六国后，废黜闽越王，设置了闽中郡，[②] 不过，这只是有名无实，地方仍由闽越土著统治。

汉高祖五年（前 202），"复立无诸为闽越王，王闽中故地，都东冶"[③]。其后，又陆续分封南海、东瓯二王，借此削弱越人的力量。而闽越、东瓯、南海三国之间互不能容，常相攻击。汉武帝即位后，先后灭掉南海、东瓯。元封元年（前 110），闽越国亦被翦灭，闽中正式并入汉王朝的版图。但是汉武帝并

---

① 黄向春：《"闽越"概念与福建地域文化研究》，载福建省炎黄文化研究会、福建省文化厅编：《闽越文化研究》，海峡文艺出版社 2002 年版，第 249—259 页。

② 《史记》卷 114《东越列传》，中华书局 1959 年版，第 2979 页。

③ 《史记》卷 114《东越列传》，第 2979 页。

未在闽地设立郡县，而是以"东越狭多阻，闽越悍，数反复。诏军吏皆将其民徙处江淮间。东越地遂虚"①。大部分的闽越人被强制迁往江淮，闽地的行政区划完全撤销了。

尽管闽越国已不复存在，但她毕竟存在了 92 年，创造了灿烂的文化，②在后世的传说中仍然能够看到她的印记。在邵武便有不少闽越遗迹与传说。如宋初《太平寰宇记》云："废乌坂城，在县东南三里。《建安记》云：'昔越王拒汉，其城六，此城一也。'"③《舆地纪胜》的记载更加丰富："鹤冲水乐安宫，《建安记》云：'越王以七百里山涧之地，畋猎纵乐。'高平苑，《建安记》云：'越王校猎之所。'乐野王宫，在邵武县东三十五里，越王游赏之行宫也。今乐城里乐坂之上有古基犹存。越王渡，在邵武县……越王冢，在泰宁县西五里，高逾数十丈，世传人触之则有风雨之异。"④ 这些传说无论真实与否，都代表了后人对闽越国的历史记忆，成为历代文人构筑地方文化的资源。

闽越亡国后有部分越人逃居山林，免受迁徙，因而 20 多年后，昭帝始元六年（前 81）在闽越故地复设冶县（在今福州）⑤，属会稽南部都尉。然而，在此后近 300 年间，整个福建只有这一个沿海的县城，广大的内陆地区依然生活在王朝的控制之外，并经历了一段文献记载相对空白的时期。

东汉末年，东吴孙坚、孙策父子经营东南，闽越成为其重要的后方基地。在此背景下，东吴政权与闽越土著的冲突也频繁发生。汉献帝建安八年（203），闽中数地发生动乱，孙权派贺齐率军平叛。《三国志·贺齐传》记载：

> 候官既平，而建安、汉兴、南平复乱，〔贺〕齐进兵建安，立都尉

① 《史记》卷 114《东越列传》，第 2984 页。
② 参见杨琮：《闽越国文化》，福建人民出版社 1998 年版。
③ （宋）乐史撰，王文楚等点校：《太平寰宇记》卷 101《江南东道十三·邵武军》，中华书局 2007 年版，第 2019 页。
④ （宋）王象之：《舆地纪胜》卷 134《福建路·邵武军·古迹》，中华书局 1992 年影印本，第 3840 页。
⑤ 按，冶县恢复的具体时间未见记载，谭其骧先生认为应在昭帝始元六年（前 81），本书从此说。见谭其骧：《关于秦闽中郡、汉冶郡、汉县问题》，《福建地方志通讯》1986 年第 4 期。对于冶县设置的具体情况，可参见劳榦：《汉晋闽中建置考》，《中央研究院历史语言研究所集刊》第 5 本第 1 分，1935 年。

府，是岁〔建安〕八年也。郡发属县五千兵，各使本县长将之，皆受齐节度。贼洪明、洪进、苑御、吴免、华当等五人，率各万户，连屯汉兴，吴五六千户别屯大潭，邹临六千户别屯盖竹，同出余汗。军讨汉兴，经余汗。齐以为贼众兵少，深入无继，恐为所断，令松阳长丁蕃留备余汗。蕃本与齐邻城，耻见部伍，辞不肯留。齐乃斩蕃，于是军中震栗，无不用命。遂分兵留备，进讨明等，连大破之。临陈斩明，其免、当、进、御皆降。转击盖竹，军向大潭，三〔二〕将又降。凡讨治斩首六千级，名帅尽禽，复立县邑，料出兵万人，拜为平东校尉。十年，转讨上饶，分以为建平县。①

这段材料显示，反抗吴国的起义军主要是闽北建安、汉兴、南平三县的闽越土著。从三县有如此多的人参加反抗，贺齐在平定后又"料出兵万人"来看，三县设置的时间应当很短，所以贺齐采用的方法与对付新开辟的山越地区的办法完全相同②，即将土著人口掳走充军或迁往江淮等"内地"。

贺齐占据当地后，一方面将桀骜不驯的山越"料出"为兵，另一方面重建县治。此后 50 年间，闽地"山民"反抗不断，但都被吴军平定。③ 随着闽北战略地位的日益凸显，吴永安三年（260），于建安县（今建瓯市）设建安郡，并析其地立昭武、绥安等县，属建安郡管辖。邵武置县自此始④。建安郡是福建历史上最早的州郡，它表明闽中从县级管理单位升格为郡级管理单位，也标志着建安县在闽中的核心地位，"是福建开发史上的一个里程碑"⑤。

美国学者毕汉思根据福建各县的设置年代，论证各区域移民的来源和迁

---

① 《三国志》卷 60《吴书·贺齐传》，中华书局 1959 年版，第 1378 页。按，汉兴，今福建浦城县；大潭，今福建南平市建阳区。

② 葛剑雄：《福建早期移民史实辨正》，《复旦学报（社会科学版）》1995 年第 3 期。

③ 如，建安十二年至十三年间（207—208），东冶吕合、秦狼起事（《三国志》卷 55《吴书·蒋钦传》，第 1286 页）。东吴后期，建安郡山民起义（《三国志》卷 60《吴书·锺离牧传》，第 1393 页）。

④ 嘉靖《邵武府志》卷 2《王制·建制沿革》，第 50 页。按，建安郡领有十县：建安（今建瓯市）、建平（今南平市建阳区）、吴兴（今浦城县）、东平（治所未详）、将乐（今将乐县）、昭武（今邵武市）、绥安（今泰宁县、建宁县）、南平（今南平市）、候官（今福州市）、东安（今同安县、南安县）。参见嘉靖《建宁府志》卷 1《建制沿革》，第 3 页。

⑤ 徐晓望：《闽北文化述论》，中国社会科学出版社 2009 年版，第 66—67 页。

入时间。他认为邵武等县的设置与江西移民有密切关系。他说:"公元 257 年,江西的抚河及其支流同时设置五个县城……东江的源头已经靠近福建边界,此处有着一个通向富屯溪的宽阔隘口,这个隘口是移民的又一个主要通道。中原移民沿着富屯溪下行直到金溪口,然后折向西行,沿金溪上溯。接着,在 260 年就有两个县城(昭武、将乐——引者注)分别在富屯溪和金溪岸边出现。"① 在后来的历史发展中,江西抚州地区的确是邵武移民的重要来源。但是正如葛剑雄所言,昭武、将乐的设置离江西五县的设立才仅过 3 年,因此新县的设置应是出于治理的需要,而非外来移民的增加。②

总之,昭武县的置立揭开了邵武发展的新篇章。但是,这并非大规模汉人移民开发的结果,而是出于区域治理的需要。直到宋代,本地的居民仍以闽越土著为主。此后的数百年间,除了在更名和变动归属时偶尔被提及,邵武淡出了朝廷的视野,整个地区也沉寂于史家的笔端。

有趣的是,在唐宋时邵武却与一个有名的传说发生了联系。宋人乐史的《太平寰宇记》"邵武卷"介绍了乌君山、乌岭山、飞猿岭三座山峰。他是这样介绍乌岭山的:

> 在县西北三百里。乌岭峻极,不通牛马。以其与乌君山连接,因此为名。魏王泰《坤元录》云:"邵武有庸岭,一名乌头岭。北隰中有蛇长七八丈,为患,都尉长吏多致死者。巫言啖童女,其都尉、令长遂估赁人家婢子养之,八月祭送蛇穴,已九女矣。将乐县李诞有六女无男,小女名奇,及受雇,应之。奇买好剑,仍作数石米餈,用蜜灌之,以置穴口。蛇夜出,目如三尺镜。奇放犬咋蛇,奇从后以剑斫之,蛇涌出至庭而死。"③

乐史将《坤元录》中李诞之女斩蛇的传说附注于此,显然,他认为斩蛇传说中提到的"邵武有庸岭,一名乌头岭"即指乌岭山。按,《坤元录》又名

---

① [美]毕汉思撰,周振鹤译:《唐末以前福建的开发》,《历史地理》第 5 辑,上海人民出版社 1987 年版,第 278—291 页。

② 葛剑雄:《福建早期移民史实辨正》,《复旦学报(社会科学版)》1995 年第 3 期。

③ (宋)乐史撰,王文楚等点校:《太平寰宇记》卷 101《江南东道十三·邵武军》,中华书局 2007 年版,第 2018—2019 页。按,"奇买好剑",宋本《太平寰宇记》作"贵买好剑"。参见宋本《太平寰宇记》卷 101《江南东道十三·邵武军》,中华书局 1999 年影印本,第 9 页。

《括地志》，为唐太宗四子魏王李泰主修。李诞女斩蛇传说的大意是，在闽地的庸岭有大蛇为祸，专食童女，当地官府也无可奈何，而将乐县李诞之女有勇有谋，最终设计斩杀了蛇妖。实际上，这个传说也并非《坤元录》原创。目前所知，最早记载此事的是东晋干宝的《搜神记》。为便于讨论，兹引述如下：

> 东越闽中有庸岭，高数十里。其下北隙中有大蛇，长七八丈，围一丈。土俗常病，东冶都尉及属城长吏多有死者。祭以牛羊，故不得福。或与人梦，或下喻巫祝，欲得啖童女年十二三者。都尉令长并共患之，然气厉不息。共请求人家生婢子，兼有罪家女养之，至八月朝，祭送蛇穴口。蛇辄夜出，吞啮之。累年如此，前后已用九女。一岁，将祀之，预复募索，未得其女。将乐县李诞有六女，无男，其小女名寄，应募欲行，父母不听。寄曰："父母无相，惟生六女，无有一男，虽有如无。女无有缇萦济父母之功，既不能供养，徒费衣食。生无所益，不如早死。卖寄之身，可得少钱，以供父母，岂不善耶？"父母慈怜，终不听去。寄自潜严，不可禁止。寄乃行告贵，请好剑及咋蛇犬。至八月朝，便诣庙中坐，怀剑，将犬。先作数石米糍，用蜜灌之，以置穴口。蛇夜便出，头大如囷，目如二尺镜，闻糍香气，先啖食之。寄便放犬，犬就啮咋，寄从后斫，得数创。创痛急，蛇因踊出，至庭而死。寄入视穴，得其九女髑髅，悉举出，咤言曰："汝曹怯弱，为蛇所食，甚可哀愍。"于是寄女缓步而归。越王闻之，聘寄女为后，拜其父为将乐令，母及姊皆有赐赏。自是东冶无复妖邪之物。其歌谣至今存焉。①

上述记载被后世多部重要的类书转引，成为脍炙人口的"李寄斩蛇"故事。如隋代《北堂书钞》、唐初《艺文类聚》《法苑珠林》以及宋初《太平御览》均有收录。特别是《太平御览》，竟有 5 处提及。② 对比《坤元录》与《搜

---

① （晋）干宝撰，李剑国辑校：《新辑搜神记》卷17，中华书局 2007 年版，第 289—290 页。

② （隋）虞世南：《北堂书钞》卷 122《武功部一·剑》，《景印文渊阁四库全书》第 889 册；（唐）欧阳询：《艺文类聚》卷 94《兽部中·狗》，《景印文渊阁四库全书》第 887 册；（唐）释道世：《法苑珠林》卷 42《妖怪篇第二十四》，《四部丛刊》第 501 册；（宋）李昉：《太平御览》卷 47《地部十二·乌岭山》、卷 344《兵部七十五·剑下》、卷 437《人事部七十六·勇五》、卷 441《人事部八十二·贞女下》、卷 905《兽部十七·狗下》，《四部丛刊三编》景宋本。

神记》的斩蛇故事，可以发现，两者内容、情节高度一致。只是前者内容更简短，情节更简单些。可见，前者应是在《搜神记》的基础上删减而成。当然，两者内容也并非完全一致，不同之处有：1. 主人公名字不同。前者名李奇，后者是李寄。不过，都是记作李诞之女，"奇"与"寄"字形、音节都相似，因而这种差别可能是传抄中的讹误。2. 故事地点不同。《搜神记》提到蛇在东越闽中之庸岭，东冶都尉及属城长吏多有死者，以及斩蛇后"越王闻之，聘寄女为后，拜其父为将乐令"。这些都表明故事似乎发生在闽越国都城——东冶。《坤元录》则明确指出故事的地点是邵武庸岭，同时，为了更符合情理，不称"东冶都尉及属城长吏"，而是"都尉、长吏"，也不再涉及受越王赏赐的情节。

前已提及，闽越国于汉武帝元封元年（前110）覆亡，而将乐县的设置时间与昭武一样，都是吴永安三年(260)①。因而，在此之前不可能存在"将乐令"出现。尽管"李寄斩蛇"故事或许在史实方面经不起推敲，但这个故事本身还是有它的史料价值。至少它反映了在魏晋、隋唐时代的中原士人的认知中，福建地区无疑是远离王朝中心的蛮荒之地。那里山高水险，大蛇出没，巫鬼之风盛行，人们竟向大蛇献祭牺牲，甚至以童女为之。

值得注意的是，东晋的《搜神记》中"东越闽中"的东冶（今福州）是故事的发生地，而到了唐初《坤元录》则将故事地点具体落实到了邵武，此后宋代《太平寰宇记》因袭之。这种转换可以放到福建的开发进程中来解释。东晋时，整个闽地都还是"化外之地"，而至隋唐时期，福州等沿海地区快速发展，成为人文荟萃之所，②但僻处闽西北的邵武仍旧处于"蛮荒"之中。或许，在中原士人看来，斩蛇故事发生在"蛮荒"的邵武可能更加符合情理吧。

二、信鬼好巫

南方地区历来被认为具有悠久的"信巫鬼、重淫祀"民俗传统，延至宋

---

① 按，吴孙休永安三年，析建安之校乡置将乐县，属建安郡。参见（清）徐观海等纂：乾隆《将乐县志》卷1《建邑》，上海书店2000年版，第398页。

② 关于隋唐福建的发展状况，可参见徐晓望主编：《福建通史》第2卷《隋唐五代》，福建人民出版社2006年版。

明，仍然盛行不衰，①正如《夷坚志》所言："大江以南地多山，而俗機鬼。"②《宋史·地理志》总括闽地民风，指出："福建路，盖古闽越之地……其俗信鬼尚祀，重浮屠之教，与江南、二浙略同。"③闽西北山多林密，也是巫觋信仰流播之地。北宋初，闽县人刘若虚所见邵武社会："其俗鬼而不医，平居杀牛聚酒，侮欺善良。"④弘治《八闽通志》言及邵武府风俗，引宋元郡志云："人信巫鬼，疾病必祷，罕延医药，乡村尤甚。"⑤嘉靖《邵武府志》称："邵俗信鬼好祀不移，尤尚跳师，号咒鼓角之声，无城内外，日夜相闻。"⑥

在正统的官员和士人眼中，信鬼好巫是一种亟待整治的弊俗，为害甚大。

其一，崇尚淫祀与儒家礼制相悖，有碍教化。先秦儒家经典《礼记》指出："非其所祭而祭之，名曰淫祀，淫祀无福。"⑦宋儒李觏亦言"设祝史巫觋，其术近乎怪。"⑧唐永徽年间，张文琮出任建州刺史，发现"州尚淫祀，不立社稷"，于是下令"除去淫祀"。同时，推行符合朝廷礼制的社稷之祭，"俾民祭春秋二社"⑨。

其二，民众信巫不信医，危害健康。宋代南方民众多相信巫觋能驱鬼逐疫，治病禳灾，宋人范正敏即言："南人信巫，有疫疠不召医，命巫使行咒

①（汉）班固：《汉书》卷28下《地理志下》，中华书局1962年版，第1666页。相关研究参见林富士：《巫者的世界》，广东人民出版社2016年版；王章伟：《村巫社觋：宋代巫觋信仰研究》，中西书局2021年版。

②（宋）洪迈撰，何卓点校：《夷坚志》丁志卷19《江南木客》，中华书局1981年版，第2册，第695页。

③《宋史》卷89《地理志五》，中华书局1977年版，第2210页。

④（宋）蔡襄著，吴以宁点校：《蔡襄集》卷37《尚书屯田员外郎赠光禄卿刘公墓碣》，上海古籍出版社1996年版，第681页。

⑤（明）陈道修，黄仲昭纂，福建省地方志编纂委员会旧志整理组等整理：弘治《八闽通志》卷3《地理·风俗·邵武府》，福建人民出版社2006年版，上册，第65页。

⑥（明）邢址、陈让纂修：嘉靖《邵武府志》卷2《地理·风俗》，上海古籍书店1964年据天一阁藏明嘉靖刊本影印本，第43页。

⑦杨天宇撰：《礼记译注》"曲礼下"，上海古籍出版社2004年版，第49页。

⑧（宋）李觏著，王国轩校点：《李觏集》卷29《杂文·原正》，中华书局1981年版，第327页。

⑨弘治《八闽通志》卷37《秩官·建宁府》，上册，第1074页。

禁。"① 淳熙《三山志》批评福州风俗"疾溺于巫，丧溺于佛"②。福州知州蔡襄发现"闽俗左医右巫，疾家依巫索祟，而过医之门十才二三，故医之传益少"，民众罹患疾病时，信巫不信医，导致医者的传承更加困难。于是，他邀请精通医理的何希彭对御赐《圣惠方》进行修订，"酌其便于民用者，得方六千九十六"。并于庆历六年（1046）亲自作序，刻板印刷，"晓人以依巫之谬，使之归经常之道"③，试图以此普及医药知识，扭转人们的佞巫之习。

其三，迎神赛会时，人员密集，又常用兵仗，对地方统治秩序构成潜在威胁。宋朝法令严禁民间私有兵器④，对于赛会中使用兵器仪仗的行为，也同样保持高度警惕。宣和六年（1124）诏令，赛会中即便没用武器，只要是"利刃"，处罚也比照用武器，只有"以竹木为器，蜡纸等裹贴为刃者，不在禁限"⑤。尽管令行禁止，但各地迎神仍常用兵仗。乾道三年（1167）邵武知军王份奏言：

> 本军管下乡村，多有不畏公法之人，私置兵器，结集人丁，岁以为常，谓之"关社"。持枪杖，鸣锣鼓，千百成群，动以迎神为名，甚者倚恃徒党，因而为盗。欲望约束行下，自今有犯并依结集立社法，庶几顽俗有所畏惮。⑥

由王份所述可知，南宋前期邵武乡村社会形成了一些名为"关社"的神明信仰组织。他们私置兵器，结集成群，以迎神为名，举行盛大的宗教集会，成为影响地方治安的隐患，引起了地方官员的深切担忧。王份请求朝廷下令约

---

① （宋）范正敏：《遁斋闲览》"医巫"，载（明）陶宗仪等编：《说郛三种》卷32，上海古籍出版社1988年版，第552页。

② （宋）梁克家纂：淳熙《三山志》卷39《土俗·戒谕》，《景印文渊阁四库全书》第484册，第576页。

③ （宋）蔡襄著，吴以宁点校：《蔡襄集》卷29《圣惠方后序》，第519页。

④ 例如，开宝三年（970）五月下令："京都士庶之家，不得私蓄兵器"，此后有一再申明此令。参见《宋史》卷197《兵志一一》"器甲之制"，第4909—4912页。

⑤ （清）徐松辑，刘琳等点校：《宋会要辑稿》"刑法二·禁约四"，上海古籍出版社2014年版，第14册，第8386页。

⑥ （清）徐松辑，刘琳等点校：《宋会要辑稿》"刑法二·禁约四"，第14册，第8386页。

束，援引"结集立社法"惩治所犯之人，以遏制这一"顽俗"。

其四，民间信仰活动中容易出现敛财害民的现象。元丰中，上官均谪知光泽县，"有巫托神能祸福，人致赀甚富"，上官均于是"焚像、杖巫，出诸境"①，对骗人钱财的巫觋进行严厉打击。景定二年（1261），史字之出任建宁知府，"建俗襪鬼，恶少身殉淫祠，愚氓神事之。公捕为首者，正其罪。溪流湍悍，竞渡斗争，多覆溺。严为科禁，俗遂革"②。在地方官眼中，乡民崇信淫祠与端午竞渡都是扰害地方秩序的劣俗，应当查禁革除。

因历史文献的某些局限，关于宋代闽西北的信鬼好巫之俗，史籍的记载不足以让我们得知其细节，而宋代的笔记小说刚好能弥补此不足，尤其是洪迈的《夷坚志》具有突出价值。洪迈《夷坚志》是宋代篇幅最大的志怪小说集，所载虽多为怪闻异说，却具有深刻的社会文化隐喻，折射着宋人对现实世界的关怀。③ 笔者从中统计出20多则或发生在邵武或与当地士人有关的故事，另结合其他笔记小说的记载，考察宋代邵武的宗教活动、信仰风俗，并探讨外地士人对当地的认知情形。依据内容主题的不同，这些故事大致可分为奇人异士、神明灵应、行旅奇遇三大类。

（一）奇人异士

这类故事讲述了多位邵武士庶的传奇经历，他们中有的具有预知祸福的本领，有的曾与世外高人打过交道。邵武巫者俞翁，"善相人，尤能听器物声验吉凶"④，成功预测郡中士子叶祖洽与上官均将在同年及第，并分别考取状元、榜眼，又预言四名扰害地方的士兵将会不幸溺亡。术士谢极"精地理学"，游历临川，能在梦中获知两位士子的科举和宦海前程。⑤ 徐熙春与冯观国则是法

---

① 《宋史》卷355《上官均传》，第11178页。
② （宋）王应麟：《四明文献集》卷5《故观文殿学士正奉大夫墓志铭》，民国四明丛书本，第5页。
③ 铁爱花、曾维刚：《旅者与精魅：宋人行旅中情色精魅故事论析——以〈夷坚志〉为中心的探讨》，《中国史研究》2012年第1期；张文、范梦：《从女鬼故事看宋代妾婢的人间生活——宋代妻妾关系研究》，《安徽师范大学学报（人文社会科学版）》2011年第1期。
④ （宋）洪迈撰，何卓点校：《夷坚志》甲志卷9《俞翁相人》，中华书局1981年版，第1册，第76页。
⑤ （宋）洪迈撰，何卓点校：《夷坚志》支志乙卷10《刘暐做官》，第2册，第873页。

术高明的道人，前者奇遇"铁冠道服"的方士，获赠仙草，"自此不服粒食，但饮清泉"①；后者"游方外，遇异人，得导引内丹之法，凡天文地理、性命祸福之妙，不学而精"，"所言人吉凶及阴阳变化，尽验"，自称"无町畦道人"。②《吕翁践钱》和《天津丐者》则是两个与异人失之交臂的故事。香纸店家殷氏因对化身道人登门乞钱的吕仙无礼怠慢，错失了度化成仙的机会。③官员王懹虽有善举，受到化身乞丐之异人的三次报答，但都因嫌弃其污垢，错失良机，而懊悔不已。④

在一些故事中，邵武的士人也有奇异的表现。乡居官员谢源明夏夜散步时，看见亡魂到街坊家投胎。⑤侨居洪州的窦思永则梦到当地监税、邵武人谢希旦来拜访，是夜亥时妻生一子，而"谢生正以是时死矣"⑥。更为神奇的是，思永为其子取名"宜哥"，竟与谢希旦的小名相同。

（二）神明灵应

此类故事为数众多，讲述各种神明灵应事迹。广祐王欧阳祐是唐宋时期闽西北最著名的神明之一，被视为灵验的科举神明，而大获士子们的青睐，其祖庙亦成为知名的祈梦之所。笔记小说中关于欧阳祐信仰的故事也相对较多。泰宁士子邹应龙曾往大乾庙焚香，夜里梦到钱堆撒满地，而自己仅拾得二十五文。后来邹应龙高中状元，恰好二十五岁，贺者为他解梦曰："钱上有元字，状元之谓也。"应龙也觉得神明指示真切，"自书其事，以告南城友人"⑦。建宁人刘策往邵武广祐王庙乞灵，"梦神人书字其手，曰'一明主簿'"⑧。对于这个神启，刘策并不满意，他不愿一生只能官至主簿，极力抗争，但最后仍改变不了注定的命运，当了一个月的主簿便离世了。在另外一些故事中，士人黄丰、

---

① （宋）邵雍《梦林玄解》卷16《梦占·铁冠》，明崇祯刻本，第6页。

② （宋）洪迈撰，何卓点校：《夷坚志》丙志卷19《无町畦道人》，第2册，第528页。

③ （宋）陆佃：《增修埤雅广要》卷41《神异门·吕翁践钱》，明万历三十八年孙弘范刻本，第6页。

④ （宋）洪迈撰，何卓点校：《夷坚志》甲志卷18《天津丐者》，第1册，第162—163页。

⑤ （宋）洪迈撰，何卓点校：《夷坚志》支志景卷3《邵武酒家女》，第2册，第901页。

⑥ （宋）洪迈撰，何卓点校：《夷坚志》甲志卷13《谢希旦》，第1册，第114页。

⑦ （宋）洪迈撰，何卓点校：《夷坚志》三志壬卷1《邹状元书梦》，第4册，第1470页。

⑧ （宋）洪迈撰，何卓点校：《夷坚志》支志乙卷10《一明主簿》，第2册，第871页。

冯谔、张注都通过祈梦获得了神明指示，并在若干年后得到应验。①《泰宁狱囚》故事里，广祐王则具有为民申冤的神迹，让拒不招供的死囚认罪伏法。②

（三）鬼怪精灵

法国学者让·韦尔东（Jean Verdon）指出，"有一种东西，中世纪的旅行者最怕与之相像，那就是魔鬼"③。这一观点，道出了传统社会人们在外出旅行时普遍信仰并惧怕鬼神精怪的心理。《夷坚志》收录了几则发生在邵武境内的行旅遇险故事。《邓富民妻》讲述了鬼魂复仇的故事。富民邓生买一妾，宠爱备至，其妻不堪忍受，自经而死，后来化作鬼魂回家报复。④《鳝化蛟》的情节也非常离奇。开食店者买得一条小白鳝，极为爱惜，逐日长大，遂放于街边巨井中。忽一日，人们看到井内白鳝两目中射出两条火焰，"而其身已如巨木"。接着，天气昏黑，大雨不止，白鳝腾空而去。"井水进涨，四郊洪水骤至，栋宇俱没"⑤，淹死者甚众。

三、剽悍不驯

宋元时期闽西北山区民众以剽悍不驯、刚勇斗狠著名，史志对此多有记载。明嘉靖《邵武府志》引《晋书·地理志》云："其俗刚烈峻整，其民尚气鲠直。"又引宋元旧志云："人性轻扬，尚鬼好祀，刚烈尚气。"元代《武阳志略》在称赞邵武"人尚理学……有邹鲁之遗风"的同时，也强调"近年此地文风弗振，深山穷谷之民，豪暴喜斗，健讼而耻不胜"。⑥弘治《八闽通志》引宋元旧志评价邵武府属县风俗，其中，邵武县"犷直尚气，力农重谷"。泰宁县"健讼喜斗，而耻不胜"。光泽县"人性犷直"。建宁县"山厉水刻，故人刚烈而峻

① （宋）洪迈撰，何卓点校：《夷坚志》丙志卷16《冯尚书》，第2册，第506页；《夷坚志》丁志卷2《张注梦》，第2册，第550—551页。
② （宋）洪迈撰，何卓点校：《夷坚志》三志己卷5《泰宁狱囚》，第3册，第1336页。
③ ［法］让·韦尔东：《中世纪的旅行》，赵克非译，中国人民大学出版社2007年版，第289页。
④ （宋）洪迈撰，何卓点校：《夷坚志》支景卷2《邓富民妻》，第2册，第890页。
⑤ （宋）陆佃：《增修埤雅广要》卷39《气化门·鳝化蛟》，明万历三十八年孙弘范刻本，第6页。
⑥ 嘉靖《邵武府志》卷2《地理·风俗》，第42页。

整";"君子则尚志力学，有逊顺之风，小人则狃斗喜胜，有犷暴之气";又称其"土俗刚犷，民易动难安，调驭有方，则怡然听命"。①

邻近的建宁府也是一个易动难安的区域。弘治《八闽通志》引南宋《建安志》称建宁之民："尚气而喜节……易斗而轻生，君子勇于为善，小人敢于为恶。"又引宋人盛均言"其民猱黠而易随"。②南宋淳熙间出任建宁知府的韩元吉在《建安县厅题名记》中坦言，当地虽然科第兴盛，然而民风剽悍，刚烈好斗，治理不易：

> 其民得山水之秀者，类狎于文；而赋其厉气者，亦悍以劲……家有诗书，户知法律，虽三岁贡籍甲东南，而败群之氓，佩刀挟矢，间起而为斗暴，否则匿役避赋，持短长以竞其私。故其居官者，誉少而谤多……天下之县，号难者多在闽，而建安为之最。③

面对地方社会的各种有碍治理的"陋俗"，地方官多运用行政干预与教化宣导并举的方式，以实现正民风、厚风俗的职责，维护社会秩序、改善社会治理。

其一，劝谕告诫，教化引导。宋代地方官员在到任之初，往往先采用温和的劝谕方式，向民众宣传儒家伦理和朝廷律法。④南宋邵武知军方岳曾发布过一篇内容丰富的《邵武军劝谕》，反映了外来官员对闽西北风俗的认知以及变易风俗的努力，兹不惮繁复，迻录如下：

> 太守本深山农夫，不习为吏，闽中风土尤所未谙。误恩此来，再三辞不获。君命所在，勉已祗承。盖以前在庐山断决湖广总所纲梢之强横者，至勤总使举劾，庙堂无以处之，姑与两易。若所易之郡地望稍高，则可以终于控辞，坚定不出。今邵武与南康无以大相过，而又以近移远，宜若贬然。此太守之所以不得不来也。太守愚鄙，一生草茅，但知有公是非，不知有实利害。今至邵武，岂能改前之为？惟尔士尔民，颇哀老子，谅其拙

---

① 弘治《八闽通志》卷3《风俗·建宁府》，上册，第66页。

② 弘治《八闽通志》卷3《风俗·建宁府》，上册，第58页。

③ （清）张琦修，邹山、蔡登龙纂修：康熙《建宁府志》卷43《艺文三》，清康熙三十二年刻本，第2—3页。

④ 杨建宏：《论宋代官方谕俗文与基层社会控制》，《湖南社会科学》2006年第3期。

直，毋犯有司。太守得之所闻，未知信否，不敢不以告也。

此邦山水峭刻，土驿以刚。人生其间，负气而好勇，甚者相劙相刃，雠杀为常，佩犊带牛，习于陵暴。此岂太平之世所谓王民者哉！太守以为风土之刚，本是天赋之美尔，民自缪用之耳。李忠定公生于此邦，亦禀此气，中兴事业只是刚气中做出来。今尔民却把这好底刚气，做出无限不好底事，岂不可惜？诸人气禀与李忠定公气禀一般，若养此气，勇于做好事，则为功名，为节义，载在史册，千古馨香。若纵此气，勇于做恶事，则为凶人，为刑徒，传之乡曲，千古臭秽。所谓"惟圣罔念作狂，惟狂克念作圣"，即此之谓也。人心天理，本自不相远，只是一时忿气不能少忍耳。

太守今劝谕尔士民，不过"惩忿"两字。忿心忽起，即忍之顷刻间，有终身受用不尽者。若刻核太甚，则有不肖之心应之矣。若一朝之忿，忘其身以及其亲，不得谓之考终命矣。生为顽民，死为狠鬼，亦何乐而为此！自今其无斗殴，无陵犯，无嚣讼，无生伤，将使俗厚风醇，入孝出悌，乡邻有义，宗族有亲，则岂惟此邦太守与受其赐！幸听无忽。①

方岳，字巨山，号秋崖，祁门（今属安徽）人，绍定五年（1232）进士，南宋诗人、词人，淳祐九年至宝祐元年（1249—1253）担任邵武知军。方岳在《邵武军劝谕》中大体表达了三层意思。

首先，坦言自己因在知南康军时，刚正不阿，触犯湖广总领贾似道，才被调任邵武。以"太守本深山农夫，不习为吏"，"太守愚鄙，一生草茅"的谦辞，表明"但知有公是非，不知有实利害"，将继续奉行秉公执法，不畏权贵的坚定立场。

其次，方岳明确指出闽西北地区山水峭刻、风土刚劲，民风负气刚勇、强悍好斗的风俗特点。在此环境下，虽也诞生出刚直不阿、勇于任事的一代名相李纲，而普通民众则多沾染了好勇斗狠、桀骜不驯的习气。这些"陋习"给地方官府的统治造成了威胁，方岳在多篇文章中表露不满。例如，他在《谢放罪

---

①（宋）方岳：《秋崖先生小稿》卷35《邵武军劝谕》，明嘉靖五年刻本，第9册，第28—29页。

表》中描述邵武风俗："伏以此邦之俗，佩犊带牛，轻生之民，喜人怒兽。而属者常行之狱讼，乃率然擅动于干戈。鸡犬为空，使二人身首之异处；猿狙皆怒，宜一时血气之愤张。"① 在《邵武军丐祠》中提及"邵武之俗大异康庐，伤弓之民难安，带刀之俗易动"②。在《邵武军到任谢庙堂》中，则批评"顽民"不遵律法，不服管教。"盖樵外之为郡，多风波之悍民。问马及羊，莫施钩距；带牛佩犊，动以兵争。固尝弄锄挺而贻丙枕之忧，至今解纲纽而无甲令之惧。"③

最后，方岳告诫士民须克制忿怒，安分守己，切勿逞一时之气，斗殴伤人，妄起讼争。如此方能达到理想的治理效果："自今其无斗殴，无陵犯，无嚚讼，无生伤，将使俗厚风醇，入孝出悌，乡邻有义，宗族有亲"。

其二，严明律法，惩治首恶。若地方"陋俗"对朝廷的统治秩序造成重大挑战，或被认为与儒家礼教严重不符，地方官则会采取严厉措施，惩一儆百。绍兴中邵武军通判林珣，便以铁腕手段整治桀骜不驯的戍卒。"有水口土军擅开武库，被甲持刃，惊动远迩。珣以计抚定，得其首恶四人，按诛之，余一无所问。先是和平、大寺两寨戍卒，循习纵肆，官吏不能弹压，自此为之帖然"。对于欺侮良善的地方势力，林珣也强力弹压。"凡平时能害齐民，如公吏、弓手、亡赖子弟及诈为秀才、宗室者，以事诣曹，穷治不贷，悉皆敛迹。一郡方安其惠化。"④

陈居仁主政建宁府时："俗尤劲悍，动辄杀人。公始治斗殴，尤严于为首者，环视不劝止，亦且连坐，斗者为之衰息。"建宁诉讼频仍，缘于有人以兴讼为业，奸吏又从中作梗。有鉴于此，"公亲笔数百言，疏其情状，示以法禁，且戒属邑无轻受妄诉，受者先坐之，举必行之令，严反坐之法，自此龉讼顿清矣。"⑤ 陈居仁颁布禁令，采取强硬措施，健讼之风得到抑制。

其三，销毁兵器，消弭祸端。宋代民间私置武器之风盛行，官府为了维

---

① （宋）方岳：《秋崖先生小稿》卷 1《谢放罪表》，明嘉靖五年刻本，第 2 册，第 11 页。

② （宋）方岳：《秋崖先生小稿》卷 4《邵武军丐祠》，明嘉靖五年刻本，第 2 册，第 39 页。

③ （宋）方岳：《秋崖先生小稿》卷 9《邵武军到任谢庙堂》，明嘉靖五年刻本，第 3 册，第 34 页。

④ （明）黄淮：《历代名臣奏议》卷 143，《景印文渊阁四库全书》第 437 册，第 33 页。

⑤ （宋）楼钥：《攻媿集》卷 89《华文阁直学士奉政大夫致仕赠金紫光禄大夫陈公行状》，王云五主编：《丛书集成初编》第 2018 册，商务印书馆 1935 年版，第 1217 页。

护统治秩序和社会治安，不断颁布禁令，加强管制。① 如乾道三年（1167）邵武知军王份奏言："本军管下乡村，多有不畏公法之人，私置兵器，结集人丁，岁以为常，谓之'关社'。"② 他请求朝廷申严条令，予以禁止，宋孝宗"从之"。淳熙六年（1179），邵武知军赵师龙下令清理收缴民间武器。邵武士人黄涣（字德亨，淳熙五年进士）作《大乾祠香炉铭》记录了这次清缴行动：

> 淳熙五祀，郡侯赵师龙来守之。明年，爰饬有司，辑所藏凶器，铸为炉鼎，敬致于大乾祠下，重神贶也。维昭武俗尚剽僄，眦睚之隙，凭怒恃狠，动必申剚。先是，为政者徒事刚击，威愆力弛，犹罔克禁。侯独济以平恕，俗用浸殄而刃不可处，以为钱镈，则农必憎悍；以为矛槊，则时无弄兵。惟夫销铄其鸷忍，熏燰其蜮螫，杜蚌绝牙〔芽〕，以垂休于永久者。③

材料显示，赵师龙接任知军后，面临着严峻的治安形势。"俗尚剽僄，眦睚之隙，凭怒恃狠，动必申剚。"民众恃狠好斗，动辄刀兵相见。南宋名臣楼钥为赵师龙所作的《知婺州赵公墓志铭》也提道："〔邵武〕土俗慓悍，至白昼以刃相残，有手刃十余人者。又多盗。公重为之禁，俗为衰止。"④ 于是，赵师龙下令收缴斗殴之凶器，将其铸为炉鼎，敬献给邵武守护神福善王欧阳祐的祖庭——大乾祠。黄涣认为，以往的地方官对于持械斗殴的处置"徒事刚击"，过于依赖强力手段，效果难以持久，"威愆力弛，犹罔克禁"；而赵师龙能采取相对温和的方式"济以平恕"，效果更佳。将收缴的武器铸为大乾祠炉鼎，以民众对欧阳祐的虔诚信仰化解其负气斗狠之习气，方能"杜蚌绝芽，以垂于永久者"。

总而言之，直到两宋时期，邵武所在的闽西北，一直是王朝国家控制和儒家文化传播都较为薄弱的地区。当时的文献中，存在着不少带有荒诞色彩的描述，呈现出闽西北作为"化外之地"的文化形象。

---

① 程民生：《宋代民间的武器及政府管制》，《中国史研究》2013 年第 3 期。
② （清）徐松辑，刘琳等点校：《宋会要辑稿》"刑法二·禁约四"，第 14 册，第 8386 页。
③ （宋）黄涣：《大乾祠香炉铭》，载嘉靖《邵武府志》卷 10《祀典》，第 25 页。
④ （宋）楼钥：《攻媿集》卷 102《知婺州赵公墓志铭》，王云五主编：《丛书集成初编》第 2020 册，商务印书馆 1935 年版，第 1434 页。

第二节　州县治理与“峒乱”应对

通过以上论述可知，尽管早在三国时期邵武即已立县，但是王朝没有在地方社会建立一套正规的机制，以普及儒家的伦理、道德与学说，也没有迹象表明士大夫的道德与秩序在土著社会教而化之。在文化上进行移风易俗的努力开始于北宋。这是一个漫长而曲折的治理过程，触及了地方社会复杂的利益结构，南宋时期层出不穷的“峒乱”，正是土著社会剧烈反应的一种表现形式。

一、宋代的州县治理

宋太宗太平兴国四年（979），邵武县从建州脱离，升格为邵武军。不过此后近40年，邵武的地方行政并没有发生太大的变革。历任知军多“政尚清简”，以较温和、平稳的方式维持政府的运转。[1] 这种略显沉闷的局面，最终由闽县人刘若虚打破了。大约在天禧元年（1017），刘若虚出任邵武知军，赴任伊始，他对邵武的风俗有这样的体会：

> 其俗鬼而不医，平居杀牛聚酒，侮欺善良。喜斗击，以气力加人，而得罪戮，意慊不恨。[2]

在这位儒家信条的坚定信奉者眼中，[3] 邵武俨然是一处未经教化的蛮荒之地：居民信奉巫鬼，病不延医；违禁杀牛，纵酒取乐；恃强斗狠，虽获重刑，仍不思悔改。这样的风俗一定与他的理想相去甚远。于是，他开展了一场声势浩大

---

① 例如，首任知军张度“首创军治，有治绩”；陈从易“专务以德化人”；苏为“政尚清简”，俱见嘉靖《邵武府志》卷12《宦绩》，第17页。

② （宋）蔡襄著，吴以宁点校：《蔡襄集》卷37《尚书屯田员外郎赠光禄卿刘公墓碣》，第681页；（清）王琛等修，张景祁等纂：光绪《重纂邵武府志》卷15《名宦·刘若虚》，上海书店出版社2000年影印本，第277页。

③ 据说，刘若虚“通《五经》大要，摘其旨义以为修身治官之用”。此外，他在日常生活中也恪守儒家纲常，“居家事亲，亲有疾，不食酒肉；居亲侧，虽大暑中夕必严衣冠”。参见（宋）蔡襄著，吴以宁点校：《蔡襄集》卷37《尚书屯田员外郎赠光禄卿刘公墓碣》，第681页；（明）何乔远：《闽书》卷72《英旧志·缙绅·福州府·刘若虚传》，福建人民出版社1995年点校本，第3册，第2132页。

的移风易俗运动。蔡襄在为其所作的墓志中，有这样的记载：

> 公至，彻〔撤〕淫祠，禁巫觋，教病者药。朋醉群斗、贼窃恃强，置于深法。又治孔子庙，收学者，为之开说孝弟之行，尊奖贤节。吏民刷故所为，而听公之所以为，俗习大变。①

刘若虚采取的是儒、法结合的举措。一方面，以严刑峻法禁毁淫祠，打击各种抗法行径；另一方面，倡行儒学，设孔子庙，推行教化。这次整顿约持续3年，以天禧三年（1019）刘若虚卒于任而告终。据说，取得了不错的成效，"俗习大变"。墓志的记载或许有溢美的成分，我们不应对这次行动的功效作太高估计，但不妨将其视为官府大力推行文教的开端。

约在刘若虚离世3年后，建宁人曹修睦出任知军。他在任内"性廉介自立"，"有善政"。②曾有兄弟为争田产兴讼，曹修睦"为陈兄兄弟弟之义"，以道德伦理进行调解，"民弃让不争"。③天圣二年（1024），他创建学校，是为郡学之始。④这时的郡学应该较为简陋，因此庆历七年（1047）知军宋咸又"增广学舍，复买田以给之"⑤。

从《闽书》的记载可知，宋咸是一位充满实干精神的儒学家。一方面，他对儒家经典颇有研究，勤于著述，著有《易注》《杨子法言注》《毛诗正纪外义》《论语增注》《朝制要览》诸书，"每任所撰著，辄为一集，一时诸贤皆为之序"⑥。特别是前两种著作，具有新见，大受欧阳修的称赏。另一方面，他热衷于推行文教，出任尤溪知县，"重建庙学，教养有方"。知邵武军时，"立学置田以养士"。后以功升职方员外郎，奏请于琼州（今海南）"立学赐经史，以变夷风"⑦。

---

① （宋）蔡襄著，吴以宁点校：《蔡襄集》卷37《尚书屯田员外郎赠光禄卿刘公墓碣》，第681页。

② 弘治《八闽通志》卷39《秩官·名宦·邵武府·曹修睦》，上册，第1121页；嘉靖《邵武府志》卷12《宦绩·曹修睦》，第17—18页。

③ （宋）蔡襄著，吴以宁点校：《蔡襄集》卷38《尚书司封员外郎曹公墓志铭》，第698页。

④ 嘉靖《邵武府志》卷7《学校》，第1页。

⑤ 弘治《八闽通志》卷39《秩官·名宦·邵武府·宋咸》，上册，第1121页。

⑥ （明）何乔远：《闽书》卷95《英旧志·缙绅·建宁府》，第4册，第2858页。

⑦ （明）何乔远：《闽书》卷95《英旧志·缙绅·建宁府》，第4册，第2858页。

宋咸在邵武知军任上也取得了不错的政绩。《八闽通志》记载他：

笃意爱民，尤拳拳于劝学，虽牒诉盈庭，必躬诣学，与诸生讲论酬应不倦。学徒至者日益多，乃为增广学舍，复买田以给之。李泰伯作《庄田记》。他如公署、桥梁、道路，亦多所修建。①

可见，宋咸广泛主持各种公益事业，特别对劝学抱有浓厚的兴趣，虽公务繁忙，仍亲自参与讲学。文中提到的李泰伯，即北宋著名的思想家、教育家李觏，江西建昌军南城（今江西资溪县）人，其文集中收录有《邵武军学置庄田记》。据载：

庆历七年春三月几望，武阳假守宋公以治学宫成，识之已详。后三甲子有奇，教授龚君与其学子授使者以币，走三百里，谒于余曰：敝邑得天，故吾公来。昔昏以旦，昔寒以燠。视人如其身，视学如有神。言必于是，行必于是。虽牒诉盈庭，简墨在前，而与士大夫讲解对问，犹燕居时。故自庠门开，不几月，慕焉而来者不绝。将恐褊小弗能容，又翼中门，筑两斋矣。乡之善良喜公之为子弟之有属也，不爱其赀，愿易土田以备粮用。凡出泉若干万，得田若干顷，岁食若干人。既有成矣，而公之记所未书。吾惟子之望。②

可知，在宋咸亲自讲学的带动下，邵武子弟中向学者日众，先前的郡学已无法容纳。因而，宋咸为之扩展。郡中的富民受其影响也纷纷解囊，捐资助学，增置学田若干顷，以为膳学之用。李觏接着谈道：

吾游江淮而南不一日，有庠序者不一邦，踵其地而问之："栋宇修欤？"或曰："为去官之舍馆矣。""委积完欤？"曰："充郡府之庖厨矣。""刺史在欤？"曰："某院参禅，某寺听讲矣。"噫！释之行固久，始吾闻之疑，及味其言，有可爱者，盖不出吾《易·系辞》《乐记》《中庸》数句间。苟不得已，犹有老子、庄周书在，何遽冕弁葡匐于戎人前邪？……

今宋公之仕，唯其本之培。下应其诚，优为之备，教化之效也。如此，吾所谓学，非若释夸庄严；吾所谓田，非与释垺供养。诚以今兹学

① 弘治《八闽通志》卷39《秩官·名宦·邵武府·宋咸传》，上册，第1121页。
② （宋）李觏著，王国轩校点：《李觏集》卷23《邵武军学置庄田记》，中华书局1981年版，第252页。

者，或自远来，居处不宁则愁，饮食外取则劳。去愁与劳，人虽下中，得以自尽于术，况其卓者哉？历文之津，茁道之芽，入可以正其家，出可以表天下。为民教子，为国养材，莫之尚已……公之学问无不该，而其是非一之圣人，故文辞可法。施于吏道，民大悦。盖将挥之庙朝，一郡一学乃其桷。①

当时，东南地区的佛教氛围炽盛，许多士人、官员亦热衷其中，兴佛寺、舍寺田，却不重视学校的投入，甚者占用校舍、挪用经费。在李觏看来，宋咸的行为实在难能可贵，他盛赞宋咸弘扬圣道、培植根本、注重教化之长远，为学生解决了宿、食之忧，"为民教子，为国养材，莫之尚已"。

宋咸之后，地方官员强化治理、教化百姓的努力仍在持续。淳熙四年（1177），宋宗室、绍兴余姚人赵师龙出任邵武知军，他在任内颇有作为，政声卓越，"邦人刻石纪焉"。②在南宋名臣楼钥撰写的《知婺州赵公墓志铭》中有如下记载：

郡以运盐为岁计，积蠹殊甚，用度益匮，僚吏俸给至累月不支。公划碎百弊，规画一新，课入增衍。去郡之日，帑藏充溢，至今赖之。

土俗慓悍，至白昼以刃相残，有手刃十余人者。又多盗。公重为之禁，俗为衰止。尝捕强盗至庭，公一阅知其非，纵释之。邦人疑其太匆猝，已而得真盗，众始骇叹，以为神。有富民兄子尚幼，熏其目，又寘毒食中，幽囚以觊其死……公为析其产，命医用药，复为全人，真生死肉骨之恩也。

兴郡县二学，增其廪给。鼎新贡闱，士气益奋，遂有以经学冠南宫者。造铠甲，承命最后而办集最早……上供溢额，亦不自言。郡人刻石以纪政绩。③

由此可见，赵师龙的政绩主要体现在三个方面。一是整顿盐务，清理积弊，财政收入由此大幅增加；二是强化治安，重典整治械斗和盗案，又能明察秋毫、体恤民情；三是兴学重教，新修学宫，增加士子津贴。

---

① （宋）李觏著，王国轩校点：《李觏集》卷23《邵武军学置庄田记》，第252页。
② 光绪《重纂邵武府志》卷15《名宦·赵师龙传》，第278页。
③ （宋）楼钥：《攻媿集》卷102《知婺州赵公墓志铭》，王云五主编：《丛书集成初编》第2020册，商务印书馆1935年版，第1434页。

嘉定间（1208—1224）又一位宋宗室赵时通知军事。他上任后，首先发布谕俗文劝诫乡民"毋纵酒，毋尚气，毋挟兵刃"。又推行保甲法，打击械斗。"令民五家一甲，甲内有欲杀人不觉察，既杀人不亟捕者，皆坐之。于是以刃相戕者为少戢。"①同时，赵时通还实施了一系列惠民举措，包括设药局、立济贫库、置学田、校阅士卒。"虑民之饵伪剂也，为置局以惠之。虑贫之者之难于称贷也，为立库以济之。学廪不足，则议买田，以助其给。兵弗闲于艺，则时按阅，厚赏激，以示之劝。"嘉定十四年（1221）赵时通卒于任上，理学家真德秀为其撰写墓志，赞曰："懿哉赵侯，恳款平实。天府片言，而解絷者百数；樵川三月，而怀恩者千室。"②

淳祐末年（约1250），建安人叶寀知军事，"以学行称。尝作郡乘，买田筑祠，祀文公〔朱熹〕于郡泮，复给田若干顷，祠文公于光泽县，而以其师李果斋配"③。淳祐间（1241—1252），邵武军教授方澄孙"宾礼耆宿，作成俊秀，一经赏识，后多知名……置贡士庄以待西上者"④。景定间（1260—1264）方澄孙被擢升为知军。"时郡岁三易守，公私赤立。澄孙躬清苦节缩，支吾乏绝，拊柔犷俗，表倡儒行。建樵川书院，祀李忠定，以广教养。"⑤当时元兵屡欲渡江，邵武秩序亦动荡不安，郡守屡换，财政吃紧，方澄孙上任后开源节流，填补亏空，安抚民心。同时，倡行儒家教化，移风易俗，创建樵川书院，祀忠定公李纲，表彰忠义。方澄孙的表现获得了朝廷的认可与拔擢，刘克庄执笔的《知邵武军方澄孙在任政绩转一官》制书，对其高度评价道：

> 樵与汀邻，其俗剽悍，易动而难安。尔以书生作牧，私淑其士，勤拊其民。昔之在城阙者，今在颎矣。昔之佩刀剑者，今佩犊矣。又能以积

① （宋）真德秀：《西山先生真文忠公文集》卷44《赵邵武墓志铭》，《四部丛刊》第1283册，第129页。

② （宋）真德秀：《西山先生真文忠公文集》卷44《赵邵武墓志铭》，《四部丛刊》第1283册，第131页。

③ 弘治《八闽通志》卷39《秩官·名宦·邵武府·叶寀》，上册，第1122页；另见嘉靖《邵武府志》卷12《宦绩·叶寀》，第18页。按，朱熹弟子、理学家李方子，号果斋。

④ （宋）刘克庄著，辛更儒笺校：《刘克庄集笺校》卷162《墓志铭·方秘书蒙仲》，中华书局2011年版，第13册，第6314页。

⑤ 弘治《八闽通志》卷39《秩官·名宦·邵武府·方澄孙》，上册，第1122页。

累纾郡计，以节缩广学宫。前命尔登瀛，以大臣言尔之才学也；今命尔增
秩，以台阁上尔之治行也。可谓之异恩矣。可。①

即使到了风雨飘摇的南宋之末，地方官员对儒学教育的投入仍未停歇。咸
淳五年（1269）邵武知军廖邦杰再次增置郡学养士田。② 至此，邵武军学田已
经形成了相当规模，体系也较完备。其中，贡士庄田岁收不详，养士田岁收禾
21999 秤有余，祠祭田岁收禾 1295 秤，登云田岁收禾 2500 秤有余。③

综上可见，两宋时期，随着区域地位的提升，中央王朝对闽西北的地方治
理也愈加重视。地方官作为朝廷在地方的代理人，多以重整社会秩序为己任，
以普及儒家教化为目标。其地方治理手段既有强硬的行政干预，也有相对温和
宣教活动。前者主要包括打击盗贼、严惩械斗；移风易俗，禁毁淫祠；秉公裁
断，平息狱讼等。后者大体包含兴办学校，增广学田；表彰忠义，倡行儒学；
劝谕告诫，规范言行等。需要指出的是，宋代地方官变易风俗的政治实践活动
是一个漫长而复杂的过程，需要地方官员与士绅前后相继地持续经营。同时，
地方治理与教化推广，并不是一种单向地将国家意志与儒家理念强加到民众身
上的施政行为，而是一个官方与民间、官方政治与风俗之间交互影响的过程。
宋代闽西北的土著势力依然非常强大，州县系统相对疲弱，稍有不慎则易引起
民众的反抗甚至动乱。

二、"峒乱"与官民应对

两宋之交，金兵大举南侵，汴京沦陷，中原大地烽火连天。靖康二年
（1127）春，北宋灭亡。朝廷被迫南迁，建立南宋政权，大规模的北方移民随
之南来。与此同时，南方地区社会秩序动荡不安，特别是在闽粤湘赣边区频繁
出现"峒寇"作乱的记载④。以往的研究往往将其归入农民战争的范畴，且认

---

① （宋）刘克庄著，辛更儒笺校：《刘克庄集笺校》卷65《外制·知邵武军方澄孙在任政绩
转一官》，中华书局 2011 年版，第 7 册，第 3061 页。
② 嘉靖《邵武府志》卷 12《宦绩·廖邦杰传》，第 18 页。
③ 嘉靖《邵武府志》卷 7《学校·学田》，第 19 页。
④ 黄志繁、胡琼：《宋代南方山区的"峒寇"——以江西赣南为例》，《南昌大学学报（人文
社会科学版）》2002 年第 3 期；谢重光：《宋代湘赣闽粤边区的社会变迁与民族新格局》，《宁德师
范学院学报（哲学社会科学版）》2012 年第 2 期。

为是少数民族反抗汉族统治阶级压迫的起义。把峒寇问题看成是阶级斗争和民族压迫的产物。黄志繁提出，应从王朝制度与地方社会互动的角度，考察"峒""畲""徭"等人群与"省民"等编户齐民交融的事实，重新认识宋代南方山区的峒寇问题。①

笔者认为，应当将峒寇问题放到自秦汉以来，南方土著族群文化与"中原—汉"文化长期互动的大背景下来认识。如果说，在政治中心远在汴梁的北宋王朝看来，福建不过是遥远的边陲之地；但对在临安立国的南宋政权而言，这里就是必须巩固、经营的后方了。随着政治、经济与文化重心的南移，汉人大量迁入，地域开发进程加速，行政体系逐渐完善。同时，原有的各种社会矛盾也进一步被激化，造成南宋时期福建呈现出动乱与发展共存的局面。②

具体到闽西北而言，南宋王朝一系列深入控制地方的制度的推行，无疑使土著族群感受到巨大压力。其中，榷盐与税赋制度的推行最为关键。宋代，朝廷施行榷盐制，食盐专卖，盐业之利成为政府极其重要的财政来源。福建在南宋有八个州郡，其中，滨海的福州、兴化军、泉州、漳州，即所谓的下四州，是产盐区；内陆山区的建宁府、邵武军、南剑州、汀州，即所谓的上四州，不产盐。南宋时期，上四州主要实施官鬻法，由地方官府自沿海运盐至内陆销售。③百姓若越过官府自行买卖，或越界贩卖，都被视为私盐，要严加缉捕治罪。然而官盐往往质劣价高，何况贩盐可获暴利。因此，南宋时期，在福建内陆一带私盐极为盛行，形成闽北、赣南虔州、闽西汀州等私盐集团。对此，高宗时侍御史张致远感叹："盖剑、汀诸郡为上四州，地险山僻，民以私贩为业者十率五六……剑、汀、邵之人资盐于泉、福……福建前此群盗，皆异时私贩之人也。"④

---

① 黄志繁、胡琼：《宋代南方山区的"峒寇"——以江西赣南为例》，《南昌大学学报（人文社会科学版）》2002年第3期。

② 徐晓望主编：《福建通史》第3卷《宋元》，福建人民出版社2006年版，第73—111页。

③ 梁庚尧：《南宋盐榷：食盐产销与政府控制》，东方出版中心2017年版，第179、213页。

④ （宋）李心传：《建炎以来系年要录》卷85，高宗绍兴五年二月乙酉，《丛书集成初编》第3868册，第1395—1396页。

（一）盐枭范汝为起义

铤而走险的私盐集团往往敢于同官府发生尖锐对抗，在此态势下，若官员处置失当，则易引发动乱，范汝为起义便是一例。高宗建炎四年（1130）七月，范汝为在建州起义，对于起义发生的背景《建炎以来系年要录》有如下记载：

> 建州民范汝为粗知书，其诸父以盗贩为事，而号黑龙、黑虎者尤善格斗，群不逞附焉。每数百人负盐横行州境，官不能捕。有儒林郎江钿，建阳人，老矣，郡守谓钿有谋，使摄令瓯宁，以图二范。未几，果擒之，皆死于狱。其徒无所归，往依汝为。一日，汝为因刃伤人至死，遂作乱。建阳令王昌、瓯宁令黄光邦不能讨，时方艰食，饥民从之者甚众。①

可见，范汝为家族是建州私盐集团的领袖，具有强大的势力，连官府都难以处置。在范汝为的叔伯黑龙、黑虎被处死后，其属下归附范汝为。汝为因杀人，遂起义，恰巧遇上灾荒，很多饥民便加入其中。起义之初不过40余人，但因地方官员应对失策，迅速发展成为超过万人的大规模动乱，直至绍兴二年（1132）正月始被镇压，历时两年多，对建州、邵武等闽北地区造成了深远的影响。

关于范汝为起义的背景、过程及影响，前人学者已经有较多的讨论，② 笔者不欲赘言。但有两点较为大家忽略。一是范汝为的"峒民"身份。史书对此多有记载：

《宋会要辑稿》载，高宗建炎四年十一月二十三日，神武前军统制王瓌言："臣已差人赍公文、旗榜并檄书，直入汝为所止溪洞，婉顺示以祸福，说谕招安。"③

同书，绍兴二年正月二十六日，福建江西荆湖南北路宣抚使韩世忠言："得旨提领大兵前来福建路，收捕范汝为。正月四日卯时，大兵到建州城下，

---

① （宋）李心传：《建炎以来系年要录》卷 36，高宗建炎四年八月癸巳，《丛书集成初编》第 3865 册，第 696—697 页。

② ［韩］李瑾明：《南宋初范汝为起义与招安策的施行》，姜锡东主编：《宋史研究论丛》第 13 辑，河北大学出版社 2012 年版，第 126—151 页；徐晓望主编：《福建通史》第 3 卷《宋元》，第 76—78 页。

③ （清）徐松辑，刘琳等点校：《宋会要辑稿》"兵一〇·出师四·范汝为"，第 14 册，第 8808 页。

攻城凡六日，破城，杀戮贼众三万人，生擒贼首张雄等五百余人。其范汝为走入回源洞，穷迫自缢身死，其余首领贼徒，或杀或招，已见尽静。"①

《中兴小纪》载："建州瓯宁县有洞曰回源，其地与建阳接境，乃建炎初剧盗范汝为窃发之地。民性悍而习为暴，小遇饥馑，即群起剽掠。"②

活跃于唐宪宗元和年间的刘禹锡（772—842），曾将福建地区描述为，"闽有负海之饶，其民悍而俗鬼，居洞砦家桴筏者，与华言不通"③。可见，在唐宋时期的中原士人眼中，福建土著是一批尚未开化的蛮夷，洞寨则是其居住地。前引数条史料表明，范汝为家族无疑属于这类土著，建州的回源洞是其聚居地，只不过他们的经济形态已经不再是原始的渔猎、刀耕，而是参与远距离的私盐贩运贸易，成为一股不受官府控制的强劲势力。

二是地方豪强在起义中的态度与作用。范汝为起义爆发后，吏部员外郎廖刚建议高宗及时延揽战区的豪杰。他说：

> 臣伏见东南盗贼，每为朝廷患，臣实生长南方，备知民俗之弊。盖愚民无知，为桀黠者所驱率耳。诚委自州县，搜括乡里颇有材武足以率众之人，各与一名目，收置安抚、提刑司，准备使唤。捐十数千禄之美郡，不过三二十人，豪杰尽矣，不唯可以消弭啸聚，缓急亦自可用，是一举而两得也。前此盗贼之作，多是此徒，尝效用有劳，而有司吝赏，不与保奏。保奏，朝廷亦多不从，是致觖望，易得为盗耳。与其为盗而招之，孰若及其未为盗而录之，足以得其心乎。臣区区鄙见，惟圣明裁择。④

在绍兴元年（1131）八月，致同知枢密院事富直柔的书信中，他继续如此建议：

> 闽中上四州，实有桀黠、材武可备驱使之人。其间多是曾经效用勤王，稍有劳绩，而有司吝赏，不与保奏，朝廷亦多不从。是致此徒觖望。

———————————

① （清）徐松辑，刘琳等点校：《宋会要辑稿》"兵一〇·出师四·范汝为"，第14册，第8809页。

② （宋）熊克《中兴小纪》卷34，转引自何竹淇编：《两宋农民战争史料汇编》，中华书局1975年版，下编第1册，第322页。

③ （唐）刘禹锡著，瞿蜕园笺证：《刘禹锡集笺证》卷3《唐故福建等州都团练观察处置使福州刺史兼御史中丞赠左散骑常侍薛公神道碑》，上海古籍出版社2021年版，第80页。

④ （宋）廖刚：《高峰文集》卷1《论功赏札子》，《景印文渊阁四库全书》第1142册，第314页。

某昨在乡中，屡曾移书安抚使程迈商量此事。安抚司亦有文字上朝廷，未蒙行下勘当。欲消融闽中盗贼，此事最为要切。盖收其豪杰，则愚民莫之倡率，自无啸聚。若各与一名目，使备安抚、提刑司差使，月给十数千禄之，不过禄百余人，豪杰尽矣。岂宜于此独吝，必俟其为盗而后与之耶？①

廖刚（1071—1143）字用中，号高峰居士，福建南剑州顺昌县人，崇宁五年（1106）进士。范汝为起义期间保卫乡里有功，被任命本路提点刑狱。不久，召为吏部员外郎。②据廖刚观察，福建上四州有一批豪杰，他们多具有谋略和武力，在乡里社会颇有威望。这些豪杰在南宋政权建立时期，对于稳定乡里有一定功劳，但未受朝廷重用，成为地方潜在的威胁，容易为反叛者招揽。因此，廖刚建议朝廷应及时延揽他们，以瓦解起义军的基础。虽然，廖刚的建议似乎并未被朝廷接受，但却能提示我们豪杰的向背是影响起义成败的重要因素。

范汝为起义最终于绍兴二年（1132）正月被韩世忠的精锐军队平定，闽北地区获得近百年的安定。但榷盐问题并未根本解决，峒寇矛盾依旧存在。

（二）峒民晏梦彪起义

南宋中后期，闽西北的"峒寇"问题趋于严峻，到了绍定、端平年间更是集中爆发。绍定二年（1229），汀州黄绿头、邵武刘安国先后起义，"其焰甚炽，而锋甚锐"③。是年冬，晏梦彪（又名晏彪、晏头陀）也在汀州潭飞磜聚众起兵，攻占汀州诸县。随即，邵武军、南剑州各地的"盐寇""溪峒"也纷纷响应，连克闽北诸县，总人数在万人以上，闽中告急。时人刘克庄描述道："盗发于汀、剑、邵。群盗蜂起，残建宁、宁化、清流、泰宁、将乐诸邑，闽中危急。"④建州大儒真德秀亦言："汀之诸县最先破，未几蔓延于邵，而浸淫于剑，

_____

① （宋）廖刚：《高峰文集》卷1《投富枢密札子》，《景印文渊阁四库全书》第1142册，第320页。

② 《宋史》卷374《廖刚传》，中华书局1977年版，第11590—11592页。

③ （宋）包恢：《敝帚稿略》卷6《冯抚属墓志铭》，《景印文渊阁四库全书》第1178册，第765页。

④ （宋）刘克庄著，辛更儒笺校：《刘克庄集笺校》卷146《神道碑·忠肃陈观文》，第12册，第5764页。

既陷将乐，窥延平甚急。"①

绍定三年（1230）闰二月，晏梦彪军攻陷邵武。时城中兵力仅"弱卒"数百人，由殿前司将官胡斌统领。《宋史》记载：

> 盗众大至，他将士皆遁，独〔胡〕斌奋身迎战，所格杀甚众。贼益生兵，官军所存仅数十人，或告以众寡不敌，盍避之！斌曰："郡民死者以万计，赖生者数千人由东门而出，我不缀其势，使得脱走，则贼蹑其后，无噍类矣。"遂巷战，大呼曰："我死救百姓。"兵尽矢穷，卒遇害，其尸僵立，移时始仆。②

胡斌等兵将舍身抵御，掩护民众逃脱，然终寡不敌众。事后，民众在胡斌阵亡处立庙纪念，知军王埜也为其奏请了"武节"庙额。③在晏梦彪起义过程中，汀州、邵武、南剑州三座军州接连遭到围攻，这种动乱规模在宋代的福建是空前的。那么，为何在南宋中后期的闽西北会出现如此剧烈的峒乱呢？

首先，峒乱之因仍与私盐密切相关。晏梦彪起事平定后，真德秀总结教训，明确指出：

> 盐法一事，乃致寇之源。诸司虽尝议论，迄未闻大有更易。今汀、邵之人，千百成群，执持兵械，般贩于漳、泉、潮、梅等处者如故，而县道以计口数盐为岁计者，亦不少异于前。祸乱之萌未杜，诚可深虑。④

汀州、邵武地区的私盐商贩成群结队，武装贩运，这当中应当也有不少是峒民。真德秀建议变革盐法，"宜从朝廷专委监司之有识虑、知大体者一员，用先朝更改茶法故事，俾之咨访讨论，立为良法，以白于朝而施行之，此弭乱之本"。⑤绍定间，郭阗提举广州盐司，"汀、赣壮丁，往来潮、惠、循、梅境，

---

① （宋）真德秀：《西山先生真文忠公文集》卷25《福建招捕使陈公生祠记》，《四部丛刊》第1274册，第81页。

② 《宋史》卷449《胡斌传》，第13227页。

③ 《宋史》卷449《胡斌传》，第13227页。另，弘治《八闽通志》（卷39《秩官·邵武府·胡斌传》，上册，第1123页）载赐额"忠勇"。

④ （宋）真德秀：《西山先生真文忠公文集》卷15《论闽中弭寇事宜白札子》，《四部丛刊》第1270册，第66—67页。

⑤ （宋）真德秀：《西山先生真文忠公文集》卷15《论闽中弭寇事宜白札子》，《四部丛刊》第1270册，第67页。

以贩鬻为事，绍定间，沿征榷激变合江民兵，民遂相率为盗"①。可见，宋廷不合理的盐业政策是激发起义的重要原因。

其次，南宋政府对地方社会控制加强，赋税征收方式的改变，容易激起溪峒社会的不满与反抗。淳祐间建宁县的"峒寇"抗税案，便是一个典型例子。邵武知军方岳曾在致同僚的书信中谈及此事原委：

> 昭武佩牛带犊，习以为常，负固峒顽，所在而是。建宁连宰遣一寨卒追税，在县道固自失之，峒民七八百人干戈而出，杀此卒而脔之，犹为有官府乎？②

邵武属县建宁是峒民聚居地，知县指派寨卒追缴税赋，而引发了峒民的激烈反抗。这场冲突的具体原因是什么，现在已无从得知，不过，从"在县道固自失之"一语，可以推测知县"督赋于峒顽"的做法似与往常的惯例不符，甚至有手段过于严苛的弊端。而在知军方岳看来，数百名峒民，手持干戈，虐杀税卒的行为，是对官府统治权威的严重挑衅。为此，他决心严厉处置"渠魁"，以儆效尤，然而，方岳的设想最后却化为了泡影。

> 郡之廖姓，峒丁派也。廖教授复之者与峒表里，杀人殖货，为郡梗。〔方〕岳奏乞窜廖复之，而诛廖宗禹。复之等多赀，先为计，奏格不下，而下福建帅赵希瀞覆实。希瀞下郡追人索案。岳曰"吾不可留"，三上疏丐去。③

这段材料表明，峒民并不是与世隔绝的存在，而是同各种权势交结，形成了复杂的利益网络。本案中，教授廖复之虽只是一名官阶低微的本地学官，但在与外来知军的抗衡中不落下风。作为峒民的利益代理人，廖复之拥有雄厚的财力与深厚的政治资源，在他的运作下，连福建安抚使赵希瀞都介入干预，"下郡追人索案"。这也让方岳的权威受挫，大感难堪，于是愤而辞职。

---

① （清）潘楳元：《广州乡贤传》卷1《郭阆传》，转引自何竹淇编：《两宋农民战争史料汇编》，下编第1册，第571页。
② （宋）方岳：《秋崖集》卷32《答魏监丞》，《景印文渊阁四库全书》第1182册，第544页。
③ （明）程敏政：《新安文献志》卷79《行实·方吏部岳传》，《景印文渊阁四库全书》第1376册，第314页。

再次，官府对于峒乱的处置不力，贻误战机，也易导致峒乱频发。在寇乱之初，地方官多主张招安，也的确取得过成效。例如开禧间（1205—1207）建宁县"峒寇李元励窃发，邑民震恐"，主簿陈云便力主抚定，"境赖以安"。①然而，若一味招抚，惩治过轻，也容易造成姑息养奸之弊端。真德秀在回顾晏梦彪起事经过时，即云：

> 先是，盗起汀之潭飞磜，童牛之触，乳狗之搏，尺棰可驯也。有司始而玩，中而畏。玩则养之以滋大；畏则媚之以求安。奸人黠子见可侮而动。于是环地数百里，莫非盗矣。②

晏梦彪起兵之初，势单力薄，冲击不大，然而官府未予重视，等到动乱扩大，又想通过招安平息。其他反叛势力见官府软弱，便也伺机而动了。

面对峒乱的汹涌之势，宋廷不得不调整策略，变招抚为镇压。绍定三年（1230），诏以福州人陈韡知南剑州，提举汀州邵武军兵甲公事，福建路兵马钤辖，兼福建路招捕使，后又加提点刑狱，全权措置招捕事宜。③陈韡一面招募"土民丁壮"，组成"忠勇军"；一面请调淮西兵入援，分兵进讨，于当年十一二月间，"破潭瓦磜贼起之地，夷其巢穴"，"诛汀州叛卒，谕降连城七十有二砦"。④绍定四年（1231）二月，亲往邵武督捕余寇，晏梦彪率队迎降被杀，大规模的峒乱遂告平息。

地方官在平定峒寇过程中，往往要倚重土豪隅官。南宋时期，福建地方社会普遍通过建立保伍隅官制来"弭盗"，其首领是隅总。南宋《临汀志》记载："以五家为一甲，置一甲首，以五甲为一保，置一保长，五保为一大保，置不〔

---

① 弘治《八闽通志》卷64《人物·建宁府·良吏·陈云传》，下册，第729页。嘉靖《建宁府志》卷15《官师·陈云传》，第6页。

② （宋）真德秀：《西山先生真文忠公文集》卷25《福建招捕使陈公生祠记》，《四部丛刊》第1274册，第81页。此外，后被任以福建招捕使的陈韡，也对主张招抚的福建帅司提出尖锐批评，其墓志云："时贼愈炽，尚有倡当招不当捕者。公〔陈韡〕言：'始者贼仅百计，王侍郎招而不捕，养之至千。程内翰招而不捕，养之至万。今复养之，将至于无算。'"参见（宋）刘克庄著，辛更儒笺校：《刘克庄集笺校》卷146《神道碑·忠肃陈观文》，第12册，第5765页。

③ 陈韡，字子华，福州候官人，生于理学世家。其父陈孔硕为朱熹、吕祖谦门人。与弟陈韎登开禧元年进士第，从叶适学。参见《宋史》卷419《陈韡传》，中华书局1977年版，第12560页。

④《宋史》卷419《陈韡传》，第12562页。

一〕大保，五大保以上为一都署、都官，合诸都为一乡或一团，隅总统之。"①
隅总常以土豪任之，他们都是地方社会有实力和号召力的人物，有的甚至可能
就是峒民首领。"土豪隅官熟悉当地地形，能动员地方力量"②，成为官府平定
峒寇所不可或缺的力量。

陈韡之所以能顺利平定晏梦彪起事，离不开刘纯与冯庭坚两位土豪的鼎力
支持。刘纯，建阳土著。绍定间，邵武刘安国、汀州晏梦彪先后起事，攻陷南
剑，逼近建阳。刘纯散发家财，招募兵士，得一千三百余人，号"忠勇军"，
追随陈韡攻破潭飞礤，谕降莲城七十二砦，诛杀晏梦彪。后被邵武知军王遂举
荐为邵武知县，率军剪除余寇，擒获刘安国。最终在征战建宁县下瞿峒寇时兵
败身亡。③

冯庭坚，世居建阳竹溪。刘安国于邻郡邵武起兵后，冯被建宁知府紧急委
任为隅总，"籍保伍以卫其乡"，"乃捐家赀给乡丁，日习战事，修险要。又自
别招义勇二百人，自办钱粮，不以累官府"。敌军进犯郡境，"君能严阵力拒
之，老幼赖以得活者甚众"。后又协助刘纯"招义丁讨贼"，"亲往唐石招一千
人为土军，号'忠勇'"，④ 为平定晏梦彪之乱立下汗马功劳。

端平元年（1234）夏，建阳唐石"峒寇"龚日未起兵，攻打邵武，朝廷调
左翼军、禁军收捕，冯庭坚被任命为"军前计议"，参与平乱。时任监军的建
宁府学教授包恢⑤，后来在撰写《冯抚属墓志铭》时，详细回顾了冯庭坚的贡献，

---

① （宋）胡太初修，赵与沐纂，福建省地方志编撰委员会整理：开庆《临汀志》"丛录"，福
建人民出版社 1990 年版，第 182 页。

② 黄志繁、胡琼：《宋代南方山区的"峒寇"——以江西赣南为例》，《南昌大学学报（人文
社会科学版）》2002 年第 3 期。

③ 弘治《八闽通志》卷 39《秩官·邵武县·刘纯》，上册，第 1127 页。嘉靖《建宁府志》
卷 18《人物·高行》，第 79 页。

④ （宋）包恢：《敝帚稿略》卷 6《冯抚属墓志铭》，《景印文渊阁四库全书》第 1178 册，第
765 页。

⑤ 关于包恢的生平，《宋史》记载："包恢，字宏父，建昌人，自其父扬世，父约、叔父逊，
从朱熹、陆九渊学。恢少为诸父门人讲《大学》，其言高明，诸父惊焉。嘉定十三年举进士调金
溪主簿，邵武守王遂辟光泽主簿，平寇乱。建宁守袁甫荐为府学教授，监虎翼军，募土豪，讨唐
石之寇。"其中，"募土豪，讨唐石之寇"，当指动员建阳土豪冯庭坚协助平定龚日未一事（《宋史》
卷 421《包恢传》，中华书局 1977 年版，第 12591 页）。

其云：

> 〔冯庭坚〕乃条画山川形势，指陈攻守要害。以入峒初险在牛头岭，正唐石之都隘，崇冈峻岭……群贼所以未能有其险而不敢东下者，以有竹溪二十四保未悉从乱也。今若先通竹溪，竹溪乃唐石之左臂，先世尝居焉，可以片纸下之。监军然之，亟使驰檄，由间道达其首领，开陈利害，谕以祸福逆顺之理，彼新为龚胁从，适值龚遣伪帖，令率保内把牛头岭。其首领既听君言，遂合二十四保皆不从逆而效顺。
>
> 君又募善战者，得百余人，亦号忠勇土兵。暨贼众数千，分道而至，君率所领涉溪南岸，率先邀击于前，贼惧走。复沿溪绕出北岸，夹击于后。贼腹背受攻，多战败死，其众溃乱，多生擒其首领，获龚日未之妻孥与其余党。平荡之功，君之力居多。①

由此可知，作为土豪、隅总的冯庭坚在弭定龚日未起事过程中，扮演了关键性角色。其一，他发挥熟悉地理情况的优势，积极出谋献策，"条画山川形势，指陈攻守要害"；其二，利用自己在溪峒社会的影响力，说服已倒向龚日未的竹溪二十四保转而归顺朝廷；其三，冯庭坚又招募了百余人的"忠勇军"，协助官军出击，生擒"龚日未之妻孥与其余党"。因而，被包恢赞赏为"平荡之功，君之力居多"。

峒乱给闽西北社会造成了严重的破坏。邵武籍诗词评论家严羽目睹了晏梦彪起事后地方的惨状，作《庚寅纪乱》诗纪曰：

> 承平盗贼起，丧乱降自天。荼毒恣两道，兵戈浩相缠。此邦祸最酷，贼子忍具言……哀哉失壮士，白日为之昏。嗟彼城中人，欲生何由缘。连头受屠戮，赤族罹祸冤。妻孥悉驱虏，道路号相牵。或有小失意，性命无由全。言语方出口，腰领已不连。婉婉闺中女，未尝窥户边。白刃斥之去，不许暂稽延。回头顾父母，父母安敢怜。所掠靡孑遗，囊担无虚肩。衣冠困奴隶，怒骂仍笞鞭。又有脱锋刃，多化为鱼鼋。途穷势复迫，忽若忘重渊。仓卒所传误，投身空弃捐。婴儿或在抱，粉黛犹俨然。沙碛腥人

---

① （宋）包恢：《敝帚稿略》卷6《冯抚属墓志铭》，《景印文渊阁四库全书》第1178册，第765页。

肠，衔啄集乌鸢。呜呼彼苍天，念此胡罪愆。比者因乱定，南归经旧庐。岂徒人民非？莫辨陌与阡。所见但荆棘，狐狸对我蹲。坡陁流血地，靡靡生寒烟。①

可见，战乱之下，生灵涂炭，百姓流离失所。劫后余生的严羽仍心有余悸，对峒乱充满忧虑。《庚寅纪乱》诗结尾即言："胡为迭恃险，高垒犹山巅。蛮獠本异性，土风来有年。力屈势暂伏，乞降非恶悛。胁从固罔治，群丑岂尽原？反复恐难料，安危仗诸贤。"②他提醒执政者，峒蛮据险设寨，叛服不定，虽暂时受挫，但仍需保持高度的警惕，妥善做好善后处置。

晏梦彪起义得到了邵武溪洞"渠魁"的支持。绍定三年（1230），王遂任邵武知军，"过江山、浦城道中，遇邵武避地之人，即遗金为归资，从者如市"③。"未至郡，失守矣。露居野次，握拳转战。诛筋竹洞渠魁，余丑或僇〔戮〕或降。方发兵致讨下瞿贼之拒命者，寻以言者罢"④。或许是王遂在镇压起义过程中过于残酷，或擅自行动，因而受到言官的弹劾，次年（1231）便"以擅诛剧贼，自劾于朝"⑤。绍定元年（1228）赵纺夫任建宁县令，"时邑之筋竹洞为贼穴，纺夫单车入境，抚摩制驭，并得其宜。继合诸路兵直入洞中，扫荡贼巢。元恶授首，邑境肃清。乃劳徕流离，重建公宇、学校"⑥。

绍定四年（1231）赵纺夫接替王遂升任邵武知军，"时下瞿贼犹据险，戕县令，拒官军。以夫（即赵纺夫）慨然以夷难葺废为己任。既清溪洞，遂

---

① （宋）严羽撰，陈定玉辑校：《严羽集》"古诗·庚寅纪乱"，中州古籍出版社 1997 年版，第 84—85 页。

② （宋）严羽撰，陈定玉辑校：《严羽集》"古诗·庚寅纪乱"，第 85 页。

③ 弘治《八闽通志》卷 39《秩官·名宦·邵武府·王遂传》，上册，第 1122 页。

④ （明）何乔远：《闽书》卷 62《文莅志·邵武府·王遂传》，第 2 册，第 1786 页。

⑤ （宋）真德秀：《西山先生真文忠公文集》卷 45《夫人蔡氏墓志铭》，《四部丛刊》第 1284 册，第 54 页。

⑥ 嘉靖《邵武府志》卷 12《名宦·赵纺夫》，第 7 页；卷 4《秩官》，第 21 页。按，赵纺夫，弘治《八闽通志》作"赵以夫"，并言"'以夫'，一本作'访夫'"（弘治《八闽通志》卷 39《秩官·邵武府·赵以夫》，上册，第 1122 页）。可见，以夫、纺（访）夫实为同一人。又，嘉靖《邵武府志》有建宁知县赵以夫传，并注明此人后升任邵武军通判（嘉靖《邵武府志》卷 12《宦绩·赵以夫传》，第 7 页）。

再造府治"①。平定下瞿的过程并不顺利，邵武知县刘纯便在率兵征讨中阵亡。②

经过王遂、赵纺夫、刘纯等官员的清剿，邵武的"峒寇"暂时被肃清，但仍有潜在的威胁。前引严羽《庚寅纪乱》中即言："蛮獠本异性，土风来有年。力屈势暂伏……反复恐难料。"③真德秀也有类似的担忧，他在给理宗的奏章中讲道：

> 窃见闽中一路，自己丑、庚寅群盗蜂起，放兵四出，流毒甚广。赖圣朝处画得宜……故凶渠逆俦相继剪灭，闽境肃清……然汀、邵余孽，逸之四方，又遁藏山泽者，不为无人。其间降伏之贼，未必无飞扬之志。而白水一峒，近在建、剑、邵武之境，地险而菁黯，徒畏招司之威，而未敢动耳。今招捕既徙洪都，帐前之骁将劲卒悉挈以俱。招司既罢，而潭飞、招贤、下土、筋竹诸大贼巢去处，建置寨栅皆未成就，备豫阙然。万一余孽有相煽而动者，尚费区处，此上四州之可虑也。④

虽然大部分"峒寇"渠首被剪灭，但尚有残余。朝廷本打算在平定的筋竹等峒建置寨栅，派兵设防，但这些计划并未及时实施，况且招讨大军又移师南昌，造成闽北兵力空虚。事实证明真德秀的担忧是有道理的。

端平元年（1234），"建阳龚〔日未〕贼犯邵武。守臣王埜平之"⑤。《八闽通志》记载：

> 盗起唐石，埜亲勒兵讨之，屡挫其锋。初悉从其党遁去，冀以自全。贼复益其党来侵，埜乃率兵直捣其巢穴，贼大溃，首恶自缢死，余党俘戮

---

① 弘治《八闽通志》卷39《秩官·邵武府·赵以夫》，上册，第1122页。嘉靖《邵武府志》卷12《宦绩·赵以夫传》，第18页。

② 嘉靖《邵武府志》卷12《名宦·刘纯》，第7页。

③ （宋）严羽撰，陈定玉辑校：《严羽集》"古诗·庚寅纪乱"，第85页。

④ （宋）真德秀：《西山先生真文忠公文集》卷15《论闽中弭寇事宜白札子》，《四部丛刊》第1270册，第63—64页。

⑤ （宋）真德秀：《西山先生真文忠公文集》卷35《跋平寇录》，《四部丛刊》第1279册，第122页。

殆尽，民赖以安。①

按，王埜，字子文，金华人，嘉定十二年（1219）进士，绍定间任邵武知县，约端平元年（1234）升任知军。得益于王埜指挥有方，这次战乱并未波及太大。此后至南宋灭亡的近 40 年间，邵武秩序大体平稳，尽管在西部，特别是建宁县辖内山区，仍未完全平定，地方社会仍以峒酋为核心，山民据险设寨，不纳税赋，王朝的势力还难以深入——这种情况须到明代才根本改变——不过在邵武大部分地区，"峒寇"已经不复存在，取而代之的是编户齐民。

第三节　科举、理学与礼仪教化

除了使用行政和武力手段，宋廷还通过提倡科举、改革礼仪的方式推行教化。这些努力取得了不错的成效，正如下文将述及，宋代邵武举子在科举中取得飞跃性进步，理学较为繁盛，一批士人开始探索新的宗族制度。不过，我们应当注意到，"邹鲁之乡"局面的出现，不仅是地方官员自上而下推动的结果，它同时也是地方民众根据自身的传统和利益选择的产物。

一、科举与理学的兴盛

随着文教的推行，邵武儒学氛围逐渐兴盛。南宋初年，儒学家胡寅的《邵武重建军治记》记曰："承平既久，儒学之风尤盛。对大廷之问，则有文冠天下者；为言责近臣，则有忠昭一时者；致身丞弼，则有光辅中兴者；至于孝义材学，显晦可纪，皆不乏人。"②胡寅是闽北崇安人，对邵武的情况应当比较熟悉。据其所言，邵武儒风兴盛，且涌现了诸如神宗熙宁三年状元叶祖洽、榜眼上官均，南宋首任宰辅李纲等一批知名人物。《舆地纪胜》转引宋代方志《武

---

① 弘治《八闽通志》卷 39《秩官·邵武府·王埜传》，上册，第 1122 页；嘉靖《邵武府志》卷 12《名宦·王埜传》，第 5 页。

② （宋）胡寅撰，尹文汉校注：《斐然集》卷 21《邵武重建军治记》，岳麓书社 2009 年版，第 420 页。

阳志》对邵武风俗作有如下评价：

> 人性犷直尚气，治生勤俭，力农重谷。然颇好儒，所至村落皆聚徒教授，有古之遗意。儒雅之俗，乐善之俗。昭武人喜以儒术相高，是为儒雅之俗。里人获荐登第，则厚赆庆贺，是为乐善之俗。①

即使是地理位置相对偏僻的泰宁县，在当地士人叶祖洽看来也已是"比屋连墙，弦诵之声相闻。有不谈诗书者，舆台笑之，况其父兄乎。故以名荐于天子而爵列王庭者，相继不绝，可谓盛矣"②。这段文字出现在叶祖洽请求朝廷将"归化"县名改为"泰宁"的奏疏中，因而可能有夸大之处，但是，宋代包括泰宁在内的邵武的确产生了不少进士。

弘治《邵武府志》云："按旧志云，此邦科第于宋为盛。黄氏一门二十七人，上官氏一门十五人，官〔危〕氏一门十四人，李氏十二人，宗室赵氏十九人。他如龚、谢、吴、邹、丘、叶、陈、饶、高、徐诸氏，凡五百人。今考诸志集仅得百九十人，盖十已亡其六七矣。又按《瑞榴轩志》，宋熙宁庚戌登第者十有四人，今止得其七人，已逸其半，则余可知矣。"③弘治府志提到，"旧志"载宋代邵武的进士有 500 人，但弘治间编订府志时，因文献散佚，仅考订到 190 人。而根据最新的研究，宋代邵武县至少有进士 248 人。④由此，涌现出一批科举家族，如上官氏、黄氏、龚氏、吴氏、谢氏、危氏、李氏、赵氏等，其中最引人注目者当属上官家族。

宋代邵武军上官氏有两支，一支住光泽，另一支居邵武和平。宋代光泽上官氏共有 9 名进士，邵武上官氏有 64 名进士（含 16 名特奏名）。从北宋中期至南宋晚期的 200 多年间，该家族科第绵延，簪缨相继，极为辉煌。

据北宋政和年间《宋正奉大夫上官公神道碑铭》可知，和平上官氏为邵武

---

① （宋）王象之：《舆地纪胜》卷 134《福建路·邵武军·风俗形胜》，中华书局 1992 年影印本，第 3833 页。

② （宋）叶祖洽：《泰宁县记》，载嘉靖《邵武府志》卷 3《制字》，第 19 页。

③ 弘治《邵武府志》卷 13《选举·宋》，第 2 页。按，"官氏一门十四人"，刘克庄《和平志序》载："和平里在邵武县之南乡，里有危氏、上官氏、黄氏，上官氏尤盛，自景祐至嘉定，此三姓擢进士第者二十余人。"[（宋）刘克庄著，辛更儒笺校：《刘克庄集笺校》卷 94《序·和平志》，第 9 册，第 3966 页] 综合推测，"官氏"疑是"危氏"之误。

④ 蔡忠明、傅再纯、李军：《邵武历代进士辑考》，西南大学出版社 2024 年版，第 23 页。

土著，上官凝父祖"皆隐迹不仕，乡里仪之"①。庆历二年（1042），上官凝进士及第，家族命运由此改变。尽管终其一生，他都只是担任县尉、通判、知县等低级官职，但任内皆能取得不错政绩，赢得较好口碑②。这些自然有利于提升家族声望，而更为重要的是，上官凝的登科使其得以跻身士林行列，为后代登科入仕创造了更好的家庭条件。此后，其子孙"历代簪缨，蝉联相续"③，仅直系子辈、孙辈进士及第者便达9人，尤其是次子上官均荣登榜眼，官至大理寺少卿。曾孙及其后辈登科、入仕者不胜枚举。上官家族科举之成功，在宋代大族中是如此的突出，宋代著名文人刘克庄有详细的评述，兹摘引于下：

> 举一世所共荣者，曰科目，曰官职，曰世家而已。然是三者，绝续晦显，常不可必。其或绵延一二百载，绝而复续，晦而复显，则通天下以为罕见矣。夫举一世所共荣，通天下所罕见，而萃于一州一邑，谓之盛甚可也，况萃于一里乎！
>
> 和平里在邵武县之南乡，里有危氏、上官氏、黄氏，上官氏尤盛，自景祐至嘉定，此三姓擢进士第者二十余人，入太学，预乡赋，累累不绝书。起徒求，至显官，因而传子孙为世家，榜籍迭书、衣冠袭起者，不可以数计也。乌呼盛哉！然以科目、官职、世家定荣悴盛衰，盖近世俗人之论。吾闻古之君子所谓没而不朽者，不在是也。上官氏对策熙宁，不附新法，晚入元祐党籍。其子留守汴都，不屈于虏而死。二公所立如此，近于天下之善士矣，岂特足以重吾里哉？先民有言："谁谓华高，企其齐而。"既以自勉，且勉里人。④

---

① （宋）谢文瓘：《宋正奉大夫上官公神道碑铭》（政和四年），载李军、蔡忠明、傅再纯编著：《邵武历代碑铭集录》，西南大学出版社2023年版，第242页。

② （明）邢址修，陈让编次：嘉靖《邵武府志》卷13《乡贤·上官凝传》，上海古籍书店1964年据天一阁藏明嘉靖二十二年刊本影印本，第2—3页。

③ （宋）谢文瓘：《宋正奉大夫上官公神道碑铭》（政和四年），载李军、蔡忠明、傅再纯编著：《邵武历代碑铭集录》，第247页。

④ （宋）刘克庄撰，辛更儒笺校：《刘克庄集笺校》卷94《序·和平志》，第9册，第3966—3967页。另，该文亦载弘治《八闽通志》卷84《词翰·邵武府·纪述》，下册，第1367页。

《和平志》成书于宋嘉定年间，已佚，作者疑为上官克绍。① 从书名看，该志主要反映的是宋代和平的风土人情。而这也是邵武历史上的第一部志书。通过刘克庄的序文可知，宋代的和平有上官氏、黄氏、危氏三个家族科第繁盛，尤以上官氏为最。从仁宗景祐（1034—1038）至宁宗嘉定（1208—1224）的将近90年间，三个家族就涌现出20多名进士，另有大量举人、太学生、府学生，形成了鼎盛的科举官宦世家。在一个里的小区域内，能有如此的科举盛况的确不多见，刘克庄不禁感叹道："举一世所共荣，通天下所罕见，而萃于一州一邑，谓之盛其可也，况萃于一里乎!"

在序文中刘克庄对"世家"的概念提出独到的见解，值得注意。他提到科第、官职、世家是评判一个家族的荣悴盛衰的关键指标，但这只不过是"近世俗人之论"，那些流芳百世的人物往往不拘于此。上官家族不仅科第延绵，而且能涌现出一批笃信儒家伦理、恪守士大夫刚烈、正义气节的忠义之士。例如，上官均敢于批评熙宁新法，不阿权贵，以至晚年被列入元祐党籍；其子上官悟，留守汴都，面对金人的劝诱，宁死不屈，壮烈殉国。刘克庄盛赞他们的所作所为"近于天下之善士"，认为对儒家忠义精神的坚守才是上官家族称得上是天下世家的真正原因。

在学术的传承过程中，家人、族人往往相互影响，形成家学。更有一些家族，祖孙、父子数代相承，造就儒学世家。科举的成功与家学的传承是互为表里、相得益彰的。上官氏即是如此，黄宗羲在《宋元学案》中列出"上官家学"一节，收录上官均、上官憕、上官恢、上官愔4人小传。李清馥的《闽中理学渊源考》立有"邵武上官氏家世学派"条目，列入上官均、上官愔、上官恢、上官悟、上官涣然、上官基、上官谧等7位学人，他们都属于定居邵武和平的

---

① 按，明清邵武府志序文皆言《和平志》系"上官氏辑撰"。光绪《重纂邵武府志》卷29《艺文志》称"上官均撰"，误，上官均卒于北宋政和五年（1115），不可能记录南宋之事。傅唤民发现和平镇坎下村《张氏宗谱》（1998年5修本）卷首《清河张氏来历考》有"及观《和平志》，乃宋宁宗嘉定壬午上官克绍撰"的记载（傅唤民：《和平两个"第一"的历史悬案》，《邵武文史资料》，第29辑，2017年，第166页）。嘉定壬午即嘉定十五年（1222）。上官克绍，生平不详，民国《闽樵和平上官氏宗谱》简略记载："第廿一世，克绍，粹中祖幼子。妣水氏，生子三：申、由、元龄"（卷4，第18页）。其父上官粹中为隆兴元年（1163）特奏名，仕至增城令，邵武府志有传。不过，《清河张氏来历考》错讹颇多，所言上官克绍撰《和平志》，尚待佐证，姑存疑。

上官氏支派。

1.上官均，字彦衡，庆历二年（1042）进士上官凝之子，熙宁三年（1070）榜眼。历任大理评事、北京留守推官、监察御史、尚书礼部员外郎、龙图阁待制等职。崇宁初，入元祐党籍，后复原官。著有《曲礼讲义》二卷、《奏议》十卷、《广陵文集》五十卷。① 另有《北使录》五卷，记出使辽国的风土见闻，② 以及医书《伤寒要论方》③。上官均长期担任言官，刚正不阿，颇有建树，《宋史》有传。嘉靖《邵武府志》称赞他"天资刚方，以忠义为己任。四为御史，一在言省，三以言黜，恬不为慑……自崇宁初以宫祠废，居淮南几二十年，于书寒暑未尝释手。学博而知要，为文简古精诣。晚年诗益闲放，有陶、谢风格。既卒，家无余资"④。

上官均重视家庭教育，照顾亲族，"居家循循孝友"。儿子4人：悃、憺、惜、悟皆有所成。其中，上官惜登进士第。上官均的兄弟早卒，他"恩恤诸孤，躬自诲导"，孤侄中有两人登进士。"宗族之婺者，仰〔上官〕均而给。自奉清约，阖门百口忻忻如也"。⑤

2.上官惜，字仲雍，上官均三子。政和二年（1112）进士，累官大学正、宣教郎。绍兴五年（1135），除知南剑州。为官清廉，"刚介有声"，"为文清简，援笔立就，尤工于诗，典雅遒逸"。著有《尚书小传》《论语孟子略解》《史统》《史旨》。⑥

3.上官恢，字阆中，上官均再从子。元丰八年（1085）进士。累知南剑州、徽州，"专以仁爱为治，多所宽贷"。胡安国上书宰相言："恢谙历世务，端重有守"。遂与杨时一同荐于朝，积官中大夫，封历阳县开国男，食邑三百户。

---

① 嘉靖《邵武府志》卷13《乡贤·上官均传》，第5—14页；《宋史》卷355《上官均传》，第11178—11181页。
② 前山坪《上官氏宗谱》卷首《上官均传》，嘉庆十七年10修本，第71页。
③ 杨家茂：《邵武宋代三医家考略》，《福建中医药》1989年第5期。
④ 嘉靖《邵武府志》卷13《乡贤·上官均传》，第14页
⑤ 嘉靖《邵武府志》卷13《乡贤·上官均传》，第14页；（清）李清馥撰，徐公喜等点校：《闽中理学渊源考》卷13《邵武上官氏家世学派》，凤凰出版社2011年版，第214页。
⑥ （清）李清馥撰，徐公喜等点校：《闽中理学渊源考》卷13《邵武上官氏家世学派》，第215页。

子模、枳（一作祝），曾孙涣酉、涣然、基，从曾孙损，皆有所立。①

4. 上官憕，字正平，上官均再从子。其父上官恺，嘉祐二年（1057）进士，官至太守、中允、广东转运判官，"才行过人，治有异绩"②。上官憕"幼孤，从彦衡〔上官均〕学，元丰八年与闳中〔上官恢〕同登进士。官永城县丞，廉正明决"。③

5. 上官悟，字仲达，上官均四子。以父荫累官转运使。建炎三年（1129），留守东京，抗击金兵，力不能支，城陷死。赠朝散大夫、右文殿修撰。④

6. 上官涣然，字文之。"早有文名，尤留意性学，首悟太极之旨，分解图画以授同志"⑤。绍定六年（1233），以兄上官涣酉奏补为鄞县尉。登淳祐元年（1241）进士第。历官司农寺丞，迁右司郎。后主管建康府崇禧观。涣然为官清廉，对姻亲、族党多有顾赡。史载其"赋性孝友，履行刚方。俸禄稍给，则分给女兄之孀居，及族党、故旧之贫乏者。以是入仕三十余年，家无余赀"。⑥

7. 上官基，字仲立，上官恢曾孙。乾道间，以父荫监建康仓，调兴国丞。任衡州推官、都大提点铸钱司检讨官等职。⑦"丞相赵汝愚贬谪零陵，道经衡阳，卒。时韩侂胄用事，沿途迓送者皆获谴。台司略不敢为汝愚营办，〔上官〕基毅然独经纪其丧，悉如礼制"⑧。其子上官铨好学能文，补登仕郎。

8. 上官谧，字安国，上官悟之孙、朱熹门人。"为学务求义理，不事章句，

---

① （清）李清馥撰，徐公喜等点校：《闽中理学渊源考》卷13《邵武上官氏家世学派》，第215页；嘉靖《邵武府志》卷13《乡贤·上官恢传》，第17页。

② 弘治《八闽通志》卷70《人物·邵武府·良吏》，下册，第941页。

③ （明）黄宗羲辑：《宋元学案》卷19《上官家学》，沈善洪主编：《黄宗羲全集》第4册，浙江古籍出版社1992年版，第41页。

④ （清）李清馥撰，徐公喜等点校：《闽中理学渊源考》卷13《邵武上官氏家世学派》，第215页。嘉靖《邵武府志》卷13《乡贤·上官悟传》，第23页。

⑤ （清）李清馥撰，徐公喜等点校：《闽中理学渊源考》卷13《邵武上官氏家世学派》，第215页。

⑥ 嘉靖《邵武府志》卷13《乡贤·上官涣然传》，第50页。

⑦ 嘉靖《邵武府志》卷13《乡贤·上官基传》，第60页。按，宋代邵武军另有一位上官基，字子固，光泽人，嘉祐二年进士，知乐乐县，"操履可称"，其子上官公颖、族子上官公弼俱登科。参见弘治《八闽通志》卷70《人物·邵武府·良吏》，下册，第941页。

⑧ （清）李清馥撰，徐公喜等点校：《闽中理学渊源考》卷13《邵武上官氏家世学派》，第216页。

既而从朱子游,益加涵养。以祖荫授会昌尉,调永州推官。简易不深刻,永人怀之。迁四会令"①。

《闽中理学渊源考》还列有"邵武黄氏家世学派",收录了邵武黄中、黄桊祖孙的传略。黄中,字通老,南宋初年宰相黄潜善之族孙。未冠时,从表舅、理学家游酢(字定夫)学习,颇得赏识"〔游酢〕爱其厚重,手书为夫人贺"②。逾冠,入太学。绍兴五年(1135)榜眼,除起居郎,累官兵部尚书、礼部尚书、端明殿大学士,封江夏郡开国公。卒赠太师,谥简肃。黄中晚年致仕居乡,深受朱熹敬重,朱熹往长沙时,过邵武,造门晋谒,至纳拜愿为弟子之列。他在给黄中的谒帖中写道:"今日之来,将拜堂下。惟公坐而受之,俾进于门人弟子之列,则某志也。"③ 黄中死后,朱熹为其作墓志铭。

宋代福建理学繁盛,闽北可以说是理学传播的中心地区,杨时、游酢、胡安国、罗从彦、李侗、朱熹、蔡元定、真德秀等巨匠辈出,世人以"闽学"称之。其时邵武也是理学重镇,学风浓郁。清人李清馥的《闽中理学渊源考》对此有很好的总结,其言:

> 邵武人文旧号"小邹鲁"。唐以前,尚矣。宋初,游氏烈从胡安定讲学,以经术为郡人之倡,厥后邹尧叟、李西山、卢奎、何兑、朱震皆受学于刘执中、杨文靖、马东平、胡武夷诸贤。至若严氏粲之经说,李氏忠定之伟略,皆为学者所宗仰。迨朱子接道南统绪,其执经问业者尤多。于时修文授经,砥名立行,后先炳蔚,与建安诸郡未易优劣也。④

李清馥认为,邵武的理学是从宋初开始发展的,其传承有自,人文荟萃,且涌现出诸如严粲、李纲等"为学者所宗"的名家,获得了"小邹鲁"的雅号,理学的发展水平甚至能与理学渊薮建州相较高下。宋代邵武的理学是从游烈开始

---

① (清)李清馥撰,徐公喜等点校:《闽中理学渊源考》卷13《邵武上官氏家世学派》,第216页。嘉靖《邵武府志》卷13《乡贤·上官谥传》,第64页。

② (宋)朱熹:《晦庵先生朱文公文集》卷91《端明殿学士黄公墓志铭》,载朱熹撰,朱杰人等主编:《朱子全书》第24册,上海古籍出版社、安徽教育出版社2010年修订本,第4214页。

③ (清)李清馥撰,徐公喜等点校:《闽中理学渊源考》卷13《邵武黄氏家世学派》,第219页。

④ (清)李清馥撰,徐公喜等点校:《闽中理学渊源考》卷23《朱子邵武、汀州门人并交友》,第324页。

的。游烈，字晋光，仁宗皇祐元年（1049）进士。师从理学家安定先生胡瑗，"郡人知经学自烈始"①。此后学者迭起，代不乏人。

何兑、何镐父子在理学方面取得较大成就。何兑，字太和，重和间进士，调广西提刑司检法官。程颐、程颢的弟子马伸"抚谕广南，见兑贤之，奏为属，因授以所闻于程氏之说，且悉以平生出处大节告之。既而伸坐论时事贬死，兑归守其学不少变"②。何兑后来得罪秦桧被报复，"下兑荆南诏狱，削官贬窜，桧死始复官"，所著有《易传》，学者称龟津先生。何兑之子镐，字叔京，"承家庭源委，又与朱熹友善，讲辩精密，益有以自信，一意操存，言行相循，没身不懈"。何镐一生仕途不得志，但"一时高其学行，多师尊之"，学者称台溪先生。史志评价他"清夷恬旷，廉直惠和，论经史时事简易条畅"。③他的著述有《易论语说》、史论、诗文数十卷，朱熹称赞"其言多可传者"，并为其撰写墓志。④

宋代邵武的理学家族中，影响最大者当推光泽的乌洲李氏。该家族先后产生近10位学者，其中数人都与朱熹交游。朱熹曾为该族李德纯撰有墓志，从中我们可以了解到李氏的发家史。其文曰："邵武军光泽县东里所，有地曰乌洲，李氏世居之，为郡著姓。其先有赠大理评事者讳铎，始以文行知名乡党。生太常博士诰，始登进士第。卒赠朝请大夫。"⑤可知，李氏为光泽乌洲的土著大族，但未有仕进者，至李铎时，才开始以诗文知名乡里。李铎之子李诰登进士第，从此家族步入士族行列。后世李氏族人在追溯祖先谱系时，多从李铎开始，我们也不妨将其设定为李氏第1代支祖，对该族成就择其要者分述如下。

第2代：李诰，庆历二年（1042）进士，官至太常博士，卒赠朝请大夫。

---

① 弘治《八闽通志》卷70《人物·邵武府·儒林》，下册，第947页；嘉靖《邵武府志》卷13《乡贤·游烈传》，第4页。

② 弘治《八闽通志》卷70《人物·邵武府·道学》，下册，第945页。

③ 弘治《八闽通志》卷70《人物·邵武府·道学》，下册，第946页。

④ （宋）朱熹：《晦庵先生朱文公文集》卷91《何叔京墓碣铭》，载朱熹撰，朱杰人等主编：《朱子全书》第24册，第4204页。

⑤ （宋）朱熹：《晦庵先生朱文公文集》卷91《特奏名李公墓志铭》，载朱熹撰，朱杰人等主编：《朱子全书》第24册，第4207页。

"陈忠肃公瓘贤之，称其'率真乐易，有古人风'"①。李详，字自明。李诰之弟。登嘉祐八年（1063）第。"知浔州，立学校，革夷俗，官终大理丞"②。

第3代：李深，字叔平，李诰次子。熙宁九年（1076）进士，为官清慎，后入元祐党籍。有《杭州集》20卷，弟勉、藩，子阶、郁。李勉，字安道，李诰三子。绍圣元年（1094）进士。知尤溪、顺昌二县。"素负气节，多忤于时"，亦入元祐党籍。③

第4代：李郁，字光祖，李深长子。他具有较高的理学造诣，"少长，从舅氏陈瓘游。逾冠，见杨时请业，时妻以女。初，郁闻时言，退而求其说，不合，乃独取《论孟》读之，早夜不懈，久之涣然有得，时深许之。时殁，郁以其学淑取后进。"绍兴中，"宣谕朱异以遗逸荐，召对，陈当世大务，补迪功郎，除敕令所删定官。免丧，以秦桧用事，筑室邑之西山以居，因号'西山'"。著有《易传参同契》《论孟遗稿》。④ 朱熹青年时读过李郁的撰著，很佩服，他在答李昌的信中云："熹少好读程氏书，年二十许时，始得西山先生所著《论》《孟》诸说读之，又知龟山之学横出此枝，而恨不及见也。"⑤

李纯德，字得之，李藩长子。"少治《周礼》兼《左氏春秋》，为文简古，不逐时好"⑥。他热心于宗族事务，日常生活中坚持以儒家伦理作为处事的信条，去世后，朱熹为其作墓志铭。

第5代：李吕，字滨老，号澹轩，李德纯之子。幼从学于叔父李郁。淳熙六年（1179），受朱熹邀请同赴庐山讲学，"遂为讲学之友"。"学甚富，尤深于《易》。每言《易》在识时，和之以义，苟非真知义之所在，而喜言变通，反害于《易》矣"。著有《周易议说》《澹轩集》。⑦

---

①　（清）李清馥撰，徐公喜等点校：《闽中理学渊源考》卷6《光泽李氏家世学派》，第105页。

②　（清）李清馥撰，徐公喜等点校：《闽中理学渊源考》卷6《光泽李氏家世学派》，第105页。

③　（清）李清馥撰，徐公喜等点校：《闽中理学渊源考》卷6《光泽李氏家世学派》，第105页。

④　弘治《八闽通志》卷70《人物·邵武府·道学》，下册，第946页；（清）李清馥撰，徐公喜等点校：《闽中理学渊源考》卷6《李西山先生郁学派》，第108页。

⑤　（宋）朱熹：《晦庵先生朱文公文集》卷46《答李滨老》，载朱熹撰，朱杰人等主编：《朱子全书》第22册，第2115页。

⑥　（清）李清馥撰，徐公喜等点校：《闽中理学渊源考》卷6《光泽李氏家世学派》，第106页。

⑦　（清）李清馥撰，徐公喜等点校：《闽中理学渊源考》卷6《光泽李氏家世学派》，第106页。

第6代：李闳祖，字守约，号纲斋，李吕长子。幼受家学，后与其弟相祖、壮祖从学于朱熹，"笃志强力，精思切论"，被朱熹延聘为塾师，以训迪诸孙，并协助朱熹编撰《中庸章句·或问·辑略》。① 嘉定四年（1211）李闳祖进士及第，任静江府临桂县主簿，最早在桂林地区传播朱子理学，"暇日诣学，与诸生讲解，习丕变"，仕至广西经略安抚司干办公事。同门黄榦、李燔、张洽、陈淳皆敬重之，有《师友问答》10卷。②

李相祖，字时可，李闳祖之弟、朱熹门人，受朱熹之命编著《书说》30余卷，"辨质详明，用心精切。平居谨饬，雅言矩步，见者为之肃敬"。③

李壮祖，字处谦，曾致书朱熹求教，朱熹"嘉其有志，遂语以为学之要"。后与兄李闳祖同年进士登第，调闽清尉，获大儒真德秀推荐，"称为典型人物"。④

第7代：李方子，字公晦，李绍祖之子。"少博学能文，为人端谨纯笃"。朱熹告诫他："观公为人，自是寡过，但宽大中要规矩，和缓中要果决。"遂以"果"名斋。嘉定七年（1214）登进士，调泉州观察推官，"暇则辨论经训，至夜分不倦"。知州真德秀称其"学邃气平，本经术，明世用。每有大事，必咨决而行"。后被指为真德秀党羽而遭罢官。归乡讲学，"从游者盈门"，著有《朱子行状》《传道精语》等书；又有《禹贡解》，"朱子尝称许之"。⑤

李文子，字公谨，李方子之弟，亦从朱熹学。绍熙四年（1193）进士，历知绵、阆、潼三州，⑥ 传播朱子理学，"持麾蜀中二十年，以道学倡，蜀人宗之"，著《蜀鉴》10卷。⑦

朱熹曾数次到邵武讲学，与本地士人密切交游。邵武军的朱熹门人共有33人之多，其中邵武县24人：冯允中、何镐、黄寅、黄瀚、黄孝恭、江元益、

① （清）李清馥撰，徐公喜等点校：《闽中理学渊源考》卷6《光泽李氏家世学派》，第107页。
② 弘治《八闽通志》卷70《人物·邵武府·道学》，下册，第946—947页。
③ （清）李清馥撰，徐公喜等点校：《闽中理学渊源考》卷6《光泽李氏家世学派》，第107页。
④ （清）李清馥撰，徐公喜等点校：《闽中理学渊源考》卷6《光泽李氏家世学派》，第107页。
⑤ （清）李清馥撰，徐公喜等点校：《闽中理学渊源考》卷27《朝奉李公晦先生方子学派》，第365页。
⑥ 弘治《八闽通志》卷70《人物·邵武府·道学》，下册，第946页。
⑦ （清）李清馥撰，徐公喜等点校：《闽中理学渊源考》卷6《光泽李氏家世学派》，第107页。

李东、连崧、梁璙、刘炎、吕胜己、丘珏、饶干、饶怀安、饶敏学、饶克明、任希夷、上官谥、吴英、吴寿昌、吴浩、叶武子、俞闻中、赵善佐；光泽县8人：李吕、李闳祖、李相祖、李壮祖、李方子、李文子、黄谦、黄涣；建宁县有1人：刘刚中。① 这些士人在理学的浸染之下，一方面强调道德教育与个人修养的重要性，另一方面通过著书立说、教育教学和实践活动，广泛传播与践行儒家礼仪。由此，儒家礼仪不仅停留在理论层面，更在实际生活中得到了应用和推广。

二、士人的宗族实践

科举与理学的兴盛，推动了士大夫阶层的形成，这些深受儒家文化浸染的士人对儒家礼仪有高度的认同，同时他们也以不同的方式参与到礼仪改革和教化推广的实践中。特别在宗族的组织化过程中，往往扮演重要的角色。

如乌洲李纯德"为人事亲孝谨，友爱其弟甚笃之，死不少衰。遇族党有恩意，少有忿争，则为居间，极力平处，不令入官府。不幸死丧，则为经理其家事，而任其婚嫁之责。尝有死上庠者，遣仲弟护其柩以归。里人有以恶声至者，未尝与之较。至周其急，则辍衣食不顾也"②。李德纯对族党的关照主要体现在：调解纠纷；帮助操办婚丧事务；抚恤、救济贫困。与李德纯类似的例子还有很多，这些义举多是个人的、临时性的。李德纯之子李吕，同样也热衷于宗族事务，不过，他与其父的做法却有些不同，在周必大为其所撰的墓志中，有这样的记载：

> 事母上官氏极其孝敬，教育弟妹，使有成立。聚族千指，朝夕击鼓集众，致礼飨堂，前后序揖，自少至老，不以寒暑废。或劝少休，君曰："身率犹怠，矧自怠乎？"为会宗法，岁时设远祖位，合族荐献，聚拜饮福，秩然其可观也。平时容止详雅，居无惰容。学务躬行，深恶口耳之习。既

① 徐公喜：《朱子门人学案》，江西人民出版社2018年版，第146—167页。按，此书未统计吕胜己，笔者据《八闽通志》补入。该书明确记载："胜己从张拭、朱熹讲学"。参见《八闽通志》卷70《人物·邵武府·儒林·吕胜己》，下册，第948页。

② （宋）朱熹：《晦庵先生朱文公文集》卷91《特奏名李公墓志铭》，载朱熹撰，朱杰人等主编：《朱子全书》第24册，第4207页。

切切训其子孙，又以是善诱后生。①

除了在日常生活中关照族人，李吕特别重视收族，他设立了会宗法，严格按照儒家礼仪祭祀远祖，希望通过礼仪规范，实现宗族整合，维持宗族认同感与凝聚力。宋代以降宗族制度的发展出现了许多新的转变，而宗族的组织化、制度化则是一个显著的趋势。② 李吕的宗族实践为此提供了一个很好的注脚。

在新宗族的成长过程中，祭祖活动起到了重要的作用。诚如常建华指出，"宋以后宗族集体形成的重要中介之一是通过祭祀祖先，表达祖先崇拜的情感，为此而建设祠堂组织族众，士大夫则积极倡导。"③

李吕 13 岁丧父，虽然与父亲李纯德相处的时间不长，但是他对父亲却怀有很深的感情。在《澹轩集》中，他多处提到父亲的事迹，追悼之情溢于言表。他请求朱熹为其父撰写墓志铭，欲使其名垂不朽。④ 此外，李吕还重建"义方堂"，以为祭祀之所。义方堂本是李纯德所创。绍兴元年（1131），建州乱军突至，李氏祖厝"数百楹燔爇殆尽"。⑤ 为避战乱，纯德携家小，择本村较为僻远的水东之仙冈暂居，并在居室旁创立一小堂教育子弟，"下瞰池圃，旁辟轩窗，置几案，横经以教子，而命之曰义方"。后来，纯德去世，家人重建祖厝，搬离此地，堂屋也遭废弃。淳熙十五年（1188），李吕在离原址二百步之外的父亲坟前重建义方堂。规模扩大了两倍，而格局、陈设不变，"虚其中席，以奉安遗像，窍户牖于夹室，北设卧榻，前列琴书……使子孙笃志于学者肄业其下，朝夕相见先君之为人，如亲承其謦欬而取法其用心，出入践古人之迹而志

---

① （宋）周必大撰，王瑞来校正：《周必大集校证》卷 75《澹轩李君吕墓志铭》，上海古籍出版社 2020 年版，第 1091—1092 页。

② 常建华：《宋明以来宗族制形成理论辨析》，《安徽史学》2007 年第 1 期，载常建华：《宋以后宗族的形成及地域比较》，人民出版社 2013 年版，第 1—27 页。

③ 常建华：《从朱熹一篇佚文看〈家礼·祠堂〉与宋代祠庙祭祖》，载常建华：《宋以后宗族的形成及地域比较》，人民出版社 2013 年版，第 31 页。

④ （宋）李吕：《澹轩集》卷 6《上晦庵干墓志书》，《景印文渊阁四库全书》第 1152 册，第 246—247 页。朱子为李吕之父李纯德所撰墓志，可参见（宋）朱熹：《晦庵先生朱文公文集》卷 91《特奏名李公墓志铭》，载朱熹撰，朱杰人等主编：《朱子全书》第 24 册，第 4207 页。

⑤ （宋）李吕：《澹轩集》卷 6《义方堂记》，《景印文渊阁四库全书》第 1152 册，第 238 页。

其远者大者"。① 可见，李吕重建该堂的目的一是祭祀、凭吊亡父，二是作为子孙学习之所。他希望将两者结合，以父亲的人格魅力激励、引导子孙后辈向善乐学。

在《先考神像祭文》中，李吕也提到了堂内的布置：

> 维庆元元年，岁次乙卯，十月壬子朔，二日癸丑，孤某向者重建义方堂于先茔之前，示不敢失坠先训。堂成，置香火于其中以奉灵游，而未有像设。家奉旧真一本，重加表饰，卜以是日奉安于香火所，谨以酒果昭告于先考奏名进士李公之灵。②

根据祭文，再综合上文"虚其中席以奉安遗像"的信息，可知，李吕在义方堂正厅供奉亡父香火，并张挂了父亲的画像，这应该就是宋儒程颐提到过的"影堂"③。影堂是家祭的重要形式，同时，由于李吕重建时将其移到了父亲茔前，因而，义方堂又具有了墓祠的性质。

为祭奠父亲，李吕复建了义方堂，次年，他又于祖父坟旁主持修复"孝友亭"。他在《孝友亭记》一文中详细记录了修建缘由，文曰：

> 先大父处士府君以大观丁亥六月二日终于正寝，迨己丑始克以礼葬于邑西溪口之原。旁立亭一所，以备岁时拜扫陈荐于其下，盖窆窆之初叔父所创也。岁徂屋老，日就颓圮。越淳熙己酉，相距已八十三年矣。长孙某率从父弟顺辍忌日斋享、清明拜扫之费，选匠抡材，取榱题橡桷之挠坏者、墙壁瓴甓之崩缺者，悉更以新好，稍复其旧。从两架梁外壁以为房，使守冢之家居之。授田四亩，以为衣食。俱令以时泛治庭宇，扫除败叶，勿使壅积，补苴罅漏，勿使穿穴，为经久之计。④

---

① （宋）李吕：《澹轩集》卷6《义方堂记》，《景印文渊阁四库全书》第1152册，第238—239页。

② （宋）李吕：《澹轩集》卷7《先考神像祭文》，《景印文渊阁四库全书》第1152册，第249—250页。

③ 程颐曾指出："庶人祭于寝，今之正厅是也。凡礼，以义起之可也。如富家及士，置一影堂亦可。"[（宋）程颐、程颢著，王孝鱼点校：《二程集》，中华书局1981年版，第1册，第285页]此外，对宋代影堂的研究，可参考常建华：《明代宗族研究》，上海人民出版社2005年版，第99页；常建华：《宋以后宗族的形成及地域比较》，第41—51页。

④ （宋）李吕：《澹轩集》卷6《孝友亭记》，《景印文渊阁四库全书》第1152册，第239页。

记文表明，在祖父李藩下葬之初，李吕的叔父便于坟旁创立亭祠一所，"以备岁时拜扫，陈荐于其下"。经过80多年，亭屋日就颓圮，于是李吕率祖父的后裔们重修墓祠，名之曰孝友亭。修缮之经费是从"忌日斋享，清明拜扫之费"中节省而来。同时，在亭旁扩建一房，以便守墓之家居住，拨出四亩田，作为报酬，令其负责日常清扫。

由上可知，李吕对家祭与墓祭非常重视，但是这两种祭祖形式规模有限，只照顾到了祖祢二代，基本上是家庭内部的祭祖活动。要想敬祖收宗，必须扩展祭祀的对象。事实上，在李吕正式整合宗族之前，李氏内部已经存在一套固定的宗族活动，即每年冬至和春节同宗聚集会面"讲礼"。对此，李吕深有体会：

> 某比见吾宗生聚日蕃，至讲礼之时，特不过冬、年两节而已。惟会面之期如是其疏，所心异于路人无几。又况其间傲岸简忽，不能推见根本，苟且自便。居幼惟惮其长之见，则瞯亡而题其门；居长或见其幼之来，则戒仆以拒其谒。遂使服属未远，累年或不一见，异时邂逅，或不相识，风俗至是亦已颓矣。①

由于缺乏具体的操作礼仪，随着族众的增加，聚族讲礼似乎已流于形式，甚至停废了。这导致族人沟通缺乏，形同陌路。在李吕看来，亟须以制度化的手段整顿，兹将其措施节引如下：

> 故尝与众金议，高祖大理评事府君、高祖母光泽县君，实大吾族，其别三祖曰朝请大夫府君、曰河源主簿府君，益封殖之。今本村上下，东门里外，及邵武磨滩居者，皆三祖之子孙也。
>
> 今欲每遇冬、年，就族人之家稍宽广者，设廷评、光泽及三祖之位，供以香、灯、酒、果。纠合族党，上自吾兄弟，下及诸曾，其日巳刻，咸具盛服（原注：或公服，或襕幞，或衫帽，或小衫，各随其宜，但不可用道服背子），相率毕集，尊卑以列，荐献如仪。然后自尊及卑，逐行讲拜，就坐茶汤，成礼而退。于以尊祖，于以合族。使子子孙孙咸知其所自来，且知族属虽广而同出于一气也，则事长慈幼之道，不下席而得，而亲睦之

---

① （宋）李吕：《澹轩集》卷5《会族讲礼序》，《景印文渊阁四库全书》第1152册，第236页。

风，将不劝而自厚矣。

呜呼！自廷评公至吾兄弟凡五世，自吾兄弟至诸曾又四世矣。合今四世自胜衣以上，略计几二百人。族姓之蕃，求之吾里，殆难其匹。既蕃矣，又能世其素业，久而不坠，抑又难也。欲其素业久而不坠，舍礼何以哉？然则兹会之设，具系吾宗之隆替甚大，岂曰小补之哉？

今议本村、东门两处，每节各委谨干子弟二名掌其事。前期遍具咨请，量收少钱，备香、灯、酒、果之属，措置器具坐次，诘朝铺设，务在整齐。众集，赞导荐拜，毋得差紊。仍署簿一扇，逐节开具与会之人行辈、年甲，及行礼节次，取尊长签押，事毕，差定后次掌事，付之交管。及真像、器具等，悉令藏去，毋致损坏。其与会者若有疾患、死丧、急干、远出等事不果来者，许前期具假状，报掌事者照会。其有傲岸简忽，苟且自便，托故不至，是不知宗族之谊，在所不齿。如此，庶几可以持久，凡我同志，念之重之。①

前引周必大所撰墓志谓李吕在族中推行"会宗法，岁时设远祖位，合族荐献，聚拜饮福，秩然其可观也"②。上述材料应当就是会宗法，从中可知，其内容包括以下几方面：

1. 祭祀的对象。通过与族众的商议，确定祭祀包括共同的祖先——高祖夫妇，以及三个支派各自的直系曾祖。

2. 参会的族众。参会者范围为高祖以下三个支派的子孙，他们分布在本村上下，东门里外，及邵武磨滩等地。

3. 族会的时间、地点。依旧择定冬至、新春两节，在屋宇宽广的族人之家举行。

4. 族会的仪式。会前安设好高祖夫妇与三祖之神位，张挂画像，摆设祭器，"供以香灯、酒果"。已刻，族人依据长幼尊卑列队荐献、讲拜、就坐。具体而言，要求"咸具盛服，相率毕集。尊卑以列，荐献如仪。然后自尊及卑，逐行讲拜，就坐茶汤，成礼而退"。

---

① （宋）李吕：《澹轩集》卷5《会族讲礼序》，《景印文渊阁四库全书》第1152册，第236页。
② （宋）周必大撰，王瑞来校正：《周必大集校证》卷75《澹轩李君吕墓志铭》，第1092页。

5. 族会的管理。每次族会前委派两名子弟"掌事"，负责前期的筹备、陈设，邀请族众，维护会场秩序，以及会后画像、祭器的交管。祭祀时设有赞导引领。置有会簿，注明了与会者的行辈、年龄，及行礼节次。对于参会者的出席情况也有规定，无法参会时，须提前向掌事请假。

李吕明确指出，举行族会讲礼、祭祖的目的是尊祖与合族，"使子子孙孙咸知其所自来，且知族属虽广，而同出于一气也。则事长慈幼之道，不下席而得。而亲睦之风，将不劝而自厚"。他认为，随着族人的繁衍，要维持科举、理学传家的族业，以及家族的隆盛，已变得非常困难。因此只有通过"礼"的方式，特别是以族会祭祖来强化对祖先的认同，提高族人的凝聚力。

值得注意的是，在李吕之前程颐、程颢已提出宗会法，主张："凡人家法，须令每有族人远来，则为一会以合族，虽无事，亦当每月一为之。古人有花树韦家宗会法，可取也。"①二程强调宗族聚会的睦族功能，实为宗族组织化的重要手段，② 李吕对二程理学较为熟悉，其实行的"会宗法"可能有受此影响。

对族会的改造，反映了李吕试图以儒家祭祖礼仪来收族的努力，因史料的阙失，其效果如何，我们不得而知。不过，可以确定的是，李氏并未设立祠堂，因此族会是在富裕的族人家中举办，地点并不固定。而且经费来源于每次会前向族人的摊派，未形成固定的族产，因此，若想长久维持，恐怕是有困难的。

编修族谱也是收族的重要手段。南宋淳熙四年（1177）左右，乌洲李氏完成了族谱的编修。修谱的过程中，首要问题是厘清族源。李吕对此非常重视，在他的《澹轩集》中数处提到祖先的事迹，并有两篇文章专门考证族源。③ 从中我们可以了解到其族源主要有三种说法。

一是本地土著说。认为始祖自唐末卜居光泽之乌洲，卒葬本村，世号"员外坟"。乾道五年（1169）李吕率族人"环以版筑"，但两年后，"北溪泛溢，

---

① （宋）程颐、程颢：《河南程氏遗书》卷1《二先生语一》，载《二程集》，第7页。

② 冯尔康、常建华：《中国宗族史》，上海人民出版社2008年版，第166页。

③ （宋）李吕：《澹轩集》卷5《乌洲李氏世谱序》、卷8《录祖先遗事》，《景印文渊阁四库全书》第1152册，第232—233页、第254—257页。

墙悉浸仆，基石仅存"。①

第二是外地官宦后裔说。"或云有〔李〕颖者出于青州之千乘；或云唐大中间（847—859）都官员外郎〔李〕频为建州刺史，有惠爱，卒官下。时邵武光泽未升郡县，隶建州境，子弟有不果归者留居于此"。李频，睦州寿昌人（今属浙江建德市），是唐末建州刺史，著名的官员、诗人。但是《新唐书》李频本传中明确记载他死后"丧归，父老相与扶柩，葬永乐州……天下乱，盗发其冢，寿昌人随加封掩"②，子孙不可能留在乌洲。李吕显然注意到了《新唐书》的记载，他说"考之《唐史·文艺传》……载归葬寿昌，而丘垄在此为不合"③。

第三是南剑（今南平市）移民说。李吕曾在附近的云际村听李氏一族人言少时，见旧谱记云："初祖公达，偕弟公远，实南剑望姓，以事往来吾里。有高公者，豪据乌洲，馆二公于别室，奇公达，妻以女。高无子，罄其赀以奉焉"④。

李吕将这些说法都载录谱序中以供参考，但是他认为第三种更加可靠，"三者之说未知孰是，要之，云际所闻颇详，首末差若可信"。⑤ 最后，他将始祖定名为"员外"。

邵武和平上官氏也很注重收族实践。上官族谱始修的时间比李氏早了70多年。与乌洲李氏一样，首先需厘清族源问题。在明清的方志与上官宗谱中都将该族的始祖记作"上官泊"。弘治《八闽通志》作"上官泊"，其传曰：

> 上官泊，乾符末为镇将。时黄巢自浙东逾江西，破饶、吉、虔、信等州，因刊山开道，直趋建州。泊与子兰率兵勤王，誓曰："不收黄巢，不敢见先君子地下。"遂直趋建昌，拒贼力战，父子皆被害。事闻，并赠

---

① （宋）李吕：《澹轩集》卷3《乌洲李氏世谱序》，《景印文渊阁四库全书》第1152册，第232页。

② 《新唐书》卷203《文艺下·李频传》，中华书局1975年版，第5794—5795页。

③ （宋）李吕：《澹轩集》卷8《录祖先遗事》，《景印文渊阁四库全书》第1152册，第254页。

④ （宋）李吕：《澹轩集》卷3《乌洲李氏世谱序》，《景印文渊阁四库全书》第1152册，第232页。

⑤ （宋）李吕：《澹轩集》卷3《乌洲李氏世谱序》，《景印文渊阁四库全书》第1152册，第232页。

将军。①

这是目前可见关于上官泊的最早记录材料。年代更晚的嘉靖《邵武府志》、崇祯《闽书》、嘉庆《上官氏宗谱》、民国《闽樵和平上官氏宗谱》的上官泊传记均与此大同小异。② 道光十五年（1835）邵武乡绅何其恭的《惠安祠序》，对上官泊事迹作了更详细的介绍：

> 邑人上官将军生唐代而英杰，始为剑南马军宣置使，能辅主将平王仙芝余党，因提为昭武兵马都统制。及乾符间，逆贼黄巢渡采石，抵浙东歙、饶、吉诸处，而欲直捣建昌。将军闻之，怒曰："不能剿贼，无以见君父！"遂与其子兰，督兵拒贼于建昌之太平里，力战焉，父子皆死。夫以不忍屠刃斯民之故，而敌王所忌，遂至父子积尸亡阵，虽未得如林言之遏志斩巢，而其必欲斩贼，不欲与贼同生之心何如者！宜宋神宗追封为忠勇将军、天水郡公，使得血食下城庙，后又崇为"忠烈惠安民主尊王"。此惠安之祠所由建，而祀典所由兴也。③

以上两则传记赋予了上官泊浓厚的"忠烈"色彩：王朝危难，父子勤王，力战而死，为国捐躯，死后得到朝廷的大力表彰。这种忠义殉国的武将形象极为契合儒家的伦理准则。然而，这些材料产生于明清，距离唐末数百年，又无正史佐证，史料可靠性较差。《惠安祠序》中史实错谬颇多。例如，唐宋并无"马军宣置使""宣置使"官职。剑南道治所在成都，与闽地相距千里，从文义看，剑南似为南剑（今南平市延平区）之误。又，唐肃宗时设有都统处置使，亦称都统使，总诸道兵马，昭武（邵武）系唐代建州属县，不应设此官。此外，现存《宋会要辑稿》并无宋神宗追封上官泊为忠勇将军、天水郡公的记载，亦无崇封"忠烈惠安民主尊王"的记录。因此，关于上官泊父子记载的真实性，颇为可疑。

此外，从留存在《闽樵和平上官氏宗谱》中的几份宋代谱序中，我们可以

---

① 弘治《八闽通志》卷39《秩官·名宦·邵武府》，上册，第1120页。
② 参见嘉靖《邵武府志》卷13《乡贤·上官泊》，第1页；（明）何乔远：《闽书》卷124《英旧志·邵武县·上官泊》，第5册，第3727页；前山坪《上官氏宗谱》卷首《泊祖传》，嘉庆十七年10修本，第52页；前山坪《闽樵和平上官氏宗谱》卷首《泊祖传》，民国十九年12修木活字本，第5页。
③ （清）何其恭：《惠安祠序》，载南坑《樵南宝积何氏族谱》卷2《次三公诗古稿》，光绪十五年刊印本，第85页。

发现这一英雄祖先的建构历程。成文于北宋建中靖国元年（1101）的上官氏始修《谱序》有如下的记录：

> 上官氏本西姓，世居闽为右族。或曰自晋永嘉以避地而南，非也。余尝有事秦陇，适邠陕，历览故关，求所谓宗本，盖渺如也……元符中，以事至福州。一日，出崩岕冈，忽得唐故州户曹上官君碣文，文坏，仅可读，言："君讳偕，字志能，西台楚国公仪祖五叶孙也。元和四年为户曹，卒于官，子孙不能归，遂家焉。"予一再读，亦恻然伤怀久之，不知予为公后。谨持归署，时时抄摩以语人。

> 他日，有进士京者来见予，自言为公十二世孙，指画故谱甚有本源，以世计之，为予从昆弟行也。于是泫然，始识公实为余祖……自五代纷更，海内剖裂，士君子遭罹兵燹五十余年，扶伤救死不暇，谱学遂绝不传，吾家亦废失，无所考证，是可叹也！……①

按，序文作者上官彝，熙宁九年（1076）进士②，时任签书武安军节度判官厅公事，是和平上官氏始修宗谱的编者之一。据其所言，唐末五代以来，和平上官氏并无族谱，对先祖的谱系、族源亦模糊不定。直至元符（1098—1100）间，他在福州任职偶然看到上官仪裔孙的族谱，才"发现"自己原来是这位显赫的唐代宰相之后裔。这样，"世居闽为右族"的上官氏才建立起与上官仪的谱系联系。与此同时，序文对上官泊父子只字未提。从文字推断，当时尚未确定和平上官氏与"唐末邵武镇将"上官泊的关系。成文于绍兴十二年（1142）的重修《谱序》，再次强调了上官仪作为祖先的"事实"，并且明确指出和平的开基祖是上官泊。上官泊忠义殉国的故事也得到丰富、完善。③嘉定十五年（1222）的三修《谱序》，则进一步明晰了唐末上官泊至宋初上官凝的传承谱系。至此，和平上官氏最终完成了对谱系的重构。可见，和平上官氏

---

① （宋）上官彝：《（始修）原序》（建中靖国元年），前山坪《闽樵和平上官氏宗谱》卷首，民国十九年12修木活字本，第1—2页。

② 按，上官彝曾任岳州巴陵知县，元丰中苏轼谪黄州，两人有诗文之交。参见光绪《重纂邵武府志》卷16《选举》，第319页；（宋）苏轼著，李之亮笺注：《苏轼文集编年笺注》卷57《与上官彝三首》，巴蜀书社2011年版，第7册，第460—461页。

③ （宋）上官贲：《（重修）原序》（绍兴十二年），前山坪《闽樵和平上官氏宗谱》卷首，民国十九年12修木活字本，第5页。

从最初"谱学遂绝不传","失所考证",到最终落实到以唐宰相上官仪为始祖，以上官泪为开基祖，至少经过了从北宋熙宁朝到南宋嘉定朝近150年的时间。

小　结

秦汉以降，广大华南地区的族群成分复杂多元，既有土著的"百越"及其后裔，也有从北方迁人的汉人。《隋书》对此总结道：

> 南蛮杂类，与华人错居，曰蜒，曰獽，曰俚，曰獠，曰㐌。俱无君长，随山洞而居，古先所谓百越是也。其俗断发文身，好相攻讨，浸以微弱，稍属于中国，皆列为郡县，同之齐人，不复详载。[①]

在中原士人的认知中，这些土著族群的社会构造、生活习俗迥异于汉人。他们不立君长，居于洞寨或舟楫，断发文身，剽悍好斗，崇祀鬼神。尽管中原王朝在此地设立了许多郡县，名义上把他们纳入到了政权体系中，而实际上大量居民并不入王朝编户，游离在政府控制以外。

闽西北地区也经历了这样的发展历程。在士人笔下这里是闽越故地、信鬼尚祀、剽悍不驯，是一片体现着蛮荒与偏僻的"化外之地"。宋元地方官员进行着强化行政和教化的努力，通过倡行儒学、移风易俗、征收赋税等治理手段，使得中央王朝对地方社会的控制更为强化与深入。然而，被称作"峒民"的土著势力仍然在基层社会中发挥着巨大的影响力。[②] 频繁爆发的"峒乱"，即是地方社会的剧烈反应的体现。随着宋廷在闽西北统治方式的重要转变，以及儒家礼仪的普及，当地科举官宦家族与理学士人群体逐渐形成。土著豪强策略性地利用科举、理学等王朝话语，进行宗族实践，以提升和巩固其文化地位。在这种双向互动中，宋元时期的闽西北地区完成了从"闽越故地"到"邹鲁之乡"的社会结构转型。

---

① 《隋书》卷82《南蛮》，中华书局1973年版，第1831页。

② ［日］佐竹靖彦：《唐宋期福建の家族と社会——山洞と洞蛮》，《东京都立大学都立大学人文学报》第277号，1993年3月，第35—92页。

第二章　宋元时期闽西北佛道与地方信仰的互动

在闽西北历史上，宗教文化发达的历史要比儒学更为悠久。早在隋朝时期，佛教和道教都已进入了闽西北，佛教在地方社会中的渗透力与影响力更加深入。佛道二教在传布过程中，与地方信仰不断互动影响，呈现出民俗化和地方化的特征，产生了一批颇具地方特色的神明崇拜。

第一节　闽西北佛道的传布

佛教于东汉传入中国，明人黄仲昭说："缁黄有庐，昉于后汉，而东南郡县犹未有也。自吴孙权始建。建初寺于江东，建洞元观于高山，而后寺观始蔓延诸郡以及于闽。"[1] 据此，东南地区是在东吴时期才有寺院的。不过，佛教入闽的具体时间并不清楚。

一、佛教的传布

清光绪《重纂邵武府志》记载邵武最早的佛寺是憩庵，建于东晋元熙间（419—420）。[2] 但更早的明清府志都没有记录，因此这条材料颇为可疑。笔者通过比较 4 个版本的明代方志，整理出《清代之前邵武县佛寺庵堂数量统计表》（表2-1）[3]，从时间上看，隋代时，佛教已经进入邵武。唐代佛教获得了快速的发展，兴建了 42 座寺院。宋元时期佛教依然保持良好的发展势头，修建了 89 座寺院。明代新建的寺庙数量下降到 18 座。不过，自元代开始出现了两个明

---

① 弘治《八闽通志》卷 75《寺观》，下册，第 1089 页。

② 光绪《重纂邵武府志》卷 28《古迹·寺观·邵武县》，第 770 页。

③ 按，表 2—1 仅表示邵武县，不含邵武府所辖的光泽、泰宁、建宁三县。

显的现象,一是规模较小的庵、堂、精舍逐渐增多。这反映了佛教的民间化趋势。二是大量重建毁弃的寺庙①。这种现象一直延续到清代。从地域上看,寺庙的分布呈现出地区差异,仁泽下乡高达 34 座,永城上乡 26 座。仁荣上乡和昼锦下乡最少,都只有 6 座。不过,单从总量来说,在一县之内存在着 160 多所寺院②,便足以说明佛教的兴盛程度了。

表 2-1　清代之前邵武县佛寺庵堂数量统计表

时代 数量 地点	东晋	隋	唐	五代	宋	元	明	合计
城内			6		4	2	1	13
仁泽上乡			2		2	5	2	11
仁泽下乡		1	6	1	15	6	5	34
富阳上乡			4	2	1	8		15
富阳下乡			5	3	2	1	1	12
仁荣上乡			1		3	2		6
仁荣下乡			6		4	5	2	17
昼锦上乡			1		4	3	1	9
昼锦下乡			1		5			6
永城上乡		1	7		7	5	6	26
永城下乡	1		3	3	2	3		12
合计	1	2	42	9	49	40	18	161

史料来源:(1)天顺《大明一统志》卷 78《邵武府·寺观》。(2)弘治《八闽通志》卷 78《寺观·邵武府·邵武县》。(3)嘉靖《邵武府志》卷 15《外志·寺观》。(4)万历《邵武府志》卷 60《杂事志三·寺观》。

　　佛教能在包括邵武在内的闽地大行其盛,首先当归因于僧人的不懈努力。特别是一些高僧大德,往往能以独特的人格魅力,感召信徒,获得丰厚的施舍。如隋仁寿年间(601—604),有北天竺沙门阇那笈多于邵武城南诛茅辟土,创立仁寿寺。唐乾符间,僧了空重建,后废。南宋端平间,官至吏部尚书的郡人杜杲镇守淮西时,仰慕卧牛通禅师之道行高洁,邀请其入闽,安置于

---

　　① 王荣国:《福建佛教史》,厦门大学出版社 1997 年版,第 295 页。

　　② 根据笔者对邵南地区的调查,实际的寺庙数量应当比方志记载的 161 座更多。如和平镇坪上村的袭安寺、留仙庵、和平延喜庵等宋元庙宇都未载入史册。

邵武城东之杜家庵，"后以狭隘，众不能容，杜乃为之拓仁寿旧基，俾重建以居"。① 又如城北隅之宝严寺，唐大顺元年（890）建，五代时宣州（今安徽宣城市）杨蕴，"商于邵武。因慕寺僧环上人道行，遂出囊金百万缗，创殿宇及买田。安众蓬居于寺而老焉。常曰：'天下之乱久矣，吾不畜妻子，恐为身累。捐金于此者，将以祝太平，邀福于天下也。'"② 作为客居邵武的商人杨蕴，能慷慨地施舍百万计的资财扩建殿宇，置办寺田。这当中固然有景仰僧环上人戒行高远的原因，此外，也因他有感于时局动荡，不娶妻生子，遂以寺院为终老之所。由此可见，佛教对于慈幼、养老、济贫等社会福利、慈善事业的提倡和努力，也是其能够得到信众广泛支持的一个重要原因。

唐宋福建佛教极为发达，尤以禅宗为盛。"禅宗自六祖以后，分而为二。一曰青原，其下为曹洞、云门、法眼。一曰南岳，其下为临济、沩仰。是为五宗"③。南岳、青原两系高僧皆有与邵武相关者。南岳系的大兴，离不开高僧马祖道一的大力推动。道一，本四川汉州人（今四川广汉），俗姓马，时人尊称马祖。幼年"削发于资州唐和尚，受具于渝州圆律师"④。唐玄宗天宝初年，"时道一禅师肇化建阳佛迹岩聚徒"⑤，将禅宗传入闽北，后入江西洪州说禅。道一培养了大批闽籍弟子，著名的有志贤、道通、明觉、大珠慧海、神暄、隐峰等人。⑥ 其中，隐峰和尚便是邵武人。隐峰，俗姓邓，"稚岁憨狂，不徇〔徇〕父母之命。出家纳法"⑦。"初游马祖之门，而未能睹奥"，又往参石头禅师，依

---

①　万历《邵武府志》卷 60《杂事志三·寺观·仁寿寺》，第 2 页。杜杲事迹参见《宋史》卷 412《杜杲传》，第 12381—12383 页。

②　万历《邵武府志》卷 60《杂事志三·寺观·仁寿寺》，第 1 页。

③　（清）永瑢等撰：《四库全书总目》卷 145《释家类·〈僧宝传〉》，中华书局 1965 年版，第 1238 页。

④　（宋）赞宁撰，范祥雍点校：《宋高僧传》卷 10《唐洪州开元寺道一传》，中华书局 1987 年版，第 221 页。

⑤　（宋）赞宁撰，范祥雍点校：《宋高僧传》卷 10《唐唐州紫玉山道通传》，第 226 页。

⑥　参见王荣国：《福建佛教史》，厦门大学出版社 1997 年版，第 82—83 页；徐晓望：《闽北文化述论》，中国社会科学出版社 2009 年版，第 222—224 页。

⑦　（宋）赞宁撰，范祥雍点校：《宋高僧传》卷 21《唐代州北台山隐峰传》，第 547 页。

然无所得，"而后于马祖言下相契"。① 唐元和中（806—820），入五台山修禅。值得注意的是，隐峰有一妹妹，亦出家为尼。

宋代临济宗黄龙派高僧洪英也是邵武人，禅师俗姓陈，"幼警敏，读书五行俱下。父母钟爱之，使为书生。英不食自誓，恳求出家，及成大僧，即行访道"，阅《华严十明论》，领悟宗旨。闻黄龙慧南禅师于黄檗山积翠寺宣说法要，遂前往依止，其后并入室嗣法。② 熙宁二年（1069），于江西泐潭寺开法，世称泐潭洪英，又称英邵武。

唐代对邵武影响较大的禅宗高僧当属青原六世弟子普闻禅师。宋代僧人惠洪撰《禅林僧宝传》收录有普闻的详细传记，兹摘引如下：

（1）禅师名普闻，唐僖宗太子。生而吉祥，眉目风骨，清真如画，不茹荤，僖宗钟爱之，然以其无经世意，百计陶写之，终不回。闻霜华之风，梦寐想见。中和元年，天下大乱，僖宗幸蜀，亲王宗室皆逃亡，不相保守。闻断发逸游，人无知者。

（2）造石霜，诸与语叹异曰："汝乘愿力而来，乃生帝王家，脱身从我，火中芙蓉也。"闻夜入室恳曰："祖师别传事，肯以相付乎？"诸曰："勿谤祖师。"曰："天下宗旨盛大，岂妄为之耶？"诸曰："是实事。"曰："师意如何？"诸曰："待案山点头，即向汝说破。"闻俯而惟曰："大奇！"汗下再拜，即日辞去。

（3）至邵武城外，见山郁然深秀，问父老："彼有居者否？"曰："有一苦行隐其中。"闻拨草望烟起处独进。苦行见至，欣然让其庐曰："上人当兴此。"长揖而去，不知所之。闻饭木实饮谷而住十余年。一日有老人来拜谒，闻曰："丈夫家何许？至此何求？"老人曰："我家此山，有求于师。然我非人，龙也，以疲堕行雨不职，上天有罚，当死，赖道力可脱。"闻曰："汝得罪上帝，我何能致力？虽然，汝当易形来。"俄失老人所在，视座榻旁有小蛇尺许，延缘入袖中屈蟠。暮夜，风雷挟坐榻，电砰雨射，山岳为

---

① （宋）普济著，苏渊雷点校：《五灯会元》卷3《马祖一禅师法嗣·五台隐峰禅师》，中华书局1984年版，第170页。

② （宋）惠洪著，吕有祥点校：《禅林僧宝传》卷30《宝峰英禅师》，中州古籍出版社2014年版，第208页。

摇振，而闻危坐不倾。达旦晴霁，垂袖，蛇堕地而去。顷有老人至，泣泪曰："自非大士之力，为血腥秽此山矣。念何以报厚德。"即穴岩下为泉，曰："他日众多，无水何以成丛林？此泉所以延师也。"泉今为湖，在半山，号龙湖。邦人闻其事，富者施财，贫者施力，翕然而成楼观，游僧至如归。

（4）湖之侧有神，极灵祸福。此邦民俗畏敬之，四时以牲缯祭。闻杖策至庙，与之约曰："能食素，持不杀戒，乃可为邻。不然，道不同不相为谋。何山不可居乎？"是夕，邦之父老梦神告语曰："闻禅师为我受戒，我不复血食，祭我当如比丘饭足矣。"自是神显异迹，护持此山。

（5）闻将化，令击钟集众，跏趺而坐，说偈："我逃世难来出家，宗师指示个歇处。住山聚众三十年，对人不欲轻分付。今日分明说似君，我敛目时齐听取。"于是敛目安坐，寂然良久，撼之，已化矣。塔于本山，谥圆觉禅师。

（6）史不书名，但书僖宗二子：建王宸、益王升。然亦失其母氏位及薨年月。传不书闻受业受具所，读偈曰："我逃世难来出家。"疑石霜亦其落发师欤？ ①

以上传记依照内容，大体可分作六段，分别记述了普闻禅师的出身背景、师承法嗣；在邵武弘法时，拯救龙神，为其行雨，点化神灵；圆寂前的遗言，以及作者的考辨。宋代另一部高僧传记典籍《五灯会元》中也收录了普闻的传记。文字与此大同小异，惟缺少（4）（6）的内容。②

（1）段言普闻乃唐僖宗太子，但著者惠洪对此显然并不能确定，因而在（6）中指出史书对唐僖宗两位子嗣的记载比较模糊，似乎难以与普闻准确对应。明人何乔远亦对此抱有疑虑，他指出："考唐史，僖宗年二十有七而崩，其幸蜀之年方二十一，安得有子无经世意，又能断发远游者？或唐诸王孙，借太子之名出家耶？"③唐代有不少王孙为僧的例子，④何乔远认为普闻为唐僖

---

① （宋）惠洪著，吕有祥点校：《禅林僧宝传》卷5《邵武龙湖闻禅师》，第34—35页。

② （宋）普济著，苏渊雷点校：《五灯会元》卷6《石霜诸禅师法嗣·龙湖普闻禅师》，第315页。

③ （明）何乔远：《闽书》卷26《方域志·邵武县·山·龙湖山》，第1册，第624页。

④ 王荣国：《福建佛教史》，厦门大学出版社1997年版，第101页。

宗太子之说不能成立，但可能是诸王孙假借太子之名出家。这一看法有一定道理。

宋代《舆地纪胜》载："龙湖山，在邵武县西五十里，宝乘禅院在焉。唐僖宗子圆觉禅师道场。"① 可见，普闻驻锡的寺院即是邵武大乾的宝乘禅院，而传记中提及的"湖侧之神"便是唐宋以来在邵武地区影响颇大的地方神祇欧阳祐（详见第三章）。

（3）（4）两段若撇开当中的神话色彩，我们可以看到，它实质是反映了唐代佛教信仰在邵武扩张过程中遭遇地方崇拜的状况。张侃在考察邵武欧阳祐信仰与佛教的互动关系时指出，可以从两个层面来理解这则传记：一是典型的佛家救赎，其所隐蕴的故事是佛教进入邵武大乾，并与当地民众所发生的交往关系；二是复杂的宗教互动，其所隐喻的是该地原有的宗教信仰结构发生了变化，佛教仪轨逐渐取代当地传统。② 这一见解非常精彩，笔者深表赞同。无论是官方信仰还是民间信仰的神灵，都以享用血食为特色。而佛教则以反对杀生，拒绝血食，提倡斋食。在（4）段中，普闻禅师通过"约谈"的方式，让地方神欧阳祐受戒，接受斋食。不过，《方舆胜览》记载的情形却没有如此温和：

> 〔神〕屡出灵响，远近争来，椎牛刺豕以祭。有龙湖山圆觉大师悯戕物，命遗偈以告。遂以斋羞〔馐〕易血食。或云：师尝与神以道力角胜负，庙傍有大松，师举手以梢拂地者三，神仅能再，遂屈而从之。③

这段材料里，禅师是通过与地方神斗法取胜的方式，迫使后者接纳斋食的。佛教与地方信仰的角力是一个漫长而复杂的过程，在普闻禅师的例子中，我们看到的是处于强势的佛教压制了地方信仰，改变了后者的祭祀礼仪。

佛寺的建造与维持离不开信徒的供养，即所谓"富者施财，贫者施力"。笃信佛教的富户与大族通常不断向寺院施田赡僧，这种施舍行为甚至是父子相

---

① （宋）王象之：《舆地纪胜》卷134《福建路·邵武军·景物下》，第3837页。

② 张侃、朱新屋：《"正统"的层累及流动——以唐宋闽北地方神欧阳祐为例》，《学术月刊》2013年第5期。

③ （宋）祝穆撰，祝洙增订，施和金点校：《方舆胜览》卷10《邵武军·祠庙·广祐庙》，第175页。

承，持续几代人。如邵武大埠岗宝积村高氏家族对宝林寺的供养。在此，有必要先对高氏家族作一简单介绍。2002年宝积村出土了一通墓志，撰者是宋代邵武和平人上官均，熙宁三年（1070）以榜眼及第。① 墓志作于元祐八年（1093），上官均时任殿中侍御史。墓主是上官均之外祖父高世罕。墓志这样记载：

> 元祐五年，邵武高公春秋九十有三，视听精明，好善秉礼不衰，以六月辛酉即寝而终。亲友奔哭尽哀，乡闾吁嗟以泣。少者曰："吾谁与抚！"长者曰："吾谁与教！"贫者曰："吾谁与恤！"呜呼！族师不书姻睦，郡守不举廉孝，故公之行，施于家，溢于乡，而不命于朝。然考其所存，无愧为士者矣。公讳世罕，曾祖希颜，祖居，考俨。公少孤，自立，以腴田授其诸父而独取其薄隘。约于奉己而赒人之急，谆谆依于信义而人不忍欺也……州间语笃厚者以公为法。夫人黄氏，有贤行。先公十二年卒。三子：绎、傣、士衡。长女从均之皇考、朝议大夫。次适进士陈信。孙七人，安节新授岳州巴陵县尉。曾孙十一人。女孙二人，长适左宣德郎黄德裕，次适贺州富川令上官恢……②

从墓志可见，高氏家族至迟在唐末五代时期便定居于宝积，以务农为业。历4代的经营，到高世罕时，高氏已颇为殷实，成为地方大户。高世罕卒于北宋哲宗元祐五年（1090），寿93岁。他虽"不命于朝"，没有科举功名和官职，但可能田产丰裕，因而有能力关照族人、抚恤乡党。"州间语笃厚者以公为法"，在地方社会有较高的威望。

高氏家族地位的提升，在婚姻关系上有明显的反映。高氏先后与和平黄氏、上官氏、陈氏联姻。高世罕的夫人便是黄姓，长孙女又嫁与进士黄德裕。高世罕的长女嫁与上官凝。上官凝，庆历二年（1042）进士，是宋代和平上官家族第一位进士，历官湖口等地知县、处州通判。其子上官均、上官垲皆登进士。有宋一代，邵武上官氏涌现出数十位进士，被誉为"天下世家"，上官均更是荣登榜眼，历任监察御史、大理寺少卿等职。高世罕的次孙女又嫁上官凝

---

① 《宋史》卷355《上官均传》，第11178—11181页。

② （宋）上官均：《高公墓志》（元祐八年），载李军、蔡忠明、傅再纯编著：《邵武历代碑铭集录》，西南大学出版社2023年版，第218页。

之侄孙、上官均之再从子上官恢。上官恢，元丰中登进士第，官至中大夫。①
借助与本地官宦士族缔结的婚姻网络，高氏提升和巩固了自身的家族地位，成功地步入名门大族的行列。到第6代时，终于有高安节获岳州巴陵县尉之职，培养出家族的第一位朝廷官员。

正是在这样的背景下，高氏积极参与了宝林寺的供奉活动。据宋元符三年（1100）上官均撰《宝林寺记》记载：

> 元丰二年，〔上官〕均外祖高公新其里宝林寺之钟楼。时均为光泽令，属识其事。后二十余年，殿宇寖敝，佛像哆剥，远迩观者不足兴肃敬之心。均之舅氏暇日步其庭，仰视栋宇，恻然流涕曰："此吾父之遗构也，讵可废而弗完钦？"新于绍圣丁丑，成于元符己卯之秋岁。穹崇翼张，金碧层出，巍如焕如，瞻望以严。
>
> 世之学浮屠者，其持说必高，其索理必妙，小天地而短古今，卑儒术而陋老庄之学。及细察其行，或蹈众人之所愧，何也？彼徒逐末而玩华，以夸耀世俗之耳目，安知体蹈之实哉！其泥于报应之说者，至疑所见而信所闻，捐昭昭之行而冀冥冥之福，岂不重惑钦？
>
> 舅氏幼为儒学，识远行纯。既壮，厌科举之累，散迹邱园，冥意势利。白首事亲，谨顺弗违。友其兄弟，怡怡如也；际于友朋、乡闾，温温如也。虽未尝玩浮屠之书，肆浮屠之教。其于体蹈之实，盖有得于中矣。至于敬向严奉之诚，岂有意于报应钦？盖惸惸承考，曾不以初终存殁，少易其志。其孝弟信义、洁然高蹈之趣，逮今四十载。余系官京师，不克从落成之会，瞻栋宇而承话言。至于泉石之清润，烟霞之明晦，溪山松竹徜徉憩游之地，犹可概而想也。舅氏名傃，字子正。②

由记文可知，上官均是受舅舅高傃所托而撰写的。高傃之父、上官均的外祖高世罕于元丰二年（1079）新修了宝林寺钟楼，20多年后，高世罕已故去，殿宇逐渐颓敝，佛像色彩剥落。高傃遂于绍圣四年（1097）开始，历经3年时间重修宝林寺，使殿宇更加恢宏壮观，"穹崇翼张，金碧层出，巍如焕如，瞻

---

① 按，上官凝、上官均、上官垲、黄德裕，咸丰《邵武县志》卷14《人物志》皆有传。
② 光绪《重纂邵武府志》卷28《古迹·寺观·宝林寺》，第770页。

望以严"。

有趣的是，上官均曾被贬谪为邵武军光泽知县，在任上对地方信仰进行打击，"有巫托神能祸福人，致赀甚富，〔上官〕均焚像杖巫，出诸境"①。此外，他还有《曲礼讲义》《奏议》《广陵文集》等著述。② 可见，上官均是一名正统的士人，对儒家信条抱有坚定的态度。外祖父和舅舅对佛教的虔诚信仰与自己平日的儒学理念显然有所冲突，因此，他在《宝林寺记》中花费不少笔墨，试图从儒家提倡的孝道角度来解释高氏父子修建佛寺的行为。他先是对佛教徒拘泥于因果报应之说，"小天地而短古今，卑儒术而陋老庄之学"的行为进行批判。其次，盛赞舅舅信奉儒学，以孝悌、信义待人的品格。认为舅舅修复宝林寺主要原因不是信佛，而是他不忍见父亲的努力付之东流，是孝道的体现。

上官均从儒家视角为高氏崇佛行为进行辩解的理由，或许有些牵强，但事实上，唐宋时期的确出现了佛教信仰和祖先崇拜合一的现象，坟寺或坟庵的设立便是其产物。当时，不允许民间奉祀四代以上的祖先，官僚、士庶为了祭祖、护墓，往往于寺庙设立檀越祠，将祖先牌位置于其中，或是在祖坟附近创建寺院庵堂。明清祠堂制度普及，坟庵与寺观立祠的风气衰退，但未绝迹。③和平张氏家族与宁庵的事例颇具代表性。宋末元初寓居闽北的名士谢枋得在《宁庵记》中记载：

> 张仁叔葬本生母于邵武县和平里之鹤巢原，墓去故庐百步，有田四十亩，岁收禾三百秤，有蔬圃、竹林，悉施以养莲社报德堂佛者，命周觉先主之，择其徒一人守冢，扁其庐曰宁庵。合考妣二亲而祠，春秋荐苹蘩，寒食洒麦饭，悉于田园收之。守冢人执祀事如法，请张氏子孙主祭。其为宁亲谋亦远矣。仁叔垂涕涟而告某曰："子知宁庵之义乎？予幼失怙恃，本生母、义父收张氏孤，教育之，使成人。本生母、义父捐世，予无以酬恩，此庵之所以志予无涯之戚也。"④

---

① 《宋史》卷 355《上官均传》，第 11178 页。

② 嘉靖《邵武府志》，卷 13《乡贤·上官均传》，第 6、14 页。

③ 参见郑振满：《宋以后福建的祭祖习俗与宗族组织》，《厦门大学学报》1987 年增刊；常建华：《宗族志》，上海人民出版社 1998 年版，第 139—151 页。

④ （宋）谢枋得：《叠山集》卷 7《宁庵记》，《四部丛刊续编》第 442 册，第 137 页。

张仁叔为了报答生母和义父的养育之恩，而将其墓地旁的田地、菜圃与竹林施予养莲社报德堂僧人，并在堂中设置奉祀考妣二亲的祠堂，命其名曰"宁庵"，寓意让考妣的亡灵得到安宁。同时，命僧人周觉住持，择其徒弟一人守冢。宁庵事实上成为张氏的坟庵，除了负责看护坟茔外，还需负责春秋二时以及寒食节的设祀荐享。每次祭扫时，庵中需请张氏子孙主祭。

那么为何要将祠堂附设于佛寺呢？对此，张仁叔自己有清楚的认识：

> 惟孝子仁人知棺美而椁厚，土深而木密。人谓吾亲可以妥灵幽扃矣。予恐不足恃，所恃守冢有其人；守冢者不足恃，所恃莲社佛者为之主；莲社佛者不足恃，所恃者有田园以养其生；田园不足恃，所恃造物有以鉴予之心。予之报亲者诚有罪，予之思亲者寔可闵。昊天明明，岂不能使吾亲魂魄少宁乎？①

可见，除了能借寺僧诵经，以追荐考妣的冥福外，还由于立祠于寺有利于坟墓与祭祀香火的久远保持。

宋元时代和平大族设立坟庵，以寺庙守墓、祭祖的例子还有不少。如旧市街丁时习为北宋名儒，而延喜庵则是他的坟庵。据《樵南丁氏族谱》载："旧市冢上即时习公葬处，延喜庵即其坟庵。"② 元初，黄仲茂向丁姓买得延喜庵，将庵宇改造为祖父默夫公的坟庵，也因此与丁姓发生讼端。③

光源寺则是宋代梁氏的坟庵。据乾隆间《光源寺寺产碑》云：

> 唐英公因祖十一郎名聪公，吴氏、危氏等墓葬卅八都地名先元坑，爰捐其地建造坟庵，曰光源寺。其地四至团旋约二里余宽，助田赡僧计米八十九石一斗五升，载官民苗一项三十亩零二分。④

肖家坊天成岩有一石洞，内建佛寺名曰会圣岩。从族谱资料可知，会圣岩始建于宋咸淳六年（1270），为锦溪杨端所建。成化十八年（1482）《会圣岩原记》

---

① （宋）谢枋得：《叠山集》卷7《宁庵记》，《四部丛刊续编》第442册，第140页。

② 大埠岗《樵南丁氏族谱》卷首，1997年6修本。

③ 和平《庆亲里李氏宗谱》卷10《开辟旧市地基并延喜庵记》，民国三十三年7修本，第175页。

④ 《光源寺寺产碑》（乾隆二十八年），载李军、蔡忠明、傅再纯编著：《邵武历代碑铭集录》，第148页。

云："宋世咸淳年间，锦溪教谕公印端杨老先生者，于斯岩之内创建祖先祠宇，虑其香火有缺，乃立佛殿，塑佛像，备钟鼓，招僧住持，岩外园塘田地悉归住持是岩者焉。"①可知，杨氏创立会圣岩的目的是建祠宇，安放祖先灵位，因虑地处偏僻，香火有缺，于是增塑佛像，将祖先崇拜与佛教信仰结合。

二、道教的传布

相较于佛教而言，道教在邵武的传播规模和范围都要更小。由表 2—2 可知，从隋代至明代，邵武县只有 23 所道院。邵武最早的道观为隋代所建的白鸪观②。唐宋道院共 5 所，元明时数量增加较多。元代有 10 所，明代 7 所。在地区分布上，集中在仁泽下乡和永城上乡，一些乡村则是道观空白区。

表 2-2　清代之前邵武县道观数量统计表

地点 ＼ 数量 ＼ 时代	隋	唐	宋	元	明	合计
城内						
仁泽上乡				1	1	2
仁泽下乡	1	1	1	4	2	9
富阳上乡					1	1
富阳下乡						
仁荣上乡				1	1	2
仁荣下乡		1				1
昼锦上乡		1				1
昼锦下乡						
永城上乡			1	4	2	7
永城下乡						
合计	1	3	2	10	7	23

史料来源：(1) 天顺《大明一统志》卷 78《邵武府·寺观》。(2) 弘治《八闽通志》卷 78《寺观·邵武府·邵武县》。(3) 嘉靖《邵武府志》卷 15《外志·寺观》。(4) 万历《邵武府志》卷 60《杂事志三·寺观》。

---

①　《会圣岩原记》（成化十八年），肖家坊《锦溪杨氏宗谱》卷 6，1934 年 5 修本。

②　按，该观在唐贞观元年改名"龙兴"，五代梁贞明间改名"九龙"，宋改名"天庆"，元代更为"玄妙观"。见弘治《八闽通志》卷 78《寺观·邵武府·邵武县·玄妙观》，下册，第 1205 页。

虽然在数量上，邵武的道观不是很多，但是道教对地方社会，特别是对民众信仰生活的影响却不容小觑。南宋间，邵武江道士修建玉台庵，请朱熹题写庵额，又请学者陈傅良（1137—1203）作记文。陈傅良这样写道：

> 道人为余言："此山在闽昭武最深僻人不迹处。吾求晦翁之字，请书其后，将刻之石。两翁未必以功业著见于世，或千载之下，有得残刻于荒榛乱石之间，庶两翁不泯耳。"余笑而书之。[①]

可知，玉台庵在邵武的幽僻处，人迹罕至。道教的修行特别注重与大自然的接触。许多道士特意跋山涉水找寻山水秀丽、偏远僻静之处修仙。在一些传说故事中，闽北的名山往往与道教关系密切，尤以武夷山最为著名。《八闽通志》载：

> 武夷山，周回百余里，其峰峦大者三十六，道书谓为"第十六洞天"。相传尝有神仙降此，自称武夷君。

> 大王峰，一名天柱峰。昔有张真人坐逝于此山，亦号仙蜕岩。峰南一隅棱层三出，可编梯级而上。旧志："昔魏王子骞与张湛等十二人隐于此山得道。峰之巅有古木、仙果、异竹、奇花、芝草之类。"[②]

早在秦汉时期，武夷君的传说即已流传，自汉武帝遣使祀以"乾鱼"[③]后，其影响逐渐扩大。唐宋以后，武夷君屡次受到朝廷的封敕，仅宋代就有四次。[④] 武夷山也被后世道士奉为三十六洞天的第十六洞天，名曰真升化玄天，成为东南第一道教圣地。

宋代，位于武夷山南麓的邵武境内也有多座道教名山。如《太平寰宇记》记云：

> 乌君山，在县西一百里，高二千二百丈。记云山顶有二石，一高十丈，一高八丈，形皆苍黑，斗叶分披，状如双蔓，谓之双石。又秦汉之代，有徐仲山者，于此山遇神仙妃偶，多假乌皮为羽，飞走上下，故山因

---

① （宋）陈傅良：《止斋先生文集》卷42《题跋·跋江道士玉台庵额后》，《四部丛刊》第1114册，商务印书馆1929年版，第23页。

② 弘治《八闽通志》卷6《地理·山川·建宁府》，第158页。

③ 《史记》卷28《封禅书第六》，第1368页。

④ 陈支平主编：《福建宗教史》，福建教育出版社1996年版，第8页。

名之。今有乌君石存焉。①

宋代《舆地纪胜》亦有记述：

> 双峰石，在泰宁县西四十五里，绝顶有洞，仙人弈局存焉。乡人梯险
> 以上，求嗣尤验。
>
> 栖真岩，在泰宁县西三十里，昔梅子真修炼之所，有朝斗石、采药涧
> 犹存。
>
> 麻姑山，在县北四十里，俗传麻姑寓此山修道，因名。
>
> 王母池，在天庆观内。仙人石，在光泽县。
>
> 道人山，在邵武县南八十里。王仙岭，在建宁县。②

这些神仙传说或许属于神仙道教之余绪，也与唐宋道教在本地的传播不无
关系。上述《太平寰宇记》所记乌君山徐仲山、《舆地纪胜》所记栖真岩梅子
真事迹涉及秦汉时期神仙道教。神仙道教以修身炼丹为事，追求长生成仙。梅
子真，即梅福，江西九江人，西汉末年名士。《汉书·梅福传》记载他因不满
于王莽擅政，而抛妻弃子隐居修仙。③闽北不少地方都有所谓梅福修仙的遗迹。
据康熙《泰宁县志》载：

> 梅福，字子真。汉末为南昌尉，上书不报。会王莽作乱，梅弃妻子学
> 道，到长兴上清溪口之栖真岩炼丹。山鬼窃丹而逃，追至梅口岭上得之，
> 故名为挽丹岭。后人讹为"挽舟岭"。里人建祠祀之，额曰"留云"。④

可见，梅福信仰在泰宁县有深远影响，留下栖真岩、挽丹岭、梅仙祠等遗
迹。栖真岩亦成为泰宁道教发祥地之一。时至今日，在一些不知名的村庙中，
仍常见以梅福配祀。⑤

宋代闽西北道教较为流行，产生了一批著名的道人。如冯观国，邵武人，

---

①　（宋）乐史撰，王文楚等点校：《太平寰宇记》卷101《江南东道十三·邵武军》，第
2018页。

②　（宋）王象之：《舆地纪胜》卷134《福建路·邵武军·景物下》，第3836—3839页。

③　《汉书》卷67《梅福传》，第2927页。

④　（清）洪济修，江应昌编，福建省地方志编纂委员会整理：康熙《泰宁县志》卷8《人物
志·仙释》，厦门大学出版社2007年版，第182页。

⑤　叶明生、黎基求、曾宪林：《泰宁道教与上青道曲研究》，宗教文化出版社2014年版，
第9页。

"游方外，遇异人得内丹之法，自称无町畦道人。寓宜春二年，言人吉凶尽验……绍兴中，端坐而逝。郡守李观民为塑其像于治平观"①。徐熙春，邵武人，宋熙宁初，"梦铁冠道人仪容修伟。既寤，至城南五峰院后遇所梦者，自云姓蔡，使武夷，遗以五花草，食之甘美，自此不复粒食，惟饮清泉。约以某日会武夷，至期而往，蔡已先至，徐以水深不能渡，止于金身院修炼，尸解而去"②。黄希旦，邵武长乐里人，号支离子。居邵武九龙观修炼。熙宁五年（1072），京师五福宫建成，"希旦以戒行清净"，被诏入京。"后二年化形于太乙宫，后复见于蜀"。③

北宋末年，著名道士、江西南丰人王文卿曾寓居邵武军建宁县迎鳌观，留下不少有趣的故事。据说他在墙壁上书写二符，云："召和气，作融风。神府末吏王文卿书。""相传文卿每出乡市，遇儿童，则戏索一钱，画雷于其掌，令握固行数步，开掌则雷声霹雳，谓之'卖雷公'，因号之为'颠道人'。一日平旦，风雷晦冥，登楼视之，不见其处。"④

道教在闽西北的传布，也是一个与地方信仰的竞争与融合过程。康熙《泰宁县志》有宋代道士卢嗣续传记，颇值得推敲，其言：

> 卢嗣续，号太古，〔泰宁〕石辋黄坑人，生具仙骨，出家于城西之龙山观。宝篆、法剑未知谁授，传闻每著灵异。尝过乡村，遇有淫祠，属山魈附者，即正告曰："除敕封篆职外，凡图血食而为祟于民者，皆以天心正法伐之。"立毁其祠数处。又于黄坑口遇行瘟使者，叱曰："汝来此何为？"曰："我奉天行，当至此方。"卢曰："汝虽奉天行，但此界以内不许汝入。"自是坑内常安静，虽六畜无灾。又每望见远方火起，随向其方喷水一口，火遂熄。至于祛妖、祷雨、保病，著验不一。宝篆、法剑尚在民家，至今称卢真人云。⑤

上述传记中有两点信息值得注意。其一，卢嗣续的身份及其对于"淫祠"

---

① 弘治《八闽通志》卷70《人物·邵武府·仙释》，下册，第962页。
② 弘治《八闽通志》卷70《人物·邵武府·仙释》，下册，第962页。
③ 弘治《八闽通志》卷70《人物·邵武府·仙释》，下册，第962页。
④ 万历《邵武府志》卷64《杂事志四·仙释》，第10页。
⑤ 康熙《泰宁县志》卷8《人物志·仙释》，厦门大学出版社2007年版，第182页。

的态度。从"以天心正法伐之"的记载来看，卢嗣续当是一名天心正法派道士。天心正法是兴盛于两宋时期的一个新兴道派，创始于宋初，以传行新符箓"天心正法"为事。① 卢嗣续以正统道士自居，对地方"淫祠"持吸纳与打击并用的立场。其二，卢嗣续擅长"驱邪辅正"的符咒法术及仪式。他为民众提供驱瘟、祛妖、祷雨、保病、防灾等宗教服务，涉及普罗民众生活的方方面面，并深受信众崇奉，"传闻每著灵异""著验不一"。

第二节　佛道与地方信仰的互动

佛道二教在邵武社会的传布过程，也是与地方民间信仰之间相互影响、互相塑造的过程。一方面作为正统的、"高级"的宗教形式，佛道影响和改变着民间信仰的仪式和内容，另一方面佛道也不断吸收民间的崇拜形式，或者干脆将地方神祇纳入自身系统。这种宗教传播方式，造成了三教（或多教）合一的局面，使宗教信仰与民众社会生活产生更加密切的联系，并出现了世俗化、生活化的面向。

一、瑜伽教与三佛祖师信仰

三佛祖师又称三济祖师、三圣祖师，其信仰起源于邵武，自宋代以来在闽北、闽西各地都有崇奉。这一信仰的最初形态如何？我们先来看一份宋代的舆地指南。南宋嘉熙三年（1239）左右，祝穆完成了成名作《方舆胜览》，祝氏为建宁府崇安县人，熟悉闽北风土人情。他在编纂该书时，不仅介绍各地行政沿革、山水形胜、名宦乡贤，还特别注意抄录祠庙信仰和民情风俗的相关记载。书中，他列出了邵武的 15 座山峰，其中 4 座很有意思：

> 七台山，在邵武县东百里，山有七级，峰峦相比，故名。磅礴于邵
> 武、汀、剑三州之境。昔福唐刘道人居之，号刘圣者，善役虎豹，敕封

---

① 任继愈主编：《中国道教史》，上海人民出版社 1990 年版，第 554 页；李志鸿：《道教天心正法研究》，社会科学文献出版社 2011 年版，第 2 页。

"真济慧应大师"。

鸡笼山,在邵武县西,以形得名。土人祠龚、刘二圣者于其上,水旱必祷,有飞蜂之应。

三台山,在邵武县东路四十里梅元保,地名杨源。古老相传,昔有头陀,从广信寻龙脉来此,辟地种植,善驱雀耗,道貌淳朴,尝语人曰:"老朽姓杨,俗居上饶渥地人也。曩参真觉,蒙师旨逢梅熟处遇西即止。"梁开平年间,卓庵修行于梅元三台杨源西坑,水绕山环,林木深秀,有虎随侍,应呼而前……因此称号杨公圣者、伏虎大师……邹编修(原注:应博)有偈云:"雪峰三只虎,最幼是杨公。混成无缝塔,耽原落下风。"乃立祠,板绘像,岁时斋祀之。凡水旱疾疫,有祷即应,福庇遐迩,人皆德之。道者朱公善因慕众缘,广其殿宇,时宝庆丁亥五月辛未……游侍郎(原注:九功)以"广福"名其庵。至今庵侧古杉巨木,可取枝干疗病,随获感应。宋朝闻圣者有功于民,锡号加封"慈济普应广惠显祐大师"。

道人峰,在邵武县南八十里,负长溪,面樵水,秀峙于数十里外。其险处名曰罗汉岩,下临绝壑,上有盘石。岁旱祷雨,置净瓶石下,有水滴瓶中,水满自止,极为神异。郡志云:"昔有道人结庵修竹,号龚圣者,喜乘龙往来,颇有异迹,敕封'神济妙应大师'。"①

这段材料介绍了4座邵武山峰的信仰状况。位于县东的七台山是刘道人的祖坛,他拥有善于驱使虎豹的法力,被尊为刘圣者,获封"真济慧应大师"。县西的鸡笼山,有当地民众修建的祠庙,供奉龚、刘二圣者。"水旱必祷",能求雨祈旸。县东杨源三台山有杨公圣者、伏虎大师的祠宇"广福庵",乡民"岁时斋祀之","凡水旱疾疫,有祷即应",他被加封"慈济普应广惠显祐大师"。县南的道人峰也是一位道人龚圣者的祖坛,他"喜乘龙往来,颇有异迹",受封"神济妙应大师"。此处亦是"岁旱祷雨"之所,似乎颇有灵验,"极为神异"。

---

① (宋)祝穆撰,祝洙增订,施和金点校:《方舆胜览》卷10《邵武军·山川》,第173—174页。

从上述的描述看，他们的宗教属性应当是道教。但是，"大师"的封号又表明他们是佛教僧人，杨圣者更明确是位头陀。宋代朝廷多以"大师""禅师"作为对德高望重僧人的封号。查《宋会要辑稿》的确有敕封道人峰神职人员的记录：

> 妙应神济大师　邵武县神济大师，绍兴二十四年八月，加"妙应"二字。以祈祷有应，从郡人请也。①
>
> 神济妙应圆照大师　邵武县道人山瑞云庵神济妙应大师，嘉定六年闰七月加封。②

由上可知，获敕者是一位道人峰僧人，由于祈祷灵验，所以郡人请求为其请封，朝廷也应允，先后两次加其封号。这段记录也印证了《方舆胜览》相关记载的准确。由于《宋会要》已经佚失，《宋会要辑稿》是清代徐松等人辑佚而成的，因而尽管在《宋会要辑稿》未见封敕七台山刘道人和三台山杨圣者的记录，但是可以认为《方舆胜览》对两人受封的记载依然具有较高的可靠性。值得注意的是，神济大师两次加封时间前后相隔近60年间，假设他在绍兴二十四年（1154）首次受封时年龄40岁，则第二次受封已是百岁高龄了，如此高龄还要住持祭祀行雨，恐怕不合常理。"祈祷有应"的记载也表明他早已故去，是作为神祇接受民众祈祷而显灵的。

既有研究表明，唐宋时期，流传于民间或皇家的祈雨仪式，受到佛教，尤其是密宗（密教）的影响。密教高僧参与祈雨祭祀仪式，他们熟练使用密教咒法、持诵密教经文，这些都对当时祈雨习俗产生着广泛的影响。③以至于宋人谢采伯感言："祈雨，三代用巫觋，后世用僧道。唐僧不空、罗公远、一行、无畏，祈雨法各不同。"④前文述及，唐末普闻禅师行雨拯救龙神的故事也是一个例证。

《宋会要辑稿》还记录了另一位闽北僧人获得封敕的事例：

---

① （清）徐松辑，刘琳等点校：《宋会要辑稿》"道释一·封号·大师"，第16册，第9974页。

② （清）徐松辑，刘琳等点校：《宋会要辑稿》"道释一·封号·大师"，第16册，第9976页。

③ 夏广兴：《密教传持与宋代民俗风情——以宋代祈雨习俗为中心》，《民俗研究》2015年第1期。

④ （宋）谢采伯：《密斋笔记》卷4，《景印文渊阁四库全书》第864册，第674页。

建炎四年十月二十八日，福建路转运司言："建州崇安县管下新丰乡
吴屯里瑞岩禅院，有开山扣冰和尚，俗姓翁，名藻光，凡遇水旱，祈求辄
应，乞赐塔额、师号。"诏以"慧应塔"为额。六年，加法威大师，从转
运司请也。①

这里明确提到受封者是已经故去的翁姓僧人，他是建州崇安县瑞岩禅院的开
山和尚，受封理由也是"凡遇水旱，祈求辄应"。建炎四年（1130），在福建路
转运司的请求下，朝廷敕其塔额"惠应"。这个时间比邵武神济大师首次获敕
早了24年。两年后，又加封"法威大师"。此后，数次加封，绍兴二十五年
（1155），加"慈济"二字，"以祈祷有应，从郡中请也"。②乾道元年（1165），
加封"法威慈济妙应大师"。淳熙十三年（1186），赐"妙应法威慈济普照大师"，
"以雨旸祈祷感应，从本府请也"。③在福建路转运司和建宁府官员的推动下，
56年中，扣冰和尚先后5次获得封敕，可谓备受殊荣。这也反映出在宋代闽
北的祈雨祭祀仪式中，佛教寺庙、僧人扮演了重要的角色，他们深得官方的信
赖与支持。

前引《方舆胜览》的记载中有一个细节，那就是七台山的刘道人号刘圣者，
鸡笼山供奉龚、刘二圣者。三台山奉祀杨圣者。道峰山僧人的姓氏不详，但
《大明一统志》载："道人峰……其险处名罗汉岩，岁旱祷雨有应。昔有道人号
龚胜〔圣〕者结庵于此，颇有异迹。"④《八闽通志》也有"道峰山又名'道人
峰'……郡人每即其上云气验晴雨……岁旱，祷雨多应。昔有道人号龚圣者结
庵于此，颇有异迹"⑤的记载。可见，道人峰的龚道人正是神济妙应大师，也
被尊为龚圣者。

那么，为何以圣者称呼刘、龚、杨三人？他们是属于佛教还是道教，或者

---

① （清）徐松辑，刘琳等点校：《宋会要辑稿》"道释一·封号·大师禅师杂录"，第16册，
第9977页。

② （清）徐松辑，刘琳等点校：《宋会要辑稿》"道释一·封号·大师"，第16册，第9974页。

③ （清）徐松辑，刘琳等点校：《宋会要辑稿》"道释一·封号·大师禅师杂录"，第16册，
第9977页。

④ （明）李贤等撰，方志远等点校：《大明一统志》卷78《邵武府·山川》，巴蜀书社2018
年版，第7册，第3447页。

⑤ 弘治《八闽通志》卷10《地理·山川·邵武府·道峰山》，上册，第277页。

地方信仰？要解答这些疑问，还需从前面提到的佛教密宗的支派瑜伽教谈起。据前辈学者研究，瑜伽教的前身是古印度佛教的一个学派——瑜伽行派。其理论于唐代传入中国。唐宋间流传福建，与民间巫、道融合，形成亦道亦佛的宗教形态。[①]"瑜伽教虽然以'释迦之遗教'自居，奉释迦佛为教主，但是在实际的道法实践中，却与宋元以来的道教法术新传统多有交涉。既'奉佛'又'奉仙'，在仪式展演中，融合了佛、道的科仪传统。"[②] 自南宋以来，该派法师以云游的方式活跃于福建乡土社会，为民众提供祈雨、驱邪、度亡等宗教服务，成为民间社会的仪式专家。在传播的过程中，瑜伽教中也出现了一些突出的信仰人物，他们被称为圣者或圣君。

至此，我们可以知道，宋代邵武境内流传的刘、龚、杨三位圣者信仰属于佛教密宗瑜伽教。瑜伽教形成的过程，是佛教密宗在民间流行中不断地被世俗化的过程。瑜伽教是佛教、道教与民间信仰相互融摄的产物，因而三位圣者既有道人的特征，又有僧人的形态，同时也是地方信仰的重要神祇。他们是官方和民间重要的祈雨对象，"水旱必祷"，深受信任，被认为"颇有异迹"。可以确定的是，龚圣者在南宋前期获得两次封敕，成为"神济妙应圆照大师"。而朝廷敕号的获得，无疑也将进一步推动三佛祖师信仰的传播，使之更贴近民众的日常生活。

二、弥陀会与净土宗信仰

以往因史料所限，对于宋代邵武民众信仰生活的具体情形，我们无从得知。2013 年邵武文物工作者发现在邵武市和平镇愁思岭的崖壁上留存有一通宋代石刻《弥陀会记》，记录了宋代僧俗集会念佛的详情，兹引用如下：

> 本会于大宋绍熙四年癸丑冬，出愿劝化四方善信同修，四方争立因果，各人分受忏图，逐辰请诵南无阿弥陀佛、四圣宝号。每岁秋集会，□率金固请道僧就翠云庵庆忏。其庵定于政和戊戌秋，里人张子充□草为之咒水，救病炼药，始行六年成仙。见今崇奉龚、刘二圣者香火，故就

---

① 叶明生：《试论"瑜伽教"之衍变及其世俗化事象》，《佛学研究》1999 年。
② 李志鸿：《宋元新道法与福建的"瑜伽教"》，《民俗研究》2008 年第 2 期。

忏焉。

始者第一会副劝首九人，执疏劝首五十三人，入会善信八百人。明年第二会，劝首二百一十人，入会善信二□〔千〕四百四十人，设斋礼忏六日。至第三年忏会，劝首二百二十人，入会三千六百人。及丁巳、戊午为第四、第五会，移就光元寺庆忏，共计四千二百人。先□丙辰秋，将会□□忏会余钱，并化会众缘钱，就山口建弥陀桥一座。功德庞大，言不□尽，勒石为记，求彰不朽，庶几来者有考焉。

伏以佛有愿心，普垂摄度，人兴善念，悉获感通。以今生圣号之因，佑来世菩提之果。愿以此功德普及于一切，我等与众生皆共成佛道。

庆元五年五月　日，都劝缘李全义刻石

副劝首黄光宗等一十五人，执疏首聂高昇等二百余人

白云庵医生林觉印书于□□□巳，采石匠冯日新、张永新刊

造桥都绳黄旺

劝世颂云：我今刻此石，力劝后世人，齐念弥陀佛，早证如来身。①

由《弥陀会记》可知，南宋时期，邵武南部地区佛教极为兴盛，这得益于寺院与佛会的推动。南宋绍熙四年（1193）信众以留仙峰翠云庵为中心成立弥陀会。其宗旨是"出愿劝化四方善信同修"，主要仪式是每岁秋季集会念佛积功德，"四方争立因果，各人分受忏图，逐辰请诵南无阿弥陀佛、四圣宝号"。据此判断，此弥陀会当属佛教净土宗，具体而言则是弥陀净土信仰的团体。②

---

① 《弥陀会记》（庆元五年），载李军、蔡忠明、傅再纯编著：《邵武历代碑铭集录》，第106页。

② 按，净土宗，佛教宗派之一。因专修往生阿弥陀佛极乐净土的念佛法门，故名。因本宗以称念佛名为主要修行方法，希望借着弥陀本愿的他力，往生于西方极乐净土，所以又称为念佛宗。净土宗从庐山慧远大师倡导净土思想，历经北魏昙鸾、唐朝道绰、慈愍等大师的大力推弘，随着时代的迁移，愈为后代人所奉行，是影响中国佛教民间信仰最为深远的宗门。净土宗又分弥勒净土和弥陀净土，后者在唐宋以降流传尤广，民间宗教白莲教便从中分化而出。参见任继愈主编：《中国佛教史》第3卷，中国社会科学出版社1988年版，第606—619页；汤用彤：《隋唐佛教史稿》，载《汤用彤全集》第2卷，河北人民出版社2000年版，第198—202页，马西沙、韩秉方：《中国民间宗教史》，中国社会科学出版社2004年版，第86—98页。

弥陀会人数众多，既有执疏劝首、副劝首等组织者，也有一般的信众。弥陀会成立后，影响迅速扩大，信众日增。宋绍熙五年（1194）第一会时，有副劝首9人，执疏劝首53人，入会善信800人。至庆元丁巳（1197）、戊午（1198）的第四、第五会时，信众竟达4200人，几乎是首会人数的5倍，集会的地点不得不改移到山麓更加宽敞的光元寺（今光源寺）中，而这前后仅过了三四年。佛会的运作经费主要靠信众施助，由于人数众多，收入应当不菲，因而会后还能有余钱助建弥陀桥。

弥陀会并非纯粹佛教团体，它还融合了道教及地方信仰因素。《会记》提到翠云庵是北宋徽宗政和戊戌年（1118）里人张子充所建。① 从"张子充□草为之咒水，救病炼药，游行六日成仙"的记载来看，他是一名道士，平时通过道术治病救人，在当地有一定的影响力。明清方志将张子冲同道教传说人物张三丰联系起来，认为两者实为一人。② 无论如何，可以明确的是翠云庵早期应是道观，但南宋时期已经成为佛庵。

《弥陀会记》中"见今崇奉龚、刘二圣者香火，故就忏焉"一语，表明弥陀会也有奉祀瑜伽教龚、刘二圣者，这是三佛祖师信仰的明证。值得注意的是翠云庵所在的山名"留仙峰"，与"刘仙峰"同音。《八闽通志》记载："刘师岭，在三十八都。旧传尝有刘姓者结庵于此，故名。路通盱江，鸟道崎嵚，绵亘六、七里，人以为病，戏名'愁思'。"③ 可知，刘师岭俗名愁思岭，即是留仙峰，因是刘圣者的道场而得名。

宋代和平弥陀会之盛况充分反映了佛教弥陀净土信仰在这一地区的普及，也表明佛教在民间社会的传播过程中不断结合道教、地方信仰，而呈现出多元面相的形态特征。这种现象的出现既是佛道诸教有意或无意变通的结果，更是一般民众之"兼容并存"信仰观念的直接产物。随着时间的推移，诸教相互融合、和谐共存的现象在明清表现得更加明显。

---

① 嘉靖《邵武府志》记载："翠云庵，唐天祐间建。俗传云，张子冲创建，题其梁曰：'金谷翠云峰，开山张子冲。官添儿择日，王朗墨绳工。'其后修庵以所题梁刨削，其迹犹存。而字不灭。"（嘉靖《邵武府志》卷15《外志·寺观·翠云庵》，第11页）

② 嘉靖《邵武府志》卷15《外志·寺观·翠云庵》，第12页。

③ 弘治《八闽通志》卷10《地理·山川·邵武府·刘师岭》，上册，第277页。

第三节 儒佛之间：士人黄公绍的学识与信仰

对于宋代士人在信仰活动中扮演的重要角色，一直以来，学界都给予了相当的关注。① 相对而言，关于宋元鼎革之际的士人信仰，特别是佛教信仰的研究则较为薄弱。② 宋元之际闽西北著名士人黄公绍撰写了大量涉佛文本，反映出他对佛教信仰活动的热忱参与。本节尝试将这些文本置于地方社会的脉络中进行解读，以期通过对黄公绍个案的深入考察，推进对宋元之际士人信仰观念与实践的认识。

一、黄公绍的生平经历

黄公绍，字直翁，号在轩，福建邵武人，宋末元初著名音韵训诂学家。史籍中有关黄公绍的生平信息非常简略，明代的史志都没有为他单独立传，只是在其曾祖父黄永存的传中附带提及 ③，直到乾隆《邵武府志》才有其传：

> 黄公绍，字直翁，咸淳元年进士，仕为架阁官。宋亡，隐居樵溪。尝
> 读胡安国"心要在腔子里"语，因名其轩曰"在"。平生博洽古今，尤邃
> 六书学，著《韵会举要》行世，学者宗之。先是，崇宁、大观间黄伯思著

---

① 关于宋代士人与佛教的关系，可参见潘桂明：《中国居士佛教史》，中国社会科学出版社 2000 年版；左福生：《唐宋文人寺院读书的习尚演进》，《中国社会历史评论》2019 年第 1 期（总第 22 期）；杨曾文：《宋代佛教与儒者士大夫》，复旦大学出版社 2023 年版。关于宋代士人对于道教、民间信仰的参与，可参见 [美] 韩森：《道与庶道：宋代以来的道教、民间信仰和神灵模式》，皮庆生译，江苏人民出版社 2007 年版；皮庆生：《宋代民众祠神信仰研究》，上海古籍出版社 2008 年版。

② 周鑫探讨了宋元易代之际南方儒士的出处问题。（周鑫：《乡国之士与天下之士：宋末元初江西抚州儒士研究》，天津古籍出版社 2014 年版）王锦萍考察了蒙古征服之后华北地区的人们在全真教及佛教组织领导下，重建社会秩序的过程（王锦萍：《蒙古征服之后：13—17 世纪华北地方社会秩序的变迁》，陆骐、刘云军译，上海古籍出版社 2023 年版）。

③ 例如，弘治《八闽通志》在"黄永存传"结尾处简略提及："〔黄〕大昌子公绍，字直翁，号在轩，著《韵会》。"（弘治《八闽通志》卷 70《人物·邵武府·名臣》，下册，第 567 页）嘉靖《邵武府志》卷 13《人物志·黄永存传》、万历《邵武府志》卷 16《人物·名臣·黄永存传》、《闽书》卷 115《英旧志·邵武府·黄永存传》皆如此。

《法书刊误》二卷，世号书家董狐。至公绍《韵会》行，津逮益广，故郡
中言字学者，必以二黄为最。①

这段文字呈现了黄公绍作为名儒的生平与形象。他于南宋末年进士及第，担任
过架阁官。南宋灭亡后回乡隐居，未再出仕。黄公绍对于理学家胡安国修身为
学的主张深为认同，同时，他"博洽古今"，在训诂音韵学方面造诣颇深，所
著《古今韵会》对后世影响极大，与同郡著名书学理论家黄伯思齐名，备受学
者推崇。

黄公绍的生卒年月，史载阙如。有学者根据"入元以后，黄公绍时时以老
自况"的现象，推测黄氏约出生于 1236 年或之前。②其实，依据黄公绍曾祖
黄永存的墓志，可对黄公绍的出生时间作更为精准的推测。该墓志系宋人何
澹所撰，收入其《小山杂著》中，书已失传，所幸明代《永乐大典》抄录全
文。从中可知，黄永存卒于南宋嘉泰四年（1204）十一月一日，葬于十二月
十四日，享年 88 岁，墓志当撰于此期间。墓志结尾部分胪列了黄永存子孙的
名字、功名等信息。其中，曾孙 21 人，黄公绍位列第十。③黄公绍肯定在嘉
泰四年（1204）以前出生。关于黄公绍的卒年，其所撰《戒杀文》中提到"廉
访"一词④。元初立提刑按察司，至元二十八年（1291）改为肃政廉访司，长
官是肃政廉访使。⑤此外，江西庐陵刘辰翁曾为黄公绍所编《古今韵会》作序曰：
"江闽相绝，望全书如不得见，不知刻成能寄之何日……天下声同书同，其必
自《韵会》始，此万世功也。勉成之。"⑥落款时间"壬辰十月望日"，壬辰即
至元二十九年（1292）。此时《韵会》可能尚未杀青，也可能正在刊印过程中，

---

① 乾隆《邵武府志》卷 16《乡贤·黄公绍传》，清乾隆三十五年刊本，第 84 页；咸丰《邵
武县志》卷 14《文苑·黄公绍传》，光绪《重纂邵武府志》卷 21《文苑·黄公绍传》均沿用此内容。

② 杨荫冲：《〈古今韵会〉作者黄公绍生平考略》，《中国典籍与文化》2009 年第 2 期。

③ （宋）何澹：《小山杂著》之《黄公墓志铭》，载《永乐大典》卷 7650 黄字韵，中华书局
1986 年版，第 4 册，第 3534 页。

④ （元）黄公绍：《戒杀文》，载黄公绍：《在轩集》，《景印文渊阁四库全书》第 1189 册，第
635 页。

⑤ 《元史》卷 86《百官二》，中华书局 1976 年版，第 2180 页。

⑥ （元）黄公绍编辑，熊忠举要：《古今韵会举要》"刘辰翁序"，中国国家图书馆藏元刻本，
第 6—8 页。

刘辰翁虽未看到全本，但对该书大加赞赏，寄予厚望。综而言之，笔者推测黄公绍生于 1204 年底之前，卒于 1292 年底之后，年寿在 89 岁之上。

黄公绍生于邵武有名的缙绅之家，家学深厚。其六世祖黄蒙，进士及第，黄氏由此跻身士林行列；五世祖黄中美，元祐九年（1094）考中进士，历任信德府、真定府录事参军，张邦昌僭立，"中美义不辱，即日弃官去，不数日病卒"①，累赠光禄大夫，朱熹为其撰神道碑；四世祖黄永存，绍兴二十四年（1154）进士登第，淳熙中，出为淮南转运副使，官至正议大夫②，以才能闻名于世，"尝从韩公元吉游，作文师昌黎，属词皆典雅，有诗文十卷、奏议三卷，不喜释老而清心寡欲"③；祖父黄龟朋，曾任南雄知州。黄龟朋之弟黄勋、黄公绍伯父黄大全皆进士④；黄公绍之父黄大昌是一位理学家，"隐德不仕，所著有《兼山语录》"⑤。

尽管出身科举世家，黄公绍的科第仕宦之路却并不顺畅。他于咸淳元年（1265）考取进士时，至少 62 岁了，想必此前历经了多次科场尝试与挫败。宋代对于屡试不第的举人，累积到一定的举数和年龄，可以不经解试、省试，由礼部特予奏名，直接参加殿试，分别等第，并赐出身或官衔，是为"特奏名"。⑥虽然现存各版明清邵武方志的选举志，及今人傅璇琮主编，龚延明等编撰《宋登科记考》皆将黄公绍记为正奏名进士，但从他年过花甲才登第的经历看，很有可能是特奏名进士。关于黄公绍的仕宦历程，前引乾隆《邵武府

---

① 弘治《八闽通志》卷 70《人物·邵武府·名臣》，下册，第 567 页；（宋）朱熹：《晦庵先生朱文公文集》卷 89《朝议大夫致仕赠光禄大夫黄公神道碑铭》，载朱熹撰，朱杰人等主编：《朱子全书》第 24 册，第 4147 页。

② 弘治《八闽通志》卷 70《人物·邵武府·名臣》，下册，第 567 页。

③ （宋）何澹：《小山杂著》之《黄公墓志铭》，载《永乐大典》卷 7650 黄字韵，第 4 册，第 3534 页。

④ （宋）何澹：《小山杂著》之《黄公墓志铭》，载《永乐大典》卷 7650 黄字韵，第 4 册，第 3534 页。

⑤ （清）李清馥撰，徐公喜等点校：《闽中理学渊源考》卷 39《邵武黄存斋诸先生学派》，第 515 页。按，《兼山语录》，弘治《八闽通志》、嘉靖《邵武府志》皆作《兼山语解》。

⑥ 按，特奏名进士资格，南宋时期一般要求 40 岁以上，曾经殿试六举，曾经省试八举；50岁以上，曾经殿试四举，曾经省试五举。参见（清）徐松辑，刘琳等点校：《宋会要辑稿》"选举四·贡举杂录二"，第 9 册，第 5326—5327 页。

志·黄公绍传》只有"咸淳元年进士，仕为架阁官"寥寥数语。架阁官是宋代主管档案文书的官员，中央与地方均有设置。在中央层面，尚书省六部、三省、枢密院皆设架阁官，"掌储藏帐籍文案以备用，择选人有时望者为之"①。六部架阁官多为进士出身，品级多在承务郎以下的八九品。《庆元条法事类》记载了地方架阁官的设置情形："诸架阁库，州职官一员，县令、丞、簿掌之。应文书印缝，计张数，封题年月、事目，并簿历之类。"②可见，州架阁库置有一名职官专门掌管，县架阁库则由县令、县丞、主簿兼管。那么，黄公绍担任的是哪一层级的架阁官呢？

近年邵武新出土两块墓志，有助于丰富对黄公绍仕宦经历的认识。一是刊于咸淳元年（1265）的《有宋三益居士黄公墓志》，墓主系黄公绍堂兄黄公岳，题盖人署名："弟，修职郎、庐州合肥县主簿、兼安抚使司金厅公绍题盖"③；二是刊于咸淳三年（1267）的《宋提举参谋开国谢公墓志铭》，墓主系黄公绍同乡、工部尚书谢源明之子谢蓬，撰文人署名："迪功郎、庐州合肥县主簿黄公绍撰。"④由此可知，黄公绍从咸淳元年进士及第后至咸淳三年，担任庐州合肥县主簿、兼庐州安抚使司签书判官厅公事。在此期间，他可能兼任过州县架阁官，也可能在此后升任为中央架阁官。

咸淳三年，黄公绍成为权相贾似道的门客。南宋咸淳《临安志》中有多条贾似道游览名山古刹的题记，其中4条涉及黄公绍：

〔大仁院〕太傅平章贾魏公游山题名：咸淳三年九月二十八日，贾似道领客束元嘉、史有之、廖莹中、黄公绍、王庭来游，子德生，诸孙蕃世侍。⑤

〔旌德显庆寺〕太傅平章贾魏公留题：咸淳三年九月二十四日，贾似

---

① 《宋史》卷163《职官三》，第3865页。

② （宋）谢深甫纂修：《庆元条法事类》卷17《文书门二》，载杨一凡、田涛主编：《中国珍稀法律典籍续编》第1册，黑龙江人民出版社2002年版，第357页。

③ 黄公立：《有宋三益居士黄公墓志》，载李军、蔡忠明、傅再纯编著：《邵武历代碑铭集录》，第391页。

④ 黄公绍：《宋提举参谋开国谢公墓志铭》，载李军等编著：《邵武历代碑铭集录》，第392页。

⑤ （宋）潜说友：咸淳《临安志》卷78《寺观四》，《景印文渊阁四库全书》第490册，第808页。

道因展先墓为泉石一来。客束元嘉、廖莹中、俞昕、黄公绍、王庭，子德生，诸孙蕃世，僧法照、智印、祖印、文珣。①

〔景德灵隐寺〕太傅平章贾魏公龙泓洞题名：咸淳丁卯七月十八日，贾似道以岁事祷上竺，回憩于此。客束元嘉、俞昕、张濡、黄公绍、王庭从，子德生侍，期而不至者廖莹中。②

〔下竺灵山教寺〕太傅平章贾魏公题名：贾似道比以岁事祷灵隐，迄幸有年，饭僧已，因过此山。吴子聪、束元嘉、邱复亨、俞昕、廖莹中、张濡、黄公绍、王庭从焉，子德生，诸孙蕃世侍，僧法照、德宁与妙宁俱。咸淳三年岁丁卯十月望。③

咸淳三年七月十八日至十月十五日间，黄公绍与同乡、藏书家廖莹中等人④，先后四次陪同贾似道游览都城临安名山古寺。

德祐元年（1275），随着贾似道倒台失势，黄公绍与众门客党羽受到牵连，遭到臣僚的严厉弹劾⑤。此时的南宋王朝已是岌岌可危，临安都城濒临沦陷。仕途顿挫，时局动荡，这些遭遇对于年过七旬的黄公绍必是一个沉重的打击。于是，他选择了返乡避难。

清人顾嗣立所编《元诗选》有一段关于"黄处士公绍"的简介，称其在"宋亡后，隐居樵溪，长斋奉佛"⑥。这段文字容易给人留下黄公绍作为南宋遗民，遁迹隐沦，潜心奉佛，不问世事的印象。然而，这种认识并不准确。

---

① （宋）潜说友：咸淳《临安志》卷78《寺观四》，《景印文渊阁四库全书》第490册，第816页。

② （宋）潜说友：咸淳《临安志》卷80《寺观六》，《景印文渊阁四库全书》第490册，第834页。

③ （宋）潜说友：咸淳《临安志》卷80《寺观六》，《景印文渊阁四库全书》第490册，第836页。

④ 按，廖莹中，字群玉，号药洲，福建邵武人，南宋刻书家、藏书家。"少有隽才，文章古雅，登进士"，依附贾似道，被倚为心腹。贾似道败，服毒自杀。[（清）陆心源辑：《宋史翼》卷40《廖莹中传》，中华书局1991年版，第432—433页]

⑤ 例如，方回见贾似道势败，便上疏言其十可斩之罪，并建议严惩其子孙、门客，文言："是欲望朝廷明诏赐似道死，取其首级以献，锢其子孙，而藉其赀，勿如靖康间治一蔡京徒费岁月。其次，则贼客廖莹中，贼吏翁应龙，贼干马逢胜，贼将王起宗，已至者斩之，未至者捕斩之，皆流其子孙，藉其赀。又其次，王庭、黄公绍、张濡……皆与追勒，远窜赀多者籍其赀，仍下台谏察。"[（元）方回：《桐江集》卷6《乙亥前上书本末》，《续修四库全书》第1322册，第454页]

⑥ （清）顾嗣立：《元诗选》二集，中华书局1987年版，第125页。樵溪，即樵川，邵武之别称。

宋元易代之际，闽西北是双方反复争夺的要地之一。尽管最终元朝确立了对福建的统治，但是元初福建的反元起义此起彼伏，一直延续了十六七年。①战后的邵武百姓面临着这样的现状：家园破碎，民不聊生，"兵戈之余，煨烬之末，市井瓦砾，天地丘墟"②。从现有的资料来看，黄公绍并没有因宋亡而消极遁世，也没有遗民常见的黍离之悲、亡国之痛。他对元朝官吏持合作态度，积极参与重建宋元战争后支离破碎的地方社会。

至元间，邵武路经历郭瑛"置惠老慈济堂于城西，居穷民无告者，复买田若干顷以赡之"③。又设置义冢，葬贫民及无后者，黄公绍为其撰文以记之。至元二十三年（1286）春，邵武路樵川驿建成。黄公绍作《樵川新驿记》，指出"斯驿之成，其于尊命隆客，礼便人心，作永久之弘基，成太平之盛观"，称赞是主政者"达噜噶齐大夫明公安"的仁政、"美绩"。④同时，黄公绍盛赞元朝大一统，认为"大元一统以来，际天蟠地，舟车所至，罔不砥属。故凡通驿公馆之制，率维用兹圣作之典"⑤。这种对南北统一、"四海一家"的喜悦之情，黄公绍在《题北游吟记》中也有表露。⑥

顾嗣立《元诗选》称黄公绍居乡时期"长斋奉佛"，确属实情。宋元之际邵武七台山曾举行过一场盛况空前的佛教法会。黄公绍记述道："一时，道场同业大众与诸众生，皆大欢喜。扶风马氏以无心故，得第九塔。男在轩黄居士公绍，合掌赞叹，而作偈言。"⑦可见，黄公绍及其母马氏都参加了这场法会，

---

① 徐晓望：《元代福建史：1276—1368》，九州出版社2023年版，第13、30页。

② （元）魏天佑：《改路为府记》，乾隆《邵武府志》卷21《艺文志》，清乾隆三十五年刊本，第15页。

③ 弘治《邵武府志》卷10《职官》，明弘治十八年刻本，第18页。

④ （元）黄公绍：《樵川新驿记》，载《在轩集》，《景印文渊阁四库全书》第1189册，第635页。按，"达噜噶齐大夫明公安"，即邵武路达鲁花赤明安答儿，至元二十一年任（弘治《邵武府志》卷9《职官·历官》，第5页）。

⑤ （元）黄公绍：《樵川新驿记》，载《在轩集》，《景印文渊阁四库全书》第1189册，第635页。

⑥ 按，《题北游吟记》云："少时读康节（邵雍——引者注）诗有'车书万里旧山川'之句，尝恨此生不见斯事，今四海一家，而余老矣。"（黄公绍：《在轩集》，《景印文渊阁四库全书》第1189册，第633页）

⑦ （元）黄公绍：《偈诗》，载《在轩集》，《景印文渊阁四库全书》第1189册，第636页。

两人都是虔诚的佛教信徒，黄公绍更是以"居士"自称。黄公绍对佛教活动的热衷，既由个人的兴趣与信仰使然，更是因为佛教在地方社会秩序维持与战后社区重建中发挥着重要作用。对此，后文将有详细讨论，兹不赘述。

二、黄公绍的学识造诣

黄公绍的文集《在轩集》仅残存一卷，收录于四库全书。乾隆四十六年（1781）四库馆臣对《在轩集》的内容构成、成书过程及黄公绍的学识造诣，作有如下考证：

> 《在轩集》一卷（浙江鲍士恭家藏本）宋黄公绍撰。公绍字直翁，昭武人。宋咸淳元年进士。集中《樵川新驿记》称，至元二十三年，是岁丙戌上距德祐乙亥已十年矣。《记》中自称曰民，盖入元未仕也。公绍尝取胡安国"心要在腔子里"语，名所居曰"在轩"，因以名集。然所载仅文三十九篇，诗余二十八首。其文三十九篇之中，为儒言者六篇，而为佛氏疏榜之语者乃三十三篇。殆原本散逸，后人掇拾遗稿，以僧徒重其笔墨，藏弃为荣，故所收特多欤？
>
> 考厉鹗《宋诗纪事》，蒐采最博，而求公绍一诗不可得，仅以《西湖棹歌》十首介于诗词之间者当之，知鹗所见亦此本，别无全集矣。公绍尝作《古今韵会》有名于世，然原本久已散佚，今传者乃熊忠《举要》，已非复公绍之原本。真出公绍手者，惟此一卷耳。宋人遗集不传者多，公绍在当时为耆宿，虽残编犹可宝也……①

可知，四库本《在轩集》残编，源自浙江鲍士恭家藏本，内容分为文章和诗词两大部分。其中，文章 39 篇，诗词 28 首，共 67 篇（首）。成书于乾隆十一年（1746）的厉鹗《宋诗纪事》收录了黄公绍《西湖棹歌》（即《端午竞渡棹歌》）10 首，并提到黄公绍著有《在轩集》②。厉氏所见当是同一卷残本。

---

① （清）永瑢等撰：《四库全书总目》卷 165《集部十八·〈在轩集〉》，中华书局 1965 年版，第 1418 页。

② （清）厉鹗：《宋诗纪事》卷 75《黄公绍》："公绍，字直翁，邵武人。咸淳元年进士。隐居樵溪。有《在轩集》。"转引自吴熊和主编，胡可先副主编：《唐宋词汇评·两宋卷》第 5 册，浙江教育出版社 2004 年版，第 4028 页。

黄公绍以《古今韵会》一书知名于世，然而原本久已散佚，传世的是黄公绍馆客熊忠编辑删减的《古今韵会举要》，已非原貌。

同时，四库馆臣注意到，《在轩集》诸文中论及儒家者仅6篇，而其余33篇、超过总数八成的篇章都是涉及佛教文。这显然不是士人文集的正常体例。四库馆臣指出该书原本已散佚，现存一卷是"后人掇拾遗稿"，重新编订的。或许是由于僧徒对名儒黄公绍笔墨的珍视，其涉佛文章才得以大量留存。这一判断得到了学界的认可，如饶宗颐《宋代词籍解题》提到"《在轩集》一卷，疑亦佚失后掇拾"①。尽管内容及体例与正统儒者文集不符，但考虑到"宋人遗集不传者多，公绍在当时为耆宿，虽残编犹可宝也"，因而四库全书仍予以收录。

作为宋元之际名儒耆宿，黄公绍的学识造诣大抵体现在以下三个方面：

（一）音韵学的精深研究

黄公绍音韵学研究的代表作是《古今韵会》。该书完成于元初，黄公绍因不满于《礼部韵略》训释简略，故博考经史，增注辨证而成。黄公绍的馆客熊忠对此书的写作缘由与内容特点，有这样的介绍：

> 同郡在轩先生黄公公绍，慨然欲正千有余年韵书之失，始秤字书，作《古今韵会》。大较本之《说文》，参以籀、古、隶、俗，《凡将》《急就》，旁行敷落之文，下至律书、方技、乐府、方言，靡所不究。而又检以七音、六书，凡经、史、子、集之正音、次音、叶音、异辞、异义，与夫事物伦类，制度纤悉，莫不详说而备载之，浩乎山海之藏也！②

可见，《古今韵会》并非只是专言音韵之书，也涵盖了"事端、伦类、制度"等内容，是一部资料丰富的文字训诂方面的集大成作品。后来熊忠认为该书"编帙浩瀚，四方学士不能遍览"，故删繁就简，拾遗补缺，编成《古今韵会举要》，这便是《古今韵会》的传世本，现存刊本多题为"昭武黄公绍直翁编辑，昭武熊忠子中举要"。熊忠序文时间在"岁丁酉"，即元大德元年（1297），大概就是此书修定的时间。

---

① 饶宗颐：《词集考》卷6《宋代词籍解题》，转引自吴熊和主编，胡可先册主编：《唐宋词汇评·两宋卷》第5册，第4028页。

② （元）黄公绍编辑，熊忠举要：《古今韵会举要》"熊忠序"，第11—12页。

《古今韵会》问世后，影响颇大，元、明的音韵著述，多有征引。① 元顺帝元统乙亥（1335）冬翰林学士孛术鲁翀作序称："文宗皇帝御奎章阁，得昭武黄氏《韵略举要》写本。至顺二年（1331）春，敕应奉翰林文字余谦校正，明年夏上进。"② 可知元后期《古今韵会》的写本已进入宫廷，受到君臣的重视。明洪武二十三年（1390）颁布的官方韵书《韵会定正》，更是在《古今韵会》基础上编订的。当时，朱元璋对于颁行已久的《洪武正韵》并不满意，"以其字义、音切未能尽当，命翰林院重加校正"。大学士刘三吾遂进呈前太常博士孙吾与所编韵书，称其"本宋儒黄公绍《古今韵会》，凡字切必祖三十六母，音韵归一"。"上览而善之，赐名曰《韵会定正》"。③《古今韵会》创立出一套详备、明确的韵字注释体例、规则，对于《康熙字典》等后世字书辞书都有深远影响。④

（二）词作方面颇有造诣

黄公绍的词风清新明丽，感情真挚深沉。其词作题材广泛，有咏物、写景、抒情、怀古等，尤以咏物为多，常以花卉（如木芙蓉、荼蘼、白莲、木犀）、水景、月色等为素材，表达寂寞、思念、无奈等情感。其词用语通俗，有时带有民歌韵味，如《端午竞渡棹歌》就是一组描写西湖端午风俗的佳作，其前两首云："望湖天，望湖天，绿杨深处鼓鼟鼟。好是年年三二月，湖边日日看划船。斗轻桡，斗轻桡，雪中花卷棹声摇。天与玻璃三万顷，尽教看得几吴舠。"⑤ 节奏明快，富有韵律。

黄公绍的词作存世不多。清康熙四十一年（1702）顾嗣立编印《元诗选》二集，收录黄公绍《端午竞渡棹歌》10 首⑥。乾隆间编纂《四库全书》辑录黄公绍《在轩集》1 卷，其中词作 10 篇 28 首。民国朱孝臧辑《彊村丛书》时，

---

① 杨耐思：《近代汉语音论》，商务印书馆 2012 年增补本，第 132 页。

② （元）黄公绍编辑，熊忠举要：《古今韵会举要》"（余谦）序韵会举要书考"，第 28 页。

③《明太祖实录》卷 205，洪武二十三年十月戊寅条，中华书局 2016 年版，第 3064 页。

④ 宁忌浮：《古今韵会举要及相关韵书》，中华书局 1997 年版；宁忌浮：《〈古今韵会举要〉二题》，叶宝奎，李无未编：《黄典诚教授百年诞辰纪念文集》，厦门大学出版社 2013 年版，第 232 页。

⑤ （清）顾嗣立编：《元诗选》二集，第 125 页。

⑥ （清）顾嗣立编：《元诗选》二集，第 125 页。

引用清嘉庆间姚文田邃雅堂藏钞本，收录黄公绍《在轩词》1卷，28首。此本《在轩词》与四库本《在轩集》词作数量、内容、排序皆一致，只有两首词牌名有差异①。《全宋词》据以录入，并增补2首，这30首便是现存黄公绍词作总数。

黄公绍不仅致力诗词创作，还大力搜求和推介前贤诗文。如选刻金代文学家元好问文集②，盛赞同邑著名诗论家严羽诗作，尤其对于后者的传布有再造之功。严羽，字仪卿，一字丹丘，自号沧浪逋客，南宋邵武人，"以其《沧浪诗话》在中国文学批评史和美学史上作出了独特的理论建树"③。严羽生前可能并未编定自己的诗集，现知最早搜集严羽遗作的是宋末李南叔，李氏辑录严羽遗诗编成《沧浪吟卷》，并请黄公绍写序。④

在这篇著名的序文中，黄公绍一方面介绍严羽诗作的存世情况与作序缘由，文曰："吾樵名诗家者众矣，近世称二杜、三严。余幼时，见东乡诸儒藏严诗多甚，恨不及传。今南叔李君示余所录《沧浪吟卷》，盖仅有存者，俾余序其篇端，余于此重有感矣……三严之诗不可尽得，得其一篇一咏，亦足以快，而况乎沧浪之卷，犹存什一于千百，不已幸乎?"⑤南宋邵武诗风兴盛，特别是后期涌现出杜东、杜耒兄弟，严羽、严仁、严参等代表人物。⑥黄公绍忆及幼时见邵武东乡士绅收藏严氏诗篇甚多，感慨历经宋元之际的战火，大多散佚，又庆幸经过李南叔搜集，"犹存什一于千百"。另外，黄公绍对严羽的诗歌

---

① 《彊村丛书》本《在轩词》中《潇湘神·端午竞渡棹歌》，四库本《在轩集》无词牌；《彊村丛书》本《在轩词》中《念奴娇·月》，四库本《在轩集》作《水龙吟·月》。

② 按，清人张穆《重刻元遗山先生集序》言："《遗山先生集》，中统严氏初刻本不可见，今行世者惟弘治中李叔渊本……诗集单本较多……而元黄公绍选本，穆又未之见也。"参见（清）张穆：《殷斋诗文集》卷3，咸丰八年祁寯藻刻本，《续修四库全书》第1532册，第277页。

③ 陈定玉：《严羽及其著作考辨》，陈定玉辑校：《严羽集》，中州古籍出版社1997年版，第454页。

④ 按，宋末魏庆之编《诗人玉屑》几乎收录了严羽《沧浪诗话》的全部内容，然未收严羽诗作。宋季李南叔辑录、黄公绍作序的《沧浪吟卷》为行世严羽诗集的最初本子，该本《沧浪吟卷》已佚，惟黄公绍序尚存。参见张健：《〈沧浪诗话〉非严羽所编——〈沧浪诗话〉成书问题考辨》，《北京大学学报（哲学社会科学版）》1999年第4期。

⑤ 《黄公绍序》，陈定玉辑校：《严羽集》，第429页。

⑥ 光绪《重纂邵武府志》卷21《文苑·邵武县·严参传》，第452页。相关研究参见李锐清：《南宋末年流行于福建邵武一带的诗派新探》，《中国文化研究所学报》（香港）第22卷，1991年。

理论极力推崇，言其"粹温中有奇气。尝问学于克堂包公。为诗宗盛唐，自《风》《骚》而下，讲究精到。"① 黄公绍还提及著名江湖派诗人戴复古（号石屏）对严羽诗作"深所推敬"，提醒读者珍视之，"后之览者，其永宝之哉"。

尽管自明代以降严羽声名鹊起，然而他在宋元之际只是一位名不见经传的文士，影响有限。黄公绍的推重，对于严羽名声的提升与作品之流传贡献甚大，后人对此多予肯定。如明末名士徐𤊹云："斯集岁久湮阒，胜国至元庚寅邑人黄公绍始序而传之。"② 清康熙间朱霞撰《严丹丘先生传》亦云："先生辟地江楚，诗散逸为多。至元间邑人黄公绍搜存稿，仅百三十余篇，为序而传之。"③ 甚至有学者称："黄公绍是使严羽在历史上产生巨大影响力的第一功臣。"④

（三）对理学有深刻体认

黄公绍对理学有着深刻体认。《在轩集》诸篇，"为儒言者六篇"，其中《书在轩铭后》最能反映其理学观念，兹摘引如下：

> 平岩叶先生，岁在壬子来樵，公绍幸得以民事太守。先生见谓可教，尝谓公绍曰："大抵读书须要自家以身体验，方见得真，不可只作一场话看。"戊午冬，再见先生于三门里第，问公绍曰："别后体认得如何？"公绍对曰："尝读胡文定公语'心要在腔子里'，自觉有警，因作小轩，名之曰在。丹山翁先生为书其扁，友人吴昇记之，愿得先生一言于座右，庶以朝夕观省。"先生许之，明年，以铭来教，奉以周旋，不敢少失坠。既刻石龛壁间，后二十年为兵毁，自谓不可得矣。
>
> 丙戌冬，偶于残编断翰中得之，惊喜不啻如获至宝。嗟吾老之荒落，

---

① 《黄公绍序》，陈定玉辑校：《严羽集》，第 429 页。按，"克堂包公"即理学家包扬，建昌军南城人，字显道，号克堂，南宋名臣包恢之父。与兄、弟皆师事陆九渊。陆九渊卒，遂率其生徒诣朱熹，执弟子礼。（参见杨倩描主编：《宋代人物辞典》上册，河北大学出版社 2015 年版，第 6 页）

② 《徐𤊹序》，陈定玉辑校：《严羽集》，第 436 页。

③ （清）朱霞：《严丹丘先生传》，朱霞编：《樵川二家诗》，《四库全书存目丛书》集部第 394 册，齐鲁书社 1997 年版，第 477 页。按，朱霞称《沧浪吟卷》系由"黄公绍搜存稿"，误，实际是李南叔搜录、黄公绍作序。不过，这也可见黄公绍对于推动严羽作品之广泛流传，发挥了重要作用。

④ 许志刚：《严羽评传》，南京大学出版社 1997 年版，第 295 页。

俨师训之犹生。是用装褫珍袭，并书梅边之记于右，以见故友之思焉。①

"在轩铭"是黄公绍请理学家叶采为其书斋所作的格言，历经宋元鼎革，战后失而复得。公绍遂重新装裱，又著文记述始末缘由。叶采，字仲圭，号平岩，福建建安（今建瓯市）人②，淳祐十二年（1252）任邵武知军时，告诫黄公绍："大抵读书须要自家以身体验，方见得真，不可只作一场话看。"叶采曾从蔡渊、陈淳、李方子问学。朱熹提出在研读儒家经典时，要在求得文义的基础上，反身求诸己，从自身的体验省察来体会义理。他强调："读书，须要切己体验，不可只作文字看……不可只专就纸上求理义，须反来就自家身上推究。"③作为朱熹再传弟子，叶采显然继承了朱熹重视"切己体验"的读书法，并传授给了黄公绍。

黄公绍后来读到理学家胡安国的"心要在腔子里"一语，"自觉有警"，认为对自己的治学修身很有警示意义。胡安国，字康侯，福建崇安（今武夷山市）人，谥文定，学者称武夷先生。胡安国接受程颐的理学思想，强调主敬与致知并重，主张"以心为体，以致知与诚意为工夫，而致知又为诚意之基础"④。他在呈给宋高宗的《时政论》中写道："心者，身之本也。正心之道，先致其知而诚意。"⑤胡安国、朱熹、叶采等理学家都强调治学与治心并举，将外向的求学致知与内向的体察明理结合起来，并贯彻到日常生活中去。黄公绍深以为

---

①　（元）黄公绍：《书在轩铭后》，载《在轩集》，《景印文渊阁四库全书》第1189册，第633—634页。

②　按，弘治《八闽通志》将叶采与叶寀认作两人，分别立传，误，实则是同一人。弘治《八闽通志》卷70《人物·邵武府·道学》载："叶采，字仲圭。邵武人。初从蔡渊受《易》学，已而往见陈淳，淳以其好蹠高妙而少循序就实工夫，屡折而痛砭之。采自是屏敛锋芒，俯意信句，骎趋著实，淳深喜之。宝庆初，为秘书监，尝论邵守贪刻之害，上嘉纳之。"弘治《八闽通志》卷39《秩官·邵武府》载："叶寀，建安人。知军事，以学行称。尝作郡乘，买田筑祠，祀文公于郡泮，复给田若干顷，祠文公于光泽县，而以其师李果斋配。他政绩多可纪。"综合相关资料可知，叶采，字仲圭，号平岩，建安人，朱熹弟子叶湜之子。南宋淳祐元年（1241）进士及第，授邵武尉。淳祐十二年（1252）知邵武军，修郡志，筑祠祀朱熹和李方子，政绩卓著（参见方彦章：《"平岩叶氏"与〈溪山叶氏宗谱〉辨伪》，《朱子研究》2001年第1期）。

③　（宋）黎靖德编，王星贤点校：《朱子语类》卷11，中华书局1986年版，第181页。

④　何俊：《胡安国理学与史学相融及其影响》，《哲学研究》2002年第4期。

⑤　黄宗羲等编撰：《宋元学案》卷34《武夷学案》，沈善洪主编：《黄宗羲全集》第4册，第454页。

然，于是将书斋命名为"在轩"，又请友人书匾额、撰记文，邀叶采题写此前的赠言，以为座右铭。对此，友人吴昇（号梅边）在记文中也阐述了自己的看法，文曰：

> 夫人之一心，至神而不测，惟神也，故能具众理而应万事。至于感物，则亦易动而难安。是故内而思虑，外而应接，翕忽变化，一瞬千里，方寸之地，其在之时少矣。《传》曰："心不在焉，视而勿见，听而勿闻，食而勿知其味。"目之于色也，耳之于声也，口之于味也，其于人至近也，心不在焉而犹若是，况乎其他？翁之名此轩也，其知所以用力矣。①

吴昇认为，心是人的主宰，是人的灵气所在，人因此能理顺天下万事，然而，人心"易动而难安"，疏忽不定。黄公绍以"心要在腔子里"为警句，正是表明要笃定一心、持之以恒的志向。

三、黄公绍的佛教信仰

黄公绍大量的存世作品与佛教法会活动相关，这些作品几乎全被元明时期的日用类书《新编事文类聚翰墨全书》收录而广为流传。四库馆臣认为《在轩集》所存文章中"为佛氏疏榜之语者"有 33 篇，并将《戒杀文》与《偈诗》归为一篇。经笔者仔细比对，发现《戒杀文》与《偈诗》的内容主旨、文体形式差异较大，宜分两文，因而《在轩集》中涉佛文实有 34 篇。值得注意的是，除《戒杀文》《二月八日祠山帝生辰疏（二）》两篇外，其余 32 篇亦见于元代《新编事文类聚翰墨全书》（简称《翰墨全书》）癸集。此外，《翰墨全书》中尚有黄公绍撰《神济大师生辰》《普庵禅师生辰》二文②，《在轩集》未收录。同时，《翰墨全书》将《水陆会门榜》一文作者标记为"雪坡"，即南宋状元、理学家姚勉（号雪坡）。这表明《在轩集》中绝大部分的涉佛文很可能是后人从《翰墨全书》中辑录而

---

① （元）黄公绍：《书在轩铭后》，载《在轩集》，《景印文渊阁四库全书》第 1189 册，第 634 页。按，乾隆《邵武府志》载："吴昇，字养晦，其先苏州人，来居邵武。幼能文，酒酣落笔飘飘，有神仙意。有集行世，号《梅边小稿》。"（乾隆《邵武府志》卷 16《乡贤·吴昇传》，第 83 页）

② （元）刘应李辑：《新编事文类聚翰墨全书》癸集卷 2《释教门》，《四库全书存目丛书》子部第 169 册，齐鲁书社 1995 年版，第 678 页。

来，且因疏忽，导致遗漏 2 篇，疑似错录 1 篇。

《新编事文类聚翰墨全书》是元朝前期福建建阳知名学者刘应李编纂、建阳书坊刊印的一部民间类书，元明两代多有流传。该书分类辑录了大量的语词典故、诗词文章以及小简活套、图式、联语，旨在为民间人士书写应酬交际文书提供参考。① 黄公绍涉佛文作为范文被大量选入《翰墨全书》癸集《释教门》，可能是由于黄公绍所在的邵武与建阳毗邻，编者获取资料较方便，更有可能因为黄公绍作为名儒，又潜心奉佛、精研佛理，深得士庶认可。为便讨论，兹将现存黄公绍涉佛文整理成表 2-3。

表 2-3　现存黄公绍涉佛文一览表 ②

序号	篇名	文体	寺庙／神灵	信仰活动
1	戒杀文	劝谕文	—	宣扬佛法，戒谕杀生
2	偈诗	偈颂	七台山／佛祖	疑似施《金刚经》法会
3—4	二月八日祠山帝生辰疏	道场疏／生辰疏	—／祠山帝	神诞庆典
5	巾山龙华会门榜	道场榜／门榜	巾山／佛祖	佛诞节，设龙华会
6	华严会门榜	道场榜／门榜	—／佛祖	《华严经》法会
7—8	金刚经会门榜	道场榜／门榜	—／佛祖	《金刚经》法会
9	福善庙设斋门榜	道场榜／门榜	福善庙／福善王	幸免战火，设大道场酬神
10	水陆会门榜	道场榜／门榜	—	设水陆道场，追荐亡灵
11	祠山庙水陆戒约榜	道场榜／戒约榜	祠山庙／焦面圣者等	设水陆道场，追荐亡灵
12	水陆戒约施金刚经忏会榜	道场榜／戒约榜	—	施《金刚经》，设水陆道场
13	施经斋会戒约榜	道场榜／戒约榜	—	施经斋会，设水陆道场
14	水陆戒约榜	道场榜／戒约榜	—	设水陆道场，追荐亡灵
15	保安胜会戒约榜	道场榜／戒约榜	—	保安胜会设水陆，追荐亡灵
16	惠应庙斋会戒约榜	道场榜／戒约榜	惠应庙／福善王	神诞庆典，设水陆道场
17	道峰斋会戒约榜	道场榜／戒约榜	道峰山／—	斋会，设水陆道场

---

① 参见仝建平：《〈新编事文类聚翰墨全书〉研究》，宁夏人民出版社 2011 年版。

② 按，尽管《翰墨全书》将《水陆会门榜》一文作者标记为"雪坡"，即南宋理学家姚勉（号雪坡），但鉴于《翰墨全书》自身存在编纂或抄录错误的可能，为慎重起见，笔者姑且仍将其认作黄公绍文。

序号	篇名	文体	寺庙/神灵	信仰活动
18	五通庙戒约榜	道场榜/戒约榜	五通庙/五通神	神诞庆典，设水陆道场
19	大洪山戒约榜	道场榜/戒约榜	随州大洪山/灵济祖师	设水陆道场，追荐亡灵
20	荐母水陆戒约榜	道场榜/戒约榜	—	设水陆道场，追荐亡灵
21	荐妻水陆戒约榜	道场榜/戒约榜	—	设水陆道场，追荐亡灵
22	施经斋会普度门榜	道场榜/门榜	—	施经斋会，设水陆道场
23	水陆结戒榜	道场榜/结界榜	—/弥勒世尊	设水陆道场，追荐亡灵
24—30	浴堂榜	道场榜/浴堂榜	—	浴净鬼魂仪式
31	荐母浴堂榜	道场榜/浴堂榜	—	浴净亡母灵魂仪式
32	监斋榜	道场榜/监斋榜	—	斋醮仪式
33	弥陀佛上座祝香文	道场疏/祝文	—/弥陀佛	祝香祈福仪式
34	遣瘟文	道场疏/祝文	—/瘟神	遣瘟神仪式
35	神济大师生辰疏	道场疏/生辰疏	—/神济大师	神诞庆典
36	普庵禅师生辰疏	道场疏/生辰疏	—/普庵禅师	神诞庆典

资料来源：1—34.(元)黄公绍：《在轩集》，《景印文渊阁四库全书》第1189册。35—36.(元)刘应李辑：《新编事文类聚翰墨全书》癸集卷2《释教门》，《四库全书存目丛书》子部第169册。

表2-3中36篇黄公绍涉佛文涵盖了道场榜、道场疏、偈颂文与劝谕文四类文体，以疏榜文为主。(1)道场榜，共28篇，占总数的77.8%。其中，戒约榜11篇、浴堂榜8篇、门榜7篇、结界榜1篇、监斋榜1篇。(2)道场疏，有6篇，占总数的16.6%。当中生辰疏4篇、祝文2篇。(3)劝谕文1篇。(4)偈颂1篇。所谓疏榜文是释道二教道场法事中的应用性文体。因使用对象及场合的差异，名目繁多，功能不一。明人徐师曾《文体明辨序说》列出道场榜、道场疏、募缘疏与法堂疏四大类，其言：

道场榜　按道场榜者，释老二家修建道场榜示之词也。品题不同，而施用亦异：其迎神驭者曰门榜，净坛场者曰监坛榜（亦曰卫坛），燃灯者曰灯榜，戒孤魂者曰戒约榜，限孤魂者曰结界榜，浴孤魂者曰浴堂榜，施法食者曰施斛榜，施水灯者曰水灯榜，张于造斋之所者曰监斋榜，张于设佛文所者曰供榜，张于食所者曰茶汤榜。以上数榜，二家错陈，而互有遗阙，其或用，或不用，亦不可知。

道场疏　按道场疏者，释老二家庆祷之词也。庆词曰生辰疏，祷词曰功德疏，二者皆道场所用也……其曰斋文，即疏之别名也。

募缘疏　按募缘者，广求众力之词也。桥梁、祠庙、寺观、经像、与夫释老衣食器用之类，凡非一力所能独成者，必撰疏以募之。词用俪语，盖时俗所尚……

法堂疏　按法堂疏者，长老主持之词也。其用有三：未至用以启请，将行用以祖送，既至用以开堂。其事重，其体尊，非夫高僧，恐不足以当此……①

可知，道场榜是修建斋醮法事道场，榜示通经幽灵，孤魂野鬼的文告。又可细分为以下数种：门榜，贴于道场"入口"，以迎接神明驾座；监坛榜，用于清净醮坛，类似"肃静""回避"之类；戒约榜，用以告诫孤魂，类同"孤魂守则""野鬼须知"；结界榜，用于向往来游荡的孤魂划定界限禁区；浴堂榜，浴净鬼魂的告示；施斛榜，给鬼魂布施的"轮侯处"告示②；水灯榜，施方水灯处的告示。此外，监斋榜、供榜、茶汤榜，则是分别贴于造斋、置经及办事人员饮食之处的告示。道场疏是向神佛上达庆贺、祈祷之词的文体。募缘疏是向善信公开劝募，寻求赞助的函件或者通告，即广求众力以完成桥梁、祠庙、寺观、经像，以及佛道器用衣食之类。法堂疏是尊请长老莅临开堂主持的文告③。

黄公绍所作涉佛文在格式上，多采用四言、六言或四六言相杂的骈文形式，偶有七言、八言，亦对仗工整。行文流畅，韵律和谐，朗朗上口。同时，在内容上，大量引用佛经④，化用典故，阐述佛理，循循善导。这些都表明黄公绍不仅具有娴熟的写作技巧与深厚的儒学修养，也对佛教典籍极为熟稔，对佛法教义有深刻之体认。

由表2—3可知，黄公绍热心参与各类佛教法会活动，尤以施经法会、神

①　（明）徐师曾著，罗根泽校点：《文体明辨序说》，人民文学出版社1998年版，第171—173页。

②　陈耀南：《应用文概说》，山边社1985年版，第29—30页。

③　冯国栋：《涉佛文体与佛教仪式——以像赞与疏文为例》，《浙江学刊》2014年第3期。

④　例如，黄公绍《戒杀文》一文，大量引用《楞严经》《大毗婆沙论》《金刚经》等佛经典故阐述万物平等、生命可贵的佛理，规劝与警示人们戒杀止斗。参见（元）黄公绍：《戒杀文》，载《在轩集》，《景印文渊阁四库全书》第1189册，第635—636页。

诞庆典、水陆法会为多。法会又称法事、斋会、佛事、法要，是为讲说佛法、供佛施僧、祈祷度亡等所举行的集会。举行法会时，一般需聚集净食，庄严法物，供养诸佛菩萨，或设斋、施食、说法、赞叹佛德。①

（一）施经法会

施经法会是斋主（施主）为向僧俗布施经文而设的法事，深受佛教徒重视，诚如明代居士钟惺所言："吾闻经为如来全身，施经者非施财，乃施如来全身也。"②宋元以降，《金刚经》成为中国流传最广、影响最深远的佛典之一。③诵读、持奉、抄写、施经则是信众崇奉《金刚经》的主要形式。黄公绍应该经常参加此类法会，表2—3中第2、6—8、12、13、22号等7篇文章即是他为讲赞及布施《金刚经》《法华经》而作的榜文。其内容大体包含两大主题。

一是阐明《金刚经》义理，颂扬其妙用。如《金刚经会门榜》云："惟此经名圣教之骨髓，于斯世作苦海之津梁。凡五千一百四三言，是真语者……抉愚目之金篦，截疑网之慧剑。"又阐述"虽见我色，求我声，诸相悉皆虚妄"的《金刚》义理，将其归结为摆脱"六道轮回"苦恼，"同生忏悔之心，以此上报四重恩，下济三涂苦"。④

二是记述施经法会之意义，称赞斋主的功德。如《华严会门榜》言："梦幻泡影之观，证六如于六道；卵胎湿化之类，悟四句于四生……经施无边，法施无边，本不受不贪之念；佛恩如是，亲恩如是，妙难思难议之功。"⑤

斋主为了获得无量功德，往往向施经法会布施大量经文。如《华严会门榜》载："演八一函之顿印，赞五百卷之正宗"⑥，可知斋主施印的经书有81函、

---

① 圣凯：《中国汉传佛教礼仪》，商务印书馆2020年版，第97页。

② （明）钟惺撰，张国光点校：《隐秀轩文》，岳麓书社1988年版，第240页。

③ 张文卓：《宋元明清时期〈金刚经〉的流传及其特点》，《中南大学学报（社会科学版）》2013年第3期。

④ （元）黄公绍：《金刚经会门榜》，载《在轩集》，《景印文渊阁四库全书》第1189册，第638页。

⑤ （元）黄公绍：《华严会门榜》，载《在轩集》，《景印文渊阁四库全书》第1189册，第638页。

⑥ （元）黄公绍：《华严会门榜》，载《在轩集》，《景印文渊阁四库全书》第1189册，第638页。

500卷之数。《水陆戒约施金刚经忏会榜》云："斯宵斋主，发广大心，行方便力，再持五百卷，上报四重恩"①。《施经斋会戒约榜》提及"有人如是布施。手卷累二千轴，口诵积四万篇"②。

（二）神诞庆典

旧时民众为祈求、酬报神明，多举行临时性或周期性的宗教集会，即所谓"迎神赛会""社会"等。迎神赛会源自先秦的社祭传统，人们在社日集会，祭祀社神（土地神），举行各种庆典，后来赛会则成为以神祠为中心的民众宗教集会的泛称。③宋元乡村的赛会活动非常盛行。南宋邵武知军王份奏言："本军管下乡村，多有不畏公法之人，私置兵器，结集人丁，岁以为常，谓之'关社'。持枪杖，鸣锣鼓，千百成群，动以迎神为名。"④

神佛诞会是赛会最主要的形式之一，其集会地点与时间较为固定，影响较大。表2—3疏榜文中涉及6个神佛诞会：祠山帝张王生辰（二月初八）；佛诞日；五通神诞辰（四月初八）；福善王欧阳祐诞辰（八月初五）；神济大师生辰（九月某日）；普庵禅师生辰（十一月二十七日）⑤。这些神诞庆典有两个特点：

一是庆典活动规模较大，隆重热烈。一般能吸引祠庙所在地区，甚至附近州县的民众参加，成为民众狂欢的节日。《在轩集》疏榜文有不少相关记载。例如《二月八日祠山帝生辰疏》言："今日忻逢于诞日。千载真如之香火，十

① （元）黄公绍：《水陆戒约施金刚经忏会榜》，载《在轩集》，《景印文渊阁四库全书》第1189册，第641页。

② （元）黄公绍：《施经斋会戒约榜》，载《在轩集》，《景印文渊阁四库全书》第1189册，第641页。

③ 陈宝良：《中国的社与会》（修订本），人民出版社2023年版，第449—458页；皮庆生：《宋代民众祠神信仰研究》，上海古籍出版社2020年版，第97页。

④ （清）徐松辑，刘琳等点校：《宋会要辑稿》"刑法二·禁约四"，第14册，第8386页。

⑤ 按，黄公绍原文未注明普庵禅师生辰，据元佚名编《搜神记》载：普庵禅师，江西袁州宜春县人，北宋政和五年（1115）十一月二十七日生，南宋乾道五年（1169）七月二十一日殁。[（元）佚名编：《搜神记》，载《绘图三教源流搜神大全》（外二种），上海古籍出版社1990年版，第398页] 宋元之际，普庵信仰传到闽西北，与当地佛、道、巫融合，形成了一种"内佛外道"的信仰形态——普庵教。参见[法]劳格文：《福建客家人的道教信仰》，载罗勇、劳格文主编：《赣南地区的庙会与宗族》，（香港）国际客家学会等1997年编印版，第229—258页；叶明生：《闽西北普庵清微符派调查》，载杨彦杰主编：《闽西北的民俗、宗教与社会》，（香港）国际客家学会等2000年编印版，第384—451页。

方信善之福田。""节届仲春，正圆月应上弦之夕；欢传诸夏，喜岁星符绕斗之光。众志倾诚，百灵共职。"①《五通庙戒约榜》云："幸逢四月八日之佳辰，真是千载一时之庆会。万方百姓，朝天下之正神；三界众真，归佛中之上善。"②《惠应庙斋会戒约榜》曰："幸逢八月五日之嘉辰，正是千载一时之庆会。"③一般而言，赛会内容既有宗教性的内容祈祷报谢，也有宴饮作乐、游戏表演等文化娱乐，有些赛会还形成市集。④

二是赛会活动的佛教色彩浓厚。这6个神诞会的举办地点虽都是地方神庙，庆典对象也大多是地方神明，但佛教人士基本伴随始终。祭典仪式可能都由僧人主持。赛会所需的疏榜文也都邀请佛教居士黄公绍撰写。佛教法会成为赛会的重要组成部分。陈宝良指出，祈岁祭社，改设佛老，是宋代民间祭社活动的特点，以致出现了"并社为会"的习俗，⑤即在赛会内容中融入佛教法会，甚至以佛教仪轨主导神诞庆典。例如，五通神诞日"今夜斋主作庄严海，建功德林"⑥。福善王诞辰，惠应庙举办佛教斋会，"斋主既演金轮科教，又崇水陆道场"⑦。

（三）水陆法会

水陆法会，也叫水陆道场、水陆会、水陆斋等，是汉传佛教界最为盛大隆重的经忏法事，以供奉饮食为主，为超度水陆一切亡灵而设。⑧水陆法会有不同系统，南水陆以"法界圣凡水陆普度大斋胜会"为主，北水陆以"天地冥阳

---

① （元）黄公绍：《二月八日祠山帝生辰疏》，载《在轩集》，《景印文渊阁四库全书》第1189册，第637页。

② （元）黄公绍：《五通庙戒约榜》，载《在轩集》，《景印文渊阁四库全书》第1189册，第644页。

③ （元）黄公绍：《惠应庙斋会戒约榜》，载《在轩集》，《景印文渊阁四库全书》第1189册，第643页。

④ 皮庆生：《宋代民众祠神信仰研究》，第103—112页。

⑤ 陈宝良：《中国的社与会》（修订本），人民出版社2023年版，第452页。

⑥ （元）黄公绍：《五通庙戒约榜》，载《在轩集》，《景印文渊阁四库全书》第1189册，第644页。

⑦ （元）黄公绍：《惠应庙斋会戒约榜》，载《在轩集》，《景印文渊阁四库全书》第1189册，第643页。

⑧ 李小荣：《水陆法会源流略说》，《法音》2006年第4期。

水陆大会"较为常见。① 宋以降，水陆法会很快普及全国，特别是成为战争以后朝野常行的一种超度法会。表2—3疏榜文中有24篇（即9—32）涉及水陆法会，占总篇数的73%。这是黄公绍参与最多的一种宗教活动，也反映出水陆法会在宋元之际闽西北地区极为盛行。《在轩集》中有不少水陆榜文，展现了水陆的举办细节，为便讨论，兹不避冗长，摘引《施经斋会普度门榜》如下：

> 告五姓孤魂等：盖闻我佛众生，同诸善种。天堂地狱，在一念间。惟世尊法界通化之心，以中土人生难得之故。假使千劫之后，黑业不忘；能救诸苦之时，《金刚》最速。菩萨初岂求福德？果报自不可思议。黄檗一函，犹免陈昭之罪；绣座七遍，曾闻法正之功。地狱为之停酸，冥官为之合掌……

> 汝等从曩劫来，是谁氏子？苦树未拔，幽关不开。人世徒迁，血食无寄。长夜漫漫何时旦？悲风萧萧愁杀人。流散数千命，并填于沟壑；役徒几万人，俱殒于楼船。刀山剑树，流血成河。瘴雨蛮烟，积骸盈野。彭衙之魂勿返，杜陵之骨谁收？异县他乡，单形只影。永无解脱，实可闵怜。

> 今宵斋主，发大慈心，施多罗藏。离色离相，未常有贪著之思；无我无人，但欲同受持之善。缯为万变，溥及三途。八大曼挐罗，广法筵之甘露；一切摩尼宝，散华藏之香云。此经名字，汝当受持。是法平等，无有高下。勿生人我见，勿起贪嗔想。好乘是经，速到彼岸。志心谛听，欢喜奉行。②

由引文推知，此门榜是对领受水陆普度之"五姓孤魂"的告知书。标题"施经斋会普度"，揭示了法会的宗旨，即要通过布施、诵念《金刚经》以救拔亡魂。榜文内容大体有三部分：首先，赞颂佛经具有"能救诸苦"的神奇法力，抄写或诵念佛经可获"不可思议"的福德果报。其次，说明此次的普施对象是无主孤魂，包括了大批逃难流散者、被征发的夫役与兵士。他们在兵荒马乱中不幸殒命，"刀山剑树，流血成河。瘴雨蛮烟，积骸盈野"，沦为四处流离的无祀之鬼。最后，揭示"斋主"的弘愿："发大慈心，施多罗藏"，以慈

---

① 戴晓云：《北水陆法会修斋仪轨考》，《世界宗教研究》2008年第1期。

② （元）黄公绍：《施经斋会普度门榜》，载《在轩集》，《景印文渊阁四库全书》第1189册，第646—647页。

悲为怀，请法师施诵经文，以拯救亡灵，"好乘是经，速到彼岸"。

四、黄公绍崇佛的社会文化意涵

宋元时期佛教在闽西北民众的日常生活中发挥着重要的影响。同时，佛教信仰对于战后社会秩序的重建与民众精神的安抚都发挥了积极作用。因此，黄公绍对佛教的尊崇，有着深刻的社会文化意涵。

（一）佛教浸染下的信仰世界

表2-3 疏榜文中能确定寺庙或法会地点者有9篇，涉及7处：七台山、巾山、福善王庙（惠应庙）、祠山庙、道峰山、五通庙、大洪山，另外28篇未明确提及寺庙名称或地点。其中，《大洪山戒约榜》中有"汝等异县他乡，单形只影。或役军前阵后，或堕山巅水涯……襄阳何在？江水空流""恭惟灵济祖师，住此古随福地"等内容，可知此篇可能是在随州大洪山为襄阳阵亡将士举行水陆法会而作的榜文。其余诸篇，从内容推测，法会地点应该都在邵武本地。

1. 七台山　在邵武县东百里，相传是"真济慧应大师"刘圣者的道场，宋代《方舆胜览》中有此山的介绍①。明代方志仍有不少记载，《大明一统志》言：

> 七台山，在府城东南一百里，连跨汀、延、邵三郡境。上有七台：曰台星、文殊、普贤、会仙、狮子、云台、月台。有庵祀真济刘大师。庵前有百花洞，乃刘蜕化处。洞畔有石穴，常干，每岁旱疾疫，祷之有水，汲之洒田则雨，病者饮之亦愈。②

弘治《八闽通志》在描述毗邻邵武的延平府顺昌县山川人文时提到：

> 七台山，高峰峭壁，几至千丈。山有微云即雨，土人以为候。唐会昌中，有惠应大师于此山乘虎出入。师刘姓，今山有刘圣者庵。

> 祥云峰，宋绍圣中，里人余君锡率乡民抵七台山，奉刘圣者象，祷雨于此。寻有祥云来覆，雨随注，乃创庵祀之。今废址尚存。

---

① （宋）祝穆撰，祝洙增订，施和金点校：《方舆胜览》卷10《邵武军·山川》，第173—174页。

② （明）李贤等撰，方志远等点校：《大明一统志》卷78《邵武府·山川》，第7册，第3446页。

　　试心石，在七台山。石高数丈，其下空虚，相传茹荤者不敢入。①

　　结合以上材料可见，七台山是宋明时期闽西北的佛教名山，不仅山名与景观被佛教雅化，而且形成了以真济慧应大师刘圣者为核心的佛教俗神崇拜传统，其特色在于祈雨与疗疾灵验。

　　2. 巾山　《大明一统志》载："在府城北一十里，状如居士巾。或曰有人得金于此。宋饶方诗：'地将云气吐林峦，至宝曾淘瓦砾间。若把图经重校定，此山移唤作金山。'"②明清方志中提到邵武有巾山道院，"在府城北五十三都。旧名'玉隆行宫'，后改为道院"。③由此推测，宋元时期巾山当有庙宇，后来改为道院。

　　3. 福善庙　在邵武城西三十公里的大乾乡，为宋明时期闽西北重要的地方神明——欧阳祐信仰的祖庙。该庙在宋代受赐庙额"惠应"，欧阳祐也先后受敕封号"广祐王""明应威信广祐福善王"，故又称惠应庙、大乾庙、西乾庙。

　　4. 祠山庙　奉祀祠山帝（张王）。祠山帝曾是宋明时期颇为显赫的神祇，以祈祷雨旱灵应著称。其信仰起源于江南东路的广德军，后来随着商贸的发展，遍布东南数省。据皮庆生考证，南宋福建路共有5座张王行祠，分别位于建宁府崇安、福州古田、漳州、泉州和汀州莲城。④由《在轩集》可知，宋元之际的邵武也有祠山庙，深受士民崇敬。《二月八日祠山帝生辰疏》称颂道："恭惟祠山大帝，灵彰易地，威震横天。显丁壬化化之神，统临万化；运亥卯生生之妙，发育群生。茂扬昭烈之功，洞究华严之典。"⑤

　　5. 五通庙　供奉五通神。五通，又称五显、五圣，祖庙在徽州婺源，是宋元时期南方各地非常兴盛的神明崇拜。宋代福建路至少有10座五通庙，绝大

---

　　①　弘治《八闽通志》卷10《地理·山川·延平府·顺昌县》，上册，第265—266、268页。

　　②　（明）李贤等撰，方志远等点校：《大明一统志》卷78《邵武府·山川》，第7册，第3446页。

　　③　弘治《八闽通志》卷78《寺观·邵武府》，下册，第1205页；光绪《重纂邵武府志》卷28《寺观》，第773页。

　　④　皮庆生：《他乡之神——宋代张王信仰传播研究》，《历史研究》2007年第3期；[美]韩森：《变迁之神——南宋时期的民间信仰》，包伟民译，第147—159页。

　　⑤　（元）黄公绍：《二月八日祠山帝生辰疏》，载《在轩集》，《景印文渊阁四库全书》第1189册，第637页。

部分都分布在闽北建宁府和闽西汀州。皮庆生推测闽北的五通信仰"是佛教神祇民众祠神化"的结果，也可能是从相邻的江西信州、建昌军沿着江浙入闽的主要交通线传入的。① 宋末，五通神已成为广受邵武民众尊崇的神明信仰，庙宇也得到重修。黄公绍即言："惟此武阳，莫如顺正。神现青铜镜，当年曾著于灵踪；地据碧玉环，此日重兴于庙貌。"②

6. 道峰山　又名道人峰，在邵武东南大埠岗镇。《八闽通志》记曰："负长溪，面樵水，跨将乐、泰宁二县界，广八十余里，高出群山之上。郡人每即其上云气验晴雨……岁旱，祷雨多应。昔有道人号龚圣者结庵于此，颇有异迹。"③ 可知，道峰山是"道人"龚圣者的修行之处，也是当地民众的祷雨之所。

表2-3有17篇提到所祭祀的12位神明：佛祖、弥勒世尊、阿弥陀佛、灌顶药师、灵济祖师、神济大师、普庵禅师④、焦面圣者、祠山帝、福善王、五通神、瘟神。其余19篇的追荐对象都是亡灵。

综上可见，《在轩集》的疏榜文涉及了多处寺庙与众多神灵，尽管它们具有不同的信仰传统，分属于不同的宗教形态，但各自的边界并不明晰，而是呈现出相互影响、杂糅并蓄的特点。在道教与地方巫觋信仰的浸润下，佛教不断地方化、民俗化，真济慧应大师刘圣者、神济妙应大师龚道人等一批地方佛教俗神的出现即是典型的例子。在佛教的渗透下，一些地方祠神逐渐接纳了佛教的戒杀、斋食仪轨，佛教法会在地方信仰活动中扮演着重要角色。

（二）戒杀护生的教化意义

佛教主张众生平等，提倡"不杀生""禁肉食"，把戒杀生列为戒律之首条。⑤ 作为虔诚的佛教居士，黄公绍对此有深刻认识，并撰写《戒杀文》，劝

---

①　皮庆生：《宋代民众祠神信仰研究》，第234页。

②　（元）黄公绍：《五通庙戒约榜》，载《在轩集》，《景印文渊阁四库全书》第1189册，第644页。

③　弘治《八闽通志》卷10《地理·山川·邵武府·道峰山》，上册，第274页。

④　在闽西北地区的普庵教"追修功德"科仪中，普庵禅师/祖师是供奉的主要神明之一。参见叶明生：《福建泰宁的普庵教追修科仪及与瑜伽教关系考》，载谭伟伦主编：《民间佛教研究》，中华书局2007年版，第244—278页；谭伟伦：《佛教驱邪镇煞祖师普庵（1115—1169）的一个历史诠释》，《历史人类学刊》第19卷第1期，2021年4月。

⑤　魏承思：《中国佛教文化论稿》，上海人民出版社2015年版，第81页。

谕世人信奉受行。该文从理论与现实两个层面，论述了戒杀护生的主题。就前者而言，内容大体可分为三部分，层层递进。

首先，文章开宗明义地指出，人类与一切众生禀性相同，同具佛性，同为血肉之躯，同样贪生恶死。"胎卵湿化，同是众生。蠢动含灵，皆有佛性。人与万均受一气。贪生畏死，人与物同。羽毛鳞介皆等类，禀性与我原无二。"① 各种动物的生命价值同样应受平等的尊重，不应随意捕杀。

其次，黄公绍引用《楞严经》"以人食羊，羊死为人，人死为羊。如是乃至十生之类，死死生生，互来相食"的说法，指出在佛教的六道轮回观念里，人与"群生"互相转生，"他身即是我身，我命即是他命"。若不戒杀，则会陷入"冤冤相报，无有了期"的恶性循环，"未得解脱"。

再次，文章的论述从爱惜"物命"过渡到珍惜"人命"。"物生犹尔，况乃人生。物命尚且爱生，人命岂不至重？"告诫世人，物类尚且惜命求生，何况人乎？然而，"今世之人，不自爱惜，败于轻生"。人们又为何会相互残杀呢？黄公绍认为，此皆由贪、嗔、痴三毒所致。他引用佛经《毗婆沙论》解释道："三毒者，三不善根，起生恶业。"破解之法，则在于《如是经》中所提倡的"劝人为善，戒人杀生"。"知爱惜他生，则知爱惜我生，知爱惜我命，则知爱惜他命。既不肯轻于害物，又岂肯轻于杀人？"由物到人，推己及人，"此心之善可以油然而生矣"。

在完成了戒杀的理论说教后，黄公绍转入现实的教化规劝。其言：

> 昔我西乾圣王，以受菩萨戒，不用杀生之祭，直入佛位。以至今日，我廉访弘道相公，以现宰官身，来任澄清之寄，即是佛心，以闵众生。因邦人之趋善，广神道之设教。惟欲与民同归善道，毋轻生以杀人。上体当今皇帝好生之心，即是一念对越于神。皇帝之心，便是天地之心，便是神明之心。西乾之神尚且受菩萨之戒，此邦之人岂不感相公之化？爱惜身命，保全家业。化犷俗为善俗，化愚民为良民，以无负贤使者爱念我民之意……

上引资料中，"廉访弘道相公"，当指福建闽海道肃政廉访司佥事赵完泽。

---

① （元）黄公绍：《戒杀文》，载《在轩集》，《景印文渊阁四库全书》第1189册，第635—636页。

元初设立提刑按察司，至元二十八年（1291），改为肃政廉访司，后遂定为二十二道，设有廉访使、副使、佥事等职官。副使以下，分按各路府州县。职责为"询民瘼，察冤滞，纠劾诸不职者"①。赵完泽，字弘道，至元二十八年左右任福建闽海道廉访佥事，元贞元年（1295）转江西道廉访司佥事。② 可见，赵完泽在福建任职期间，曾按临邵武，监察刑狱、纠劾奸弊。正是在此期间，黄公绍创作了《戒杀文》。

西乾之神欧阳祐受菩萨戒，戒用血食，转而接纳佛教斋食的故事，在宋元时期流传颇广，深入人心，成为佛教俗讲的经典案例。黄公绍以此进行劝谕教化。其劝诫对象有二：一是对于廉访司佥事赵完泽所代表的官员而言，元朝新立，根基尚浅，"广神道之设教"，借助佛教来感化民众，维持地方秩序的稳定，不失为一个好办法。黄公绍肯定慎刑慎杀的做法，称颂他们能体察皇帝的心意崇奉佛教，顺应民情，"以现宰官身，来任澄清之寄，即是佛心，以闵众生"③，"便是天地之心，便是神明之心"。二是对于邵武民众而言，希望大家接受元朝的统治，恢复社会秩序，不再逞勇斗狠，"轻生以杀人"，而应"爱惜身命，保全家业"，"化犷俗为善俗"。由此，黄公绍的《戒杀文》在佛教戒杀护生的主题下，具有了浓郁的儒家教化色彩。

（三）作为社区仪式的佛教法会

南宋后期，闽西北进入多事之秋，绍定、端平年间"峒乱"频发。绍定二年（1229），汀州黄绿头、邵武刘安国、汀州晏梦彪（又名晏头陀）等"溪峒"先后起事，连克闽北诸县。④ 在陈韡、王遂、王埜等官员的强力弹压下，动乱

① 弘治《八闽通志》卷27《秩官·方面》，上册，第798页。《闽书》卷44《文莅志》，第2册第1112页。

② 周鑫：《乡国之士与天下之士：宋末元初江西抚州儒士研究》，第167页。按，关于赵完泽的信息，承蒙湖南大学向珊女史告知，特此致谢！

③ 按，"现宰官身"的说法出自佛经。《妙法莲华经》云，观世音菩萨以种种化形游诸国土，度脱众生，对于应以宰官身得度者，便现宰官身为他说法（范之麟主编《全宋词典故辞典》上册，湖北辞书出版社2001年版，第408页）。黄公绍巧妙地借此典故称颂按临邵武的福建闽海道廉访司佥事赵完泽。

④ （宋）刘克庄著，辛更儒笺校：《刘克庄集笺校》卷146《神道碑·忠肃陈观文（韡）》，第12册，第5764—5765页。

很快得到平息，邵武所受冲击相对较小。人们沉浸在劫后余生的喜悦中，认为是受到了地方守护神福善王的护佑才得以免祸，遂举行盛大的法会仪式。《福善庙设斋门榜》便是黄公绍为某次法会撰写的榜文。该文先是赞叹福善王作为邵武"福主"的灵验："洪惟福善，惠此武城……曰旸而旸，曰雨而雨；欲寿者寿，欲安者安"；接着，称颂福善王守护之功：

> 夫何比岁之冬，乃以震邻之警。修罗战处，几无藕丝孔之可逃；如来影中，独使芭蕉身之不怖。五十里天呼得应，一郡人心都是香。①

当看到周边州县战乱不断，而邵武却能幸免于难，人们便将原因归功于福善王的庇佑。于是，纷纷许愿建塔，"结愿许七宝浮图之座"，又"竖胜旛于觉地，下飙驭于熙台。崇六昼夜大道场，礼三亿拜无量塔"。通过启建水陆法会，设醮酬神。

自端平初年"峒乱"被平息之后近 40 年间，闽西北的社会秩序大体平稳。然而，宋元鼎革之际，战火终究蔓延到了邵武。身逢乱世，人们普遍感到前途未卜，吉凶难料，于是祈求神佑成为一种常见的社会现象。亲历宋元易代的士人刘埙便在《隐居通议》一书中记载了这样一个故事："邵武自宋代绍定庚寅（1230）之变，比岁不靖"。端平元年（1234）邵武知军王埜与乡居官员杜杲率领士民，将地方神明福善王的神像由大乾乡祖庭迎请到城中供奉，并延请龙虎山张天师与道士林逍遥启建"黄箓醮"②，以求福善王出面与天帝沟通，为邵武祈福禳灾。法会过程中，出现了天降花雨的瑞象。最终，在福善王的请求下，"上帝以邵武醮事精虔，特赐邵武太平四十年，两斋官皆得厚赏"。③

刘埙接着写道：到了南宋末年咸淳（1265—1274）某岁，40 年太平之期刚过，邵武动乱再起。官员、士绅依旧想通过"再建黄箓恳之于神"，以化解灾难。于是，众人推举国子监吴某与尚书杜杲之孙杜芫作为斋主。然而，当仪式

---

① （元）黄公绍：《戒杀文》，载《在轩集》，《景印文渊阁四库全书》第 1189 册，第 635—636 页。按，"五十里天呼得应"，原文作"五十里天呼不应"，据《翰墨大全》本改。

② 按，"黄箓大醮"是道家斋法坛醮中的一种仪式，醮仪进行时，道士设坛祈祷所用的符箓皆为黄色。醮仪的主要目的在于普召天神、地祇、人鬼，追忏罪根，冀升天界。参见张侃、朱新屋：《"正统"的层累及流动——以唐宋闽北地方神欧阳祐为例》，《学术月刊》2013 年第 5 期。

③ （元）刘埙：《隐居通议》卷 30《鬼神·〈大乾梦录〉》，《丛书集成初编》第 215 册，第 313 页。

结束，道士却密告吴、杜二人："邵武当有大厄，上帝已命福善王往芙蓉城去矣，二十年方反〔返〕，殊可忧也。"① 在失去守护神福善王的庇护之后，"明年，兵祸果作。丙子（1276）后，盗屡犯城，无宁岁，大乾祠祀亦弛。至元辛卯（1291），汀寇钟明亮平后，民始渐安，香火继盛，而邵武亦粗复承平之旧焉"。直到元初，福善王"归来"，闽西北才重获安宁。

刘埙在文末特意交待此故事的讲述者是黄公绍，"芙蓉城，当时杜、吴二公秘不言，独私告在轩黄公绍。未几，二公捐馆，后在轩始与先人言。盖乙酉正月也。"② 此处乙酉年，据前后文可推测当为元初至元二十二年（1285）。

尽管上述故事看似荒诞不经，却是宋元之际闽西北官员、士绅与民众社会心态的真实写照。连年战乱，导致百姓家园毁灭、尸横遍野、瘟疫横行。这些天灾人祸给百姓带来了难以言喻的苦难。因此，在每次浩劫之后，如何尽快安抚人心，恢复秩序，实现社会重建，应当是朝野上下特别关心的问题。

《在轩集》收录黄公绍为水陆法会所撰的疏榜文竟有 24 篇之多（表 2—3），占总篇数的约七成。这些法会的目的较为多元，有的是为追荐亲族亡灵，以表生者之孝思或悲悯之情（《荐母水陆戒约榜》《荐母浴堂榜》《荐妻水陆戒约榜》）；有的是为战地亡魂举行的大规模镇魂法会，意在拔度阵亡将士之魂（《大洪山戒约榜》）；更多则是为超度战乱中伤亡的无辜之灵，藉此安顿民心，稳定政局。如《保安胜会戒约榜》言："兵革以来，累有厄屯之数……篁竹暗幽魂沉痛，杜鹃啼处血花红。"③《荐母水陆戒约榜》云："身膏野草，血染刀林。祸及无辜，横罹非命。兵死、饥寒死，皆为不犯之人。"④ 换言之，黄公绍参加的法会仪式大多属于为地方社会度亡解厄、祈福禳灾的公共活动。

在宋元鼎革与社会重建背景下，佛教信仰，尤其是普度仪式的频繁举行具有重要的社会意义。这是民众在战乱之时，面对各种不确定性冲击的一种积极

---

① （元）刘埙：《隐居通议》卷30《鬼神·〈大乾梦录〉》，《丛书集成初编》第215册，第313页。
② （元）刘埙：《隐居通议》卷30《鬼神·〈大乾梦录〉》，《丛书集成初编》第215册，第313页。
③ （元）黄公绍：《保安胜会戒约榜》，载《在轩集》，《景印文渊阁四库全书》第1189册，第643页。
④ （元）黄公绍：《荐母水陆戒约榜》，载《在轩集》，《景印文渊阁四库全书》第1189册，第645页。

应对。以黄公绍为代表的一些士人也热衷于参与其中，这既是由其个人的虔诚信仰使然，更是因为这些仪式大多属于为地方社会祈福禳灾的公共活动。信仰仪式是一种转换及治疗的过程。水陆斋仪、神诞庆典的举办一方面契合了世人追悼亲人、拔度亡魂的情感需要，安抚了信众的恐惧与不安的情绪；另一方面参与者相信可以借此获得神明的庇佑与福报，凝聚人心，增强了面对未知困难的勇气与信心。就此而言，通过这些仪式参与，作为地方精英的士人得以行使保卫地方的社会责任与文化权力。

小　结

本章梳理了宋元时期闽西北地区佛教、道教与民间信仰的大致形态。重点考察佛教与官方及地方大族的互动过程。世家大族对佛寺的参与特别热心：施舍土地、营造寺宇、建立坟庵、组织佛会等。这使得佛寺大量出现，也影响了地方社会的组织关系和日常生活。通过弥陀会、瑜伽教、三佛祖师信仰等个案，可知佛教和道教与地方信仰结合的历程。

早在隋朝时期，佛教和道教都已进入了闽西北，佛教在地方社会中的渗透力与影响力更加深入。佛道二教在邵武社会的传布过程，也是与地方民间信仰之间相互影响、互相塑造的过程。一方面作为正统的、"高级"的宗教形式，佛道影响和改变着民间信仰的仪式和内容，另一方面佛道也不断吸收民间的崇拜形式，或者干脆将地方神祇纳入自身系统。这种宗教传播方式，造成了三教（或多教）合一的局面，使宗教信仰与民众社会生活产生更加密切的联系，并出现了世俗化、生活化的面向。邵武的三佛祖师崇拜便是一个很好的例子。僧人在山林结庵，修行弘法的同时，又通过行科仪密法，祈晴祷雨、驱疫治病，展示灵应，服务于地方民众的需求。

音韵训诂学家黄公绍的案例表明，宋元时期士人在大众信仰活动中扮演着重要角色。黄公绍因编写《古今韵会》而闻名于世，其文集《在轩集》中，有不少涉佛文本，是探讨宋元士人信仰观念与实践的珍贵资料。黄公绍生于闽西北的科举世家，他在音韵学研究、诗词创作方面均有成就，对于理学、佛学也有深刻体认。他的科第仕宦之路并不顺畅，南宋灭亡前夕，回乡隐居，活跃于乡里社会。

黄公绍居乡期间，以乡贤和佛教居士身份，积极参与地方宗教仪式。入元后，更是积极串联官府与乡亲，凝聚群力，以推动地方社会秩序重建。黄公绍长斋奉佛，热心于参加各种仪式活动。这一方面是因其个人对佛教的虔诚信仰，另一方面也是由于这些仪式大多属于为地方社会祈福禳灾的公共活动。在宋元鼎革与社会重建背景下，黄公绍的作为体现了士人的社会实践与责任担当。

第三章　神明崇拜与地方社会：欧阳祐的故事

　　欧阳祐信仰是唐宋以来闽西北地区重要的地方信仰。该信仰大约肇始于唐代的邵武大乾乡，最初可能是作为行瘟疫的鬼神而受到崇拜。此后，其形态逐渐演变，成为多面相的神明。本章将细致梳理唐宋以来欧阳祐信仰的形成、演变和传播历史，分析地方官员、僧侣、士绅、宗族和庶民等各种力量在其中发挥的作用，考察民间信仰与民众日常生活的关系，理解其背后体现的闽西北区域社会的历史变迁。①

第一节　欧阳祐信仰的早期形态

　　现存较早的有关欧阳祐信仰来历的碑刻，见于今邵武市水北镇大乾村福善王庙（俗称大乾庙）所立的南宋《敕赐惠应庙记》碑。大乾村在邵武以西50华里处，闽江的上游河段富屯溪与往江西抚州方向的出闽驿道都经过其境，古时交通极为便利。这通撰于嘉定十六年（1223）的碑文，对欧阳祐信仰的肇因、传布、受封过程之记录极为详细。兹将其文前部分摘引于下：

---

　　① 关于闽北欧阳祐信仰的研究，已有一些学者涉及。比如美国学者田海（Barend J. Ter Haar）在探讨福建民间信仰与地方认同问题时，有谈到欧阳祐的例子（The Genesis and Spread of Temple Cult in Fukien, E.B.Vermeer ed, Development and Decline of Fukien province in the 17th and 18th centuries，E.J.Brill,1990）。韩明士（Robert Hymes）在论述宋代道教地方模式与精英模式时，注意到了欧阳祐（[美] 韩明士：《道与庶道：宋代以来的道教、民间信仰和神灵模式》，皮庆生译，江苏人民出版社 2008 年版）。廖咸惠考察了宋代科举考生对欧阳祐等神明的崇拜行为（廖咸惠：《祈求神启：宋代科举考生的崇拜行为与民间信仰》，《新史学》第 15 卷第 4 期，2004 年 12 月）。张侃等人梳理了欧阳祐神明形象的"正统化"建构过程，颇具参考价值（张侃、朱新屋：《"正统"的层累及流动——以唐宋闽北地方神欧阳祐为例》，《学术月刊》2013 年第 5 期）。

昭武在闽为佳山水之郡，出城西行五十里，又有佳山水之乡曰大乾，峥雄洄深，献状俱秀，则有明应威信广祐福善王庙在焉。奂轮栋宇，岿立于清溪之上，英声赫然，众所倾仰。及考诸壁记，证诸乡人，其本始历历可知也。

王，洛阳人，姓欧阳，讳字示旁从右。隋义宁间为泉州太守，官满西归，舟次大乾之下，顾瞻山川，乐其雄秀，因谓人曰："吾死当庙食于此。"登岸徘徊久之而后去。行未数十里，舟忽倾覆，而神之倏忽变化，复至大乾泊焉。或者导而他之，旋则又至。乡人咨嗟，惊其神异，乃即其山而封墓焉。众又欢传其庙食之语，好事者乃于墓侧设祠，然未显也。

立祠之后岁忽疾疫，乡人就祠祷禳，境内悉安。继或遇旱暵，精致其祷，则云兴雨流，莫不如愿。自是，乡人无歉岁之患，而其灵益炟矣。粤惟肸蚃潜通，随感而著，四方功名之士，占前定者亦争趋之。精褉交于香火之前，而兆朕开于事物之表；机锋发于宵寐之顷，而契钥行于数十载之后。其吉凶美恶的如也。三刀十八公之象，可纤悉而较之宛如也。又尝有暴寇猖獗于乡间，守捍不能遮却，则又有著见自作销沮，神之威抑广矣。①

按，碑文落款留有作者信息，分别是撰文者魏光，邻近邵武的建州人，曾任衡州军州通判；书丹者黄荣，邵武人，潮州知州；篆额者李东，邵武人，提举荆湖南路常平茶盐公事。②三位均为本地士人，对当地信仰风俗应较为熟悉。

---

① （宋）魏光：《敕赐惠应庙记》（嘉定十六年），载李军、蔡忠明、傅再纯编著：《邵武历代碑铭集录》，第108—109页。

② 按，魏光为宋绍熙元年（1190）进士（见詹宣猷等修：民国《建瓯县志》卷10《选举》，民国十八年铅印本，第17页）。《八闽通志》载："黄荣，字肃甫，〔黄〕中之孙。父瀚，司农卿。荣，嘉泰二年第进士，为靖州倅，即州学傍建'作新书院'，政暇授徒讲学其中，多所成就。官至工部员外郎。子熙，知高州。"（弘治《八闽通志》卷70《人物·邵武府·良吏》，下册，第945页。另见金蓉镜纂辑：《靖州乡土志》卷1《政绩·黄荣》，光绪三十四年刊本，第5页）又，碑文载其官职为"知潮州军州"，然查考光绪《潮州府志》，并未有相关记载。《潮州府志》疑有疏漏。李东，与魏光同年进士，《八闽通志》有其传记："李东，字子贤，〔李〕纲族孙。受学朱熹，号精敏。登绍熙进士第。为庐陵簿，秩满，周必大饯以诗云：'地跨江闽秀气兼，玉成界尺直方廉。西曹久处习凿齿，高士惟知孙子严。'迁知万安县，黄幹以书荐于漕使杨楫，乞委以事而观其能。"（弘治《八闽通志》卷70《人物·邵武府·良吏》，下册，第944页）

从碑文"及考诸壁记，证诸乡人，其本始历历可知也"一语可知，其所据材料既有庙宇墙壁上的书写文字，也有乡民的口头传说。魏光在文中提到立碑的原因是出于对欧阳祐的虔诚崇拜，在宦游外地时，每当经过大乾庙总要敬香祈拜，"光，建之诸生也，屡以宦游经祠下，必炷香稽首，拜而后退，每叹丰碑之未立。比至衡阳官所，则庾使李公实惟昭武英彦，合议久之，欲光撰记而相与立石于庙，以诏后来。□是敬述其大概而且为之词。"①

由碑文可知，欧阳祐信仰可能早在李唐时便肇始于邵武大乾。欧阳祐先因翻船而意外死亡，继而出现所谓的"尸身显异"，乡民为其封墓、立祠。此后被认为灵验非常：免除地方疾疫、水旱，为乡民带来丰收，以及平息贼寇的侵扰。其声名日著，"四方功名之士、占前定者亦争趋之"，信众规模也随之扩增。

另一则年代较早的记录，来自祝穆的《方舆胜览》，其言：

王讳祐，姓欧阳，洛阳人也。隋义宁中为温陵太守，代还。舟过大乾，爱其江山之胜，顾夫人崔氏曰："此可立庙。"发舟之夕，江水暴涨，王夫妇溺焉。其尸沿流而下，至向所叙舟处辄止。见者随流送之二十里，翌日溯流复返，再送之，加十里又如之。于是众惊异，敛而葬之。屡出灵响，远近争来，椎牛刺豕以祭。②

祝穆为建宁府崇安县人，曾受业于朱熹。《方舆胜览》成书于南宋嘉熙三年（1239）左右，稍晚于前引碑记的撰写时间（1223）。从内容而言，《方舆胜览》的记载比《敕赐惠应庙记》多出欧阳祐夫人崔氏的信息，但两者的基本结构非常相似，大体包括三个情节（1）舟经其地，爱其山水；（2）翻船溺亡，浮尸显异；（3）乡人葬之，显灵息灾。

要想充分理解欧阳祐崇拜的早期形态，最重要的是必须认识到，它是宋明时期邵武地区流传的众多"尸身显异"的传说之一。类似叙事结构的传说在当地还有陆大岩与丰应祠的传说，廖茂与显应庙的传说，陈师孟与惠应灵济祠的传说。

---

① （宋）魏光：《敕赐惠应庙记》（嘉定十六年），载李军、蔡忠明、傅再纯编著：《邵武历代碑铭集录》，第109页。
② （宋）祝穆撰，祝洙增订，施和金点校：《方舆胜览》卷10《邵武军·祠庙·广祐庙》，第175页。

一、陆大岩与丰应祠

关于陆大岩传说的最早文献记载，是宋代邵武籍宰相李纲所作《丰应庙碑》。他先是回顾了北宋末年邵武地方庙宇石岐庙，在本地耆老与士人、官员的共同推动下获得"丰应"之赐额，进入朝廷祀典的过程。[①] 紧接着，李纲讲述了神明的传说：

> 谨按旧记，五季后唐时，有陆侍郎者，其子小字大岩，失其名，博学善鼓琴，雅不以名宦为意。会其父执某牧南安，遂从戎旆驻温陵者累年。旋归，假道邵武之故县，舣舟水南，遇疾而没，瘗于石岐峰下。既而颇出灵响，乡人畏仰，为建庙以祀之，因号石岐庙。凡水旱蝗螟之灾，疠疫之疾，必斋诚以祷之，岁即丰穰，疠疫亦已。信能擅一方雨旸生杀之权，以庇荫斯民者。自后唐迄今逾二百年，庙貌益崇，而神之灵响益著。

李纲笔下陆大岩的经历与欧阳祐非常类似：陆大岩之父任职泉州，大岩道经邵武而亡，乡人立庙，灵异颇著。另外几则史料中陆大岩传说的叙述结构与欧阳祐传说则更为相近。如《宋会要辑稿》载："后唐陆大岩祠，在邵武县乌田。旧号水南石岐庙。徽宗政和元年赐庙额丰应。高宗绍兴七年八月封昭应侯，妻崔氏封显顺夫人。二十六年十二月加封曰昭应灵佑侯，妻加封显〔顺〕灵佑夫人。"[②] 两者的夫人都姓崔。

又如，弘治《八闽通志》云：

> 丰应庙，在二十九都水南。神姓陆名大岩，五代时为泉州牧，道经邵武，爱其溪山之胜，因卜居焉。卒葬石岐山下，颇著灵异，乡人立庙祀之。宋政和四年，赐额，绍兴间封昭应灵佑通济侯，其配封显顺灵佑夫人。[③]

乾隆《邵武府志》亦曰：

> 丰应祠，一在县南四十八都，宋绍兴间建，祀五代时泉州牧陆大岩。

---

① （宋）李纲著，王瑞明点校：《李纲全集》卷166《丰应庙碑》，岳麓书社2004年版，第1535页。

② （清）徐松辑，刘琳等点校：《宋会要辑稿》"礼二〇·杂神祠"，第2册，第1062页。

③ 弘治《八闽通志》卷60《祠庙》，下册，第559页。

神尝道经昭武，爱其溪山，遂卜居焉。卒葬于石岐山，颇著灵异，乡人立庙祀之。绍兴间封昭应灵佑通济侯，妻封显顺灵佑夫人。①

光绪《重纂邵武府志》亦原封未动地承袭了乾隆府志的记载。②明清方志中陆大岩传说的情节与欧阳祐基本一致，连任职泉州牧的细节都一样。这不免让人生疑。光绪府志的编撰者便在介绍邵武古迹五代陆大岩墓时，注释道：

旧志署大岩为泉州牧。案《福建通志》，泉州职官无大岩名。旧志又云，大岩道经邵武，爱溪山之胜，因卜居焉，卒葬于此。亦未详其本籍。姑录其墓而略其官，以俟考焉。③

编撰者通过考查泉州官职的记录，发现没有陆大岩的信息，进而提出疑问。这可以说是一种比较严谨的做法，但他们并没有就陆大岩传说的情节进行考辨，又不免让我们感到遗憾。

二、廖茂与显应庙

据《宋会要辑稿》可知，宋代邵武有"后唐廖茂祠"，旧号石鼓感应庙，祀神为廖茂（亦作廖懋），宋徽宗崇宁中得赐庙额"显应"。高宗绍兴七年八月封显化侯，仍封其妻朱氏曰昭顺夫人。三十一年十二月，侯加"惠济"二字，夫人加"协德"二字。显化惠济侯，孝宗乾道三年五月加封显化惠济永利侯，妻昭顺协德夫人加封昭顺协德灵应夫人。④弘治《八闽通志》对其事迹记载稍详："显应庙，在府城北石鼓岭。神姓廖名懋，铜川人。唐开成中监昭武镇，卒葬于此。宋建炎中，蛇蝎为灾，居民立庙，祷之遂息。政和中，赐额封显化惠济永利侯，夫人宋氏封昭顺协德灵应夫人。国朝洪武间重建，永乐十四年圮于水，寻复建。"⑤

万历《邵武府志》进一步补充了廖懋生前的事迹：

神姓廖名懋，铜川人，夫人朱氏。唐文宗开成中监昭武镇。镇之西，

---

① 乾隆《邵武府志》卷11《民祠·邵武县》，清乾隆三十五年刊本，第23页。

② 光绪《重纂邵武府志》卷11《民祠·邵武县》，第188页。

③ 光绪《重纂邵武府志》卷28《古迹·邵武县·冢墓》，第774页。

④ （清）徐松辑，刘琳等点校：《宋会要辑稿》"礼二〇·杂神祠"，第2册，第1062页。

⑤ 弘治《八闽通志》卷60《祠庙·邵武县》，下册，第561页。

溪山萦绕，尝游而乐之。一日，骤雨，溪水暴作，冲出一石，其状如鼓。神异之，命曰"石鼓"。未几卒于官，民留葬石鼓之右。宋建隆中，蛇蝎为灾，居民立庙祷之，灾遂息。绍圣二年，乡人上其事于朝，赐额，加封"显化惠济永利侯"，〔夫人〕"昭顺协德灵应夫人"。①

从内容而言，廖懋传说与欧阳祐传说略有差异，但基本叙事情节却是一致的。同时，我们也可以看到，从宋代到明代，廖懋多次获封赠，其庙宇也屡毁屡建，这反映了此类信仰在地方上拥有强大的影响力。也促使我们思考，地方信仰的动力何在，以及民间信仰之于乡民生活的影响程度。

三、陈师孟与惠应灵济祠

陈师孟的传说主要流行于明清邵武府属光泽地区。乾隆《邵武府志》载：

惠应灵济祠，在西门外，祀宋泉州通判陈师孟。神赴官时经光泽县，题诗驿舍，有"下马夕阳馆，题诗春水桥"句，翌日夫妇同暴卒。岁余，其馆宾师有成过此，知之，因骇愕死，并殡于驿旁。后颇著灵，遂立祠祀焉。会戚溪水漂庐室，邻境蝗灾，继有寇警，祷神获安。事闻，太平兴国四年封神灵济侯，妻李氏赞福夫人。馆宾为左司判。赐额"惠应"。②

笔者之所以不厌其烦地列举这类传说的叙事结构与细节，是想指出它们所反映的历史真实，即欧阳祐等很可能最初是作为行瘟疫的鬼神而受到崇拜。张侃认为他们与厉鬼有着极为密切的关系，③笔者深表赞同。这些人或翻船溺死，或染疾而亡，皆属非正常死亡。特别是陈师孟传说中，陈氏夫妇同日暴卒于驿馆，一年后有宾客过此，"知之，因骇愕死"。这些都暗示了他们原本被视为厉鬼，能传播疾疫危害个人或社区。然而，随着这些信仰的发展，他们与瘟疫间的关系也开始改变，而逐渐被奉为可遏止瘟疫的神明。

---

① 万历《邵武府志》卷15《建置志五·群庙》，第3页。
② 乾隆《邵武府志》卷11《民祠·光泽县》，第30页；光绪《重纂邵武府志》卷11《民祠·光泽县》，第191页。
③ 张侃、朱新屋：《"正统"的层累及流动——以唐宋闽北地方神欧阳祐为例》，《学术月刊》2013年第5期。

美国学者康豹在研究温元帅信仰与驱逐瘟神活动时，注意到温元帅经历了由魔向神的演化历程。他指出："那些夭折或横死而又证明强硬得足以抗拒驱邪者，就被认为是'厉鬼'。并非所有厉鬼都相同，那些能获得独立身份，又证明有求必应，最后才可能受崇拜成为神明。"①赵世瑜也指出沿海、沿江、沿湖地区的居民往往将非正常死亡的浮尸塑造为神灵，以祈求其不要作祟。②从上述传说来看，欧阳祐、陆大岩、廖茂、陈师孟等也经历了由早期没有独立人格的厉鬼，转向拥有独立身份之神明的过程。从表面上看，这种转变的出现是因为它们拥有祛除水旱疫疠、灵验非常的能力，故而受到乡民的推崇，而其背后则与地方官员以及士人的塑造和推动密不可分。

第二节　欧阳祐形象之演变与传播

宋代欧阳祐信仰的影响力不断扩大，民众的信仰热情有增无减，欧阳祐信仰也进入了一个崭新的发展阶段。这主要表现在三个方面：一是神格逐步提升。欧阳祐被纳入官方祀典，屡受加封，使其由僻处乡野的地方神灵上升为邵武全郡之福主，闽北区域之名神。二是影响范围持续扩展。不再是局限于大乾乡祖庙附近，而是以此为中心，在邵武境内，以及周边府县和江西、浙江区域传播。三是信众群体更加多元，既有各地乡民的尊崇，也受到地方官员、士绅耆老的敬奉，与各阶层民众的生活产生密切联系。

一、成为正祀的过程

南宋魏光《敕赐惠应庙记》，对欧阳祐的敕封情况有如下记录：

我朝康定初元，□以侯爵。实用先正张文懿公〔士逊〕请也。元丰中进□□公。崇宁间赐庙额曰"惠应"。政和六年册尊为王，皆启于守，应□之疏上而朝廷遂乃极其褒崇之礼。绍兴以来又封及其亲，爵延

① [美]康豹：《道教与地方信仰——以温元帅为例》，载康豹：《从地狱到仙境：汉人民间信仰的多元面貌：康豹自选集》，博扬文化事业有限公司2009年版，第45页。

② 赵世瑜：《猛将还乡：洞庭东山的新江南史》，社会科学文献出版社2022年版，第90页。

其子。自非神之德有以感动乎人心，其功足以显扬于国之祀典，宁有是哉！①

从仁宗康定元年（1040）到徽宗政和六年（1116）的 70 余年间，欧阳祐的爵位历侯、公而至王。此后，"又封及其亲，爵延其子"，宋代朝廷和官员对该信仰的尊崇由此可见。因《庙记》撰于嘉定十六年（1223），其记载也止于该年，加之个别文字漶漫不清，致使我们无法对宋代的历次加封作清晰的考察。所幸《宋会要辑稿》和元人刘埙的《隐居通议》，及明代《八闽通志》保存了相关记载，兹将这些材料综合，整理为《宋代欧阳祐及其家人受敕封号一览表》（表 3-1）以便讨论。

表 3-1　宋代欧阳祐及其家人受敕封号一览表 ②

序号	时间	公历	加封字号	神号
1	仁宗康定元年	1040 年		通应侯
2	神宗元丰五年	1082 年		祐民公
3	徽宗崇宁元年	1102 年	赐庙额"惠应"	
4	徽宗大观四年	1110 年		妻顺贶夫人
5	徽宗政和六年	1116 年		广祐王；妻顺惠妃
6	高宗绍兴元年	1131 年	明应；妻：昭宁	明应广祐王；妻：昭宁顺惠妃
7	高宗绍兴十一年	1141 年	威信	明应威信广祐王
8	高宗绍兴十三年	1143 年	妻：慈应	妻：昭宁慈应顺惠妃
9	高宗绍兴十七年	1147 年	福善；妻：英淑	明应威信广祐福善王；妻：昭宁慈应顺惠英淑妃
10	绍兴三十年	1160 年		父：启庆侯；母：启佑夫人；长子：嗣庆侯；长妇：嗣佑夫人
11	孝宗隆兴二年	1164 年		次子：昭应侯；次妇：广顺夫人
12	理宗嘉熙间	1237—1240 年		□□□□福善王

---

① （宋）魏光：《敕赐惠应庙记》（嘉定十六年），载李军、蔡忠明、傅再纯编著：《邵武历代碑铭集录》，第 108 页。

② 按，《宋会要辑稿》载，绍兴十一年加封欧阳祐"威信"二字，《隐居通议》作绍兴十三年。又，《隐居通议》载，欧阳祐最后封号为"明烈威圣文惠福善王"，《宋会要辑稿》载，其妻最后封号是"昭宁慈应顺惠英淑妃"，《八闽通志》分别作"仁烈显圣文惠福善王""昭宁慈应顺惠英显妃"。

序号	时间	公历	加封字号	神号
13	理宗宝祐间	1253—1258 年		明应威圣英惠福善王
14	不详	不详		明烈威圣文惠福善王；祖父：侯爵；祖妣：夫人

史料来源：(1)（宋）魏光：《敕赐惠应庙记》（嘉定十六年）。(2)（清）徐松辑，刘琳等点校：《宋会要辑稿》"礼二〇·历代帝王名臣祠"，第 2 册，第 1005 页。(3)（元）刘埙：《隐居通议》卷 30《鬼神·〈大乾梦录〉》，《丛书集成初编》第 215 册，第 312 页。(4) 弘治《八闽通志》卷 60《祠庙·邵武县》，下册，第 559—560 页。

由表 3-1 可知，有宋一代，欧阳祐及其家人先后 14 次得到敕封。欧阳祐本人得到册封 9 次、赐庙额 1 次。夫人获得 5 次。其祖父、父、长子、次子以及各自的配偶都有封赏。敕封时间，南宋（9 次）多于北宋（5 次），其中以徽宗、高宗时期最为密集，达到 7 次，占总数的一半。这反映出从北宋末年至南宋前期是欧阳祐信仰发展的高峰期。理宗时期的 2 次或 3 次的敕封则表明直到南宋后期，这一信仰依旧受到官员和地方士人的热情支持。

仁宗康定元年（1040）欧阳祐信仰成为正祀，这得益于当朝重臣张士逊和邵武官员、士绅的推荐。前引魏光《敕赐惠应庙记》言："我朝康定初元，□以侯爵。实用先正张文懿公请也"[1]。"张文懿公"即张士逊，阴城（今湖北老河口市）人。淳化三年（992）进士，景德间（1004—1007）任邵武知县，于宋真宗、仁宗两朝 3 次拜相，卒谥文懿[2]。

作为一名精干的地方官员，张士逊一方面善于治盗、理讼，另一方面也积极利用宗教信仰的力量辅助行政。任射洪令期间，曾"以旱祷雨白崖山陆史君祠，寻大雨，士逊立廷中须雨足乃去"[3]。当邵武遇到干旱时，他再次求助于神灵，"至是邵武旱，祷欧阳太守庙，庙去城过一舍，士逊彻盖，雨霑足始

---

[1]　（宋）魏光：《敕赐惠应庙记》（嘉定十六年），载李军、蔡忠明、傅再纯编著：《邵武历代碑铭集录》，第 108 页。

[2]　《宋史》卷 311《张士逊传》，第 10216 页；嘉靖《邵武府志》卷 4《秩官》，第 69 页。

[3]　《宋史》卷 311《张士逊传》，第 10216 页；（宋）胡宿：《文恭集》卷 40《太傅致仕邓国公张公行状》，清武英殿聚珍版丛书本。

归"①。"祷雨立应,遂大其庙"②。这次祷雨经历一定给士逊留下了深刻的印象,以至于在离任时还要作诗纪念。他的《知邵武县祷雨大有应任满作诗纪其事》这样写道:

> 乞灵曾爇一炉烟,言下滂沱救旱田。今日解龟留数字,要教来者更恭虔。③

祷辞才念完,雨便滂沱而降。离别之际,还不忘告诫继任者要以恭虔之心待神。言语中透露出几分得意。

正是由于与欧阳祐有这样一段因缘,所以当地方呈请封敕时,"会仕逊为相,奏封为通应侯"④。在士逊的直接推动下,欧阳祐首次获得封敕,进入官方信仰体系。他也因此成为大乾庙的功臣,加之"知邵武县有惠政","民为立祠于大乾庙"⑤。

欧阳祐能获得多次册封,离不开地方官员的努力。《敕赐惠应庙记》提到,历次敕封都是先由邵武官员上疏申请,朝廷再赐予封号的。⑥弘治《邵武府志》更明确记载:"康定元年,郡县上其灵异……封为通应侯","元丰五年,用郡守张德源奏,封佑民公"。⑦有资料表明,绍兴间欧阳祐父母、长子夫妇的获封得益于同乡官员谢师稷的推荐。谢师稷,邵武谢坊人,淳熙三年(1176)任福建提刑,多有惠政。⑧据宋人黄谦言:

---

① 《宋史》卷 311《张士逊传》,第 10216 页;嘉靖《邵武府志》卷 12《名宦·张士逊》,第 7 页。

② 弘治《邵武府志》卷 12《祀典·惠应庙》,第 7 页。

③ (宋)吕祖谦:《诗律武库》后集卷 10,载傅璇琮等主编:《全宋诗》,北京大学出版社 1995 年版,第 7 册,第 1126 页。

④ 弘治《邵武府志》卷 12《祀典·惠应庙》,第 7 页。

⑤ 嘉靖《邵武府志》卷 12《名宦·张士逊》,第 7 页。另见弘治《八闽通志》卷 39《秩官·邵武县·张仕逊》,上册,第 1126 页。

⑥ (宋)魏光:《敕赐惠应庙记》(嘉定十六年)载:"元丰中进□公,崇宁间赐庙额曰'惠应',政和六年册尊为王,皆启于守。应□之疏上,而朝廷遂乃极其褒崇之礼。"(载李军、蔡忠明、傅再纯编著:《邵武历代碑铭集录》,第 108 页)

⑦ 弘治《邵武府志》卷 12《祀典·惠应庙》,第 7 页。

⑧ 如,"建、剑、汀、邵民苦敷盐之弊,按法除之,又为奏免输铁叶钱。秩满再领漕事,凡盐之利害悉罢行之。郡有岁输军储斛面,已免征,时守以经费不足,将复之。师稷请于朝,岁增运盐二纲以助用,得不复。"(参见弘治《八闽通志》卷 70《人物·邵武府·良吏·谢师稷》,下册,第 942—943 页)

　　　　大乾远近七团之民事惠应神甚备。一日，集庙庭语次时事，辄念公德
　　　不衰。谓神向者由故知县张文懿公题诗而灵益耀，文懿在时，乡人德而祠
　　　之庙中。今公来归，尝诵神之德于郡，祈加封神之父母、子若妇。郡上之
　　　朝，皆施行如章，而神用益著，宜与文懿相为终始。乃肖像祀公于右。①

可知，大乾乡民认为谢师稷对于欧阳修信仰的推动有功，理应像张士逊一样，
立祠于庙中，享受香火血食。立祠背后，体现的是乡民在信仰活动中的"报恩"
观念。

二、神灵形象的演变

　　宋代历次加封的敕书是欧阳祐正统身份的标示，大乾庙专门修建"敕书楼"
隆重保存。《八闽通志》载，该楼在"府城西大乾庙内，奉藏宋累代封福善王
诰敕"②。晚清《闽中金石略》收录有宝祐元年（1253）《邵武县惠应庙神增封敕》，
兹转引于下：

　　　　敕：有鬼神，有礼乐，道无间于幽明；曰风雨，曰阴阳，事悉由于感
　　　应。所谓化之迹也，盖有物以司之。邵武县惠应庙明应威圣广祐福善王，
　　　隋朝衣冠，闽地香火，保几载英灵之脉，存诸佛慈造之仁。德动九天，道
　　　弘八极。敕水旱于翻覆手之顷，调寒暑于出入息之间。民为幻则亟济阴
　　　兵，天荐瘥而大驱厉鬼。欲子者与以子，不负匹夫匹妇之心；求名而得其
　　　名，盖造多艺多才之士。为民效著，助国功深。宜焕号于当今，用显灵于
　　　终古。更"广祐"为"英惠"，美哉又尽善焉，配博厚与高明，盛矣蔑〔茂〕
　　　以加已。可更封"明应威圣英惠福善王"。奉敕如右，牒到奉行。③

上述敕书使我们能够对欧阳祐的敕封情况有一个直观的了解。从中可知，南宋
后期，欧阳祐的神通更为广大，不仅能给农业带来风调雨顺，还能保障地方安
宁，满足信众祈求子嗣和功名的愿望。而"存诸佛慈造之仁"一语，则透露出
欧阳祐信仰与佛教的密切关系。

　　前文已述及，唐末龙湖禅师普闻让欧阳祐受戒，放弃血食，接受斋食。这

---

①　咸丰《邵武县志》卷9《民祠·欧阳太守庙》，第226页。
②　弘治《八闽通志》卷74《宫室·邵武县》，第1043页。
③　（清）陈棨仁：《闽中金石略》卷10，民国十六年莪庄丛书本，第7—10页。

个故事的背后，体现的是唐宋时期佛教在邵武的传布过程中与欧阳祐信仰发生遭遇，处于强势的佛教占了上风。南宋《敕赐惠应庙记》中也有类似的记载：

> 乡人又言："方庙食之盛兴也，自岁时致祭之外，而祈禳于祠者又众，牲牢槌击殆无虚日。于是有龙湖圆觉大师，为王说偈且化邦土，使之具蔬食以祭。众初以为疑，其后有荐苹蘩，神益歆纳。迄今成俗，膻荤不用焉。"①

上述材料中，欧阳祐接受龙湖大师的说偈，不再享用荤腥。可见，通过僧人的改造，欧阳祐的形象已经颇具佛教色彩，其传统的祭祀礼仪也被佛教仪轨所取代。宋末元初，欧阳祐的祭祀活动依然具有鲜明的佛教特点。邵武士人黄公绍即为大乾庙的佛教法会撰写了《福善庙设斋门榜》和《惠应庙斋会戒约榜》两篇疏文。江西名士谢枋得也撰有《福善王生辰疏》。② 从这些疏文可知，在欧阳祐的神诞祭典中，弥漫着浓厚的佛教氛围，"金轮科教""水陆道场"等佛教法会成为祭祀活动的重要组成部分。

在欧阳祐信仰的流传过程中，神灵故事不断层累，其形象也愈发清晰。嘉定十六年（1223）《敕赐惠应庙记》，关于欧阳祐的身世只有"王，洛阳人，姓欧阳，讳字示旁从右。隋义宁间为泉州太守"寥寥数语③。而元初刘埙看到《大乾梦录》中的欧阳祐信息，则详细许多：

> 王居西京洛阳，河南府洛阳县水南东，地名福善坡。东有会仙楼，南对瓦子门，西抵铁器市，北有会景楼。王以某月五日生，娶崔氏。隋恭帝义宁二年，始立欧阳太守之庙。④

书中，欧阳祐家乡的住址、居第环境、诞辰、妻室、官职、立庙时间等细节一应俱全。其家人的信息也更加完整，并先后获得封敕："夫人崔氏累封昭宁慈应顺惠英显妃，祖考迈、考俊臣俱封侯爵，祖妣勾龙氏、妣韩氏俱封夫

---

① （宋）魏光：《敕赐惠应庙记》（嘉定十六年），载李军、蔡忠明、傅再纯编著：《邵武历代碑铭集录》，第108页。

② （宋）黄公绍：《在轩集》，《景印文渊阁四库全书》第1189册，第635页；（宋）谢枋得：《叠山集》卷14《福善王生辰疏》，《四部丛刊续编》第443册，第75页。

③ （宋）魏光：《敕赐惠应庙记》（嘉定十六年），载李军、蔡忠明、傅再纯编著：《邵武历代碑铭集录》，第108页。

④ （元）刘埙：《隐居通议》卷30《鬼神·〈大乾梦录〉》，《丛书集成初编》第215册，第312页。

人，长子光世、次子光祖俱封公爵，长妇燕氏、次妇梁氏亦俱封夫人"①（见表3-1）。

尽管欧阳祐的身世和家人细节不断完善，神格不断提升，但是有关神灵由来的各种传说依旧遵循着早期的叙事结构，即（1）舟经其地，爱其山水；（2）翻船溺亡，浮尸显异；（3）乡人葬之，显灵息灾。这种结构隐含着欧阳祐的早期身份信息，换言之，他在最初是作为厉鬼形象而存在的。南宋中后期，理学家李吕率先意识到这一问题。为此，他曾作《辨义丰老人师傅闻疑大乾事迹》予以辨析，诗曰：

> 义宁欲末隋鼎迁，解符西溯心悠然。沉舟甘作夷齐鬼，不与宇文同戴天。②

义宁是隋朝最后的年号。义宁二年（618）三月宇文化及兵变，缢杀炀帝。五月，唐立隋亡。李吕将欧阳祐的死因与隋朝覆灭的背景相联系，认为欧阳祐是怀着对叛将宇文化及的不共戴天之仇，而沉舟殉节的。这一辨析凸显了文人的忠义气节，符合宋儒的道德要求。

元代理学家吴澄对欧阳祐的"忠义"事迹作进一步发挥。至元三十一年（1294），他途经大乾庙，题诗于壁：

> 大业龙舟竟远巡，义宁狐媚忍欺人。北方各署新年号，南峤犹遗旧守臣。身合沉江甘殉楚，心知蹈海胜归秦。尘间俯仰几杨李，樵水东流万古春。

吴澄还在诗后留跋，曰：

> 隋大业十四年戊寅，泉守欧阳公官满归至此，夫妇俱溺水死。时楚林士弘、长乐窦建德、魏李密、定阳刘武周、梁梁师周〔都〕、秦薛举、凉李轨、梁萧铣各已僭号割据，而唐李渊迎代王侑帝于长安。是年二月，江都有变，宇文化及立秦王浩。五月，李渊王侑而自帝，以隋为唐。王世充以越王于东都。公，洛人也，将安归乎？生盖不如死矣。噫！公之心，谁

---

① 弘治《八闽通志》卷60《祠庙·邵武县》，下册，第559页。

② （宋）李吕：《澹轩集》卷3《辨义丰老人师傅闻疑大乾事迹》，《景印文渊阁四库全书》第1152册，第225页。亦载嘉靖《邵武府志》卷10《祀典·欧阳太守庙》，第24页。

其知之？后六百七十七年春二月朔，过庙题壁。①

大业十三年（617），北方群雄割据反隋，次年五月隋唐鼎革。吴澄细致分析了隋末的政治、军事形势，从而"合理"地解读出欧阳祐夫妇绝不是爱恋大乾山水，意外翻船，而是他有感于故国已亡，有家难归，"生不如死"，遂自溺殉节。

经过李昌和吴澄等人的"辨析"和"解读"，欧阳祐作为士大夫的形象得以确立，溺水而亡的厉鬼形象淡化，此后在地方历史的叙述中，"忠烈殉隋"逐渐成为其标准形象。如弘治《八闽通志》记载：

> 神姓欧阳，名祐，洛阳人也。仕隋为泉州守。义宁二年，官蒲〔满〕西归，至此，闻隋鼎既迁，耻事二姓，遂挈家溺死。时乡人高计、李定适渔于河，遂殡其夫妇二尸，合葬于大乾山阳，后人又立祠墓侧祀之，匾曰"欧阳太守庙"。②

为使欧阳祐殉节的事迹更加真实、合理，为其殡尸、下葬的乡人高计、李定也被创造出来。至此，（1）耻事二姓，挈家溺死；（2）乡人葬之，显灵息灾。成为欧阳祐传说叙事结构的标准版本。

三、信仰的传播及其动力

宋元时期，欧阳祐信仰走出乡里，跨州越界，迅速传播开来，形成以邵武大乾为中心，涵盖福建以及相邻的江西、浙江等地的信仰圈。

（一）邵武县境内

邵武作为欧阳祐崇拜的起源地，唐宋以来相关的庙宇众多，兹举 6 处：

（1）大乾福善王庙，又称惠应庙、广祐庙、欧阳太守庙，在邵武城西大乾。是欧阳祐信仰的祖庙，香火最为兴盛，有正殿、敕书楼、拜香亭、奉亲殿、祈梦堂、钟鼓楼等建筑。③

---

① （元）吴澄著，方旭东、光洁点校：《吴澄集》卷 94《题大乾庙壁》，中国社会科学出版社 2021 版，第 1827 页。

② 弘治《八闽通志》卷 60《祠庙·邵武县·惠应庙》，下册，第 559 页。按，"官蒲（满）西归，至此闻隋鼎既迁"一句，点校者作"官蒲西，归至此，闻隋鼎既迁"，误。

③ 万历《邵武府志》卷 15《庙坛·欧阳太守庙》，第 5 页。

（2）惠应行祠，在邵武城内熙春山。弘治《邵武府志》记载：

> 唐宋间，郡有水、旱、兵、疫，必诣大乾，迎神驭荏郡请祈。至则寓于山之会景亭，后郡人即其地建殿宇为行祠，乃建会景阁于殿前。绍兴二十二年，僧宗澈又即山麓建正殿、后殿、三〔山〕门，谓之新庙。成化八年，郡守冯孜阅郡乘，见神出虙大节，遂谒庙。见所谓新庙者，正殿惟存老屋数楹，余皆荒芜贱秽，乃率乡大夫、士庶重建，重门回廊，层台叠陛，高广雄壮，而庙貌乃称。弘治十八年，郡守夏英重修。又各都亦有行祠，今不悉录。①

上述记载有三点值得注意：一是唐宋时期欧阳祐成为邵武的福主，地方遇到水、旱、兵、疫等大灾，士绅都要到大乾迎请欧阳祐神像来城中祈祷，后来干脆在城内修建行祠。二是惠应行祠与佛教有关。南宋绍兴二十二年（1152），扩建行祠的住持者是僧人宗澈。三是明代的两次重修都是由邵武知府主持，并得到"乡大夫、士庶"的支持。

（3）坎下中乾庙，在邵武南部的坎下村，早期是奉祀五通神的庙宇，成书于清代的《中乾庙众簿》回顾了该庙的历史，其文曰："尝考中乾，始自唐朝，尔时基址窄狭，营建草率，塑神伍尊，因名曰五通庙。"② 随着欧阳祐信仰的传入，以及本地上官洎信仰的形成，中乾庙的神明格局逐渐演变为"福善王"欧阳祐居中，"民主王"上官洎和"五通王"上官兰袥祀左右。宋元以降，中乾庙屡有修葺，现存的殿宇为清咸丰至同治间建筑，面积1000余平方米，气势恢宏。

（4）罗前小乾庙，在邵武南部的罗前村，据说祀奉的神明也是"福善王"欧阳祐、"民主王"上官洎和"五通王"上官兰。已于20世纪60年代倒塌。③

（5）芦阳化乾庙，又称广祐王庙，在邵武南部的坪上（又作垆阳、芦阳）村。创建于北宋末期，绍兴二年（1132）流寓邵武的士人季陵携妻子避战乱于芦阳，拜祭该庙。在当地梁氏族人的请求下，季陵撰写了《垆阳明应广祐王庙记》，其言："居民梁氏率其族来言曰：'兹庙募众缘而成，成于政和甲午。'"文中提到闽西北欧阳祐信仰的盛况："千室之邑，三家之村，祠宇相望，居者行

① 弘治《邵武府志》卷12《祀典·惠应庙》，第7页。
② 《中乾庙印簿原序》（道光二十六年），载《中乾庙众簿》，光绪十八年木活字本，第1页。
③ 笔者田野调查笔记，2014年2月19日，邵武市和平镇坎头村。

者，或塑或绘，香火弗绝。凡有所为，必决于王而后敢从事。"庙记由南剑知州上官愔篆额，季陵之岳父、中大夫上官恢立石，并附有题记："仁顺西堡弟子梁闿与男哲圻，施金三十千，置石刊碑，永为不朽，保扶眷属，增延福寿。族人梁庆、梁咏干办，觉慧禅院主持嗣祖、苾蒭致祥劝缘。延陵吴遐、男阆模刻。"①可知，芦阳的化乾庙修建的动力主要来自梁氏家族、上官氏家族，同时，也有佛寺僧人参与。

（6）坎头惠安祠，在邵武南部的坎头村②。早期可能是当地祭祀社神的场所。宋代，则演化为供奉本地神明"黑面王"的庙宇"溪堂"。随着科举的繁盛，当地土著上官家族开始勃兴，惠安祠成为具有上官家族祖祠性质的庙宇，神明结构也被改造为"福善王"欧阳祐、"民主王"上官泊与"五通王"上官兰"三王并立"。明清时期，惠安祠成为坎头等九村所共同祀奉的中心庙宇。现今庙宇占地 1000 多平方米，大体上保留了清代的建筑风貌。

（二）福建其他地区

（1）闽北地区。邵武府属光泽、泰宁、建宁诸县，也是欧阳祐信仰的盛行之地。如光泽，"福善庙，在惠济、福民二坊界，祀隋末温陵太守欧阳祐"③。泰宁，"孚惠行祠，均福、双乾、龙湖、严家地、楚口、衢路，凡六所，神为隋温陵太守欧阳祐……安仁保大源亦有此祠。里人戴沅建。"④建宁，"福善王庙，在水东小路口也，祀隋欧阳祐也"⑤。南平县，"惠应祠，在南平县治西，祀隋泉州守欧阳祐"⑥。

（2）闽西地区。欧阳祐的信仰也传入福建西部的汀州府。如宁化县有惠应

---

① （宋）季陵：《垆阳明应广祐王庙记》（绍兴二年），载李军、蔡忠明、傅再纯编著：《邵武历代碑铭集录》，第 102 页。

② 按，坎头村，当地明清文献多作"塪头"，已于 2023 年 12 月更名为"进贤村"。

③ （清）钮承藩等：光绪《重纂光泽县志》卷 12《建置略·坛庙》，光绪二十三年刻本，第 9 页。

④ 乾隆《泰宁县志》卷 5《民祀》，载《福建师范大学图书馆藏稀见方志丛刊》，据乾隆抄本影印，北京图书馆出版社 2008 年版，第 40 册，第 349 页。

⑤ 张书简等：民国《建宁县志》卷 6《祀典》，民国八年铅印本，第 6 页。

⑥ （清）穆彰阿等修：嘉庆《大清一统志》卷 430《延平府·祠庙》，《四部丛刊续编》第 256 册，第 64 页。

庙两处，"一在城隍庙右，淳熙间创。一在北门驿亭左山麓间，绍熙间创，乃邵武军光泽县大乾明应威信广祐福善王行祠也"。① 清流县，有孚应庙，乃福善王行祠，"初寓登真观，绍熙间创今祠……端平间重创"。② 莲城县东有福善王行祠，嘉泰年间县令刘晋创建。③

（3）闽南地区。南宋名儒真德秀任泉州知州时，遭遇大旱，遂派人向欧阳祐祈祷。其祝辞曰："明应威信广祐福善王，乃季春以来，雨不时若，几于靡神弗举矣，而旱气弥烈，窃意庙貌之灵，有当躬祷而未及者矣。惟王尝守兹土，遗爱在人。虽大振厥灵于樵川，然惓惓此邦，必有不容释者……"④ 可知，泉州也有祭祀欧阳祐的庙宇。

（4）闽东地区。福州属县古田有广惠惠应行祠，宋嘉定间由邑人修建。绍定二年（1229）冬，阴雨连绵，影响收成，县令刘克逊祷祠则晴。此外，据说神明显灵，帮助刘克逊平息叛乱，于是"辟故址，作新宫"。⑤

（三）江西地区

弘治《邵武府志》记云："〔欧阳祐〕闽中庙祀在在有之，而建昌、抚州、吉安、南康诸郡，亦皆祠焉。"⑥ 表明欧阳祐信仰不仅在福建盛行，而且跨出闽北，向邻近的江西州县传播。建昌军紧邻邵武，欧阳祐行祠最多。如南城县大田有广祐王庙，元人刘埙所撰的庙碑记云："大田之祀盖自鲁氏始，旱涝寇疫，祷辄应往。绍定己丑岁暨至元丙子岁，著灵尤伟，妖氛以清，生聚以完，赖王之佑……鲁之族协谋，由马鞍山迁祠于村心，富者捐资粟，贫者输力役。"⑦ 反映出鲁氏家族在神明向社区发展过程中的重要作用。泸溪（今资溪县）的福善

---

① 开庆《临汀志》，载马蓉等点校：《永乐大典方志辑佚》，中华书局2004年版，第1279页。
② 开庆《临汀志》，载马蓉等点校：《永乐大典方志辑佚》，第1283页。
③ 开庆《临汀志》，载马蓉等点校：《永乐大典方志辑佚》，第1284页。
④ （宋）真德秀：《西山先生真文忠公文集》卷50《广祐庙祝文》，《四部丛刊》第1286册，第79—80页。
⑤ 弘治《八闽通志》卷58《祠庙·古田县》，下册，第515页；（宋）刘克庄著，辛更儒笺校：《刘克庄集笺校》卷88《古田县广惠惠应行祠》，第9册，第3740页。
⑥ 弘治《邵武府志》卷12《祀典·惠应庙》，第7页。
⑦ （元）刘埙：《水云村稿》卷2《碑·大田广祐王庙碑》，《景印文渊阁四库全书》第1195册，第350页。

王庙在东门外①。新城县有行祠，宋代志怪小说《夷坚志》提到新城人刘画生外出遇到女鬼索命，于是向附近的广祐王行庙祈祷终于获得欧阳祐的护佑而度过危险②。

欧阳祐信仰也进入江西西部的瑞州府新昌县。宋代新昌士人姚勉观察到："大乾，主功名之神也，行庙在新昌。士奉之应如响，欲相率像魁星以祀"③。可知，欧阳祐受到新昌士人的热捧，他们修造惠应庙，并在庙中塑魁星像。欧阳祐在当地社会的主要身份是科举考试之神。

第三节　欧阳祐信仰与地方社会

欧阳祐能够进入祀典、不断得到封敕，并向外传播，离不开地方官员、士人、僧侣和普通信众的积极推动。与之相应，这一信仰也融入了信众的日常生活，深刻地影响着地方社会。

一、欧阳祐信仰与地方官员

前文已论及，欧阳祐能够不断得到封敕，离不开地方官员和士人的积极推动。欧阳祐得以进入祀典，实得益于当朝宰相张士逊的关照。张士逊应当是一个具有浓厚宗教情结的官员。据宋代邵武士人吴处厚记载，"〔士逊〕性喜山水，宰邵武时，多游僧舍，至则吟哦忘归"④。在邵武知县任上，他曾游览西庵寺、

---

① 雍正《江西通志》卷 109《祠庙·建昌府》。

② （宋）洪迈：《夷坚志》支甲卷 5《刘画生》，中华书局 1981 年版，第 749 页。

③ （宋）姚勉著；曹诣珍、陈伟文校点：《姚勉集》卷 38《惠应庙塑魁星像序》，上海古籍出版社 2012 年版，第 444 页．

④ （宋）吴处厚：《青箱杂记》载："〔士逊〕常至西庵寺，题诗曰：'西庵深入西山里，算得当年少客游。密密石丛盘小径，涓涓云窦泻寒流。松皆有节谁青盖，僧尽无心也白头。欲刷粉牌书姓字，调卑官冗不堪留。'又公尝至宝盖岩寺，亦留题曰：'身为冠冕流，心是云泉客。每到云泉中，便拟忘归迹。况兹宝盖岩，天造清凉宅。税车官道边，谁知愿言适。'又公尝沿牒至建宁县，道洛阳村，而山路险峭穷绝，不可名状，亦题二韵于村寺曰：'金谷花时醉几场，旧游无日不思量。谁知万水千山里，枉被人言过洛阳。'"参见（宋）吴处厚：《青箱杂记》卷 8，《景印文渊阁四库全书》第 1036 册，第 645—646 页。

宝盖岩寺，及建宁县洛阳村寺院，均题有诗作。此外，他乐与僧人交游，"尝与邵武姓鱼一僧相善，及贵，犹不忘，为鱼奏紫方袍，弟子守仙亦沾锡服。晚年致政，犹时时遗守仙物不绝，答书皆亲笔，书语皆稠叠勤拳"①。

官员个人的宗教热情应当是促使其积极参与信仰活动的动力之一，而除此之外，地方信仰被认为具有的一系列实用性功能，如祈雨祷旸、赐福禳灾、保境安民、惩奸除恶、辅助教化等，或许也是引发官员们关注的重要原因。以下从祈雨祷旸和赐福禳灾两方面论述之。

（一）祈雨祷旸

邵武属丘陵地形，《方舆胜览》转引郡志云："地狭山多"，"田高下百叠"②。表明宋时山间已开垦出不少梯田。传统时代，邵武农业受地形限制，人工水利设施较少，主要靠汲引山泉灌溉，颇受自然气候之影响。元人黄镇成对此深有体会，其言：

> 昭武介万山间，其田率因山形隆洼，无旷土沃衍之饶。其灌溉皆引山泉转输，无陂堰潴蓄之利。高亢地，雨则瓴建犇决，旬日不雨则旱。③

由于"靠天吃饭"，乡民多将风调雨顺的期望寄托于神灵，地方官员对于敬神祈雨也不敢怠慢。"惟地多大山，其神能时出云雨，岁乃可望"④。道峰山、鸡笼山、三台山和七台山诸山都成为祈雨祭祀之所⑤。此外，欧阳祐也是重要的祈雨对象。据弘治《邵武府志》云："唐宋间，郡有水、旱、兵、疫，必诣大乾，迎神驭莅郡请祈。至则寓于〔熙春〕山之会景亭"⑥。大乾庙距城 50 里，每有祈祷要么守臣亲自谒庙，要么迎神来城，颇有不便，后来郡人干脆在城内熙春山"建殿宇为行祠，乃建会景阁于殿前"⑦。

元人刘埙（1240—1319）的《隐居通议》中记录了一个故事，透过这个故

---

① （宋）吴处厚：《青箱杂记》卷 8，《景印文渊阁四库全书》第 1036 册，第 645—646 页。

② （宋）祝穆撰，祝洙增订，施和金点校：《方舆胜览》卷 10《邵武军·事要·风俗》，第 172 页。

③ （元）黄镇成：《喜雨诗序》，载嘉靖《邵武府志》卷 6《水利》，第 18 页。

④ （元）黄镇成：《喜雨诗序》，载嘉靖《邵武府志》卷 6《水利》，第 18 页。

⑤ 弘治《八闽通志》卷 10《地理·山川·邵武府》，上册，第 274、276—281 页。

⑥ 弘治《邵武府志》卷 12《祀典·惠应庙》，第 7 页。

⑦ 弘治《邵武府志》卷 12《祀典·惠应庙》，第 7 页。

事我们能够看到欧阳祐在保障邵武风调雨顺方面所发挥的重要作用。其文曰：

> 刘侍郎岑作郡城熙春台，别庙祀有惠应神。徐端修自吴中来，过建
> 昌，访道士王文卿。文卿授五雷法，能致雷雨，道行甚著，因语徐曰：
> "邵武顷大旱，予拜表至帝所，见所谓惠应神叩王陛，为民请甚力，帝谕
> 若不许。然神具言：'其州穷且瘠，民不可一日无谷'。词甚恳切，乃得
> 请，而岁有秋。"〔刘〕岑闻是语，心敬焉。①

按，刘岑（1087—1167），字季高，吴兴人，宣和六年（1124）进士，累
官户部侍郎、刑部侍郎，晚年移建昌军居住。徐端修，绍兴间（1131—1162）
任邵武知军②。王文卿（1093—1153），号冲和子，建昌南丰人，北宋末南宋初
道士，神霄派创始者，被宋徽宗封为冲虚通妙先生。由上可知，熙春山的惠应
行祠是在刘岑等人的推动下修建的。对于官员的虔诚，欧阳祐给予的回报是极
力恳求天帝准许行雨，解救邵武大旱，最终使百姓获得丰收。故事通过著名道
士王文卿之口传达给邵武官员，大大增强了可信度。官员们对欧阳祐自然更加
笃信。

（二）赐福禳灾

弘治《邵武府志》言："按旧志，王生存忠义，殁为明神，以福此邦，郡
人目为'五十里天'。"可知，欧阳祐又是地方守护神，能够赐福禳灾，保境安
民。郡人认为该神极为灵应，到距城50里的大乾庙祈祷即相当于直接与天庭
沟通。南宋中期，邵武秩序一度动荡，王埜任知军后得以安定，据说便与欧阳
祐的福佑有关。《隐居通议》转引《大乾实录》记载：

> 邵武自宋代绍定庚寅之变，比岁不静〔靖〕。端平甲午岁，金华王子
> 文埜为守，与寓公率士民迎福善王就郡治，建黄箓醮，邀龙虎山张天师
> 至。时寓公杜子昕果与祠家居，与王守同主醮事，命道士林逍遥拜章。初
> 拜未得达，逍遥行持再往，遂伏地不起，自巳至申。州前忽雨天花，一城
> 竞观，空中缤纷，坠地即不见，盛以衣裾亦无有，逾时乃止。久之，林方
> 起，喜色满面，谓众人曰："适到天门，遇福善王，云：'已得请于帝，子

---

① （元）刘埙：《隐居通议》卷30《鬼神·〈大乾梦录〉》，《丛书集成初编》第215册，第313页。
② 嘉靖《邵武府志》卷4《秩官》，第2页。

可回矣。'"具言上帝以邵武醮事精虔，特赐邵武太平四十年，两斋官皆得厚赏。自是郡果宁息，生齿日繁，后王公仕至端明殿学士、签书枢密院事。杜公仕至吏部尚书、赠少师。①

上述材料反映了南宋时期欧阳祐信仰与道教仪式的结合。为了平息动乱，知军王塈同本地士人杜杲率领士人迎请欧阳祐到城祭祷。祭祀仪式采用的是道教"黄箓醮"，通过延请龙虎山张天师与道士林逍遥进行醮仪。欧阳祐作为醮仪活动的核心神灵负责与天帝沟通，为邵武乞福。据说，在欧阳祐的极力说服下，天帝特赐邵武40年太平，并厚赏主持醮事的王、杜二人。

《隐居通议》接着写道：

> 逮咸淳某岁，黄、廖二峒盗起，寓公相与议曰："四十年之期已过，盍再建黄箓，恳之于神？"众推国子监□□吴某与□□大夫杜伯堂芘主之，盖伯堂乃子昕尚书之□□□□□观命道士谢某拜章，既起，径入治靖色密语，谓杜、吴二公曰："适得报，邵武当有大厄，上帝已命福善王往芙蓉城去矣。二十年方反〔返〕，殊可忧也。"中夜焚词，群鸦喧噪，众失色。明年，兵祸果作。丙子后，盗屡犯城，无宁岁，大乾祠祀亦弛。至元辛卯，汀寇钟明亮平后，民始渐安，香火继盛，而邵武亦粗复承平之旧焉。②

40年之期刚过，动乱"果然"再起。邵武的官员、士绅依旧想通过建黄箓醮化解灾难。但是负责拜章的道士却告知众人，守护神欧阳祐已经离任而去，需20年后再返。失去了福主的庇护，邵武陷入战乱，大乾庙的香火亦不能延续。直到元初，欧阳祐"归来"，当地百姓才重新获得安宁。

二、欧阳祐信仰与士人科举

宋代欧阳祐信仰与士人，尤其是科举考生建立了联系。士人们相信欧阳祐有可能以托梦的形式提供谶语和征兆，因此蜂拥而至大乾庙，祈求神启。宋明时期的史料对此多有反映，如《舆地纪胜》言：邵武惠应庙"闽士多往致祷"③。

---

① （元）刘埙：《隐居通议》卷30《鬼神·〈大乾梦录〉》，《丛书集成初编》第215册，第313页。
② （元）刘埙：《隐居通议》卷30《鬼神·〈大乾梦录〉》，《丛书集成初编》第215册，第313页。
③ （宋）王象之：《舆地纪胜》卷134《福建路·邵武军·仙释神·大乾庙》，第3845页。

《方舆胜览》引《梦录》云："士有以前程来谒梦者皆验"①。明代《八闽通志》则曰："有祈梦堂，每岁大比，士人多谒梦于此"②。

欧阳祐之所以成为举子们竞相膜拜的对象，大体有两方面原因。一是与欧阳祐信仰自身的发展有关。如前所述，自唐宋以来，欧阳祐的影响力持续扩大，神格也不断提升，信众认为他"极为神异，水旱祈祷，其应如响"③。同时，欧阳祐的形象不断儒化（或雅化），更加契合士人的审美旨趣和道德追求。二是受到宋代科举制度变革的影响。唐以后，随着科举制度的逐步完善，中国进入"科举社会"。科举考试成为士人跻身官僚之最主要的途径。对于绝大多数士人而言，在童年入学之后，将接受的是一套完整的科举教育。"书中自有黄金屋，书中自有颜如玉"，为圆登科之梦，他们不得不把前半生的精力全部耗费在科举上。科举考试既深刻地影响着士人的生活，以至于也成为他们日常生活的一个部分。

然而，因考试人数的增加和竞争压力的增强，考试的结果变得难以预测。考生能否成功，除了自身的努力，还得靠运气。宋人赵抃有诗曰："文章行业初由己，富贵荣华只自天。"④于是，出现大量举子祈神襄助的事例也就在情理之中了。士人及其家人祈神助考的现象，并非宋代独有，明清亦然。据常建华对清人龚炜的研究可知，神灵信仰应当是深植于吴中士人的科举生活中。龚炜的《巢林笔谈》仅6卷，却有9处记载与科举相关的信仰活动⑤。诚如王德昭指出："功名的得失高下难测，于是中与不中，便一切委之于命运。种种迷信的风气由此而生"⑥。科举时代，形成了举子的神祇崇拜热潮，这当中固然有太多的荒诞不经，然而，若从日常生活史和文化史的视角分析，其背后反映的社

① （宋）祝穆撰，祝洙增订，施和金点校：《方舆胜览》卷10《邵武军·祠庙·广祐庙》，第175页。

② 弘治《八闽通志》卷60《祠庙·邵武县·惠应庙》，下册，第559—560页。

③ （明）李贤等撰，方志远等点校：《大明一统志》卷78《邵武府·祠庙·广祐庙》，第7册，第3451页。

④ （宋）赵抃：《清献集》卷3《青州劝学》，《景印文渊阁四库全书》第1094册，第776页。

⑤ 常建华：《清代士人龚炜笔下的吴中科举社会》，载刘海峰主编：《科举学的形成与发展》，华中师范大学出版社2009年版，第656—658页。

⑥ 王德昭：《清代科举制度研究》，中华书局1984年版，第146页。

会文化意义，恐怕不是"迷信"二字所能涵盖的。

宋代大乾庙成为举子祈梦的重要场所。相关的神迹故事也通过口耳相传的方式流传开来。至迟在南宋中期已经出现了专门记录大乾梦验的书籍。因为在王象之编纂的《舆地纪胜》（初稿约于嘉定十四年（1221）完成）中已有所征引。宋末元初人刘埙在《隐居通议》中写道：

> 予幼获观《大乾梦录》一册，载隋温陵太守欧阳公祐……发灵庙食，累受封爵为王。宋时士人应举者求梦多应，好事者辑之曰《梦录》。世变以来，文籍散失，予不见此录数十年。皇庆癸丑，宦于剑津，邻人詹翠屏出示新刊《实录》，视旧增倍，因借观之，而摘其可存者漫记于后。[①]

可知，《大乾梦录》主要是收录欧阳祐在科举预测方面的神力，以及各种梦验事迹。由于士人纷至沓来，此类事迹也不断丰富，书的篇幅随之增加。南宋末年，刘埙初览此书时，才一册，数十年后，见到新刊本名为《（大乾）实录》，内容"视旧增倍"。《大乾梦录》通常被称为《梦录》或《谒梦录》，它似乎是《大乾实录》的一个部分[②]。

《大乾梦录》和《大乾实录》现已佚失，不过由于地方志、舆地书籍和笔记小说中收录了大量的引文，所以保存了部分的原始文献。例如宋代《方舆胜览》从《谒梦录》征引了9个事例，《舆地纪胜》收录了5个。弘治《八闽通志》中的5个事例也出自《谒梦录》。此外，有的作者似乎并未读过《大乾梦录》，但通过搜集口头传说，也记载了一些神迹。洪迈的《夷坚志》即是如此。笔者根据上述资料，整理出22个宋代士人向欧阳祐祈愿的事例，列成简表（表3-2）以供探讨。

---

① （元）刘埙：《隐居通议》卷30《鬼神·〈大乾梦录〉》，《丛书集成初编》第215册，第311—312页。

② 按，《大乾实录》应当即是大乾庙志（祠簿），内容不仅包括祈梦灵应事迹，还应有庙宇由来、庙产、祭仪、规条等。清光绪二十一年（1895），僧人步良获《大乾梦录》一册，重新刊印，邵武知府王琛作序曰："余出守邵武，始得《大乾惠应庙录》读之。《录》四卷，载神之封号，及有功德于民诸灵迹甚悉。其《祠祀志》所云，神雅好文，士大夫梦祷者，其事皆灵应神妙……惟《录》乃道光十三年聚珍版，所印仅有存者。僧人步良欲重刻行世而问序于余。"（参见光绪《重纂邵武府志》卷28《古迹·寺观·惠应行祠》，第772页）

在此，有必要作两点说明。其一，若同一事迹被不同文献转引，仍算为1个事例，如李纲祈梦之事，至少被8份文献收录①。其二，由于《大乾梦录》是大乾庙或其信众所编，或许存在为了凸显神力而杜撰、夸大神迹的动机。若杜撰著名官僚士大夫向欧阳祐祈梦，可以提升这位神祇的声望，吸引更多士人前来拜谒②。因此，不能将文献的记载完全等同于历史事实。不过，这些事例能够一再被各种文献征引，这显示了官方和士人对它的认可，以及它的受欢迎程度。换言之，具体的事例有杜撰可能，但是其所反映的士人祈梦的现象却是普遍存在的事实。因而，不论文献记载真实与否，都不影响本节的讨论。

表 3-2　宋代士人向欧阳祐祈愿事例简表③

序号	姓名	籍贯	地点	祈愿内容	沟通仪式	神启内容	资料来源
1	李纲	邵武	大乾庙	科举、前程	谒梦	位列高官	①②⑥
2	叶祖洽	邵武	大乾庙	科举	谒梦	改名祖洽	①
3	叶祖洽	邵武	大乾庙	省试	谒梦	高中状元	①②
4	江俞	建昌	大乾庙	解试	祷梦	考题	①②
5	詹必胜兄弟	建安	大乾庙	秋闱	谒梦	中第名次	①②⑤
6	叶尧冀	崇安	大乾庙	省试	谒梦	高中	①
7	黄中与友人	邵武	大乾庙	科举、前程	谒梦	位列尚书	①
8	袁枢	建宁	大乾庙	省试	谒梦	中第名次	①
9	曾从龙	泉州	私第	省试	祷梦	高中状元	①

---

①　按，这8份文献依此是：(1)(宋)祝穆撰，祝洙增订，施和金点校：《方舆胜览》卷10《邵武军·祠庙·广祐庙》。(2)(宋)邵雍：《梦林玄解》卷5《梦占》，明崇祯刻本。(3)(明)李贤等撰，方志远等点校：《大明一统志》卷78《邵武府·祠庙·广祐庙》。(4)弘治《八闽通志》卷60《祠庙·邵武府·惠应庙》。(5)(明)陆应阳：《广舆记》卷18，清康熙刻本。(6)嘉靖《邵武府志》卷10《祀典·欧阳太守庙》。(7)(明)张凤翼：《梦占类考》卷10，明万历十三年信阳王氏刻本。(8)(清)张岱：《夜航船》卷18《荒唐部》，清钞本。

②　例如，叶祖洽，邵武泰宁县人，熙宁三年(1070)状元；李纲，邵武人，政和二年(1112)进士，官至宰相；邹应龙，邵武泰宁县人，庆元二年(1196)状元；曾从龙，晋江人，庆元五年(1199)状元。

③　按，由于欧阳祐多次加封，位于邵武大乾乡的祖庙名称也不断变化。如大乾庙、欧阳太守庙、惠应王庙、广佑王庙、福善王庙。为行文方便，表中一律作"大乾庙"。

续表

序号	姓名	籍贯	地点	祈愿内容	沟通仪式	神启内容	资料来源
10	苏大章	福州	私第	科举	祷梦	中第名次	①
11	高宇	不详	大乾庙	科举、前程	谒梦	登第、娶妻	①⑤
12	邹应龙	邵武	大乾庙	科举	谒梦	解试、乡试名次	③—1
13	邹应龙	邵武	大乾庙	科举	谒梦	改名应龙	③—2
14	黄丰、冯谔	邵武	大乾庙	科举	谒梦	科第结果	③—3
15	张注	邵武	不详	解试	托梦	改名张注	③—4
16	张注	邵武	不详	省试	托梦	中第时间	③—4
17	刘策	建宁	大乾庙	科举、前程	谒梦	最高官职	③—5
18	廖德明	建宁	大乾庙	科举、前程	谒梦	最高官职	④
19	刘珙	崇安	大乾庙	科举、前程	谒梦	诗文佳句	⑥
20	张凤	邵武	大乾庙	科举	谒梦	坚持试赋	⑤
21	叶尧明	不详	大乾庙	科举	谒梦	登第	⑤
22	郑良臣	延平	大乾庙	解试	谒梦	登第名次	⑤

资料来源：①（宋）祝穆：《方舆胜览》卷10《邵武军·祠庙·广祐庙》。

　　②弘治《八闽通志》卷60《祠庙·邵武府·惠应庙》。

　　③—1（宋）洪迈：《夷坚志》三志壬卷1《邹状元书梦》。

　　③—2（宋）洪迈：《夷坚志》支志戊卷7《邵武秋试》。

　　③—3（宋）洪迈：《夷坚志》丙志卷16《冯尚书》①。

　　③—4（宋）洪迈：《夷坚志》丁志卷2《张注梦》。

　　③—5（宋）洪迈：《夷坚志》支志乙卷10《一明主簿》。

　　④（宋）罗大经：《鹤林玉露》卷13《大乾梦》。

　　⑤（宋）王象之：《舆地纪胜》卷134《福建路·邵武军·仙释神·大乾庙》。

　　⑥嘉靖《邵武府志》卷10《祀典·欧阳太守庙》。

　　如表所示，祈愿者除了两人（9、10）分属闽东南、闽东北，其余都是本地或附近地区的士人，这也是大乾庙影响地域范围的反映。祈愿者绝大多数是亲自前往大乾庙祭拜。不过，也有特殊情况，如黄中虽有谒庙，但据说当天喝醉了，神启是由其友人获得的（7）。郑良臣没有赴庙，而由其父代劳（22）。曾从龙和苏大章也都没到大乾，而是在家中向欧阳祐祈祷。曾从龙，"庆元戊

---

　　①　按，中华书局点校本《夷坚志》丙志卷16《冯尚书》原文："邵武士人黄丰、冯谔，一乡佳士也，同谒本郡福□王庙求梦。"点校者注："陆〔心源〕本作'华'"。〔见（宋）洪迈撰，何卓点校：《夷坚志》丙志卷16《冯尚书》，中华书局1981年版，第2册，第506页〕笔者以为，据表3—2的其他事例来看，当作"善"，即黄丰等人应是到福善王庙（大乾庙）谒梦。

午之秋，即于私居遥祷正殿"(9)。苏大章"其家瞻奉香火甚勤。庆元戊午之秋，即于私居斋宿有祷"(10)。他们都获得了神启。可见，亲赴神庙是第一选择，若无法达到，以虔诚之心在私第祷告也可能获得神佑。

士人大都是为科举和前程而祈愿，祈愿的时间多在参加各个级别的科举考试之前。一些人则多次谒庙。这表明在士人眼中，欧阳祐是一位声名卓著的科举守护神。士人与神祇的沟通仪式，主要是亲自赴庙谒梦，包括焚香、致礼、祷告和祈梦。可能还有敬献牲果、纸楮等内容，但都较为简单易行，无需借助仪式专家即可完成。廖咸惠对宋代科举考生的崇拜行为有出色的研究，她注意的许多考生也倾向以敬献文章或请愿书的方式向神祈愿。认为这些仪式更加符合考生的文化需求和品味①。在目前所见的欧阳祐信仰文献中，没有看到类似的记载，不过考生向他敬献文章或祝文的情形很可能存在。

神祇的启示普遍是通过梦境传递给祈愿者的。为了获得神灵降梦，虔诚的举子会留宿大乾庙。庙中也专设有"祈梦堂"，供其使用。《八闽通志》即言："有祈梦堂，每岁大比，士人多谒梦于此"②。

神启内容因人而异，但多是士人最关心的话题，或许也正是他们祈求实现的愿望，如试题内容、科目、考试结果、名次、仕途前程，甚至因缘等。这些内容有时以十分直接、清晰的方式向祈愿者传达。如《方舆胜览》记载，李纲，"尝造祠下，梦王者降阶延接，逊以主位，李固辞，王曰：'他日更仗主盟。'及为相值王加封，果与署名"(1)。黄中与友人们通过解试后，到大乾谒庙。黄中在亲戚家喝醉，"及到祠下，酣犹未醒。是夜俱无梦。惟友人之臧亦宿于庙，梦王者云：'荷你秀才来甚至诚，只有一个黄尚书如何吃得恁地醉?'后黄作大魁，以有官人降第二，果仕至尚书，八十五岁终，赠端明。而友人者止为秀才云"(7)。

但大多数事例中的神启往往较为隐晦。正如府志所言"祈梦构语甚奇，亦奇应"③。其传达方式大致可分为三类：一是授予诗文，这是最普遍的方式。随

① 廖咸惠：《祈求神启：宋代科举考生的崇拜行为与民间信仰》，《新史学》第 15 卷第 4 期，2004 年 12 月。
② 弘治《八闽通志》卷 60《祠庙·邵武县·惠应庙》，下册，第 559—560 页。
③ 嘉靖《邵武府志》卷 10《祀典·欧阳太守庙》，第 24 页。

举两例为证。《舆地纪胜》载："郡人张凤，绍兴甲子冠乡书，既下第。丁卯再试，欲改赋为经义，梦僧持钵盂中有诗曰：'赋中千里极归依，衣钵成章露翠微。'乃用赋，复魁荐。千里者'重'字也。"（20）"延平郑良臣赴举，其父祷焉，梦判官送诗曰：'笔头扫落三千士，赐与君家一二名。'良臣是年以第三名荐"（22）。

二是显现奇异的物象。如张汪参加绍兴十七年（1147）秋试前，梦到有人将筷子插在他发髻上，并言"子欲高荐，当如此乃可"。"既寤，熟思之曰：'吾名汪，若首加点则为注。'乃更名注。是年，果荐送"（15）。考生邹某，"未试前乞梦于大乾广祐王庙，梦屋内两龙盘旋，已腾上一龙背，越前而出"（13）。梦醒后，遂更名邹应龙。"次年省闱，会稽莫子纯首冠，邹居第二。以无廷试之故，子纯已有官，不可先多士，乃依故事，升邹为大魁"。

三是告知谶语。如前引张注中举，赴京参加省试前，"又梦绿衣小儿自裈中曳其衣曰：'勿遽往，可待我也。'既而不利"。21年后，张注和同里丁朝佐一起赴考，二人同登进士。朝佐正是张注考中举人之年出生，张注"始悟前梦，戏谓丁曰：'为尔小子，迟我二十一年。'"（15）举子黄丰、冯谔同谒大乾庙求梦，梦有"黄三元、冯尚书"之语，"皆喜自负"。不过后来黄丰"应武举作解头，又连魁文解，竟不第。所谓三元乃如此"。冯谔倒有考中进士，后来"与同年林大鼐梅卿厚善，林骤得位至吏部尚书，荐谔自代，未及用，卒于官。所谓尚书乃如此"（14）。

祈愿者对神启的内容都很重视，若梦境过于隐晦，则会请亲朋好友或相士帮忙解梦。如邹应龙曾赴大乾焚香，晚上梦到在一堆钱中，捡到 25 文，钱上还有"元"字。后在解试中名列第二，相士告诉他，"此居二十五人之上，梦已验矣"。而次年会试，应龙考中状元，又与"元"字相应。而且该年恰好 25 岁。应龙认为先前的梦示具有极高的灵验度，"邹自书其事，以告南城友人危微"，遂将自身所经历的神迹记录下来，告知友人（12）。

并非所有的祈愿者都能获得好的征兆。而一旦得到了不利的神启，士人的内心会惶恐不安，并极力设法改变。这方面的典型例子当属朱熹弟子廖德明。德明少时谒梦大乾，梦到神明给他题字"宣教郎"。后来登第，朝廷授予他宣教郎的职衔命其赴任。但德明担心他的仕途仅限于此，不愿前往。亲朋好友劝说无效，遂请求朱熹说服。一日，朱熹想通了破解梦境的办法，他以桌上的物件开导德明：人与器物不同，器物无法改变其性质，"惟人则不然，虚灵知觉万理兼该，有朝为跖而暮为舜者，故其吉凶祸福亦随之而变，难以一定言。"他告诫弟子："今子赴官但当充广德性，力行好事，前梦不足芥蒂。"德明"拜而受教。后把麾持节，官至正郎"（18）。

这个事例表明，士人绝不是盲目"迷信"神明，或许他们明白若自身的知识和能力不足，仅凭神助是无法通过考试的。对于多数士人而言，他们所祈求的是神灵能通过梦境或其他媒介来预示科场的成败，缓解压力和焦虑，增加信心①。因此，若神启的内容得到验证，祈愿者则不免对神灵感恩戴德，宣传其灵验事迹。若事实与神启不符，祈愿者要么认为是自己误解了神意，要么是以诚意和努力化解了不利的预兆。无论如何，最终的结果或许都进一步验证了神明的灵验，推动了地方信仰的发展。

小　结

作为唐宋以来闽北地区最重要的地方信仰之一，欧阳祐信仰大约肇始于唐代的邵武大乾，最初可能是作为行瘟疫的鬼神而受到小范围的当地民众的崇拜。此后，其形态逐渐演变，成为多面相的神明。先是被佛教僧侣改造，接受了斋食戒律；继而在宋代地方官员和士绅的推动下，进入官方祀典，屡受敕封，成为邵武地方保护神。随着闽北科举事业的繁盛，又被士人们雅化，奉为科举神明。与此同时，欧阳祐信仰向外传播，形成以邵武大乾为中心，涵盖福建北部以及相邻的江西、浙江等地的信仰圈。

在传播的过程中，欧阳祐信仰融入了信众的日常生活，深刻地影响着地方社会。在虔诚的地方官员心中，欧阳祐是忠义的象征，是地方的福主，他具有的一系列实用性法力，如祈雨祷旸、赐福禳灾、保境安民、惩奸除恶、辅助教

---

① 廖咸惠：《祈求神启：宋代科举考生的崇拜行为与民间信仰》，《新史学》第 15 卷第 4 期，2004 年 12 月。

化等。对于多数士人而言，欧阳祐是灵验的科举之神，他能通过梦境或其他媒介来预示科场的成败，缓解压力和焦虑，增加祈愿者的信心。而在乡民生活中，欧阳祐所在的庙宇是地缘性的祭祀中心，是密切村社的交往、协调乡民关系的公共空间。神诞庆典、游神赛会等活动既是乡民狂欢的盛大节日，也是强化他们社区认同感和凝聚力的重要载体。在欧阳祐信仰演变和传播的过程中，各种群体力量此消彼长，先后发挥着重要作用，其背后体现着从唐宋到明清闽北社会的历史变迁。

第四章　明清时期闽西北大众信仰与家族、村社生活

由宋代至明代，闽西北地区社会结构以及村社的发展状况发生了剧烈的转变。历经宋元鼎革与元明更迭的动乱，世家大族纷纷凋零，庶民家族成为地方社会的主导力量。在唐宋时附属于大族的佛寺、祠庙也逐渐演变为村社的公共信仰空间。

第一节　村社发展与信仰形态

一、村社发展

南宋后期以来闽北动乱不断。宋元鼎革、明清易代，邵武皆战乱频仍。南宋德祐元年（1275），江西制置使黄万石逃至邵武，随后献城降元，而不愿归降的将领则与元人战于白莲塘，败绩而亡。景炎元年（1276）七月，宋右丞相文天祥开府南剑州，派兵收复邵武。十一月，元军接连攻陷建宁、邵武、南剑州等闽北州府，邵武知军赵时赏等人弃城逃遁。次年七月，宋将张世杰遣将收复邵武。九月，元兵再次攻克邵武。至元十四年（1277），南剑州的反元义军攻入邵武，"总管魏天佑弃城遁，寻请兵复之"。①

可知，宋元之际，邵武成为各方势力竞相争夺的目标，在短短的 3 年间，历经劫难，城池数易其主。在此情形之下，宋代形成的社会结构被破坏殆尽。② 和平《上官氏宗谱》记云：

---

① 光绪《重纂邵武府志》卷 13《寇警·邵武县》，第 228 页；（明）胡粹中：《元史续编》卷 1，《景印文渊阁四库全书》第 334 册，第 454、455、457 页。

② 光绪《重纂邵武府志》卷 13《兵制·寇警》，第 228 页。

宋末元兴，十儒九丐，文人耻事。文天祥、张世杰等三兴义师恢复邵武，谢枋得隐建宁，于累屠洗上游和平巨族，锄断鹳薮山龙地脉。阅百余年，悉属荒址，徒怅坵墟，空嗟黍离。[1]

谱中类似的记载还有很多，当中充满着上官家族对这一混乱时期饱受苦难的痛苦记忆。如前所述，宋末文天祥、张世杰确有在邵武抗击蒙古军，考诸史册，宋遗民谢枋得也曾隐居闽北抗元，[2] 然上官家族是否受此牵连而遭屠杀，则难以证实。但可以确定的是，战乱之后上官世家的确分崩离析，族人四散，以至于如今在上官氏祖地官坊墟甚至找不到上官后裔。[3]

元朝的统治维持不过 80 年，此地再次战火纷飞。至正十二年（1352）来自江西的农民军一度攻陷邵武。十八年（1358）陈友谅遣将攻城。次年，又率兵入杉关，延平路总管陈有定破之于黄土寨。吴元年（1367）十一月，明军由杉关入闽，邵武被纳入明朝版图。至此，地方秩序才逐步恢复，而相对更为长久的安定尚需等到正统十四年（1449）平定邓茂七起义之后。[4]

除遭受战乱的纷扰，上官家族内部亦是危机四伏。首先是举业惨淡，整个明清两代，家族仅有 1 名进士，获得举人、生员、贡生等较低级功名者也不过寥寥数人。[5] 其次，因族产纷争，明代和平上官氏与迁徙至牛头礁的军籍上官氏，及分水的民籍上官氏两个分支"连年争竞，讼无底止"[6]。清嘉庆、道光年

---

① 前山坪《上官氏宗谱》卷首《白莲堂记》，嘉庆十七年 10 修本，第 76 页。

② 光绪《重纂邵武府志》卷 13《兵制·寇警》，第 228 页；《宋史》卷 425《谢枋得传》，第 12688 页。

③ 按，现今邵武市和平镇坎头村官坊墟基本没有上官或官姓，田间经常可以挖出巨大的石条与基址。如今上官氏的聚居地位于官坊墟 3 华里外的前山坪，据说，他们的祖先是元兵屠杀官坊墟后侥幸存活，逃到此地开基的。（笔者田野调查笔记，2023 年 12 月 15 日，邵武市和平镇坎头村、坎下村）

④ 光绪《重纂邵武府志》卷 13《兵制·寇警》，第 228—229 页。

⑤ 前山坪《闽樵和平上官氏宗谱》卷首《荣名志》，民国十九年 12 修木活字本，第 83—84 页。

⑥ 前山坪《闽樵和平上官氏宗谱》卷首《白莲堂记》，民国十九年 12 修木活字本，第 37 页。

间，上官氏又因土地纠纷与本地廖氏诉讼不已。① 在内忧外患的冲击下，和平上官家族由宋代"天下世家"沦为明清时期的普通庶民宗族，在社区的影响力也大为降低。

上官氏的遭遇可算是宋元明更迭过程中邵武大族普遍衰落的缩影。就邵武而言，宋代支撑大族的重要机制——科举，在元代几近空白，至明清时期已是平淡无奇，乃至凋敝。明代全府进士 42 人，清代降至 31 人。② 明嘉靖、隆庆间，林寒泉将赴任邵武教授，著名官员洪朝选作文赠之③。洪朝选感叹："人才之盛衰，其亦有其时与！"他先是回顾宋代邵武之盛，涌现出端明殿学士、尚书黄中，理学家西山先生李郁等人物。接着，对明代的情形进行品评，其言：

> 国家之兴二百有余年矣，自建、剑之间与昭武接壤，咸有名人伟士。虽其布衣韦带之伦，能发明龟山之绝学者固少，若出为国家用，著大节、立骏功，为当代名卿者，往往不绝。独昭武之地寂然无闻。岂吾所谓人才之盛衰固自有时，而非士之罪与？……为予谂曰："山川之不能生才，山川之罪也。生矣而不能自成其才，士之罪也。昭武之郁于昔，而将显于今，时其至矣。其毋或自弃其才，以贻山川之诮也哉。林君职学事而又得专行其志者，于予之言固不得让也。"④

洪朝选观察到明代闽北的建宁、延平（宋代南剑州）二府均有"名人伟士"涌现，唯独邵武人才衰敝，认为这与文教的滞后不无关系。

一方面是大族的衰落，另一方面，村社力量和庶民宗族的逐渐兴起。明

---

① 前山坪《闽樵和平上官氏宗谱》卷首《桑梓坪纪略》，民国十九年 12 修木活字本，第 25—28 页；《邵武县知事断官廖两姓土地纠纷碑》（民国八年），载李军、蔡忠明、傅再纯编著：《邵武历代碑铭集录》，第 28 页。关于上官氏与廖氏的纷争可参见李军：《村落中的国家印记、宗族与民间信仰——以闽北和平古镇为个案的考察》，《农业考古》2014 年第 3 期。

② 光绪《重纂邵武府志》卷 16、卷 17《选举》，第 326—340 页。

③ 按，洪芳洲（1516—1582），名朝选，字舜臣，号芳洲，福建同安人，嘉靖廿九年进士。历任户部主事、吏部郎、佥都御史、副都御史和刑部左、右侍郎等职。嘉靖末年到隆庆初年，洪芳洲以左副都御史巡抚山东兼督理营田等事务。参见罗耀九：《明代吏治与洪朝选的吏治思想》，《福建论坛（文史哲版）》1992 年第 12 期。

④ （明）洪朝选：《洪芳洲先生归田稿》卷 2《林君寒泉之邵武教授序》，《四库未收书辑刊》第 5 辑第 19 册，第 587 页。

清时期大量江西、浙江客民涌入闽北地区，填补动乱造成的人口空白。[1] 随着明清局势的稳定，尤其是清乾隆以后，人口剧增。永乐十年（1412）邵武县约有 2.3 万户，5.5 万口。有明一代大体都维持在这一数量。至清嘉庆元年（1796），已有近 4.6 万户，24 万口。[2] 户数多了一倍，人口翻了四番多。

人口的增长，刺激了村社的发展。以邵武和平地区为例。宋代邵武县，城内为二厢二尉，城外分为五乡，统辖 21 个里。元代，城内改为四隅，分五乡各为上下，共 10 乡。21 里沿用宋制。[3] 明代四隅、十乡如故，析分 21 里为 53 个都。和平镇所辖行政村，涉及的乡都有昼锦下乡 33 都，昼锦上乡 37 都、42 都和永城上乡 43 都、44 都。清承明制。可见，和平乡里建制，由宋代的 2 里，发展为明清的 5 个都，各都内村社的数量也持续增加（表 4-1）。

表 4-1　明清时期邵武和平地区村社数量一览表

时间 ＼ 乡都	33 都	37 都	42 都	43 都	44 都
嘉靖	图 4，村 15	图 3，村 25	图 2，村 13	图 2，村 15	图 3，村 10
万历	图 4，村 15	图 3，村 25	图 2，村 13	图 2，村 15	图 3，村 10
乾隆	图 4，村 16	图 3，村 25	图 2，村 13	图 2，村 15	图 3，村 12
咸丰	图 4，村 23	图 3，村 31	图 2，村 23	图 2，村 20	图 3，村 20
光绪	图 4，村 23	图 3，村 31	图 2，村 23	图 2，村 20	图 3，村 20

由上表可知，和平镇辖内 5 个都的村社数量在乾隆以前无多大变化，但此后增长迅速。至咸丰年间，5 个都共新增 36 个村，平均每都增添 7.2 个。42 都增加最多，达 10 个。同时，各都内的村社也逐渐形成村落体系。据万历《邵武府志》可知，和平 5 个都的村社分别是[4]：

昼锦下乡 33 都：旧墟街、西山、危重、东山、路下、田西保、凤头、旧寨、吴家坊、江付坊、锡溪、曹源、乐家、丁家坊、何源保、洋源

① 参见陈启钟：《清代闽北的客民与地方社会》，天津古籍出版社 2016 年版，第 48—83 页。
② 咸丰《邵武县志》卷 3《户口》，第 130—136 页。
③ 嘉靖《邵武府志》卷 2《王制·封域》，第 62 页。
④ 万历《邵武府志》卷 2《舆地志二·里图》，第 11—13 页。

　　昼锦上乡37都：茶源、城下、长寿山、聂家坊、白土、井坑、坪上、涓坑、社前、胡家岭头、山头、官家、风前、茶焙、小乾、姜黄坑、溪西、宁家、同富坊、条石、凤池、神林段、下卢、欧家源、梁家坊

　　42都：张家坊、墈下、坑池、上坪、前山坪、炉后、大常、上下保、官路边、崖家岭、山坊、麻余、西坑

　　永城上乡43都：广坪、罕山、高畲、乌垅、墈头、黎舍、官坊墟、下城、应山、鹿口、上遮岭、黎川、黄家垅、上山村、篁山

　　44都：陈江、龙归、平地、姜寨、大岭、岭下、上樵、牛源、厚源、申界

　　由上述材料可见，至迟到万历年间，和平境内已经形成了数个村落系统，发展出了各自的中心村社。一些村社虽然位于同一个都内，但实际属于不同的村落。换言之，一些村社虽处于同一赋役承担单位，但是其文化认同和日常活动却可能分属不同村落。以下是现今和平镇10个行政村及其下辖自然村的组成情况：

　　1. 和平村：和平（旧墟街／旧市街）、西山、新童家地、老童家地、楼下、朱家寨

　　2. 黎舍村：黎舍、店前、上姜寨、下姜寨、源头、花桥、溪尾、东坑、周家源、沈家边、莲台、新厝

　　3. 茶源村：茶源、聂家埂、藕塘、溪背、下西坑、石杉

　　4. 坪上村：坪上、下炉洋、上西坑、下西坑、中村、墩前、吴家岭、大坵田、三坑、洋里

　　5. 罗前村：罗前、曾家、条石、马岭、梁家坪、上里九、下里九

　　6. 坎下村：坎下、坑池（张家坊）、上坪、前山坪、西坑、刘家山、黄泥凹、黄坑、土尾宿（崖家岭）、长寨

　　7. 鹿口村：鹿口、龙归、坪地、交山桥

　　8. 危冲村：危冲、路下田、锡溪、枫林、肖家湾

　　9. 坎头村：坎头、官坊墟、上井、坪坛

10.朱源村：里朱源、外朱源、西山、大垄、广坪 ①

笔者的疑问是，为何要将一些村社划归到某一行政村，而不是划到另一个行政村。换言之，这些村落单位是如何形成的？经济上的联结或许是一个重要原因。但是，据民国时期的调查可知，只有旧墟街（和平）与坎头有墟市。②现今也只是和平、坎头、坎下、黎舍 4 村有墟市，其他 6 村都未形成固定的贸易点。可见处于同一贸易圈并非是村落形成的全部原因。从地理位置来看，同一村落的各村社大体处于同一溪、沟的流域内。因而，在水利灌溉方面存在相互协作的可能。同时，多数行政村都拥有社区的中心庙宇，如和平—延喜庵、黎舍—云锦山、坪上—化乾庙、罗前—小乾庙、坎下—中乾庙、坎头（鹿口、危冲）—惠安祠。明清时期，各村落内部围绕相应的中心庙宇都有一系列的祭祀活动。因此，我们有理由相信，水利与神庙祭典也是村落形成的重要原因。

二、信仰形态

明朝立国之后，朱元璋颁布一系列制度，对政治、军事、经济、社会和宗教组织进行全面的重组。洪武八年（1375），要求每里设乡社坛一所，祀五土五谷之神；立乡厉坛一所，祀无祀鬼神。按照规定，乡里只可设土坛、立石主，不得建神庙、设神像，也不准祀奉其他杂神。③

---

① 按，上述和平镇 10 个行政村及其下辖自然村名单，由邵武市政协文史委傅再纯先生提供，特此致谢！

② 陈兴乐、郑林宽：《邵武农村经济调查报告书》，私立福建协和大学农学院农业经济学系 1946 年印行本，第 39 页。

③ 万历《明会典》卷 94《礼部二》，中华书局 1989 年影印本，第 535—536 页。兹将里社乡厉制详文转引如下：里社：凡各处乡村人民，每里一百户内，立坛一所，祀五土五谷之神。专为祈祷雨旸时若，五谷丰登。每岁一户轮当会首，常川洁净坛场，遇春、秋二社，预期率办祭物，至日约聚祭祀。其祭用一羊、一豕，酒、果、香烛随用。祭毕，就行会饮。会中先令一人读抑强扶弱之誓。其词曰："凡我同里之人，各遵守礼法。毋恃力凌弱。违者先共制之，然后经官。或贫无可赡，周给其家。三年不立，不使与会。其婚姻丧葬有乏，随力相助。如不从众，及犯奸盗诈伪，一切非为之人，并不许入会。"读誓词毕，长幼以次就坐，尽欢而退。务在恭敬神明，和睦乡里，以厚风俗。乡厉：凡各乡村，每里一百户内，立坛一所，祭无祀鬼神，专祈祷民庶安康、孳畜蕃盛。每岁三祭：春清明日、秋七月十五日、冬十月一日。祭物牲、酒，随乡俗置办。其轮流会首及祭毕会饮、读誓等仪，与祭里社同。

除此之外，一律禁止民间的各种宗教结社和迎神赛会活动。《明会典》
规定：

> 凡师巫假降邪神、书符咒水、扶鸾祷圣，自号端公、太保、师婆，及
> 妄称弥勒佛、白莲社、明尊教、白云宗等会，一应左道乱正之术，或隐藏
> 图像、烧香集众、夜聚晓散，佯修善事，扇〔煽〕惑人民，为首者绞，为
> 从者各杖一百、流三千里。若军民装扮神像，鸣锣击鼓、迎神赛会者，杖
> 一百，罪坐为首之人。里长知而不首者，各笞四十。其民间春秋义社，不
> 在禁限。①

由此可见，明朝建立里社乡厉制的目的，是厘正祀典、打击淫祀，统
治者试图通过建立统一的祭祀规范，将民众信仰纳入其中，以此控制民间
的宗教活动。在此制度下，只有里社祭祀是合法的，其他宗教活动皆属非
法。里社制度不仅是一种宗教制度，同时也是与里甲体制相适应的社会控制
手段。②

在明初高压政治的态势下，里社乡厉制在地方得到相当程度的推行。弘治
《邵武府志》，对此有如下记载：③

> 乡社坛，每里俱设立一所，以祀本里五土五谷之神。每岁二祭，与本
> 县社稷坛同。（原注：其仪物、祭文俱见《洪武礼制》。后乡厉坛仿此）

> 乡厉坛，亦每里俱设一所，以祀本里无祀鬼神。每岁三祭，与邵武县
> 厉坛同。

可知，明代邵武的乡社厉坛是按照《洪武礼制》的规定设立的。至于其运
作实情如何，由于现存的弘治《邵武府志》残缺不全，我们无从了解。不过，
可以肯定的是，到万历时期，乡社祭祀已经与官方的规范相差甚远。万历《邵
武府志》在描述邵武的时节风俗时写道：

> 上元观灯，〔正月〕初十起至十五日止，日则舞鬼〔龙〕，夜则悬灯，
> 谓之庆元宵。里社祈年，各坊会首于月半前后，集众设醮于里祠。是夜，

---

① 万历《明会典》卷165《律例六·禁止师巫邪术》，中华书局1989年影印本，第848页。
② 郑振满：《明清福建里社组织的演变》，载郑振满：《乡族与国家：多元视野中的闽台传统
社会》，生活·读书·新知三联书店2009年版，第239页。
③ 弘治《邵武府志》卷12《祀典》，第5页。

绕境迎香，谓之净街。各家设香焚楮送之。

社日，农家赛社，春祈秋报。种秧，曰社秧。①

由此可见，明后期邵武乡里的社祭活动分别于正月和春、秋二社日举行。正月的社祭是与元宵的庆祝活动结合的，在此期间，各坊会首组织乡民在神庙（"里祠"）设醮奉祀。元宵之夜则抬神巡境，社神经过时，各家焚香烧纸迎送。这表明，里社的祭祀活动逐渐为迎神赛会所取代，本应为不设屋瓦、立坛祭祀的里社也演变成各里之神庙，而一些神庙则逐渐成为统辖数村的地域中心庙宇。

明中叶以来，邵武民间的宗教活动非常兴盛，地方志有不少记载。如嘉靖《邵武府志》云：

邵俗信鬼好祀不移，尤尚跳师，号咒鼓角之声，无城内外，日夜相闻。其地所祀神诞晨〔辰〕，结绦设醮，极其华巧。男女老稚，罗拜纷纷，或请他神陪醮，流弊有不可道者。虽屡禁，弗能革也！②

万历《邵武府志》则曰：

好鬼尤甚耳。人疾病辄延师巫祈禳，披发执炬，锣鼓喧天，殊为可怪。神诞则延僧设醮礼忏，传经烧香，男妇老少纷纷猬集，恬不为耻。此最恶之俗，不可不痛为惩创也。③

信鬼好巫，斋醮迎赛往往竭所有而不恤，病者金听命于神，闽俗皆然，而邵为甚。作业既剧，物力旋耗，俗安得不坏？而民安得不贫哉！④

康熙《邵武府续志》记载：

邵俗信鬼好佛，以致妖僧狐道肆其煽惑。一遇神诞，名曰传经，曰烧天香，或妇女而着僧鞋，或披剃而置静室，男女杂遝，罗拜不止。今赖屡严禁谕，庶几少辑。⑤

乾隆《邵武府志》记曰：

---

① 万历《邵武府志》卷10《舆地志十·风俗》，第8页。
② 嘉靖《邵武府志》卷2《地理·风俗》，第43页。
③ 万历《邵武府志》卷10《舆地志十·风俗》，第7页。
④ 万历《邵武府志》卷10《舆地志十·风俗》，第18页。
⑤ 康熙《邵武府续志》卷1《舆地·风俗》，第6页。

人疾病则延师巫祈禳，披发执炬，彻夜鸣锣击鼓，谓之保安。神诞则延僧道设醮诵经，男妇猬集。此恶俗之宜惩者。①

从上可知，明清邵武的宗教氛围浓郁，信仰活动成为民众日常生活的重要内容。虽然正统的士大夫对此深表担忧，认为是消耗物力、有伤风化的陋俗，官方也屡申禁令，但依然无法阻止民众的信仰热情。此外，这些材料还涉及信众的结构、佛道二教的参与以及神灵祭祀之形式等问题。以下不妨依次论述之。

第一，信众结构的多元化。从对宗教活动中"男女老稚罗拜纷纷""男妇老少纷纷猬集""男女杂遝"的描述可见，信众组成之多元，已经超越了性别、年龄，乃至阶层的界限。妇女热衷于宗教尤其是佛教，宋代已然，兹举两例为证。

北宋徽宗朝直龙图阁张根之妻黄氏，是邵武籍宰相黄履之女。其墓志记载："龙图公〔张根〕性刚直，遇事无所顾避。夫人每戒之曰：'释氏六波罗密，以般若为宗，贵夫以方便善巧济一切也。今公欲有为于当世，而不知此，其可乎？'龙图公深感其言，为之委蛇曲折，以行其道，十余年间，两路之民受赐多矣。其后以言得罪，夫人泰然无忧色，笑谓龙图公曰：'公虽知所谓般若矣，独于能忍，抑犹有未尽乎？'其议论过人皆此类也。"黄氏笃信释氏，并能以佛教哲学启迪夫君为官处世，确有过人之处。墓志又载："〔黄氏〕中年笃好释氏，世味益薄，独扫一室，燕坐终日，以禅悦自娱。自龙图公以罪去，益有厌世意，尝梦金人长丈余，以手授之，夫人惊喜而悟，顿若有得。召诸子告戒甚悉。一日晨兴，偏〔遍〕诣诸娣姒，若叙别然。且曰：'吾终当梦中逝，不复以疾病烦人也。'"② 可见，佛教已成为黄氏日常生活的重要组成，也是她中年以后的精神归宿。

又如南宋初期户部侍郎季陵之妻上官氏，乃中大夫上官恢之女。季陵壮年而逝，四子皆未成年，上官氏含辛茹苦抚育，诸子皆有所成。在此过程中，佛教成为上官氏的精神支柱之一。"自少观浮屠氏书，泊然无甚

---

① 乾隆《邵武府志》卷6《风俗》，第3页。

② （宋）李纲著，王瑞明点校：《李纲全集》卷170《宋故龙图张公夫人黄氏墓志铭》，岳麓书社2004年版，第1570—1571页。

哀戚之累。将终之夕，仅以小疾，犹合目端坐，诵《华严经》，滔滔无一语谬"①。

以上两个都是士人家族妇女参与宗教的例子，从有限的材料中，可以发现她们参与信仰活动的一些细节：她们似乎都是独自在家修行；信仰活动包括诵读佛经，品味禅理，在家中设佛室打坐、供佛。

明清时期相关的记载更多，表明妇女参与信仰活动的普遍化。在佛、道以及各种地方信仰活动中都能看到女性的身影。明代福建长乐人谢肇淛即言："闽中富贵之家，妇人女子，其敬信崇奉〔巫觋〕，无异天神"。"大凡吾郡人尚鬼而好巫，章醮无虚日。至于妇女，祈嗣保胎。及子长成，祈赛以百数……妇女之钱财，不用之结亲友，而用之媚鬼神者，多矣"。②

参与宗教活动的女性大体可以分作两类。一类是"三姑六婆"中的尼姑、道姑、卦姑与师婆，她们是传统中国社会的女性神职人员，通过她们可以实现人神之间的沟通③。另一类是普通女性信众。妇女热衷敬神并结成斋会组织是明清时期的普遍现象④。前文已述及，宋代邵武盛行佛教弥陀净土信仰，和平民众在留仙峰翠云庵、光源寺缔结弥陀会念佛。延及明清，留仙峰依旧是邵武的佛教名山。在留仙峰庙宇附近的崖壁上保留有一通明万历三十六年（1608）的供佛题刻⑤，兹转引如下：

---

① （宋）韩元吉：《南涧甲乙稿》卷22《荣国太夫人上官氏墓志铭》，清乾隆武英殿聚珍版，第7册，第67页。

② （明）谢肇淛撰，傅成校点：《五杂组》卷6《人部二》、卷15《事部三》，上海古籍出版社2012年版，第113、275页。

③ 衣若兰：《三姑六婆：明代妇女与社会的探索》，中西书局2019年版；陈宝良：《中国妇女通史》（明代卷），杭州出版社2010年版，第186—201页。

④ 陈宝良：《好鬼崇佛：明代妇女的佛道信仰及其仪式》，《哈尔滨师范大学社会科学学报》2010年第1期。

⑤ 《留仙峰供佛香座》（万历三十六年），载李军、蔡忠明、傅再纯编著：《邵武历代碑铭集录》，第130页。

明万历留仙峰供佛题刻

□□万历戊申年九月廿六日吉时□
□南无多宝如来
大乘妙法莲□□经
开山金谷张真人
五岳山主大德真人
神真慈济三佛罗汉圣
南无观世音菩萨
五谷大道真仙
大乘金刚般若波罗经
大方广佛华严尊经
永镇四方大吉
□刘狮峰住持僧□怀徒□□

香座

姪张元□□
合家发□□
□舍人
□保□□□

由上可见，此供佛题刻为留仙峰主持僧人同俗家亲属所作，供奉的神明既有佛教多宝如来、观世音菩萨，又有道教开山金谷张（子冲）真人、五岳山主大德真人，也有民间信仰神济、真济、慈济三佛祖师。清后期曾在邵武、建阳等地任官的陈盛韶观察到：

> 妇人年近五十，必谒庙烧香念经，以祈来生之福。有一不往者，众皆笑之谓："尔年已老，尚不求来生，在家辛苦作老货耶？"其经为何？曰：《金刚经》《观音经》，皆师氏口授。其期为何？为神诞、为月朔。其费为何？上疏钱、拜师钱，费尚少。富家老妇日久计念经若干，延僧上表以为功果，费乃不赀。年轻者不与，有一二谒庙者，必子孙娘娘前祈子者也。尝于朔望谒神，见各手持一筐、一香筒。肃然旁避，问而得之。其筐谓何？曰弥陀筐。①

---

① （清）陈盛韶：《问俗录》卷1《建阳县·弥陀筐》，《四库未收书辑刊》第10辑第3册，第233页。

晚清刘世英也注意到："芝城庵观寺院，均有妇人念经，自携竹篮吃食，在庙中烧香念经，手持黄纸，捻数珠，口念弥陀，脚跐火篮，俗名斋妈。纸捻卖与亡人消罪，月内吃斋日甚多。"① 他还写诗讥讽："庵观寺院闹喧哗，不理蚕桑不织麻。黄纸捻来佛在口，替僧供养献鲜花。"②

可见，弥陀会即为妇女的吃斋念佛组织，参加者基本上是中老年妇女。她们集体进庙烧香念佛，在家持斋吃素，蔚为风气，若不加入反而会受到同伴的耻笑。笔者在田野考察中发现，邵武农村至今依旧盛行弥陀会。参与者多为 50 岁以上的妇女，家中的"事业"完成，即子女已成家立业、房屋盖好，无需再过度操劳而有空闲时间。入会仪式，通常在寺庙中举行。事先确定吉日，遍告亲友街坊，邀请已入会的弥陀老人接引。入会的妇女俗称"弥陀老妪"或"弥陀婆婆"。入会后仍旧在家起居、修行，但需遵守某些佛门戒律。有"念长斋"者，终年吃素戒荤；有"吃花斋"者，每月初一、十五及神佛诞辰吃斋。

入会后，拜长者为师，受弥陀珠一串开始念经。弥陀珠有 108 个佛珠，平日边念咒边捻黄纸条（俗称经条）。"念咒"即念《观音经》《华严经》《金刚经》等佛经。念咒一遍/段转一颗佛珠，弥陀珠转一圈，方成一经条。经条被认为是佛法的凝结，焚烧后能为死者积功德，为生者谋福报。因而，凡神佛诞辰、中元普度、丧葬祭奠等场合都会邀请僧道法师和弥陀老妪来念经"做功德"。

第二，佛道信仰的世俗化和生活化。明清佛道同地方信仰之结合更为紧密，成为日常祭祀活动的重要组成部分。在礼忏、丧葬、祭祖、社祭、迎神赛会等活动中都会邀请僧人或道士住持仪式，佛道传统成为神明供奉的习俗。嘉靖《邵武府志》即叹言民众迷信佛教：

> 丧事多用浮屠。行祭礼者间见尔。无四时祭，惟有忌祭、墓祭，然皆不遵《家礼》。仪节间有行古礼者，则乡人以为笑，亦有歆慕者，但循习

---

① （清）刘世英：《芝城纪略》"妇人经堂"，光绪七年刻本，第 23 页。芝城，系福建建瓯之别称。

② （清）刘世英：《芝城纪略》"诗词杂咏"，光绪七年刻本，第 15 页。

图 4-1　参加拜忏仪式的弥陀会妇女 ①

既久，未能悉受变尔。②

可知，丧葬仪式深受佛教的影响，民众对朱子提倡的祭祀礼仪却很陌生，行儒家古礼者反而会被嘲笑。万历《邵武府志》编者亦感慨："兹邑之信崇特甚，居丧不用浮屠谓之不孝。至缙绅家亦效之，彼不抗于吾上，而吾自奉于其上，深可慨也"③。看来佛教福祸报应及天堂地狱之说深入人心，邀请僧人修道场、建功德，以超荐亡魂升天堂，为死者减罪资福，已成为丧葬活动的必备环节，不如此，则被视为不孝之人。

佛道与地方信仰的融合也值得关注。和平地区的寺、观、庙、庵往往界限并不明显。各种宗教神祇和谐地同处一室的现象特别普遍，在乡民眼中这些都是值得顶礼膜拜的"菩萨"，无须刻意划分你我。以坎头惠安祠为例，这是一座以供奉福善王、民主王和五通王为主的神庙，但同时亦奉祀佛教观音和地藏

---

① 2014 年 8 月 20 日笔者摄于邵武市大埠岗镇宝林寺。

② 嘉靖《邵武府志》卷 2《地理·风俗》，第 46 页。

③ 万历《邵武府志》卷 10《舆地志十·风俗》，第 5 页。

菩萨，以及道教郭、邱、王三仙祖师和地方信仰地母娘娘。

光绪《惠安祠簿》中收录一篇同治二年（1863）的记文，很好地反映了佛教传统对神庙的影响，兹摘引如下：

> 余邑有惠安祠，崇祀三位尊王。自宋迄今，千百余载，春祈秋报，岁登不忒。故昔人于七月十五已建有龙华会，延道礼忏，广招四方善信，宣号六字真经，诚盛事也！然灵爽式凭，赫濯之声久著；精英内蕴，普济之量常昭。捍患御灾，有求必应；转祸为福，无祷不如。际兹咸丰七八两年，西贼由豫〔章〕入邵。当斯时也，火焰烛天，黑氛蔽日，杀声震地，白骨填沟……异域受害，苦不忍言。我都蒙休，甘难尽述，此皆上天之眷，明神之护也。而尔日之父老子弟感恩靡既，窃思所以酬之。九年，求诸坊酿钱，大修斋供，四境云集，赍香献帛者殆以万计。然此不过顷刻之诚耳，安能报再造之德哉？越明年庚申，里人〔廖〕贞宽等意欲酬神久以远，苦无资，因集八堡绅耆入庙酌议，募化天香，夏积余赀，以为归宫弥陀之费。各绅耆闻言，佥曰："善哉！有此美举，聊可报称于万一耳。"于是同心者踊跃而至，襄事者接踵而前。即于辛酉冬起首，癸亥年告竣。三载之内，果得余赀数百千，真是积篑为山、集腋成裘之见也。随置田墩数处，纳租四十余石。订定每岁尊王旋宫翌日诵经念佛，复收六字真言，答谢王恩，颜曰报德会。司东挨供轮流，粮共劝首完纳，拨租拾硕帮衬。庶几尽美尽善，人喜神欢，降福无穷矣……
>
> 　　　　　　　　　同治元〔二〕年岁次癸亥仲冬月　吉旦
> 董首：廖贞宽、赵德馨、黄胜枢、萧恩标、廖贞吉、赵耀贤、吴春波
> 　　万益榕、黄正礼、张有庆、危盛井、邓富机、饶　芬、陈星才
> 　　李模标、钟利宁、萧家庠（共13姓、34人，余略——引者注）①

虽然佛教进入惠安祠的最初时间已不可考知，但从记文可见，至迟在清代，庙中便有每年七月十五日行龙华会，"延道礼忏，广招四方善信，宣号六

---

① （清）萧家庠：《天香归宫弥陀志》（同治元年），《惠安祠簿》卷首，第35—38页。

字真经"的传统。① 咸丰年间，邵武境内多处遭到太平军战事的严重破坏，而坎头社区幸免于难。乡民归功于惠安祠三王的佑护，在乡绅廖贞宽等人的倡议下，募集资金，增设"归宫弥陀"。议定每年冬季三王出巡回宫后的次日，"诵经念佛，复收六字真言，答谢王恩"，祈福禳灾。

第三，跨村落的区域性神灵祭祀模式的组织化。信众对神灵的奉祀形式是多样的，而大体可分为个人的祈禳和集体的迎神。前者多是信众个体为解决日常生活中遭遇的困难，如疾病、变故、灾祸等，于是延请巫祝，求神问仙，打醮禳灾。后者则是在固定的时间，如神诞日、成神/佛/仙日、社日等，信众群体设斋打醮，抬神巡境。迎神赛会活动往往要持续数日，涉及同一祭祀圈中的数个村社。据笔者调查，仅和平地区便存在6个祭祀圈的8套游神活动，这些游神传统都持续到了20世纪50年代，其后，由于众所周知的原因，被迫中止。但大多在70年代改革开放后逐渐恢复。兹将其概况整理成表4-2。

表4-2 明清以来邵武和平地区跨村游神活动一览表

序号	庙宇/神灵	庙宇地点	游神日期	迎神村社
1	惠安祠/三王	坎头	冬至日开始，持续20日	9村：龙归、鹿口、坎头、上井、官坊、路下田、危冲、肖家湾、坪坛
2	中乾庙/三王	坎下	冬至日开始，持续22日	8村：坎下、西坑、上坪、土尾宿、厂山、乌石下、坑池、前山坪
3	小乾庙/三王	罗前	冬至日开始，持续15日	7村：罗前、曾家、朝石、梁家坪、马岭、上里九宿、下里九宿
4	云锦山/三王	黎舍	冬至日开始，持续21日	10村：溪尾、下班、黎舍（渠下）、东坑、周家源、沈家田、新厝、店前、大岭、源头
5	化乾庙/三王	坪上	冬至日开始，持续16日	8村：坪上、墩前、下西坑、上西坑、炉洋、中村、大坻田、洋里
6	天后宫/妈祖	旧市街	正月十六、十七日	旧市内部各街坊

---

① 按，六字真经，亦作六字真言、六字大明咒。即"唵嘛呢叭咪吽"，是藏传佛教中最常见、最尊崇的一句咒语。信徒们口里不断地反复念诵。其由来和作用一说是阿弥陀佛称赞莲花手菩萨（观世音菩萨）的语言，为一切福德智慧及万行的根本（参见任继愈主编：《佛教大辞典》"六字大明咒"条，江苏古籍出版社2002年版，第322页）。不过，从记文内容以及宋代以来闽西北地区弥陀会的传统来看，此六字真言应是弥陀净土信仰中的"南无阿弥陀佛"六字。

序号	庙宇/神灵	庙宇地点	游神日期	迎神村社
7	延喜庵/四圣祖师	旧市街	八月上旬至十五日夜	旧市内部各街坊、家族
8	翠云庵/三佛祖师	留仙峰	十月下旬至十月廿八日	旧市内部各街坊、家族

从表4-2可知，明清时期和平境内以8个神庙为中心形成了8套游神活动，其中有3套（6、7、8）存在于旧市街市镇内部，属于同一个祭祀圈。另外5个神庙，分别位于5个村社，这些村社现今都是行政村，可见它们是相应村落系统的中心村社。这些神明的祭祀圈也与相应的村落系统重合。

除了跨村社的游神活动，各村社内部也有社神出游的风俗，正如前文所及，社神巡游往往与元宵庆贺联系在一起。其主要内容大致是，正月期间白日舞龙、夜晚悬灯。元宵节晚上，从社庙抬出社公、社母巡游，游神过程中伴以锣铙鼓乐，沿着村内的主要街道以及村社之间的边界绕巡一圈或数圈。和平旧市街由于建有城隍庙，因此其社神为城隍神，城隍出巡的仪式与其他村社的社神出游类似。值得注意的是，社神一般只巡至村子的"水口"，不可离开本村地界，[①] 否则会被视为对邻村之挑衅，引发械斗。

第二节　家族庙宇的运行、纠纷与家族组织

明清时期，在家族制度普及、庶民家族兴起的历史进程中，祖先崇拜与神明信仰的关系极为密切和复杂，学术界对此较为关注。早在20世纪80年代初期，傅衣凌即已指出，明清福建有不少乡族集团"集建有形形色色的乡有或族有的寺庙庵观等"，"由于财产系乡族所捐给寺庙的僧道等管理人员，对于该乡族集团往往带有较强的依附关系"。[②] 其后，陈支平、郑振满对此展开论述，

---

① 按，邵武的村社一般都有溪流经过，村民选取村口的某处河段作为"水口"，此地被认为是本村风水源起之地，须重点保护培育，应以保持其树木的茂密。水口一般也是村界的标识。

② 傅衣凌：《休休室治史文稿补编》，中华书局2008年版，第359页。

揭示出"家族寺庙"的基本形态。① 常建华考证宋明以来宗族祭祖形态的演变，指出祖先祭祀历经了由寺观立祠向祠祭的转变。② 川胜守、臼井佐知子、阿风探讨明清徽州的宗族与宗教，尤其关注僧俗关系的变化。③ 朴元熇以明代徽州柳山方氏为个案，论析庙产争夺案对于家族统合与扩大的重要影响。④ 徐斌从信仰与地域性两个层面，提出"香火庙"的概念，系统考察鄂东地区的祖先崇拜、神祇崇拜与宗族发展的关系。⑤ 巫能昌考察泉州的宗教与社会经济的互动关系。⑥ 上述成果大大拓展了家族制度与宗教信仰的研究视野，但是对于一些重要问题，例如地方庙宇的运行实态、僧俗关系的维系、庙产所有权的归属、庙宇对家族发展的影响，仍值得深化探讨。为此，本节尝试将这些问题置于具体的历史情境中，从地方社会的演进脉络中进行解答。

一、家族庙宇的基本形态

近年来，笔者在闽西北邵武地区进行社会史考察过程中发现，根据控制权的不同，大致可将地方庙宇分为家族型、村社型与独立型三类：家族庙宇（以

---

① 陈支平：《明清福建的民间宗教信仰与乡族组织》，《厦门大学学报（哲社版）》1991年第1期，载陈支平：《近五百年来福建的家族社会与文化》，中国人民大学出版社2010年版，第138—144页；郑振满：《明清时期闽北乡族地主经济》，载郑振满：《乡族与国家：多元视野中的闽台传统社会》，生活·读书·新知三联书店2009年版，第15—20页。

② 常建华：《宗族志》，上海人民出版社1998年版，第139—151页；常建华：《明代福建兴化府宗族祠庙祭祖研究》，《中国社会历史评论》第3卷，中华书局2001年版，第117—134页。

③ ［日］川胜守：《明清徽州地方的宗族社会与宗教文化》，周绍泉、赵华富主编：《'98国际徽学学术讨论会论文集》，安徽大学出版社2000年版，第413—439页，［日］臼井佐知子：《明清时代之宗族与宗教》，《上海师范大学学报（哲学社会科学版）》2004年第1期；康健：《明清徽州宗族与基层社会治理——以祁门南源汪氏为例》，《原生态民族文化学刊》2022年第2期。

④ ［韩］朴元熇：《明清徽州宗族史研究：歙县方氏的个案研究》，中国社会科学出版社2009年版。

⑤ 徐斌：《明清鄂东宗族与地方社会》，武汉大学出版社2010年版。徐氏指出，鄂东地区的"香火庙"又被称作"家庙""户庙"，是指"由一姓或数姓供奉香火，主要奉祀非祖先的族外神祇的寺观"。（第148、165页）

⑥ 巫能昌：《明清时期福建泉州的宗教与社会经济——以〈福建宗教碑铭汇编·泉州府分册〉为中心》，载向荣、欧阳晓莉主编：《前工业时代的信仰与社会》，复旦大学出版社2019年版，第247—271页。

下简称"族庙")在当地又被称为"家庙""家庵",[1] 是指受到一个或数个家族的供养与支配,被视为家族所私有的庙宇;村社庙宇是指由一个或数个村社共有,并服务于村社联盟的庙宇;[2] 一些大型寺庙,如宝严寺、城隍庙,或由名僧住持,或受官方赞助,保持着较高的独立性,具有超家族、超地域的特性。地方庙宇的属性并非恒定不变,在一定条件下,可以相互转化。

明清时期邵武家族与宗教的密切关系,突出地表现为家族庙宇的大量存在。笔者依据当地现存近百种族谱,并结合田野考察所得,梳理出 40 个家族庙宇事例,整理成表 4-3,以作分析。

表 4-3　明清邵武地区家族庙宇概况表

序号	名称	地点	奉祀神灵	修建情形	家族/支派	资料来源
1	光源寺	罗前	佛祖、梁姓祖先灵牌	宋绍圣间梁唐英建祖父母坟寺;明万历、清乾隆间梁氏、罗氏捐修	梁、罗	《仁顺梁氏族谱》
2	化乾庙	坪上	福善王夫妇、佛像19 尊	宋政和四年梁闿舍地施金倡建;明洪武、正统、正德,清乾隆修	梁氏恭、宽、信 3 房	《仁顺梁氏族谱》
3	祥云庵	坪上	佛像	明宣德建;清康熙、嘉庆、同治修	梁氏恭、宽2 房	《仁顺梁氏族谱》
4	翠云庵	坪上	佛像	唐代建;黄姓与梁姓祖施田山;清嘉庆修	梁氏恭、宽2 房、黄	嘉靖《邵武府志》《仁顺梁氏族谱》
5	拱北祠	坪上	佛像、观音	乾隆初恭房各股共建,施田、庙坛、念佛田、园地;咸丰十年修	梁氏恭房22 股	《仁顺梁氏族谱》
6	观音堂	坪上中村	观音	清代中村族众捐修	梁氏恭房4 股	《仁顺梁氏族谱》
7	总管庙	坪上崇瑞坪	总管神	明万历十九年梁文林施人祖田	梁氏信房福澄公裔	《仁顺梁氏族谱》
8	长坑庵/东林寺	坪上	佛像	明永乐四年梁梓贤施田山建;清嘉庆、1940 年重修改名	梁梓贤公裔各股、李氏3 股	《仁顺梁氏族谱》

---

[1]　桂林《嵊衢黄氏族谱》第五章《嵊衢揽胜》,2009 年 11 修本,第 591 页。

[2]　关于闽北村社庙宇的探讨,参见李军:《神人共享:一个闽北村落庙宇的历史变迁及其权力意涵》,《中国社会历史评论》第 16 卷,天津古籍出版社 2015 年版,第 51—76 页。

序号	名称	地点	奉祀神灵	修建情形	家族/支派	资料来源
9	胜公庙	坪上	佛像等	创建时间不详；1944年梁图政施田	梁志壹公支下子孙	《仁顺梁氏族谱》
10	安吉庵	坪上村下炉洋	古佛、天官、福善王	宋咸淳九年梁伯甫买房倡建；元大德、泰定，明万历中修；各房施迎神田、念佛田、灯会田	梁氏信房全部；恭、宽房各3股	《仁顺梁氏族谱》
11	留仙峰	坪上	佛像、邱王郭三仙	宋代创建；明洪武间黄姓施田；嘉庆六年寺废，黄氏收回施田	黄	《仁顺梁氏族谱》
12	善济庵/南山庵	沿山	佛像、四姓祖先位牌	明正统元年僧人向四姓募捐创建；乾隆中重修	何、叶、吴、徐	《南阳叶氏族谱》《樵西古潭何氏族谱》
13	玉云庵	金坑大常	观音、三济祖师	明永乐、宣德间张文一、仲清父子施田创建；景泰、成化、清道光间修	张氏仲清公子孙	《清河张氏宗谱》
14	瑞云庵	道峰山	三佛祖师、檀越主牌	唐开元间张危建；清康熙、乾隆中张氏永贵公支系助田重建	张氏永贵公子孙	《清河张氏宗谱》
15	安定庵/憩庵	谢厝	佛像	清代檀越道仙公施田重建	张氏道仙公支系	《清河张氏宗谱》
16	半庵	道峰山	佛像	唐开元间张危建；清康熙时毁，乾隆时迁建，又毁	不详	《清河张氏宗谱》
17	龙安寺	坎下坑池	佛像	唐开成间建张二十郎公坟庵；明前期大常张显、张仲礼等助田；天启间裔孙重立碑	坑池张氏二十郎公裔孙；大常张显、张仲礼裔孙	《清河张氏宗谱》坑池《张氏宗谱》
18	广福庵	金坑大常	佛像；福善王；忠靖王	明代大常张仲礼公助田；清乾隆间黄大超施田	大常张氏仲礼公支系；嵊衢黄大超裔孙	《清河张氏宗谱》《嵊衢黄氏族谱》
19	福云庵	桂林大放	三佛祖师	宋代大放张氏始祖原公施基创建；清道光、光绪间原公裔孙添置迎神田；明代黄清甫舍田	大放张氏原公支系；嵊衢黄氏	《清河张氏宗谱》《嵊衢黄氏族谱》

续表

序号	名称	地点	奉祀神灵	修建情形	家族/支派	资料来源
20	不详	篁山井	佛像	宋钦宗二年置丁朝佐公坟庵，清顺治间重修，建造庵堂、神像	丁朝佐公支下子孙	《祝岭丁氏族谱》
21	增口祠	肖家坊	黎氏大中公及太忠公夫妇神像	宋政和六年黎大中施山场、园地建立一社；淳熙十三年大中孙太忠葺建	黎、黄	《樵南黎氏族谱》
22	善缘寺	泰宁县上高堡	佛像	元大德间黄氏仁祖父子施田，以护祀祖坟；明成化五年铸立铁碑竖寺	桂林嵊衢黄氏	《嵊衢黄氏族谱》
23	观音堂	桂林嵊衢	观音	清乾隆黄大超施田	嵊衢黄氏	《嵊衢黄氏族谱》
24	报恩寺	桂林嵊衢	观音	清代黄国蕃施田	嵊衢黄氏	《嵊衢黄氏族谱》
25	聚奎庵	旧市街	佛像、黄六臣牌位	与聚奎塔同建于万历，黄六臣有鼎建之功，配祀于庵；族众亦捐银助田	敦睦堂黄氏、东垣黄氏	《黄氏宗谱（敦睦堂）》《东垣黄氏宗谱》
26	坪地庵	和平坪地	不详	明万历间黄圣灵施田二十秤	东垣黄氏等	《东垣黄氏宗谱》
27	三华寺	路下田	佛像	元代危孝本为母建寺供佛，后为危氏坟寺，延续至清	危	危冲《危氏族谱》
28	万灵庵	张厝祝岭	三佛祖师	约建于宋代，明清时张氏捐施田地	张	祝岭《张氏族谱》
29	三峰庵	乌石村	灵济祖师	明嘉靖间熊氏迁建，并捐施田地	熊	乌石《熊氏族谱》
30	延喜庵	旧市街	佛像、黄氏默夫公神主	元大德间黄氏购得庵宇，为其祖默夫公魂庵，设神主；明万历、清光绪黄李各姓捐银助田	竹粟黄氏、敦睦堂黄氏、庆亲里李氏、恒盛李氏	《庆亲里李氏宗谱》《黄氏宗谱（敦睦堂）》《恒盛李氏宗谱》
31	皇泽祠	肖家坊登高村	总管元帅、陈汉瑢公塑像	宋靖康间建，明正德间、清康乾、道光间修缮	陈	《石壁义门陈氏族谱》
32	层峰祠	肖家坊层峰	不详	宋时陈部公于王氏祖妣葬处立坟祠，拨田千余秤，归住祠人耕作	陈氏丙三公支下子孙	《石壁义门陈氏族谱》

续表

序号	名称	地点	奉祀神灵	修建情形	家族／支派	资料来源
33	会圣岩	肖家坊坳上	佛像、祖先牌位	宋咸淳年间杨印端建祖祠，虑香火有缺，乃立佛殿，招僧住持	杨	《锦溪杨氏族谱》
34	云谷庵	肖家坊黎源	不详	明永乐间杨伯舟创建	杨	《锦溪杨氏族谱》
35	忠勇祠	肖家坊黎源	忠靖尊王	明永乐间杨伯舟捐地与邻人共建	杨	《锦溪杨氏族谱》
36	宝林寺	宝积	佛像	北宋高氏捐建；清中后期何氏长浤、福龄、善教、振授先后施田	高、4位何氏施主子孙	《樵南宝积何氏族谱》
37	伏龙庵	将乐县丑坑坊（今属邵武大埠岗镇）	不详	清雍正间何秉兴子孙将1处祭田拨庵，以为醮祖之费	何秉兴子孙	《樵南宝积何氏族谱》
38	王公庙	宝积	王爷神	清中期何起昶子孙将1处祭田拨庙，以作念佛敬神之费	何起昶子孙	《樵南宝积何氏族谱》
39	文昌阁	宝积	文昌帝君	清中后期何起涧、正岳子孙各将1处祭田拨庙收租	何氏2位施主子孙	《樵南宝积何氏族谱》
40	金谷庵	宝积	不详	清中期何珠七施建	何珠七子孙	《樵南宝积何氏族谱》

1.庙宇类型　表4-3庙宇除1座名称不详外，其余39座都有确切名称。其中，庵19座，寺6座，祠5座、庙4座，堂2座，以山峰、山岩、阁命名者各1座。家族庙宇以庵、寺为主的现象，反映了佛教信仰与祖先崇拜的紧密结合。庵、寺都是佛教修行、奉佛之所，但两者的规模和地位有别。明人冯梦龙指出："庵堂为缁流私建，举坠不常；寺则大香火，有司宜稍存恤，令之永久。"①庵堂多由个人创建，规模较小，陈设简陋，对施主家族有较强的依附性。元代以降，闽北地区庵堂的大量出现可能与佛教的民间化、世俗化有很大

① （明）冯梦龙著，陈煜奎校点：《寿宁待志》，福建人民出版社1983年版，第111页。

的关系。① 这40座族庙仅有11座被载入方志，②占总数的28%，这意味着其余大部分都是没有得到官方授权的乡间小庙。

2.奉祀神灵　家族庙宇所祀神灵可分为两大类：一类是佛道与民间神明；一类是施主家族的某位祖先。前者既包括释迦牟尼、观音菩萨等常见的正统佛教造像和流行于闽西北的三佛祖师（三济祖师）等地方佛教神明，也有盛行于闽赣地区的邱、王、郭三仙信仰、三官信仰等道教神仙，还包含福善王欧阳祐等民间神祇。值得注意的是，这些神明崇拜并非以传统的儒释道三教的形式存在，而是以地方庙宇为中心，以兼容并蓄的样貌呈现。③

表4-3庙宇中有10座在供奉宗教神明的同时，还兼供祖先牌位。这些"祖先"的身份可分作两类。一类是建庙者本人，他们生前施产建庙，死后作为功德主，被子孙奉祀于庙中。例如瑞云庵，"系唐开元时祖〔张〕危公建造"，历经劫难，乾隆间重建，"大殿左龛照旧立有檀越主牌一座"④；明万历间黄六臣"鼎建聚奎塔有功，配享祀于庵"⑤；明正统元年僧人向何、叶、吴、徐四姓募捐创建善济庵，"因祖施有田产山场，檀越设有各祖先位牌"⑥。另一类是建庙者的父祖。宋明之际，朝廷对于立祠祭祖有着严格的等级限定，于是广大士庶为祭祖、护墓之便，常于寺庙设立檀越祠，将祖先牌位奉祀其中，或在祖坟附近创建寺院庵堂。⑦ 例如，宋绍圣间梁唐英在其祖父母十一郎公及夫人吴氏、危氏的坟旁建立光源寺，"复于〔正殿〕东偏别构数椽，中龛安梁祖木主三，以志因坟建寺、因寺念祖之意"⑧；宋咸淳间杨印端于会圣岩创建祖先祠

① 王荣国：《福建佛教史》，厦门大学出版社1997年版，第295页。
② 它们分别是：宝林寺、光源寺、龙安寺、三华寺、东林寺、憩庵、翠云庵、安吉庵、祥云庵、福云庵、万灵庵。参见光绪《重纂邵武府志》卷28《古迹·寺观》，第767—774页。
③ 谭伟伦主编：《民间佛教研究》，第7页。
④ 谢厝《清河张氏宗谱》卷尾《寺观志》，光绪三十二年6修本，第69页。
⑤ 和平《东垣黄氏宗谱（睦九堂）》卷8《助田》，2000年8修本，第72页。
⑥ 《南山善济庵序》（嘉庆二十三年），沿山《樵西古潭何氏族谱》卷尾3《契券》，民国三十三年7修本，第31页。
⑦ 参见郑振满：《宋以后福建的祭祖习俗与宗族组织》，《厦门大学学报》1987年增刊；常建华：《宗族志》，上海人民出版社1998年版，第139—151页。
⑧ 《光源寺寺产碑》（乾隆二十八年），载李军、蔡忠明、傅再纯编著：《邵武历代碑铭集录》，第148页。

宇，"虑其香火有缺，乃立佛殿，塑佛像，备钟鼓，招僧住持"①，实现了寺祠合一，祭祖与奉佛并举。

3. 空间分布　就全国而言，家族庙宇在家族制度盛行的区域都很普遍，尤其是鄂东、皖南、江西、福建等南方地区。陈支平认为明清福建寺庙的家有、族有的现象极为常见，"未建立家庙、乡庙的乡族，是十分罕见的"②。就邵武而言，家族庙宇几乎都位于南部的和平、大埠岗、肖家坊三镇，以及西部的沿山、金坑、桂林等山区村落，而邵东与邵北地区则基本空白。造成这种分布格局的原因，可能与地理区位密切相关。邵东北地区因闽江干流富屯溪流经，交通便利，在历次战乱中所受冲击较大，导致人口迁徙频繁，家族规模较小，存世家谱不多。相对而言，邵西南地区大山环绕，相对闭塞，受战乱的波及较小，家族延续时间长，规模大，势力强，留存的家谱数量也多。邵西南有不少单姓，或以一两个大姓为主的山村，是家族庙宇的主要分布地。

4. 时间分布　邵武最早的一批家族庙宇始建于唐代，有 4 座。宋代与明代是族庙创建的两个高峰期，分别建有 12 座和 10 座，占了总数的近六成。清代尽管只新建了 6 座族庙，但原有的庙宇大都在此时期获得捐修。族庙的修建时间与佛教的传布趋势大体一致：佛教最晚于隋代传入邵武，在唐代获得快速发展，兴建了 42 座寺院；宋元时期佛教依然保持良好的发展势头，修建了 89 座寺院；明清新建的寺庙数量虽下降到 20 座以下，但大量庙宇都获得了重建和修缮。族庙在形成之初，其规模大多较小，庙产单薄，此后施主的子孙或族人往往持续参与捐施或重修，扩充庙产，延续香火。因而，不少族庙得以延续数百年，与施主家族维持着稳固的从属关系。

5. 修建者及其目的　表 4-3 族庙中有 12 座是由某姓族众或数姓村民共建，它们在建立之初便具有了家族公产的性质。其余 28 座庙宇由个人创建，占了总数的 70%。这些创建者皆为当地家境殷实的富民，几乎都没有功名和官职。有些庙宇在创立之初还只是个体捐建的产物，并不具有族产属性，但其控制权

---

① 《会圣岩原记》（成化十八年），肖家坊《锦溪杨氏族谱》卷 6，1934 年 5 修本，第 20 页。

② 陈支平：《近五百年来福建的家族社会与文化》，中国人民大学出版社 2010 年版，第 138 页。

可以代代相传，随着创建者子孙及族人的繁衍与不断捐施，庙宇逐渐成为家族庙宇。因实力的差异，各家族所有之庙宇的数量也不等。一些大族拥有多座族庙，一些富民同时捐施数座庙宇。如清河张氏的 7 个支派共有 7 座庙宇；坪上梁氏则拥有 10 座族庙，分属于数十个支派；嵊衢黄大超将约计 170 秤的三处田产，分别施入观音堂、广福庙、广福祠"以赡香灯之费"及"庆贺神诞之费"①。

家族及其族人为何热衷于施产建庙并相沿不辍呢？究其原因大体有三：一是通过建庙崇祀祖先或守护祖坟。如前揭元大德间和平黄氏购得延喜庵，作为其祖默夫公"魂庵"，安设神主。不过，此类习俗主要出现在宋元时期，明代以后随着祠堂祭祖的普及，寺庙立祠及坟庵的现象已不多见。② 二是出于对神明的崇信，祈求保佑或还愿答谢。如清代嵊衢黄国蕃"将上岚报恩寺坑口，及下岚前排田，共载租八石五斗，以赡报恩寺观音大士香灯之费，计粮一斗，递年本寺住持输纳"③。三是出于控制山林资源的需要。明清时期，随着人口的剧增和林业商品经济的发展，闽北的山林成为重要的经济资源。④ 各族往往通过修建坟地、立庙招僧、保护"风水"等形式加以占有。

概言之，宋明以来，家族庙宇因兼具祖先崇拜、神明信仰与控制山林资源等重要功能，而被闽北山区民众所接受，族庙的修建和维护成为家族组织的一个重要任务。族庙一般由族人创建，招"住持僧"负责日常管理。因此，如何实现对族庙的有效控制，成为施主家族需要面对的问题。

二、家族庙宇的僧俗关系

为了维持庙宇的有序运行，施主与住持人之间一般都会明确各自的职责与

---

① 桂林《嵊衢黄氏族谱》卷 13《祭田·大超祖施田》，1926 年 9 修本，第 49 页。

② 清代普通民众一般通过祠堂祭祖，只有少数人因无子嗣而向庵庙施产，以便死后得到奉祀。如炉阳梁氏"图政公原因年老，膝下乏嗣，住持中村胜公庙。即将自己置有田产概行拨归胜公庙，以为奉祀香灯之费"（坪上《仁顺梁氏族谱》卷 16《文类》，1997 年 9 修本，第 55 页）。

③ 桂林《嵊衢黄氏族谱》卷 13《祭田·国蕃祖施田》，1926 年 9 修本，第 51 页。

④ 郑振满：《乡族与国家：多元视野中的闽台传统社会》，生活·读书·新知三联书店 2009 年版，第 15 页。

权利，① 甚至专门为之订立规约。邵武的族谱中载有大量此类规约，成为我们探讨该问题的重要资料依据。为便于讨论，兹引3份规约如下：

规约1：崇瑞坪总管庙合同

全都立合同议约人梁文林、傅经常。原文林之祖福澄公有水田一处，坐落崇瑞坪地名七十垤垗下，计田二十秤，载粮二升，大小二垤，施归崇瑞坪总管庙以赡香灯。当日议定：每年冬，庙中住持请梁姓二人饮斋一席，外领糍二斤，煎豆心半斤。自后不得短少。其田民粮未推入庙，现存梁宅户内，每年庙中交得业铜钱三十文归梁宅，其钱梁宅亦不收，仍归庙中以作买香灯之资。恐口无凭，立合同议约二纸。各执一纸为据。

万历十九年七月十六日立
合同议约人：梁文林　傅经常　梁茂寿
眼同人：傅　进　傅　孜
代笔人：梁茂泳　李象贤②

规约2：南山庵承请议字

立承请字人僧普照。原南山庵系僧等师祖讲经设法之地。自明迄今，颇有名声。僧自幼已迁出别庵。今南山遭回禄，众施主召回撑持此庵。其庵中田园产业，俱交僧管理，不得荡败。日后殿宇重新，各施主祖牌仍照从前奉祀，且轮值陆年。冬成敦请何、吴、徐、叶每姓施主，额定陆年冬斋壹次，不得欠缺。恐口无凭，立承请回庵并议明合同字为照。

乾隆四十三年三月二十六日立　承请字人　僧普照
经议人　陈德柄
在见眼同人　蔡胜儒
代笔人　僧本明
以上俱押

今将冬斋规额例载明：一、敦请叶姓施主上房共六位，下房共八位；

---

① 本书所言"住持人"是指闽北乡村庙宇的日常管理者和主要看护人。这是个较为宽泛的群体，既包括僧人、火居道士等职业仪式专家，也包括斋公、斋婆等普通老年信众。其中，以僧人住持庙宇的情况居多。

② 坪上《仁顺梁氏族谱》卷16《文类》，1997年9修本，第48页。

何姓施主六位；吴姓施主六位；徐姓施主十四位。二、冬斋席上，饮糍、煎豆腐、青菜，酒各席肆瓶。①

规约3：南山善济庵规条

兹知远才入该庵，不谙从前备办各项规条，敦请何、徐、叶、吴四姓人等诣庵，公立簿据五本。互相载明各业坐落，各项规条。编定"闲、来、景、自、幽"五个字号……僧知远执存幽字号一本。俾知远得以照簿管业办事，该庵神灵香火亦得以永保勿替云……

今将该庵四姓祖施田产山场，檀越及从前住持各僧赎置田墩列后……

又将规条列后：

一、每年国课，僧务须早完，免致差催滋事。

二、该庵各业，僧不得出卖。

三、住持僧须恪守清规，不得游荡及存面生歹人，亦不得在庵开庄赌博。

四、施主不得霸耕田墩，以栽讼根；亦不得串僧盗砍、盗拼护蔽各树木；并不得入庵借贷银钱、米谷，及与僧饕其酒肉，致骚扰朋烹荡败。如有此情，查出鸣官究治。

五、每年正月初二日，务亲登各施主家拜贺新年，施主家代饭二餐。

六、每年清明日，亲送铜钱五百文到古山街何姓，交办合族清明者收，以作津贴。何姓办清明者款待午饭，并给煎腐、籼糍与僧带回庵中。

七、每年清明次日，僧亲送铜钱二百五十文交叶姓收，叶姓款待午饭，并给煎腐、籼糍与僧带回庵中。

八、冬斋各规条，照先年指办，俱不得增减。

九、每逢己、甲之年冬月，僧敦请何、叶、徐、吴四姓施主到庵饮盘查酒，人数照前。住持僧请其酒席，定籼糍、煎腐、素菜，酒各席四瓶。凡到饮盘查酒者，僧奉籼糍二斤，果品照旧。

嘉庆廿三年岁次戊寅黄钟月上瀚吉旦

公同立簿据施主：何长旺、叶茂富、徐世南、吴毛子

---

① 沿山《樵西古潭何氏族谱》卷尾3《契券》，民国三十三年7修本，第30页。

（四姓共 38 人，余略——引者注）

公举新住持僧：知远

眼同：江兴、欧富贵、黄天寿、饶思赐

代笔：廖毓堂　以上俱押①

上述 3 份明清规约涉及 2 座庙宇，5 个家族。第 1 份是明代崇瑞坪梁文林将其祖福澄公遗下的一处水田施助总管庙时，同住持傅经常所立。第 2 份是清乾隆间古山的南山庵失火重建时，原施主何、吴、徐、叶四姓召请僧普照回庵住持时所订。第 3 份亦是四姓施主同南山庵僧所约，嘉庆间四姓斥退了侵吞租谷的僧祯悟，邀请僧知远来庵住持，双方重新立约，并议定了 9 项规条。

立约过程一般遵照"惯例"进行。除当事双方外，还邀请"经议""眼同""代笔"等人来见证庙产交割过程，他们多为施主的姻亲、近邻或乡保等。这些参与者都须签字画押，由此，规约获得了公众认同，具有了更强的约束效力。规约内容一般包括庙产来源、坐落、数量（面积）、课赋完纳方式、施主与僧人的职责等信息。

（一）施主对庙宇的责任

1. 施助田地和财物。庵庙的建造与修缮，乃至日常的运行开支，莫不有赖于施主及其后裔的捐施才得以维持。如规约 1 中梁文林等将祖产水田施予总管庙"以赡香灯"。又如明永乐十七年（1419），大常张文一施建玉云庵，"给赡唯恐不及，数年方构草庐"。其后，文一之子仲清继续赞助，"周密护特，朝暮调治，油盐粮食，唯恐有阙。"至成化十六年（1480），住持道兴又在仲清之孙张茂的支持下，向乡民募捐，"重新殿宇，门廊、饭室、厨房、仓困、禾场、半栏猪牢等屋，莫不安措得宜……家间器皿粗细俱备"。②明清时期的族庙往往会有各种迎神赛会活动，家族也多在族产中设置相应的念佛田、迎神田、神明会祀田。

一般而言，田地一旦施助，施主虽然仍有监督的权利，但不得视为己有，其出佃和管理都由住持负责，收益归庙宇支配。除非遭遇动乱、失火，或僧人

---

① 沿山《樵西古潭何氏族谱》卷尾 3《契券》，民国三十三年 7 修本，第 31—38 页。

② 《玉云庵砧基记》（景泰六年）、《玉云庵重兴记》（成化十八年），载谢厝《清河张氏宗谱》卷尾《寺观志》，光绪三十二年 6 修，第 56 页。

盗卖等情形，以致庙宇难以为继，施主家族不得轻易收回田产，干涉经营。

2. 缴纳税赋。受明清户籍赋役制度的影响，施主虽将田产舍为庙产，但其税赋仍只能在施主所在的粮户名下完纳，因此"这些庙宇并未脱离捐建者所在的以'户'为单位的赋役系统"①。至于庙产税赋的完纳，有的施主全部包办，如乾隆间梁义九施助祥云庵田产，双方定议"庵内丁差、里役悉系义九公子孙承当，不涉庵中之事"，以"梁发花户"名义完纳。

更常见的是由庵庙承担，住持将钱粮交予施主家族，请后者代缴。如规约1中梁氏施舍总管庙水田，税粮二升，"其田民粮未推入庙，现存梁宅户内"，每年庙中帮贴铜钱30文，只是此钱梁宅不收，仍捐入庙中。规约3更是强调"每年国课僧务须早完，免致差催滋事"，要求每年清明日，南山庵僧人须分别向何、叶二姓亲送500文与250文铜钱，以作课赋津贴②。

3. 不得借势欺压，妄加索取。如规约3强调施主族人不得霸耕田墩；不得串通僧人盗砍、盗拼护蔽树木；不得向庵庙借贷银钱、米谷；不得引诱僧人吃喝酒肉，骚扰庵宇，荡败庙产。又如1944年梁氏重建东林寺，召僧住持，双方约定："梁氏子孙不得将寺产认为己产，无故欺压僧人，增加冬斋等情"。③

（二）住持人应尽之职责

1. 恪守清规，看护庙产。庙宇是清修之地，遵守清规戒律自然是僧众的基本职责。如明弘治年间南山庵众施主告诫新任住持明祚："务要安守清规，毋得私怀搬运，亦不许饮酒食肉，结交朋辈，以至破荡。"④清嘉庆间僧知远来庵住持，四姓施主也明令"住持僧须恪守清规，不得游荡及存面生歹人，亦不得在庵开庄赌博"（规约3）。

---

① 徐斌：《明清鄂东家族性庙宇的经营与管理》，《武汉大学学报（人文科学版）》2013年第2期。

② 乾隆四十三年订立的《南山庵议明抵兑字约》也明确约定：何氏所施田产，须缴粮税二斗，"清明之日，年例，（庵僧）交何姓铜钱五百文，帮纳国课之费，亦不得少欠。"参见沿山《樵西古潭何氏族谱》卷尾3《契券》，第28页。

③ 《重建东林寺添购田产登记序》（1944年），坪上《仁顺梁氏族谱》卷16《文类》，1997年9修本，第53页。

④ 《善济南山庵砧基记》（约弘治间），沿山《南阳叶氏族谱》，2011年打印本，第131—132页。

庙产是庙宇长久维持的根基，也是施主家族监督的重点，规约都有明令禁止僧人出卖和荡败庙产。新旧住持的交接仪式，必须邀请施主家族代表到场主持，这既是对施主施助之功的尊重，也便于施主清点庙产。如明成化四年（1468）"与众施主商议，将本庵家计等项，交脱师弟何善明掌管"。至弘治年间，善明年及七旬，"于是邀集众施主前来，将本庵常主器用，稻谷猪羊，什物农器等件，点数交付亲徒明祚，接续承管"①。清嘉庆间发生过南山庵盗卖庙田之事，此后施主对的庙宇的监管更加严格，规定："南山庵僧人交家，请吾族六股子孙，每股一人，到庵饮酒，以便清查交盘。"②此外，还有每隔5年一次的盘查，"每逢己、甲之年冬月，僧敦请何、叶、徐、吴四姓施主到庵饮盘查"（规约3）。

2.备办饮福，酬谢施主。施主家族对于庙宇的支配权，主要通过饮福活动得到展演。饮福本是古代祭祀礼仪。《周礼》云："凡祭祀之致福者，受而膳之。"郑玄注："致福，谓诸臣祭祀，进其余肉，归胙于王。"③祭祀完毕，参加祀礼之君臣及执事人员，共饮祭酒、吃祭肉。明清时期则泛指各类祭祀完毕后的宴饮、会餐。闽北的族庙一般于清明或冬月举行祭祀仪式，置办斋筵，邀请施主赴筵，并在散席后向参与者分发糍粑、豆腐、酒食。如规约1总管庙"每年冬，庙中住持请梁姓二人饮斋一席，外领糍二斤，煎豆心半斤"。规约2中南山庵与四姓施主约定6年置办一次冬斋，每次"敦请叶姓施主上房共六位，下房共八位；何姓施主六位；吴姓施主六位；徐姓施主六位"。冬斋席上菜品为糍粑、煎豆腐、青菜等，各席4瓶酒。至嘉庆重订约条时，仍然强调"冬斋各规条照先年指办，俱不得增减"（规约3）。

施主家族对饮福至为重视，其原因并非为满足口腹之欲，更重要的是借机盘点庙产，保持约束，防止盗卖。同时，饮福具有的强烈的象征意义——族人被邀请赴宴即意味着僧人对于施主家族之于庙宇控制权的认可。通过定期的会

---

① 《善济南山庵砧基记》（约弘治间），沿山《南阳叶氏族谱》，2011年打印本，第131—132页。

② 沿山《樵西古潭何氏族谱》卷尾2《契券·南山庵规仪》，民国三十三年7修本，第8页。

③ （汉）郑玄注，（唐）贾公彦疏：《周礼注疏》卷4《天官冢宰·膳夫》，中华书局1980年版，第660页。

餐、受胙，不断地确认双方的主从身份关系。对此，清代梁氏族人馨瑞有很精辟的说明。他说祖先所施庙田，任凭僧人耕种、管业，施主本不得视为己物，但若年久失据，则败荡难免。"故当年斟酌既立券据，复设冬斋，非以扰僧，特欲借此当约束、便稽查，为永远供佛计，意良恳耳。"①不惟如此，通过出席每年的饮福宴席，施主子孙的家族认同和庙宇的族属观念都得到强化，对于家族组织的发展具有深远影响。

3.为施主提供祭祀礼仪服务。坟寺/庵在祀奉神祇的同时，也往往供奉安葬于此的某位施主或其先祖，为其荐福、守坟成为寺僧的分内之事。对此前文已有述及，兹不再赘。此外，在一些特定的日子，庵庙中也会举行相关祭祀活动。如清乾隆间炉阳梁氏与光源寺约定："每岁十月初十秋祭，僧人建忏一部，祀梁先祖于右廊神堂，以伸酬答之意，仍邀梁姓子孙一十五人到寺破散斋仪。"②又如，前引炉阳梁图政公，膝下无子，将己产捐予胜公庙，"年规六月十二日图政公忌辰之日，住持人请先生二人诵经一旦……以为永远纪念不忘也"③。

综上可知，通过订立规约，施主与住持明确了各自的权责，施主需承担捐施资产，代缴课赋以及不得借势欺压、索取的责任；相应地，住持人也需尽到遵规护庙，备办饮福，提供礼仪服务的职责。由此，双方形成了一种各尽其职的主从关系，"类似于当代的股东与职业经理人的关系"④，共同推动着庙宇的运行。规约是在异姓亲属和乡邻的认可和见证下签订的，具有较强的约束性。双方对此都很重视，规约多是一式两份或一式数份，各自保管。施主家族更是将其载入族谱、庙簿，乃至刻之碑石，世代相传。

三、围绕庙宇支配权的纠纷

尽管施主与住持通过订立契约规条，举行饮福活动，确认双方的从属关

---

① 坪上《仁顺梁氏族谱》卷16《文类·施田小引》，1997年9修本，第20页。

② 《光源寺春秋二祭规额》（乾隆三十三年），坪上《仁顺梁氏族谱》卷16《文类》，1997年9修本，第19页。

③ 坪上《仁顺梁氏族谱》卷16《文类》，1997年9修本，第55页。

④ 徐斌：《明清鄂东宗族与地方社会》，武汉大学出版社2010年版，第207页。

系，但在历史发展过程中，因各种天灾人祸，家族不免经历兴衰沉浮，加之现实利益的复杂纠葛，家族对庙宇的掌控并非易事，纠纷在所难免。这些纷争既可能发生在住持同施主家族之间，也可能出现于异姓家族或同姓各房支之中，还可能产生于庵庙的僧人之间。

僧人盗卖庙田、租谷的现象屡见不鲜，施主家族一旦发现，通常会做出强烈反应，甚至借助诉讼的形式"鸣官究治"，以斥退僧人，捍卫庙产。如乾隆四十二年（1777）南山庵突遭火灾，施主家族清查庙产发现，住持僧权一"不守清规，将何施主所施产业盗卖一光"，"何姓查明，速欲鸣官究治"，新任住持普照极力调解，"因力劝何姓念在三宝佛上，又兼旧腊庵遭回禄，姑从宽宥"①，并愿意将师祖置买的皮骨田一坵，载民粮二斗正，以为抵兑。何姓准从，这才没有闹到官府。

嘉庆二十二年（1817），又发生"远近不肖之徒"串通僧祯悟盗卖庙产之事。何、叶、吴、徐四姓施主层层上诉，"始构于捕厅，继控于军府、县宪暨上制县"。县令断语："押退该僧，追限不肖等缴吞租谷，并饬另举妥僧住持"。四姓遂征召观济庵僧知远来住持香火，并申请军、县二宪颁给告示，"以杜樵采，并不肖流丐、匪徒、诸邑人等覆辙骚扰"②。

南山庵的例子中，四姓施主合力追究僧人的违约行为，由于双方力量对比悬殊，胜负一目了然。但若是势均力敌的异姓家族间发生庙宇支配权的纷争，则过程往往会漫长而曲折。以下不妨以坪上梁氏、罗前罗氏与光源寺三者之间的纠葛为个案进行分析。

光源寺是邵武南乡的著名古刹，对于其来由，撰于乾隆五十三年（1788）的《光源坑坟山序》有详细记录，其文曰：

> 光源坑葬七世祖十一郎名聪公、祖妣吴氏佛娘、副妣危氏。其地四周宽广约二余里，俱梁氏族业。初未有寺也，至九世祖唐英公，家席丰，好施济，尤笃于亲亲……爰于宋绍圣年间捐坟麓左侧山坪造佛寺。查初

---

① 《南山庵议明抵兑字约》（乾隆四十三年），沿山《樵西古潭何氏族谱》卷尾 3《契券》，民国三十三年 7 修本，第 28 页。
② 《南山善济庵序》、《县宪、军府批示》（嘉庆二十三年），沿山《樵西古潭何氏族谱》卷尾 3《契券》，第 31—41 页。

名先元寺，以山名之也。后因避元至元国号改光源寺。中为正殿，备极装〔庄〕严。旁益以僧寮、客舍、香积。复于东偏别构数椽，中龛安梁祖木主三，以志因坟建寺、因寺念祖之意。且春秋子姓登山，偶值风雨不时之夕，得依之而托宿，毋滋僧扰计施重产米租七十一石一斗五升。招妥僧住持管业、供佛外，又拨米租一十八石，中仍以半数归僧，又其半与僧酌定每岁寒食节前，代备米八斗及祭物品数，届期交梁族主祭，助祭登山醮墓。①

由上可知，光源寺是宋代梁唐英为其祖父母所建的坟寺。除了建造正殿、僧寮、客舍外，还在寺院东偏建有祠堂，安放梁祖木主三尊，"以志因坟建寺、因寺念祖之意"。唐英向寺中舍田供佛、赡僧，僧人则负责管理庙产，为梁氏祖先荐福、守坟，且每年须备好八斗米及祭品，于寒食节交梁族以助墓祭。

延及元明，双方的约定仍大体维持，只是增加了秋祭仪式，要求"僧人每遇十月初十日，诵经备祭，邀梁姓子孙到寺饮福"②。明中叶，光源寺开始向地缘性的乡村庙宇方向转化，寺僧也在尝试摆脱檀越家族的控制。正德二年（1507），僧人迟误饮福，梁氏"具控县主"。经邻乡罗福成、虞又美等劝释，双方于重新订立规约，约定："在后住持僧人每岁照依上年设斋办祭，敦请梁姓子孙九名，永为定规。嗣后惠成等不许违议减少，梁姓子孙亦不许越约加多。倘有前弊，执此经官"③。这份合约表面是对原有秋祭饮福活动的维护，实质是再次确认了梁氏的施主身份及其对光源寺的支配权。

明中叶以后，光源寺所在村落的居民结构发生变化。据《仁顺梁氏族谱》记载，和平梁氏的始迁祖日成公于后周由鄱阳迁徙到和平里仁顺东堡，经过几代繁衍，形成梁家坊，但到宋中叶，各支派分迁外地，而留在本村的族人不

---

① 《光源坑坟山序》（乾隆五十三年），坪上《仁顺梁氏族谱》卷首《序》，1997 年 9 修本，第 43 页。

② 《光源寺合同议约》（正德二年），坪上《仁顺梁氏族谱》卷 16《文类》，1997 年 9 修本，第 17 页。

③ 《光源寺合同议约》（正德二年），坪上《仁顺梁氏族谱》卷 16《文类》，1997 年 9 修本，第 17 页。

断减少，直至清初梁家坊祖地成为废墟。其中一支迁至十几里外的炉阳山区，即今坪上村。"族虽渐繁，而住址星散"①，使得梁氏对光源寺控制力大为减弱。与此同时，邻近的罗氏家族逐渐崛起。从族谱可知，罗氏始迁祖洁公于南宋理宗时期，由江西建昌迁至本地，至明中期，罗姓人丁兴旺，形成了罗前村，光源寺便位于其境域②。

明万历间，梁氏修缮光源寺，悬题"正大光明"匾额，落款"万历三十八年岁次庚戌，宋檀越梁唐英嗣孙众立"。此后，因寺屋损坏，罗氏介入捐赀修葺事宜，成为"重修施主"，获得了同"创建施主"梁氏一样的饮福待遇。其时，"梁罗二姓均属檀越，历久相安，从无争论"③。光源寺的性质也从梁氏一族的坟寺，转变为由两姓共同支配的家族庙宇。

两姓的冲突始于清代。乾隆元年（1736），光源寺僧本厚盗卖殿后花台与罗家壁葬父，被梁氏发现，元槐等5位族人"具控遏卖"。县令批词：

> 查光源寺乃一古刹，为宋时所建。梁祖创造于前，罗祖重修于后。但业既归僧，则施主不得视为己物，为子孙者，亦不得擅自变卖。况近奉新例：凡寺院产业不许售卖。如已经典卖，即令设法募化回赎。续置者，亦申请入册。私行变卖者，治罪。通行钦遵在案。寺僧本厚何得违例卖地？尔亦不得扦葬。候押，该僧给还原价。尔另觅地葬父可也。族谱发还。④

这段判词饶有意味，县令先是分别确认了梁罗二姓对于光源寺的创建与重修之功，但接着指出"业既归僧，则施主不得视为己物，为子孙者，亦不得擅自变卖"，强调了庙宇运行的相对独立性。最后根据清廷新近颁布的禁售寺产例，判定寺僧卖地违例，交易无效，应退还原价，罗家壁则另觅地葬父。可见地方官员力图兼顾三方的利益，维持原有的权利分配格局。

---

① 《光源坑坟山序》（乾隆五十三年），坪上《仁顺梁氏族谱》卷首《序》，1997年9修本，第43页。

② 《重修仪阳罗氏宗谱序》（乾隆五十七年），罗前《仪阳罗氏宗谱》卷首《序》，1999年7修本，第53页。

③ 《光源寺谳语》（乾隆二十八年），坪上《仁顺梁氏族谱》卷16《文类》，1997年9修本，第7页。

④ 《光源寺谳语》（乾隆二十八年），坪上《仁顺梁氏族谱》卷16《文类》，1997年9修本，第6页。

图 4-2　光源寺"正大光明"匾 ①

　　然而两姓围绕光源寺的纠纷并未就此终结。乾隆十八年（1753），住持僧去世，罗氏未同梁氏商议，自行招僧希天住持。乾隆二十三年（1758），该僧同罗氏将寺内"正大光明"四字换为"法相庄严"匾，旁将梁氏名字划除，只书"檀越罗仲权"字样。此外，寺僧原本应向交梁罗二姓各交纳祭米八斗，希天只照原额交送罗氏，而交梁氏的祭米只有一斗六升。寺僧与罗氏的做法，再次打破了先前的利益平衡，严重威胁到了梁氏对光源寺的支配权，让其感到极大愤慨。乾隆二十六年（1761）梁氏鸣官，在诉状中写道："该奴又欺凌〔梁〕姓已甚矣！今梁玉川等见匾已更，名已划除，虑将来施主之名归于湮没，祖舍田产遭僧荡败，遂控告到县。"② 随后县令做出如下判决：

──────────

　　①　2014 年 4 月 4 日笔者摄于邵武市和平镇罗前村光源寺。

　　②　《光源寺谳语》（乾隆二十八年），坪上《仁顺梁氏族谱》卷 16《文类》，1997 年 9 修本，第 8 页。

查梁姓现在式微，住居离寺颇远，罗姓隔寺甚近，人复众多，该僧希
天欺梁而附罗，情属可恶。着令将新匾额上仍照原式添刊"檀越梁唐英嗣
孙众立"字样，同罗仲权之名并列，俾免争论。所有寺后山地，梁罗二姓
日后均不许扦葬。应纳梁罗二姓祭米，着僧希天各照原额均以捌斗同祭品
交送。该僧势利起争，应予责罚，嗣后倘敢不守清规，梁玉川等系老檀越
子孙，许其据实指禀，以凭究逐。①

这份判决目的仍是平息事端，维持原状。官府考虑到梁罗二姓与光源寺的渊
源，及二姓力量的变化，判定恢复两姓共同支配寺宇的惯例，即所谓"古制"。
要求寺僧应平等地履行对两姓檀越的义务，不得偏颇。梁氏对此判决较为满
意，他们随即将先祖施田情形刊碑竖立寺内。

大部分罗氏族人对此并无异议，但罗家璧与住持僧希天都难以释怀，
并将判词碑抬去藏匿。乾隆二十七年（1762）三月清明日，梁玉川到寺中
收祭米，又与希天师徒及罗家隆、罗家增发生冲突，玉川遭殴伤。于是，
讼争再起。先是梁玉川堂兄鲁川、期远等赴县禀报。五六月间，罗氏族人
玉成、文锦、康行等也先后赶赴延平、福州，向分巡道、布政使、总督各
衙门控告。

同年十月，邵武知县判决："〔罗家隆〕应比照破人骨及用汤火、铜铁汁伤
人者律，杖一百，折责四十板。罗家增、罗宁祐、罗文耀互殴伤人，俱属不
应，请照〔不〕应重律杖八十，折责三十板。僧希天趋附罗姓，屡次滋事，实
为祸首……除照不应重律杖责外，押逐还俗，毋许再入光源寺，以绝衅端。玉
川等所立之碑，已被罗家璧抬去，押应令交出，竖立寺内。"②罗家隆等人因犯
殴人成伤律受到责罚。住持僧希天则被认定"趋附罗姓，屡次滋事，实为祸
首"，依"不应为"重律受到杖责，并被"押逐还俗，毋许再入光源寺"。随后
邵武知府批准了此项判决。

乾隆二十八年（1763）七月，应新任住持明远之请，邵武知府向光源寺开

---

① 《光源寺谳语》（乾隆二十八年），坪上《仁顺梁氏族谱》卷16《文类》，1997年9修本，
第8页。

② 《光源寺谳语》（乾隆二十八年），坪上《仁顺梁氏族谱》卷16《文类》，1997年9修本，
第11页。

具了护寺禁示，再次确认了梁、罗二姓对该寺的支配关系："光源寺原系梁玉川等之祖创建于前，罗玉成等之祖重修于后。断令匾额内同刊创建、重修姓氏，仍将石碑竖立寺内。"同时，也强调了对寺庙秩序的保护："示仰该都练总、梁罗二姓及僧人等知悉，嗣后务遵示禁，毋许罗家璧等顽抗争耕，强割盗砍滋事，以及容留面生匪类、流丐人等在寺内肆行强讨、借宿、聚赌、偷砍该寺竹木等情"。① 至此，这场旷日持久的庙宇纷争方告平息。

此后，为了防止类似事件复发，梁氏采取了一系列的巩固措施：

其一，刊立碑记，昭示产权。乾隆二十八年（1763）梁氏邀请同乡生员萧辰撰写《光源寺寺产碑》，记述先祖梁唐英施田建寺的缘由，住持僧希天"改削古制，背礼忘本"引发讼争的经过，以及县令的判决、梁祖所施寺田山场的面积、坐落。② 并以"宋檀越梁唐英嗣孙众立"的名义，刊立于寺，借以昭示其对于光源寺的所有权。

其二，清查寺产，编订簿册。梁氏认为光源寺之所以出现"不肖僧人业去粮存，寺作民卖"的弊病，皆因"寺久年湮，全无契簿可稽"。因此，会同住持僧彻底清查寺产，编订《光源寺印册》。《印册》除了登载田产坐落、赋税钱粮等信息外，还将以往施主同住持所签的饮福规约、光源寺历次讼争文书及官府谳语、寺产碑文等，"逐一详载册尾"。俾后起者各识木本水源，且知恪守僧规。又将《印册》造立三本，"一存卷，一存寺，一存施主。俾官民确有可核，僧俗杜侵荡"③。

其三，饮福颁胙，表彰"义举"。在光源寺纠纷案中，梁氏荣振、金元、期远、鲁川、玉川、永旺等6位族人表现突出，"甚费心力"。为此，梁氏议定了《颁胙仪注》，规定每年清明祭祖时，向每人颁授胙肉1斤，且"子孙世领，以奖仁孝，以酬勤劳"④。乾隆三十三年（1768），梁氏同光源寺订立《光源寺

① 《光源寺谳语》（乾隆二十八年），坪上《仁顺梁氏族谱》卷16《文类》，1997年9修本，第13页。

② 在邵武市罗前村光源寺内至今仍保留着乾隆二十八年立《光源寺寺产碑》，大殿正中亦悬挂"正大光明"匾。《仁顺梁氏族谱》也收录了此碑文。

③ （清）僧明远：《光源寺印册序》（乾隆二十八年），坪上《仁顺梁氏族谱》卷16《文类》，1997年9修本，第16页。

④ 坪上《仁顺梁氏族谱》卷16《文类·为光源坑坟山颁胙小引》，1997年9修本，第23页。

春秋二祭规额》，约定各支派参加饮福的名额，而上述 6 人作为"曾为祖坟效力者"，"皆得与饮，不在五房分派之例"①。

从明正德至清乾隆的近 250 多年间，围绕光源寺的所有权，梁氏与寺僧及罗姓发生了数次纷争，显示出梁氏对于族庙的强烈产权意识。讼争平息后，梁氏又采取了一系列的措施，巩固寺产。以此为契机，梁氏加速了家族组织化的进程。

四、家族庙宇对于家族组织的影响

家族庙宇的存在，对于明清闽北家族组织的形成与发展，有着重要的影响。闽北山多田少，农业资源禀赋相对较弱，宗族聚居规模较小，组织形式也较为简单。当地的"绝大多数聚居宗族，直到清中叶以后才开始建祠堂、修族谱"②。在此之前，各族的祖先祭祀多与敬神奉佛交织并举。如万历《邵武府志》记言：

> 人疾病辄延师巫祈禳……丧事多用浮屠，葬昵风水，至有停柩数十年及数十世不葬者。祠堂不立，神主不设，只书昭穆香火数字，甚至塑神佛像以并祀者。无四时祭，惟忌祭、墓祭，然皆不遵《家礼》仪节。间有行者，人皆非咲。亦有欣慕者，但循习既久，未能悉受变尔。③

以上记载反映了明末邵武的礼俗样貌：佛教与巫觋在乡民的日常生活中有广泛和深刻的影响，而以朱熹《家礼》为代表的儒家礼仪并不被人们接受，只有少数士绅在艰难地尝试。在祭祖方面，人们不单独建祠堂，不设祖先神主；家祭、祠祭（寺庙立祠）、忌祭、墓祭亦不遵《家礼》，祖先与佛像及诸神像杂处并祀。尽管这类民间祭祖习俗并不符合儒家礼制，但对于强化人们的族属认同，促进同族结合，仍有非常重要的意义。④ 以下仍以坪上梁氏为例，进行

① 《光源寺春秋二祭规额》（乾隆三十三年），坪上《仁顺梁氏族谱》卷 16《文类》，1997 年 9 修本，第 19 页。
② 郑振满：《明清福建家族组织与社会变迁》，中国人民大学出版社 2009 年版，第 93 页。
③ 万历《邵武府志》卷 10《舆地志·风俗》，第 8 页。
④ 郑振满：《宋以后福建的祭祖习俗与宗族组织》，《厦门大学学报》1987 年增刊，又载郑振满：《乡族与国家：多元视野中的闽台传统社会》，生活·读书·新知三联书店 2009 年版，第 103—116 页。

分析。

据族谱资料记载，坪上梁氏始迁祖日成公，于后周显德元年由江西鄱阳徙居邵武和平里仁顺东堡，子孙繁衍，形成梁家坊。日成公传五世至学政公，生五子，其中四子外迁，惟第三子留下。宋中叶，本地族人逐渐向邻近的坪上（炉阳）迁徙。坪上地处邵武西南、武阳山区腹地，下辖近十个小村。清中叶地方文人李大戴的《炉阳里居记》对当地形胜有详细记载，其文曰：

> 岭势超递，由麓拾级，非越刻逾时未由造巅入境。故地距最高，几于冷际为近。左右重峦蜿蜒，叠谷奔驰曲折。中阡陌横斜，坪坡不一，广半里或不及半里。村落连缀，望衡对宇，各随地势布置……厥土砂砾，无平畴沃衍，仅宜稻，无他土产。厥田惟下下，望畦垎皆从山半，鳞次叠比而下，势若帘垂。①

可知，坪上地势高寒，山多田少，村落和稻田零散地分布于山间谷地，坡上虽有不少梯田，然皆非沃壤。这种山区地形势必对村落和家族的组织形态产生影响。一方面，坪地少，无法维持大规模的村落聚居形态，乡民被迫不断地外迁，形成散居宗族；另一方面，山岭河谷将各聚居点分隔开来，使其保持相对独立的发展。

大约在北宋中期，坪上梁振谟名下又分作五大支脉，清乾隆间始修的族谱将其表述为"恭、宽、信、惠、敏"五房：恭房居上村大坵田；宽房居中村；信房本居中村，后移西坑、夹磜、交溪；敏房原居中村，后迁杨家畲；惠房回迁梁家坊。明代，宽房子孙又分居西坑、横排、萧坊。② 坪上梁氏虽属同族，但由于不断分房及族众散居，因而在事实上各房独立发展，自成体系。

清中叶以前，梁氏虽无祠堂，亦未修谱，但各房支大都拥有自己的庙宇，如表4-3所示，梁氏恭、宽、信3房有化乾庙；恭、宽2房有祥云庵；恭房有拱北祠、观音堂；信房有总管庙、安吉庵等。庙宇一般有各种神明祭祀活动，如安吉庵"每年正月初六日庆贺古佛神诞期，上元日庆贺上元天官赐福。八月

---

① （清）李大戴：《炉阳里居记》（约乾隆间），坪上《仁顺梁氏族谱》卷首《序》，1997年9修本，第42页。

② 《梁氏本源纪略》（乾隆三十三年），坪上《仁顺梁氏族谱》卷首《序》，1997年9修本，第12页。

初五日庆贺福善尊王，届期每建忏三部：杯醮出宫，两坊各建忏一部；尊王归宫，共建忏一部"①。此外，梁氏各房支还为神明祭祀活动置立了规模不等的祀产。恭房大坵田族众有迎神田 420 秤，开路田 25 秤；灯会田 2 石，弥陀会典租 2 石；宽房大股福兴、福常、福深三支派有迎神田 9 处，220 秤；宽房梓贤公派下有迎神田 10 处，150 秤。② 在家族组织化、制度化尚未完成的宋明至清前期，梁氏各房支通过相关的族庙，维持着家族群体意识，凝聚着族人的向心力。

清中叶以后，特别是进入乾隆朝，闽北家族的组织化程度逐渐增强，祠堂建筑成为乡村的常见景观。邵武"乡村多聚族而居，建立宗祠，岁时醮集"③。民俗也由俭入奢，"旧时邵、光、泰三县之民，鲜为商贾，商贾亦少至。财源啬薄，安于食稻衣布，故其俗朴。近来乐商贾，筵宴服饰，往来酬赠，渐尚华侈"④。这一转变背后的动力主要在于山区商品经济的发展，纸业、茶叶与林木等贸易规模的持续扩大，刺激了闽北山区的开发热潮。⑤ 在此过程中，山区各族姓人群为了争夺资源而产生了激烈的竞争，长期的纷争又促进了家族组织的强化与扩大。

乾隆年间，梁氏与罗氏围绕光源寺的支配权屡起讼争。为了应对烦杂而漫长的诉讼，梁氏各房不得不联合起来，家族形态也由先前的涣散走向统合。乾隆元年（1736），因光源寺僧本厚盗卖寺产与罗家璧葬父，梁氏极为不满，元槐、廷枢、君珍、以妍、永旺等 5 人愤而赴县具控。此时的梁氏五房尚不能发挥统合功能，而是依靠族内几位有力之士的付出，其中信房的梁元槐更是负担了大部分的费用。梁元槐家境优渥，父子都热心家族事务。其父梁守瑞经商致富后，置办祭田、排解纠纷，"为乡里所敬服"。⑥ 元槐考童子试未中，转而学

① 坪上《仁顺梁氏族谱》卷 16《文类·下炉洋安吉庵檀越施田记》，1997 年 9 修本，第 56 页。

② 坪上《仁顺梁氏族谱》卷 16《文类·迎神田》，1997 年 9 修本，第 61—69 页。依当地习惯，1 秤 ≈ 10 市斤。

③ 乾隆《邵武府志》卷 6《风俗》，清乾隆三十五年刻本，第 4 页。

④ 乾隆《邵武府志》卷 6《风俗》，清乾隆三十五年刻本，第 3 页。

⑤ 徐晓望：《明清东南山区社会经济转型——以闽浙赣边为中心》，中国文史出版社 2014 年版。

⑥ 坪上《仁顺梁氏族谱》又卷首《守瑞公传》，1997 年 9 修本，第 21 页。

医,"排难解纷,倾囊不吝;矜贫恤寡,开廪不辞",被誉为"一乡之善士"。①

　　从乾隆二十六年起,梁姓再次因光源寺与罗姓"诘讼连年"。在此阶段,梁氏最热心的族人当属信房的玉川、鲁川和宽房的期远。梁玉川先是为了维护梁氏对光源寺的支配权,"不避仇雠,逞身理禀";接着,又因往寺中收取祭米,而遭殴伤。鲁川和期远则代表族人赴县呈控。寺产屡遭侵犯及族人被殴伤事件极大地刺激了梁氏一族,家族内部也趋于团结,各房积极响应,共同分担诉讼费用,"恭房出银贰股,宽房出银三股,信房出银三股,敏房出银壹股",惠房虽未出银,亦有出力。②

　　乾隆二十八年(1763),梁氏最终获得了有利的判决,家族意识更加高涨。在光源寺纠纷案中发挥着骨干作用的几位族人,转而将热情投向联宗收族活动。5年后(1768),在期远、玉川、荣振及鲁川之兄亨亲等人的倡导下,梁氏首次编修了族谱。③为了加强对光源寺的管理和寺产的保护,梁氏和光源寺重新订立《光源寺春秋二祭规额》,④约定了光源寺僧人对于梁氏春秋二祭的应尽职责,以及梁氏族人间的利益分配方式。就僧人而言,每年春祭须向梁族交纳八斗祭米和八百文祭品折钱;秋祭时,应于寺中右廊神堂,建法忏一部,以祀葬于此地的梁族先祖。二祭均须邀梁姓子孙参与饮福筵席。就族人而言,光源寺的祭祀和饮福参与权,按照股份与房份相结合的方式被分成了9股,每股都是"清明三名,秋祭一名"。其中,恭房得龙公、贵公支下2股;宽房梓政公、梓贤公、梓厚公支下3股;信房佛生公、顺生公支下2股;敏房庆保公、惠房长公支下各1股。

　　上述规额表明,围绕光源寺的祭祀仪式,形成了梁氏九个支派联合管理的格局。春祭祭品"照九房轮流值收",二祭的饮福共同派人参加。同时,也反映出此时的梁氏依然延续着寺祠合一的祭祖习俗,祖先崇拜尚未从寺庙中脱离

---

　　①　坪上《仁顺梁氏族谱》又卷首《植三梁公传》,1997年9修本,第24页。

　　②　《光源寺春秋二祭规额》(乾隆三十三年),坪上《仁顺梁氏族谱》卷16《文类》,1997年9修本,第19页。

　　③　《梁氏本源纪略》(乾隆三十三年),坪上《仁顺梁氏族谱》卷首《序》,1997年9修本,第12页。

　　④　《光源寺春秋二祭规额》(乾隆三十三年),坪上《仁顺梁氏族谱》卷16《文类》,1997年9修本,第19页。

出来。从某种程度而言，光源寺扮演了大宗祠的角色。每年春秋的祭祖和饮福活动，将族人团聚在一起，密切了九派间的合作，增强了大家的家族认同感，为日后进一步的家族整合打下基础。乾隆四十八年（1783），梁氏九派在炉洋动工修建大宗祠，以祀迁邵武之始祖日成公，乾隆五十二年（1787）落成。[①]同年，启动族谱重修。[②] 至此，坪上梁氏家族的组织化过程大体完成，梁氏被整合为制度化的、内部关系更为密切的家族组织。

值得注意的是，尽管清中叶以来，闽北各族普遍建立了祠堂，家族获得了统合，但家族庙宇并未被废弃，而是继续得到族人的供养和维护，而且庙产也同祭田、学田等被族产一道被载入家谱，受到家族的珍视。可见，族庙对于族众的日常生活有深刻的影响，并不能被祠堂所取代。首先，族庙是地方社会的公共信仰空间，能够满足民众对于神明信仰的精神需求。其次，族庙具有强烈的族产色彩，庙产的税赋往往依托施主家族缴纳，与之相关的山场、坟山、林木更是重要的经济资源，因而受到族人极力捍卫，不许他姓染指。再次，族庙被视为祖先的善举和遗泽，维护其香火不辍，"以彰先人美迹，以表后人继善之心"[③]，是子孙孝道的体现。

郑振满指出，清代闽台的大族一般会形成支、派、房之类的亲属集团。"族产的权益也分属于家族内部各种亲疏有别的亲疏集团"，"只有创置者的支系后裔才有权分享"。各类族产都是"'按份共有'的股份所有制"。[④] 家族庙宇的管理权和饮福参与权也同样如此。按照捐资者或出力者的"股份"分配，并世代相承，"无份"的旁系族人则被排除在外。例如，光绪《清河张氏宗谱》规定，玉云庵，"四至界内尽系仲清之业"，住持僧人每年十一月初三，备整斋仪，邀请仲清子孙赴宴，"文四子孙迁移脱售已久，亦不得借联谱牌冒领絷争"。[⑤] 瑞

---

① 坪上《仁顺梁氏族谱》卷首《序·建祠序》，1997 年 9 修本，第 49 页。

② 《梁氏二修谱序》（乾隆五十三年），坪上《仁顺梁氏族谱》卷首《序》，1997 年 9 修本，第 12 页。

③ 《重建祥云庵记》（道光元年），坪上《仁顺梁氏族谱》卷 16《文类》，1997 年 9 修本，第 38 页。

④ 郑振满：《乡族与国家：多元视野中的闽台传统社会》，生活·读书·新知三联书店 2009 年版，第 4、67 页。

⑤ 《大常玉云庵规约》（道光元年），谢屑《清河张氏宗谱》卷尾《寺观志》，光绪三十二年 6 修本，第 152 页。

云庵，"现所助田亩俱系永贵公支子孙。其他房未赡田归庵，及庵众事未出力者，公议每年冬斋不得与食与领。其愿与食与领者，仍须赡田归庵，及同出力经理众事"①。

随着世系的繁衍，家族内部不断分化和扩大，形成大小支系交错的房支结构②，族庙的所有权也相应地复杂化了。有些庙宇属于整个家族共有，有些则由一个或数个房支所有。族庙所有权的差异，对家族组织产生的影响也不尽相同。例如，光源寺由宋代梁唐英所建，其名下所有子孙皆"有份"，寺中的祭祖和饮福活动由各房派人参加。因而，光源寺对于梁氏一族起到了归整和凝聚的作用。此外，梁氏各房支也大多拥有自己的庙宇，各自举行仪式，显示出较强的独立性和排他性。这些庙宇对于强化"有份"房支子孙的集体意识，促进房支的融合与维系，具有积极意义，但对于整个家族而言，它们的存在则可能是一股离散力，加剧了房支的独立与分化倾向。

清中后期，不少已有大宗祠的家族，又纷纷建立了支祠。如横排的梁氏宽房族人，"久欲设法区处，建立享祠，尊厥宗敬厥祖"，同治十年（1871）创立"福海公享祠"，奉祀由明代从中村迁此开基的福海公神主③。同年，交溪信房族人也建立祠堂，祀交溪始祖十七郎公及配位，下设昭穆。④ 下西坑宽房子孙亦于光绪二年（1876）建造支祠，以祀开基祖仲彰公及妣上官氏。⑤ 宗祠与支祠功能不同，时人梁羽仪对此解释道："始祖庙以联散处之子孙，使知报本反始"，"支祖庙以联一脉之子孙，使知由近溯远，亲亲之有其

---

①　谢厝《清河张氏宗谱》卷尾《寺观志·道峰山》，光绪三十二年6修本，第144页。

②　关于"房"的含义及其与家族的关系，参见陈其南：《房与传统中国家族制度：兼论西方人类学的中国家族研究》，《汉学研究》第3卷第1期，1985年，第130页。钱杭关注到华北宗族存在与"房"型系谱不同的"门"型系谱（钱杭：《沁县族谱中的"门"与"门"型系谱——兼论中国宗族世系学的两种实践类型》，《历史研究》2016年第6期）。

③　《横排新建福海公享祠记》（同治十年），坪上《仁顺梁氏族谱》又卷首，1997年9修本，第10页。

④　《新建十七郎公祠堂记》（同治十年），坪上《仁顺梁氏族谱》又卷首，1997年9修本，第19页。

⑤　《坪上宽房仲彰公享祠地基对约》（光绪二年），坪上《仁顺梁氏族谱》又卷首，1997年9修本，第12页。

杀也"。① 家族组织的形成与结构性变迁是多种因素综合作用的结果，而家族庙宇的影响恐怕不容忽视。

不过，家族庙宇之于家族组织的影响并不能一概而论，应考虑其所有权的差异。全族共有的庙宇，有助于凝聚族人的向心力，促进家族内部的维系与整合。而房支所有的庙宇，则有利于该支系族众的结合，但对于家族而言，则加剧了房支的离散与分化倾向。这也提醒我们族庙与家族的关系充满着复杂性与变动性。

第三节　神明祭典与村社生活：以惠安祠为例

乡村庙宇往往是社区地缘关系的重要标志和象征。近年来，笔者在闽西北地区进行多次田野考察，发现当地居民对"三王"的崇拜与祭典活动已经融为地方社会生活的一部分。同时，这些活动或直接，或间接地反映了地域社会的性质、内部关系、权力网络及其历史变迁。

本节重点涉及邵武市和平镇的 3 个行政村及其辖内的 9 个自然村，即危冲村（危冲、肖家湾、路下田）、坎头村（坎头、上井、官坊、坪坛）和鹿口村（鹿口、龙归），俗称"九乡"。和平属丘陵地带，境内冈峦起伏，和田溪两岸为狭长河谷小平原，九乡便星罗分布在这块小平原上。本节尝试着眼于长时段的历史变迁视角，通过对惠安祠庙宇变迁及其神明祭典活动的研究，描述庙宇的兴建、神明格局、祭典仪式，展现其所蕴涵的权力支配关系，揭示其社会历史文化内涵。

一、庙宇沿革与神明由来

惠安祠，俗称下城庙，位于坎头村南 200 米处，坐西朝东，依山傍溪。现今庙宇占地 1000 多平方米，抬梁与穿斗式混合构架，重檐顶，气势恢宏，大

---

① 《新建仲彰公享祠堂图》（光绪二十一年），坪上《仁顺梁氏族谱》又卷首，1997 年 9 修本，第 14 页。

图 4-3　惠安祠外景 ①

图 4-4　惠安祠内景

体上保留了清代的建筑风貌。庙有两进殿，主殿崇奉三尊神像："福善王"居中，"民主王"与"五通王"配祀左右。主殿左侧祀奉观音及其两位侍女，右侧塑地藏王。后殿供奉的诸位神明是：社公、社母、五谷真仙、土地、财神。惠安祠的建筑空间与神明格局是长时段历史变迁的结果，体现了不同时代、不同背景人群的象征意涵，同时，也折射出族际与地方关系格局的演变历程。

关于惠安祠的起源，目前所见最早的文字记录出现在明弘治《八闽通志》中，其云：

> 惠安庙，在府城西南三十六都。晋永嘉时，和平居民春秋社，常于张家井巨石侧致祭，号为和平土主神。宋绍兴间赐额，封善应侯。②

又，清乾隆《邵武府志》载：惠安祠，在古山，祀社神。③

这两部志书的修撰时间上距永嘉较为久远，一些信息可能不尽准确，④ 但是仍能提示我们惠安祠的起源可能与古老的社神崇拜密切相关：早期，和平居民有将巨石当作土主神祭祀的习俗。可能在巨石旁构筑庐宇，作为春秋社祭的场所。

---

① 2013 年 9 月 9 日笔者摄于邵武市和平镇坎头村惠安祠。

② 弘治《八闽通志》卷 60《祠庙·邵武府·邵武县》，下册，第 561 页。

③ 乾隆《邵武府志》卷 11《民祠》，第 27 页。

④ 例如，《八闽通志》载惠安庙在邵武府城西南三十六都，误，由方志可知，明清和平与坎头一带隶属于邵武县三十三都与四十三都。（参见：万历《邵武府志》卷 2《舆地志二·里图》；咸丰《邵武县志》卷 2《建置志·里社》）此外，对于宋代赐额、受封一事，笔者遍查《宋会要辑稿》与明清各版本的邵武方志，都找不到佐证，因而姑且存疑。又，乾隆《邵武府志》所载古山村，今属邵武市沿山镇，明清时期为四十六都。

宋代，和平社区内部的地域关系发生较大转变，其中最引人注目者当属上
官家族的崛起。科举的巨大成功，铸就了显赫的官宦世家（参见第一章第三
节）。在此背景下，惠安祠庙宇的性质也出现了重大转变。收录于民国《闽樵
和平上官氏宗谱》中的《惠安祠檀越上寿胙筵由来记》对此有详细的追述，兹
摘记于下：

> 惠安祠，古名溪堂，今名下城庙，为樵南之名祠也。建自宋朝熙宁
> 间，其基址即葬九世祖洎公之王墓墩。公后改葬暖水窠，即就此地建造祖
> 庙。原十七世祖均公奉使金〔辽〕国，夜宿馆驿，有盗图劫，梦见洎公显
> 灵默佑，始克回朝，表奏朝廷加封洎祖为民主王，兰公为五通王，赐建专
> 祠，享民血食，在公原葬处建祠。公字惠安，故额曰惠安……〔明代重修〕
> 又加塑福善王，而牌匾仍其旧。①

这则材料为明清上官氏族人所编撰，其中虽有讹误，但仍为我们了解惠安
祠早期历史提供了重要线索。就其所言，有几点值得注意：其一，惠安祠古名
溪堂，系上官家族先祖上官洎的墓地。宋熙宁（1068—1077）间，被改造成上
官氏的私家祠庙惠安祠，奉祀上官洎父子。其二，宋代建造惠安祠的主要推动
者是北宋名宦上官均，其契机是出使辽国有功。其三，宋代朝廷加封上官洎为
"民主王"，上官兰为"五通王"。"福善王"的塑像则是在明代重修时加塑的。

上述三点关涉本节主旨，不妨依次辨析如下。

第一，"九世祖上官洎"的身份。上官洎被和平上官氏奉为开基祖，据说
他字惠安，是唐末邵武镇将，与其子上官兰因抵御黄巢的军队入闽，壮烈殉
国。但是经笔者考证，这位英雄祖先的事迹极可能是宋代上官族人建构的结
果。对此，本书第一章第三节已有详论，兹不赘述。

第二，关于上官均使辽及奏立惠安祠的说法。上官均（1038—1115），
熙宁三年（1070）进士，北宋名臣，《宋史》有传。② 其使辽一事《宋会要辑
稿》载之甚详。建中靖国元年（1101）正月，辽道宗逝世，二月，宋徽宗命

---

① 前山坪《闽樵和平上官氏宗谱》卷首《惠安祠檀越上寿胙筵由来记》，民国十九年 12 修
木活字本，第 46 页。
② 《宋史》卷 355《上官均传》，第 11178—11181 页；嘉靖《邵武府志》卷 13《乡贤·上官
均传》，第 5—14 页。

给事中上官均、谢文瓘等使辽吊慰。然而，还朝后，朝廷似乎对使臣们的表现不甚满意，以"使辽吊奠而从者更衣以入，有违旧章"的罪名，将上官均等人"各降两官"。① 上官均出使非但无功反而获罪的史实，与嘉庆《上官氏宗谱》中"回朝表奏，朝廷加封洎祖……赐建专祠"的表述之间似有抵牾。此外，嘉庆《上官氏宗谱》另有一条记载："〔上官〕均为大辽国信使，出关，每有云中黑神在前拥护，荣归，始建下城庙，代三王赠表圣荣，而官氏永为檀越。"② 这条记录仅言"黑神"相护，并未与上官洎对应。同时，"代三王赠表圣荣"反映出宋代下城庙便已供奉"三王"神明。值得玩味的是，民国版上官族谱似乎已经发现上述两条记载的矛盾之处，于是删除了"黑神"相护的内容，仅保留上官洎护佑的记载。可见，宋代下城庙的建立不大可能是因上官均使辽有功，朝廷敕封的结果。综合各种材料可推断，宋代的惠安祠可能先是供奉土著信仰黑神的"溪堂"，后来演变成为祭祀"三王"的庙宇，上官家族则是该庙重要的支持者或支配者。上官均奏请立庙的说法，应当是后世的附会。

第三，"三王"的身份。前引《惠安祠檀越上寿胙筵由来记》载"民主王"是上官洎，"五通王"为上官兰，但未明言"福善王"姓名。光绪元年（1875）刊行的《惠安祠簿》保留的康熙五十年（1711）序文，则记曰：

> 昼锦惠安祠，古名溪堂，今称下城庙，乃诸坊所共建，樵南之名祠也。祠内崇祀福善尊王，即温陵太守欧阳祐也。义宁初任满西归，舟次大乾龙湖，闻隋鼎移，挈家沉死。里人高定、李计葬而祀之。其左为民主尊王，即宋神宗朝所加封唐赠忠勇将军上官洎也。本官坊墟人，为昭武镇将，乾符间，逆贼黄巢之乱，遂与其子兰，勤王尽忠，事详本传。其右则五通尊王是也。③

序文提到福善尊王为欧阳祐，民主尊王是上官洎，五通尊王姓名则未涉

---

① （清）徐松辑，刘琳等点校：《宋会要辑稿》"职官五一·国信使"，第 8 册，第 4421 页；《宋史》卷 354《谢文瓘传》，第 11160 页。

② 前山坪《上官氏宗谱》卷首《官坊墟、惠安祠得名记》，嘉庆十七年 10 修本，第 72 页。

③ （清）黄家椿：《重建惠安祠志》（康熙五十年），《惠安祠簿》卷首，光绪元年木活字本，第 10 页。

及。不过，从行文来看，五通尊王绝不是上官兰。欧阳祐信仰，在唐宋以降的邵武乃至闽北地区都很盛行，其祖庙位于今邵武富屯溪畔的水北镇大乾村。宋代，闽西北的欧阳祐信仰最为兴盛，在信众与官府的共同推动下，灵验故事大量涌现，特别是与士人举业建立了联系，神明事迹不断层累，并进入官方祀典，累获封敕。在此情况下，欧阳祐信仰亦进入邵南村落，这当中上官家族功不可没。由绍兴二年（1132）《垆阳明应广祐王庙记》可知，当时欧阳祐已成为邵武全郡的福主，至为普及。"千室之邑，三家之村，祠宇相望，居者行者，或塑或绘，香火弗绝。凡有所为，必决于王而后敢从事。"①此碑由户部侍郎季陵撰写并书，南剑知州上官愔篆额，季陵的岳父、中大夫上官恢立石。这充分体现了上官家族对欧阳祐的接纳与推动。同时，该信仰以邵武为核心，在闽北及邻近地区广为传播。

两宋时期五通神信仰也进入邵武。五通，又称五显、五圣，祖庙在徽州婺源。据宋代《新安志》载，庙在婺源县西，其神有五人。大观三年（1109）赐庙额"灵顺"，宣和五年（1123），五神分别封为通贶、通佑、通泽、通惠、通济侯，故又称五通。②五通神信仰兴起于北宋，南宋时期在南方各地蓬勃发展。邵武军及其邻近的建昌军、建宁府等处均有立庙。③宋末邵武士人黄公绍谈到当地五通庙会的盛况时说："幸逢四月八日之佳辰，真是千载一时之庆会，万方百姓，朝天下之正神，三界众真，归佛中之上善。"④延及明清，邵武的五通信仰仍在持续。万历《邵武府志》云："五通庙，在南厢四十八〔都〕，万历四十三年火，寻建。"⑤成书于清代的《中乾庙众簿》一书也回顾了邵武坎下村中乾庙肇始于五通庙的事实。其文曰："尝考中乾，始自唐朝，尔时基址窄狭，

---

① （宋）季陵：《垆阳明应广祐王庙记》（绍兴二年），载李军、蔡忠明、傅再纯编著：《邵武历代碑铭集录》，第 102 页。

② （宋）赵不悔修，罗愿纂：《新安志》卷 5《婺源·祠庙》，载中华书局编辑部编：《宋元方志丛刊》，中华书局 1990 年版，第 8 册，第 7664 页。

③ 王见川、皮庆生：《中国近世民间信仰：宋元明清》，上海人民出版社 2010 年版，第 192—205 页。

④ （宋）黄公绍：《在轩集》，《五通庙戒约榜》，《景印文渊阁四库全书》第 1189 册，台湾商务印书馆 1983 年版，第 644 页。

⑤ 万历《邵武府志》卷 15《建置志五·群庙》，明万历四十七年刊本，第 6 页。

营建草率，塑神伍尊，因名曰'五通庙'。虽为乡民崇祀之所，是即昼锦中乾庙乃诸坊所共建，樵南之名祠也。"①值得注意的是，中乾庙与惠安祠相距不到5华里，由《中乾庙众簿》可知，至迟从明代始，该庙供奉的便是"福善王""民主王""五通王"三位神明。因此，《惠安祠簿》序文中的"五通尊王"当是五通神，只是在历史的演变过程中，五通神由五位演化成一尊"五通王"，并被建构为上官泊之子上官兰。

康熙五十年（1711）《惠安祠簿序文》与《上官氏宗谱》都将"民主尊王"记作和平上官氏开基祖上官泊。道光十五年（1835）《惠安祠序》也持此说，文曰：

> 邑人上官将军，生唐代而英杰……遂与其子兰，督兵拒贼于建昌之太平里。力战焉，父子皆死……宜宋神宗追封为忠勇将军、天水郡公，使得血食下城庙。后又崇为"忠烈惠安民主尊王"，此惠安之祠所由建，而祀典所由兴也。

> 〔何其〕恭少学于里寺宝林，喜读将军之孙〔上官〕均所为记，因而考郡志，得以壮将军之为人。弱冠后，始谒将军于惠安祠，见其面黝然而黑，怒目而视，犹怀敌忾之心，益严惮之。自是每到近乡，必谒祠敬候将军。②

撰文人何其恭，邵武宝积人，字长满，号温人，又号次山，嘉庆十八年（1813）副贡生，"工诗古文辞"，为邵南名儒。③序文指出下城庙系上官泊血食之所，因上官泊被尊崇为"忠烈惠安民主尊王"，故又名为惠安祠。何其恭还提到他见到的民主尊王神像"面黝然而黑，怒目而视，犹怀敌忾之心"。近年笔者在惠安祠与中乾庙所见的民主尊王塑像也是如此：黑脸瞪眼，像是一位极易发怒的武将，让人望而生畏。这与旁边的福善尊王与五通尊王淡定雍容，充满儒雅气质的形象形成鲜明对比。

笔者在邵武市和平镇坎头村落考察时发现许多乡民都将民主王称作"黑面

---

① 《中乾庙印簿原序》（道光二十六年），载《中乾庙众簿》，光绪十八年木活字本，第1—2页。

② （清）何其恭：《惠安祠序》，载南坑《樵南宝积何氏族谱》卷2《次三公诗古稿》，光绪十五年刊印本，第85页。

③ 光绪《重纂邵武府志》卷21《文苑·何其恭传》，第457页。

王",而不知其姓名。前文提及嘉庆《上官氏宗谱》记载,上官均使辽,得"黑神"相护,这不禁让人疑问黑面王与"黑神"是否是同一位神祇。邵南乡间有一个广为流传的福十四江公与黑面王斗法传说:

> 坎头村惠安祠的黑面王最初是要吃人的。村民每年都要轮流充当把簿,献出一对童男童女作为祭品。邻近的大埠岗法师福十四江公,法术高深,决定为大家打抱不平。他在献祭之日,当面质问黑面王:"菩萨只该吃斋,怎能吃人?"于是,两人打斗起来。斗法许久,黑面王被打到墨缸里,所以脸黑了,连声求饶,答应不再吃人,只吃三牲。但黑面王也与江公结下深仇,多次伺机报复,最终害死了江公。①

关于黑面王的来历,还有另外一个由上官家族的老人们提供的版本:

> 黄巢造反,打到江西,朝廷派黑面王去平叛。黄巢斗不过黑面王,被逼退到灭龙山,他知道死期已到,准备拔刀自杀,但在死之前想把黑面王手下的兵都毒死,于是在所有的水源中都下了毒。黑面王为防泉水有毒,便自己亲自尝试,于是中毒,通身发黑,挣扎了三天才死。因此,后人将他的神主塑成黑脸。②

两则传说呈现了两种截然不同的黑面王形象。前者狡黠贪婪,却又法力高强,是一个为害乡里的邪神。后者则英勇善战、顾惜人命,是一位忠义报国的英雄。值得注意的是,第一则传说的叙事结构与闽西地区流行的师公与吃人的社公斗法传说非常相似。既有研究表明,公王是闽西客家地区最主要的民间信仰之一,通常设小庙于村落的水口,作为村落的守护神。"民主公王"则是众多公王称号中的一种。公王与社神一样,都属于土地神崇拜,不过公王多为人格神。③刘永华的研究则指出,闽西斗法传说中吃人的社公,其实是土著族群在汉化之前奉祀的神明;而获胜的法师则与民间道教尤其是闾山派之间关系

---

① 笔者田野调查笔记,2018 年 8 月 10 日,邵武市和平镇坎头村、大埠岗镇宝积村。
② 笔者田野调查笔记,2018 年 8 月 18 日,邵武市和平镇坎头村、坎下村。
③ [法]劳格文,"Cult Patterns among the Hakka in Fujian: a Preliminary Report",载《民俗曲艺》第 91 期,1994 年,第 503—565 页;刘大可:《闽台客家地区的民主公王信仰》,《福州大学学报(哲学社会科学版)》2010 年第 5 期;巫能昌:《闽西客家地区的伯公、社公和公王崇拜》,《世界宗教研究》2014 年第 1 期。

密切。①

受此启发，我们基本可以推定：邻近闽西的邵武惠安祠民主尊王（黑面王）当属民主公王信仰，是坎头村落土著族群奉祀的保护神。在历史的流传过程中逐渐雅化，最终被上官氏改造成家族的英雄祖先——忠勇将军上官洎，并以"民主尊王"的形象受到乡民的崇奉，与五通王一道，衬祀于福善王欧阳祐之侧。不过，其黑面怒目的形象却依然保留。大量资料表明，包括邵武在内的闽北武夷山区，自宋明以来，就是道教闾山派盛行的地区。闾山派融汇积聚了本地区巫道文化的精华，并与民间信仰相结合，成为民间最活跃的教派之一。②与黑面王斗法的福十四江公当属此类道教闾山派师公。③

综上所述，我们大致可以总结出两个版本的宋明以降惠安祠沿革史。第一

图4-5　邵武坎头村惠安祠三王尊神（左起：五通王、福善王、民主王）④

① 刘永华：《道教传统、士大夫文化与地方社会：宋明以来闽西四保邹公崇拜研究》，《历史研究》2007年第3期。

② 参见叶明生：《道教闾山派与闽越神仙信仰考》，《世界宗教研究》2004年第3期；叶明生、[美]劳格文：《福建省建阳市闾山派科仪本汇编》，2007年版。

③ 咸丰《邵武县志》卷14《仙释·江道士传》，第439页，载："江道士，名泽，和平人。称为泽仙。自幼不茹荤血，能书符咒水，饮病者立愈。嘉靖间大旱，郡守虔祷未应，闻泽仙名，召之，至则结坛露祷，遂得雨。一日出城北门，见一丐者出腐肠涤桥下，泽熟视，心知为洞宾也。哂曰：'何必尔？'丐者曰：'谁为饶舌，乃雷部老判官乎？'泽归，即端坐而逝。后有乡人遇之于建昌，寄皮履一只归。"

④ 2013年9月9日笔者摄于邵武市和平镇坎头村惠安祠。

个版本由上官氏及其族谱提供，即强调惠安祠是由宋熙宁（1068—1077）间，名宦上官均推动建立的、奉祀先祖上官泊父子的私家祠庙。上官均出使辽国得到泊公护佑立功，因而朝廷加封上官泊为"民主王"，上官兰为"五通王"。至于"福善王"，则是在明代重修时加塑的。

另一个便是我们结合方志、碑刻、族谱与口头传说梳理出的版本。其大致轨迹是：早期惠安祠可能是和平地域社会祭祀社神的场所。宋明时期，则演化为供奉人格化的土地神黑面王的庙宇——溪堂/下城庙。同时，福善王与五通神信仰传入和平社区，两位神明也进入惠安祠。随着科举的繁盛，当地土著上官家族开始勃兴，并开始族源的追溯与谱系的建构。至迟在南宋绍兴十二年（1142）上官氏重修族谱时，唐末先祖上官泊忠烈殉国的故事被正式构建出来，成为家族的祖先神，并以民主尊王的形象与黑面王崇拜合流，但同时其神像仍保持着黑面怒目的形象特征。借此改造，惠安祠成为具有上官家族祖祠性质的庙宇。

显然《上官氏宗谱》记录的版本与真实之间存在较大差异，其意在彰显唐宋上官先祖的功绩与家族的辉煌，同时强调自宋代以降该家族一直对惠安祠持有支配权。其传达的是明清时期上官族人对惠安祠的认知话语。至于上官家族为何要如此书写惠安祠的历史？恐怕还需将其置于明清地域发展脉络中来解释。

二、村社权力之嬗替与明清惠安祠

南宋后期以来闽北动乱不断。宋元鼎革之际，邵武地区亦是战乱频仍。除遭受战乱的纷扰，明清时期上官家族再也无法延续科举的辉煌，同时，家族内部因族产"连年争竞，讼无底止"[1]。在"内忧外患"的冲击下，和平上官家族由宋代"天下世家"沦为明清时期的普通庶民宗族，在社区的影响力也大为降低。另一方面，随着明初局势的稳定，庶民家族与村社势力逐渐兴起。村落权力格局的变动势必对惠安祠发展产生重要影响。民国《闽樵和平上官氏宗谱》记言：

---

① 前山坪《闽樵和平上官氏宗谱》卷首《白莲堂记》，民国十九年12修木活字本，第38页。

〔惠安祠〕祖殿后因历朝改革，迭遭兵燹，屡建屡倾，其后子孙散居各处，艰于修葺。而四十三都人士咸以尊王神威显赫，御灾捍患，功施于民，神庙应宜修理，祀典不可废弛。爰商诸吾族先辈，准其捐资修建，年规愿照后列各条，送给官姓，永为檀越。后又加塑福善王，而牌匾仍其旧。兹重修家乘，爰志数语，使后人知其由来云。①

遗留至今的弘治惠安祠大钟，亦记录了明代乡民重修惠安祠的情形，其铭文云：

当次劝首积福、龙兴二坊，会同四十三、四十四、三十三等都，募同二十六坊，抽己资财，命工鼎新铸造铜钟壹口，充入敕封惠安庙三位尊王御前，晨夕祈祷叩应。伏愿金钟鸣镇千千载，保庇诸坊万万春，家家清吉，户户沾恩，谨题。

光禄大夫，佤官智亮

劝首：丁昊祐、黄伯成、高罗昊、虞文凯

住持：郑继清　三十二都匠人吴友清

三十三都荣铭保福庆中坊，信官吴生同佤仲仁、仲义原舍罗一面，充入惠庙应用。今同〔铜〕心朽破，仍入本庙凑注铜钟，祈保吴宅永远子孙昌盛者。信士丁秉瑛舍铜二斤。澄江坊信女黄礼娘舍铜七斤，祈保男欧成孙自身清吉、合宅平安。南市坊李试华舍铜十四两，吴玄娘、李九娘舍铜九斤半，张恭保、〔张〕文钊舍铜四斤半，江西万贯。

龙归坊信女黄妙端助银一千，保自身清吉。信士危文恭助同〔铜〕一斤半，保男求孪寿命延长。信士高佛得助同〔铜〕一斤，保男善孙清吉。

弘治十一年戊午岁仲秋月吉日志②

可见，在改朝易代的混乱时期，惠安祠屡遭兵燹，经历了一段衰颓的命运。直到明代开国百年后，弘治十一年（1498）才得到重建。此次修建是由四十三、四十四、三十三等都，会同二十六坊民众共同资助。由此，惠安祠不

---

① 前山坪《闽樵和平上官氏宗谱》卷首《惠安祠檀越上寿胙筵由来记》，民国十九年12修木活字本，第46页。

② 《惠安祠铜钟铭》（弘治十一年），载李军、蔡忠明、傅再纯编著：《邵武历代碑铭集录》，第122—123页。

再只是上官家族的私庙，而转变为诸坊的地域性公共空间，并且形成了一套地缘性祭祀系统，维持着惠安祠的香火。值得注意的是，明代，上官家族对惠安祠的影响犹在，当诸坊民众欲重修祠宇时，仍须征得其家族的同意，"爰商诸吾族先辈，准其捐资修建"，双方订明条例，规定上官氏"永为檀越"。《惠安祠簿》中也明确记载上官家族作为惠安祠的檀越，在神明庆典活动中能得到特别优待。而这也间接证明，在宋元之际惠安祠受到上官家族的支配。

明代惠安祠的运作依然不乏富户资助。如《惠安祠簿》中康熙五十年（1711）《承管欧氏助产合约》记载：

> 四十四都欧宅祖公欧进德者，于永乐年间病患南京，梦本祠恩王指引归路，途中默发心愿，归家病愈。喜助田米拾肆石伍斗，及庙祝居住房屋一栋，坛基、园地各一所，又助有动用家伙，悉载欧姓砧基簿内……其十月十五日冬斋，欧阳伯子孙已分烟者，每户一人至祠领食冬斋。其西归堂奉祀欧阳伯公、官氏凤娘香火，自明迄今，历历无异。[1]

成文于同一年的《重建惠安祠志》亦言：

> 永乐间有乡人欧进德者，贾于南京，病濒笃，忽梦三位尊王指引归路，即捡装回家，病渐以安。将家财一半并田米壹拾余石归献。[2]

由上可知，明初商人欧进德为答谢三王的庇佑而将一半家财施舍于惠安祠。所得的回报是，欧进德夫妇去世后牌位得以奉祀于惠安祠的西归堂。唐宋时期不允许民间奉祀四代以上的祖先，世家大族为了祭祖护墓，往往于寺庙设立檀越祠，将祖先牌位置于其中，或是在祖坟附近创建寺院庵堂。明清祠堂制度普及，坟庵与寺观立祠的风气衰退，但未绝迹。[3] 西归堂即可视为欧氏附设于惠安祠中的祠堂。不过，这并没有改变惠安祠的性质，其所有权依旧归社区公有，欧姓子孙只是每年冬斋可到祠中宴飨。

明清易代与清初耿精忠之变，使闽北社会秩序重新陷入混乱，但与宋元之际的动荡相比，此次的动乱并没有对惠安祠及其所在社区造成严重的破坏。康

---

① 《惠安祠簿》卷首《承管欧氏助产合约》（康熙五十年），第39—40页。
② （清）黄家椿：《重建惠安祠志》（康熙五十年），载《惠安祠簿》卷首，第11页。
③ 参见郑振满：《宋以后福建的祭祖习俗与宗族组织》，《厦门大学学报》1987年增刊；常建华：《宗族志》，上海人民出版社1998年版，第139—151页。

熙年间《重建惠安祠志》言：

> 康熙丙辰耿变，逆党杨一豹败逃，道经本境，黎舍、旧市俱受其害。惟诸坊秋毫无犯，此虽士民之幸，岂非尊王之灵爽所默佑乎？于是群黎感戴，演戏半月余，以报神恩。[1]

《祠志》提到的杨一豹之乱，涉及康熙十三年（1674）耿精忠叛清一事。康熙十五年、十六年耿精忠余部江几、杨一豹"聚邵武大竹篮诸处作乱"[2]，邵南地区多遭殃及，而惠安祠诸坊独幸免于难。乡民认为是三位尊神庇佑之功，因而，演戏半个多月以作报答。

康熙四十六年（1707）八月，惠安祠突遭火灾，"内外殿宇、神桥牌楼尽为灰烬"。但不到一个月乡民便商讨重建，"戊子正月经始，七月告竣。庚寅复建神安桥"。在这次重建过程中，坎头、龙归与肖家湾三个村的乡绅表现最为积极。其中，廖纯暇、万重仁、黄家椿、萧名山、萧名京 5 人为总理，"内殿则坎头捐资建造者也……董其事者万重仁；总理出入银两，分厘明白交众赵于万；始终首任其劳陈恺龄；选择吉期廖纯暇、廖以恒；至于劝众善信助力施财、立簿发票则〔黄家〕椿"。[3]

乾隆十二年（1747），萧名京、万宿公、黄四表、张廷瑞、官长贵等乡绅推动清查庙产，订立神明祭典的规仪，并汇编成《惠安祠簿》，详载庙田坐落、物类，"因置簿一十四本，各坊存照一本。其一本值年劝首上下轮流执照收租料理"。[4] 庙宇的运作更加规范有序。

乾隆二十二年（1757），乡绅萧名京、廖子化、黄四表、杜奕遵等董建牌楼，奉祀文昌帝君。[5] 乾隆三十七年（1772），乡绅廖乾让捐资鼎新建造桥墩、桥屋。此后，惠安祠外殿倾圮，众乡绅又倡议修筑。

由嘉庆年间的序文可知，在康熙、乾隆年间的祠庙复建过程中，廖乾让、

---

① （清）黄家椿：《重建惠安祠志》（康熙五十年），载《惠安祠簿》卷首，第 11 页。

② 光绪《重纂邵武府志》卷 13《兵制·寇警》，第 230 页。杨一豹对闽北地区秩序之影响及清廷的平定，可参见（清）勒德洪：《平定三逆方略》卷 48，《景印文渊阁四库全书》第 354 册。

③ （清）黄家椿：《重建惠安祠志》（康熙五十年），《惠安祠簿》卷首，第 14 页。

④ 《惠安祠簿》卷首《（乾隆十二年）序》，第 6 页。

⑤ 《惠安祠簿》卷首《（乾隆二十四年）序》，第 18 页。

萧名京、黄亨正等一批乡绅扮演了重要的角色。他们清查庙产、制定祠簿、倡建祠宇、总理工程，组成了惠安祠的管理层。① 至于他们的身份，则多为拥有一定地产的富民或商人，其中大多数人并未获得功名。他们在本地的经济和政治生活中占据支配地位，也是坎头社区当之无愧的领导者。如廖玉祜远赴北直隶经商，致富后"造房屋，子孙犹沾手泽。又其善者莫如息争端于借贷拖欠，尝焚其券票，塑大佛于上庙，乡党皆称善士"②。廖乾让，字克恭，资产颇丰，四十岁以后"大业富有，不特克勤克俭，租谷千石以裕后。不特推食解衣，友助一乡而济贫，道路频加修饰，造桥梁，迹著下神并炉洋。栋宇足待风雨。建宗祠，功在祖考，惠及宗族。独力经理社谷仓，备凶荒，固地方也。倡首重建惠安祠，体神明，保乡邻也。"③ 廖乾让"独力建惠安桥，费金不下数百，又于三十八都炉洋建石桥，费金不下百余"，子三人皆入成均，孙辈、曾孙辈皆获有功名。④

清代惠安祠作为社区的信仰中心，不仅是乡绅展示支配权的场域，同时也是其他群体势力活动的舞台。如乾隆年间轰动一时的"邵武铁尺会案"便与惠安祠颇有关联。据时任闽浙总督喀尔吉善、福建巡抚陈弘谋的奏报可知案情大略：

乾隆元年（1736），邵武县监生罗家璧与弟罗家球因父亡故，年幼恐人欺压，邀集罗康松等共11人结拜兄弟，名为"关圣会"。每年五月内祀神饮酒。罗家球长大后，学习拳棒，与杜国祥、杜奇等人结交。杜国祥系罗姓外甥，充邵武城守营兵丁，亦邀约有29人结拜弟兄。乾隆十三年五月，杜国祥将两会合一，联结35人在下神庙（惠安祠）聚会，饮酒相约：凡有争产、打降、告状、被人欺负等事，会中都要出面帮助。并立有会单，由会首收存。乡民以其凶狠，故称之为"铁尺会"。乾隆十七年（1752）三月，杜奇又邀僧人道三、杜正漠等10人入会结拜。四月，杜奇与僧道三又邀杜正连等9人至下神庙饮酒结会。杜国祥将先年祖父拾得的郑成功总兵官铜印取出，杜奇买备三牲，杜国

---

① 《惠安祠簿》卷首《（嘉庆二十三年）序》，第22页。
② 坎头《廖氏宗谱》卷2《德行道艺·玉祜公实录》，民国七年4修木活字本，第15页。
③ 坎头《廖氏宗谱》卷2《德行道艺·乾让公传》，第18页。
④ 坎头《廖氏宗谱》卷2《德行道艺·克恭公行实录》，第16页。

祥撰写祝文，率会众至僧人道三庵内神像前祭告，并斩鸡头立誓。七月，杜国祥等伪造印信骗钱。乾隆十八年五月，铁尺会之事败露，被官府查获。杜奇、杜国祥、杜正连3人被处死。①

由上可知，铁尺会成员结构较为复杂，包括监生、兵丁、衙役、农民、僧人、无赖等不同身份群体。又据光绪《重纂邵武府志》记载："初，南乡人杜正祈与其族〔杜〕正连桀骜不法，结无赖子数十人，屡与田主构难，恃拳勇入市强横。久之，党渐众，遂阴蓄异谋，人给一铁尺，号'铁尺会'"。② 可见，铁尺会的领导层虽为监生、兵丁，但其成员主要以乡间的佃农为主。结会之初衷为相互照应、抵御外侮，势力稍长后则有逞强乡里、诓骗钱财的企图。而"屡与田主构难"的记载表明，铁尺会主要是由处于地方权力结构底层的佃农所组成的，以异姓结拜为纽带的互助组织。其组织伴有互助自保、对抗田主——乡绅的支配的色彩。

既有研究表明，明中叶以降福建的租佃制蓬勃发展。土地所有权与土地使用权普遍分离。在典田情形下，同一块土地出现了拥有田根的出典主和拥有土地使用权的承典主，形成了"一田两主""一田多主"的现象。在邵武的表现则是有"骨田"与"皮田"之分。与之相应的是，主佃矛盾突出，特别是在邵武所处的闽赣山区佃农抗租风潮此起彼伏。③ 前述铁尺会便是一个很好的例证。引发佃农抗租的原因是多样的，而斗式不均，尤易引起争议。现存于惠安祠中的一通嘉庆年间《知县颁给官斗碑》便可为证，其云：

> 上宪设立斗斛，颁有定式，毋许违式私造、增减作弊，律禁森严。吾

① 俱见闽浙总督喀尔吉善、福建巡抚陈弘谋分别于乾隆十八年六月初五、七月十九日、十月初六的奏折，载《清代档案史料选编》第2册《乾隆朝·福建铁尺会案》，上海书店2010年版，第657—669页。

② 光绪《重纂邵武府志》卷13《兵制·寇警》，第231页。按，《邵武府志》中提到主犯"杜正祈"，前揭《乾隆朝·福建铁尺会案》无载，但提到首犯之一"杜奇"。综合这两种史料来看，"杜正祈"与"杜奇"似为同一人。

③ 傅衣凌：《明末清初闽赣毗邻地区的社会经济与佃农抗租风潮》，载傅衣凌：《明清社会经济史论文集》，人民出版社1982年版，第338—380页；傅衣凌、杨国桢主编：《明清福建社会与乡村经济》，厦门大学出版社1987年版；[日] 三木聪：《明清福建农村社会の研究》，日本北海道大学图书刊行会2002年版。

八堡地方，粮户斗斛悉属违式，竟大加二不一，且大入小出，作弊害民。廖昌梓目击不平，公仝耆众以颁斗给示，佥呈府厅县各宪。蒙县宪房即颁给官斗，饬照遵行。但恐日久，不无贪豪视官斗为故物，仍违式作弊，故廖笃恭同危玉生、廖乾礼、赵荣春、张仕宁等又以恩赐勒碑，具呈房主，蒙谕准即勒碑以杜后患。合即勒碑竖立，并较勘官式造一石斗，公存为式。凡八堡人等如有违式私造，查出即经众禀究，决不徇情。宜各永遵勿替！此记。

　　　皇清嘉庆七年壬戌岁仲冬月中浣吉旦　竖惠安祠
　　　八堡合众公立①

按，从当地调查得知，"八堡"即坎头、上井、官坊、坪坛、肖家湾、路下田、鹿口和龙归八村。明末以来，惠安祠的祭祀圈已经固定为上述八村，清代后期，又增加了危冲村，形成九乡祭祀共同体。由于处于同一祭祀组织，八堡间的联系也更为密切。如碑所述，八堡地方粮户斗斛竟皆属违式私造，与官斗形制颇有出入。廖昌梓目击不平后，会同乡亲上书官府，请求颁给官斗，并恳请准许勒碑立石、永遵勿替。碑中人物的身份细节值得注意。据碑云，先是廖昌梓发现了粮户私造斗斛害民，而后由廖笃恭同危玉生、赵荣春、廖乾礼、张仕宁等出面上书官府。换言之，廖昌梓等人应当不是粮户，只可能是纳租粮的农户或佃户。

　　从铁尺会与《知县颁给官斗碑》的例子可见，不论是"无赖"与佃农的结会，还是佃农因不堪忍受粮户私造斗斛，联合起来与之对抗，都是在惠安祠中进行。换言之，惠安祠已不仅是社区的信仰中心，同时也是不同阶层活动的公共空间。

　　2013年村民又紧邻后殿南侧新建一座"观音阁"，供奉千手观音，并分别以郭、邱、王三仙祖师和地母娘娘衬祀左右。这些增祀的神明都在邻近村落中有相应的主庙。②观音阁的修建及其神明的增祀，表明惠安祠神明格局至今仍

---

　　① 《官颁校准官斗及其碑记》（嘉庆七年），载李军、蔡忠明、傅再纯编著：《邵武历代碑铭集录》，第5—6页。

　　② 如5公里外的和平村有"灵仙观"（俗名大华庙），主祀郭、邱、王三仙祖师；20公里外的大埠岗杨家源有"地母宫"，主祀地母娘娘。

处于不断调整中，反映了其信仰系统的开放性与变动性。

三、"摆果台"：神诞祭典与供品分配

明清以来，在九乡社区的共同支配下，惠安祠逐渐发展出一系列的祭典仪式。这些祭典举行的时间、周期、内容以及目的各不相同。诚如康熙年间乡人黄家椿所言："每岁三元建功，四季诵经念佛。六月初一蜡筵，值年劝首宰牲设酒，以祀民主尊王，祭毕，酒肉分散诸坊。八月初五，恭祝福善尊王圣诞，设果陈馔、演戏建功，诸坊皆朝贺圣寿。备酒果以奉衿耆，彬彬乎有敬老尊贤之遗风焉。立冬日恭迎三位尊王出游，各供备物虔祀，则春祈秋报之意。"[1] 这些仪式对于社区的整合至关重要。同时，它们也成为不同群体参与者权力角逐的舞台。

在讨论各类祭典前，需先就惠安祠的管理略作说明。明清时期惠安祠由两个组织分管，各司其职。一为庙祝，负责祠庙的日常事务、打扫看护，常住庙中。康熙四十六年以前，"昔三元冬斋之田，庙祝收其利，颇为饶益，不及劝首朝贺之费"[2]，庙祝可收管田租，获利颇多。此后，庙祝失火烧毁祠宇，诸坊重建，将田租收管权取回，规定庙祝专职看护，无权收租。二为劝首组织，全权负责祠庙的扩建、维护，祭典的举办，掌管庙中的田租与所有香火收入。清末以来，惠安祠的祭祀圈固定为九乡二十二坊，每坊设劝首（俗称头首、表首）两名，共 44 名。劝首负责统筹本坊民众，承办相应的庆典事宜，多以家境较殷实且热心公益者任之。劝首不需轮值，可连续担任。二十二坊的总劝首则在各坊劝首中以卜珓的方式推选出一位，每年轮值，统领惠安祠的各项管理与祭典事务，称作"把簿"。担任把簿者需在乡民中有一定威望，具有较强的理事能力。所谓"表首发表费用颇多，把簿办事劳力烦扰"[3]。

前文提及清代乡人黄家椿言，惠安祠每年六月初一有蜡筵活动，"值年劝首宰牲设酒以祀民主尊王，祭毕，酒肉分散诸坊"。《惠安祠簿》对此有更细致的记录：

---

① （清）黄家椿：《重建惠安祠志》（康熙五十年），《惠安祠簿》卷首，第 12 页。
② 《惠安祠簿》卷首《（乾隆十二年）序》，第 5 页。
③ 《惠安祠簿》卷首《因革利弊数条》，第 20 页。

《因革利弊数条》：古制六月蜡筵，古人通八蜡祭田祖，以祈稼穑，甚胜事也，原不可废。故劝首宰牲，殷勤分散，备酒筵宾燕饮行乐。即办熟肉壹斤，时果四色，尝酒三杯，勾酒瓶半，俵散诸坊分领，亦古人饮蜡吹豳意也。奈何有贱丈夫煮肉不熟，秤肉不准，酒不堪口，致腾物议。更有将碎肉拈吞而索凑秤，满庙喧哗，是美俗而成恶俗。故以腥易熟，以钱代酒，亦可两便。总由小人贪利，一概不行。①

《公议规条》：庙祝办六月蜡筵，请檀越二位饮福之后，领腥肉二斤，酒钱十二文；值年把簿二位同饮，领腥肉二斤，酒钱十二文。②

综合上述三条材料可知，六月的蜡筵既是为酬谢土地之神，以祈求丰收，亦有为民主尊王祝寿之意。最初由庙祝承办，后因庙祝无收租权，改由值年劝首办理。承办者需宰杀牲口，置备酒筵，延请宾客燕饮。待祭祀结束后，还需向诸坊分发规定数量的熟肉、果、酒等祭品。然有承办者处事不公、马虎了事，乡民不满，遂改为分发生肉和钱币。蜡筵活动中有一处值得我们注意，即庙簿特别规定延请的宾客中须有两位檀越——上官族人，这充分体现了上官氏与惠安祠的密切关系，也是早期上官家族对惠安祠支配地位在清代的遗痕。

惠安祠的神诞祭典众多，当中最隆重者当属每年八月初五的"福善王"欧阳祐诞辰。届时，举办有盛大的朝贺活动，三王神像前将摆放上百种干鲜蔬果、山珍海味供品，并有热闹的庆寿仪式，因此，是日的祭典也被称作"摆果台"。清代《惠安祠簿》中《公议规条》收录规条35则，涉及神诞庆典、立冬迎神、庙产管理、劝首职责等内容。其中24则专门针对八月"摆果台"而设。

祠簿对参与者有明确分工。具体而言，八月初二日"进庙开厨"，庙中要大量蒸制馒首等供品，以备祭祀后分发。劝首须把关供品的分量、质量，《规条》第3、4、24则要求："〔八月〕初二日进庙，老把簿监看浸米，每椳过印，每斗糯米放黑糖贰斤，半熟茶油半斤，大利铁片对秤。如有徇情减少油糖者，

---

① 《惠安祠簿》卷首《因革利弊数条》，第19页。
② 《惠安祠簿》卷首《公议规条》，第28页。按，文中"俵"字，为和平方言，意指分发、分享物品。又，前山坪《闽樵和平上官氏宗谱》卷首《惠安祠檀越上寿筵由来记》对于惠安祠蜡筵的记载与《惠安祠簿·公议规条》大体类似，其言："住持办六月初五胙筵，请檀越二位饮福，之后领生肉二斤、酒二瓶。现改期十月十五日。"（民国十九年12修木活字本，第46页）

定罚老把簿。每分馒首十个，每个半斤。大利铁片对秤，如或轻秤分两，重罚劝首。初五日祝圣后，把簿即将总簿及物件逐一交付新劝首收执，如若推诿，定革来年福果。"为酬谢供班的辛劳，"初四日早晨，诸坊供首至祠，每供领馒首拾陆分外，每供担资四个"。

供品要提前一天摆设。《规条》第 6 则规定："初四日下午，排设果品壹佰贰拾色。或有缺少不遵旧例者，公罚。初五日备五烧、五蒸、油煎、面食、各色糖果、海味八色，斋菜四色，猪腹五内俱全，及各色配菜，俱要丰洁齐备，不得缺少。"兹将供品清单转录于下：

清光绪惠安祠三王诞辰庆寿仪品

福香　寿酒　寿烛　岩茶　豚肉　熟鸡　鲜鱼

熟鹅　熟鸭　猪心　肝　肚　肺　肾

海参　羊筋　鲍鱼　沙翅　兴鳗　福墨　汉蛏

金钩　香菇　木耳　金针　粉皮　米糕　蕨饵

面馂三色　燔殽五鼎　糖果、煎果、满汉糕饼俱购

大福果三个　大料饼三个　佛手三支

公派果子号数

壹号　把簿总理
　　　果子无派

贰号　奉香灯

梧桐子　柑俚　毛栗　百合花苑　藕丝糖　莲子　白番薯　糖煎藕叶

叁号　排棹、散碗箸

毛桃干　柿俚　查梨子　糍酥子　生糖　门冬　生豆角　柰姑子

肆号　把局房

生家葛　豆角干　莲蓬房　盐笋干　白糖　五味子　糖茄干　生木瓜

伍号　做饭

海棠梨　浸杨梅　法豆子　香元　桃仍　枸杞子　南瓜干　蜜榄

陆号　担水

221

梨俚　麻子糖　桃干　石菰干　油酥豆　木樨花　葡萄干　菱角

柒号　切菜

柿霜饼　鲍仍　乞俚　苦瓜干　金弹子　绿梅子　生豆荚　西瓜

捌号　管茶

糖豆子　冬瓜干　浸蒜条　生马荠　包粟子　杨梅干　丁香　红萝卜

玖号　洗米

生王瓜　冬笋片　赤小豆　生葵花　蒲萄子　石榴　刀背豆　浸薤子

拾号　烧火

茅楂　使君子　浸葱荙　苦楮　榛子　地茄子　炒包粟　莲藕

拾壹号　把秤

观音笋　生苦瓜　油煎番薯　核桃　蜜梨片　黄瓜干　浸子姜　青枣

拾贰号　洗碗

鬼灯笼　腌菜苑　藤梨　酸枣　腌白姜　落花生　豆荚干　兔俚

拾叁号　收碗

五色米　杏仁　生子姜　糖鲍干　木瓜干　无孙姜　砌瓜子塔　黄
腐干

拾肆号　管酒

冬梅子　姜糖　浸蒜苑　腌菜干　扁豆干　稍瓜　浸加庆子　油煎
黄腐

拾伍号　员馅

白果　甘蔗　盐榄子　扁豆　蜜梨子　煎糕炒　盐梅干　甜楮

拾陆号　监春糍

众出糯米壹斗酿酒以藏春笋　浸王瓜　腌鲍瓜　鸡脚梨　酿冬瓜　腌
苦瓜　浸茄子　藏白萝卜①

从上可见，供品由 30 种荤素菜肴和 120 种干鲜蔬果组成。菜肴由惠安祠
置办，120 种果品则由乡民筹备。据说原先果品数量共有 360 多种，都由轮值
的两坊供班筹集。后来大家感到果品数量浩繁，两坊负担太重，于是将果品缩

---

① 《惠安祠簿》卷首《惠安祠三王诞辰庆寿仪品及公派果子号数》，第 31—34 页。

减为 120 种，并分作 15 股，由 9 村抽签分担。

祝寿仪式完成后便开始分胙。分配的物品有两类，一是神像前的祭品，遵照"奖励功劳、尊崇绅耆"的原则分配。如把簿、庙祝、司厨、道士等人操办辛劳，《规条》有相应的奖励：

10. 排筵，小馒首每分四个。诸菩萨面前，庙祝收。灶上，司厨收。天神，把簿收。正坛上，道士收。左右筵，奉香灯者收。发表一次，初坛一次，回神一次，共三次。

11. 佛前大馒首三个，大料饼三个，庙祝、厨管、把簿各收馒首一个、料饼一个。

14. 主坛道士共花盘小馒首四十八个，杂果壹包，佛手三只外，共秤小馒首贰拾斤，工资壹仟贰佰文，又代榜联纸张钱贰佰文，香米共贰斗正。初五日早晨不得吃荤。

15. 庙祝领小馒首贰拾斤，佛前乌糯饭，自进庙至初五日只许收一次，斋饭每日收一次。

21. 把簿领谷贰石以作工资。

上官先祖对祠庙有开拓之功，演戏庆寿者与助田者亦有功劳，《规条》有如下奖励：

12. 檀越二位共花盘小馒首九十六个，每个三两，杂果壹包，不得增减。

18. 供内人助骨米伍斗，领福果壹分；供外人一石，领一分。若还愿及题捐者，不得与助田之例。朝贺无领。

20. 演戏庆寿者，劝首备办酒、粉汤以及午饭素菜必不可缺。

对于有功名者与年长者，"每衿耆领福果一分。科第逐次加增：援例报捐者一分；加品级未出仕者，仅加一分。七旬耆老领一分；八十、九十再加，百岁另加四分。举人加四分，进士另加八分"。

二是庙中专门为神诞准备的馒首、糍粑，有数百斤之多，被分作 301 分。得胙者身份可大致分为两种，一种是对祠宇修造、祭典举办时出力甚多、劳苦功高者，总共占得 59 分。其中，新老劝首各 16 分，道士 6 分，新老把簿各 2 分，坎头建里庙众信 4 分，建桥善士廖乾让 2 分，檀越官姓裔孙 2 分，庙祝、司厨各 2 分，北辰庵 3 分，查田杰士吴植昆、廖士拔各 1 分。北辰庵是惠安祠附近的一座庙庵，因康熙年间重建惠安祠时，帮衬过香火钱，所以也分得 3 分胙糍。

另一种是向惠安祠捐献过田产或银两的个人，光绪元年的得胙者有 201 名，共得胙 242 分。兹据《惠安祠簿》记载整理如下表：①

表 4-4　清光绪元年惠安祠八月朝贺得胙人员表

序号	村庄	得胙姓氏	人数 / 比重	份额 / 比重
1	坎头	廖（50 人，63 分）	92/ 45.77%	115/ 47.52%
		吴（5 人，6 分）		
		赵（9 人，13 分）		
		钟（7 人，11 分）		
		张（8 人，8 分）		
		熊（1 人，2 分）		
		黄（4 人，4 分）		
		杨（2 人，2 分）		
		王、聂、萧、傅、饶、万（均为 1 人，1 分）		
2	龙归	万（6 人，7 分）	21/ 10.44%	22/ 9.09%
		黄（7 人，7 分）		
		聂（5 人，5 分）		
		叶（2 人，2 分）		
		何（1 人，1 分）		
3	鹿口	黄（12 人，12 分）	18/ 8.96%	19/ 7.85%
		翁（4 人，5 分）		
		李（2 人，2 分）		
4	官坊	萧（5 人，5 分）	13/ 6.47%	17/ 7.02%
		杨（3 人，3 分）		
		黄、张（均为 2 人，2 分）		
		曹（1 人，2 分）		
		陈、官（均为 1 人，1 分）		
5	肖家湾	萧（12 人，12 分）	12/5.97%	12/4.96%

---

① 《惠安祠簿》卷 1《八月朝贺》，第 66—72 页。

序号	村庄	得胙姓氏	人数 / 比重	份额 / 比重
6	坪坛	陈 (4人，4分)	10/ 4.98%	12/ 4.96%
		周、夏 (均为1人，2分)		
		黄 (2人，2分)		
		张、聂 (均1人，1分)		
7	上井	卢、杨 (均为3人，3分)	9/ 4.48%	10/ 4.13%
		钮 (2人，2分)		
		余、张 (1人，1分)		
8	路下田	危 (8人，10分)	8/3.98%	10/4.13%
9	危冲	饶 (2人，2分)	4/ 1.99%	7/ 2.89%
		杨 (1人，4分)		
		李 (1人，1分)		
10	山坊	欧 (1人，2分)	2/ 1%	3/ 1.23%
		徐 (1人，1分)		
11	旧市街	黄 (2人，2分)	3/ 1.49%	3/ 1.23%
		谢 (1人，1分)		
12	锡溪	危 (1人，2分)	1/0.5%	2/0.82%
13	王家垅	张 (1人，2分)	1/0.5%	2/0.82%
14	茶源	吴 (2人，2分)	2/1%	2/0.82%
15	古山	丁 (1人，2分)	1/0.5%	2/0.82%
16	樵城	邓、郑 (均为1人，1分)	2/1%	2/0.82%
17	陈家坊	陈 (1人，1分)	1/0.5%	1/0.41%
18	大埠岗	江 (1人，1分)	1/0.5%	1/0.41%
合计			201/100%	242/100%

据祠簿可知，表中得胙者均曾向祠中捐助田产或银两，故上表亦可视作捐助祠宇人员表。表中所反映的信息，有两点值得我们注意。其一，就地域而言，201位捐助者/得胙者皆为男性，分布在18个村社。其中，惠安祠所在地坎头村人数最大，占总数的45.77%，得胙份额亦最多，占47.52%。而捐助人数排在前9位的恰好都是游神线路所经的九乡，占总人数的93.04%，得胙份额占到总数的九成。这表明惠安祠的祭祀结构可分为两层：核心层是以坎头为中心的九乡祭祀圈，负责惠安祠的游神、神诞祭典等活动。九乡内部又大致以距惠安祠的路程远近不同，渐次递减。外层则是同处邵武南部地区的旧市街（和平）、大埠岗、茶源等村所构成的信仰圈，这些村庄不参与惠安祠的祭祀活

动，只是部分信众自发来此朝拜、助缘。

其二，就姓氏而言，坎头廖、赵、张，龙归万、黄，鹿口黄，肖家湾肖，路下田危等 7 姓捐助 / 得胙人数最多。尤其是坎头廖氏有 50 人，占坎头捐助 / 得胙人数的一半，总人数的 24.88%。这既表明廖氏对于惠安祠的重大贡献，同时也透露出该族人丁兴旺，相对富足，对社区有较大的影响力与支配力。经考察得知，上述 7 姓也是九乡人数较多的家族，人丁优势对于家族力量的影响在分胙仪式中得到很好的展现。

四、"擎菩萨"：游神活动与社区关系

游神，即用轿抬神像巡境，和平方言"擎"有扛、抬之意，因此游神也被称为"擎菩萨"。游神活动从每年立冬日始，前后持续 22 天。在此期间，游神成为整个坎头社区最为重要的公共事务。社区内部的宗族与村社关系，在一系列的仪式上得到充分展现。

游神前一天有"洗路"仪式。值年劝首与庙祝须预先对神驾所经之处巡查一遍，清扫当途荆棘、秽污，修整坡坎。立冬日上午在惠安祠举行隆重的打醮仪式。午饭后，三王神像开始"出宫"。出宫仪式庄严而隆重。执事们将三王从祠中"请"出，置于神轿。吉时一到，两铳各放三响，鞭炮齐鸣。两人各持一面大锣为前导，鸣锣开道。后两人各肩一面大旗。其后两面木质禁牌，上书"肃静""回避"字样。紧随 8 人，持刀、枪、杈、戟等武器。吹鼓手十余名，吹打唢呐、高锣、钹铙。三王神轿随后，每轿 4 人扛抬，另有 4 人轮替。

神像后边是一列"装故事"的队伍，多以儿童充任，妆扮"金童玉女""天女散花""八仙过海"等古装或神话人物，固定在轿辇上，每架由 4 人抬，1 顶凉伞，各辇之间还有 2 名锣鼓手。一般一供出一架"故事"，由供内各户轮流让子侄或血缘关系相近者充任。乡民认为装故事后对自己与家人有福气，因而很乐意让小孩参与。

在上述庞大的仪仗队伍之后，紧接着大批信众，簇拥而行。游神队伍进入各村坊后，会受到盛大的欢迎。临街的虔诚人家摆置好香案，上面放着香炉、糕点、水果，点着红烛。神轿进过门前时，则燃放鞭炮，作揖行礼"接神"。

庙祝与劝首也需随行，而且受到各坊的盛情款待。《惠安祠簿·公议规条》第 28、30 则规定："冬成庙祝随圣驾出游，每坊散好铳硝，除纸壹斤，不得克少分两。如有克少，诸坊供首给腥肉壹斤，糯糍贰斤照扣。劝首每分二人随圣驾出游，每坊供首办酒四瓶，炒熟豆子半升下酒。给把簿腥肉壹斤，糍贰斤，光谷二升。"

人类学家华琛在考察香港新界两个小渔村的天后信仰活动后，指出当地的"行香"巡游，目的在于净化由大族控制的领地，划出天后统辖的范围，巡游完全像一次军事行动，体现出地主宗族对佃户所在的卫星村落的控制。[1] 惠安祠的游神仪式、道具，的确在感观上给人以"军事行动"的联想，但九乡只是九个地位相对平等的村庄的联盟，并未形成少数大族绝对支配的情况。因此，游神活动更像是划出三王统辖的九乡大区域，与周边的坎下中乾庙、罗前小乾庙等祭祀圈形成界限。至于仪式中使用的"武器"及排场阵势，可能是对帝王出行仪式的模仿，体现了乡民对王朝权威的认同。

游神路线是固定的。明清时期，惠安祠受附近"九乡"村社管理、控制，巡游路线也是在九乡境内。据了解，惠安祠的游神路线有两条，每年一换。线路一是逆时针方向，从龙归"出宫"，坪坛"回宫"：（1）龙归→（2）鹿口→（3）坎头→（4）上井→（5）官坊→（6）路下田→（7）危冲→（8）肖家湾→（9）坪坛。另一条线路的顺序刚好相反，即由坪坛出宫，从龙归回宫。九乡分作 22 供，每供 1 天，除坎头 6 供外，其余各乡均 2 供。因此，游神活动共需持续 22 日之久。

由于巡游队伍人数众多，为安全着想，《规条》29 则规定："冬季迎神各供日落宿供，不得逞力扛走，恐伤神像，违者公罚。"要求九乡各设"供坛"以备三王宿留。乡民则带着猪头、猪肉或活鲜鱼、鸡、鸭，及香烛、鞭炮到供坛祭拜、祈福，贫困人家只以香烛拜神。据说，菩萨的"福脏"（即肺、肝）是用银打制的，为防失盗，夜里要派人轮流看护。

遇到从龙归出宫的年份，三王巡境的首站便是龙归。龙归距惠安祠到约 3

---

① ［美］华琛：《神明的标准化：华南沿海天后的推广，960—1960 年》，载［美］罗友枝、［美］黎安友、［美］姜士彬主编：《中华帝国晚期的大众文化》，第 447—496 页。

华里，有万、黄、聂、叶、何等姓。现有人口约 400 人 [①]，其中，黄、万人数较多。黄姓分"上黄""下黄"两支，都自称是"唐工部侍郎黄峭"后裔。据说下黄家是晚近迁来，所以不在一起进行宗族活动。上黄家有祠堂，屋宇较小。龙归有 2 供，黄姓独得 1 供，供坛设于祠堂。其他几姓共享 1 供，供坛设在社庙。三王先到黄家祠堂停留，次日再往社庙受供。

下一站为鹿口，辖鹿口、龙归、交山桥、坪地 4 村。人口约 430 人，主要姓氏有黄、翁、李。黄姓人数最多，有祠堂，独得 1 供。其他姓氏分享 1 供，供坛设社庙。

坎头为第 3 站，人口最多，现有 1392 人，含坎头、官坊墟、上井、坪坛 4 村。坎头本村在明清时期形成商业街市，有固定的圩期，因而姓氏稍杂。有廖、赵、曹、熊、张、萧、吴、钟、傅、黄、王、饶、杨、聂、万等十几姓。其中前 4 姓人口较多，廖、赵、曹均有祠堂。值得注意的是，坎头有 6 供，都在廖氏祠堂。据说，早前神像前 4 天放在廖氏祠堂，后两日放社庙，但社庙与惠安祠距离太近，两者相隔不到 30 米，容易让菩萨"想回家"，所以改为统一在廖氏祠堂奉供。

上井在坎头之后。主要有黄、陈、卢、杨 4 姓，人口约 372 人。上井"黄氏峭公祠"被邵武乃至闽、粤、台湾的一些黄姓公认为祖祠，三王神像也被迎到祠中。

官坊墟，人口约 411 人，但姓氏较杂，有萧、杨、邓、陈、曹、黄、张。当地乡民相传，在宋代官坊是上官家族的聚集地，上官家族科第连绵，人口稠密。本地也成为坎头地区最热闹、繁荣的村庄，至今还有"石马街"的传说。据说，宋元之际，上官家族因参与抗元斗争，而被元军报复，官坊惨遭屠戮，上官族人流离失所，其中一支迁到 5 公里之外的前山坪，繁衍至今，但人口不多。官坊有社庙，供坛设于其中。

路下田与肖家湾都是单姓村，前者危姓，后为肖姓，人口各为 350 多人，供坛分别设在各自祠堂。

---

① 按，龙归、路口、坎头等 9 村的人口数据，系邵武市政协文史委傅再纯先生向有关部门查询所得，特此致谢！需要说明的是，这些都是在册人口数，在近年快速的城镇化进程中，这些村落的常住人口已大量减少。

危冲，含危冲、路下田、锡溪、枫林、肖家湾5村。现有人口560人，有饶、叶、聂、李、杨等姓。供坛设于社庙"飞龙庵"。

坪坛是游神最后一站。有聂、周、夏、黄、张、陈6姓，人口约610人，祖先多是从江西迁来。迎接三王的供坛设在社庙，里面供奉"大庙菩萨"。据说菩萨很灵验，而且荫庇江西，所以过去常有江西人来此朝华。以前，游神的路线只有一条，即从龙归出宫，由坪坛回宫。坪坛人觉得这样不公平，于是向"大庙菩萨"诉说，菩萨便与三王"会商"，征得其同意，于是便定了一条与此前正好相反的巡游路线：从坪坛出宫，由龙归回宫，隔年1轮。

通过以上叙述，不难理解，每年一次的游神，无疑是九乡区域最为重大的公共事件，极大地丰富了民众的日常生活。同时，周而复始的仪式，对于社区的历史发展和内部地域关系亦构成相当影响。

明初，建立里甲组织，以10户为甲，110户为里。里设里长，甲有甲首。因地域不同，各地乡村行政略有不同。邵武则实行乡、都、图、里四级建制。析分10乡，53都。从万历《邵武府志》可知坎头九村的里甲分布情况：

　　　　昼锦下乡：三十三都，危重、路下

　　　　永城上乡：四十三都，墈头、官坊墟、应山、鹿口

　　　　　　　　四十四都，陈江、龙归①

清代基本因袭了明代的里甲设置，惟三十三都新增肖家湾。虽然在明清里甲赋役体系中，坎头等九村分属于两乡三都，但地理位置上，这些村社均沿和田溪两岸分布，处于同一水利系统，可能形成较为稳定而长期的协作关系。因而，也有形成超村落的社区组织的可能。围绕着惠安祠的朝贺与游神等庆典活动则进一步密切了村落之间的合作，强化了九村居民的社区认同感和凝聚力，最终形成了"九乡"祭祀共同体。

此外，游神活动过程也隐略地展现了社区内部村落关系与权力格局。坎头享有最多的6供，表明其作为九村中心村社，拥有最高地位。我们在鹿口、危冲等地考察中，还听到过这样的说法：旧时，"摆果台"的果品由各村抽签置

---

① 万历《邵武府志》卷2《舆地志二·里图》，第11—13页。按，陈江，又作"澄江"，今和平镇进贤村坪坛。

办，果品数一样不许缺少，否则罚钱。而坎头人喜欢"开玩笑"，趁各村不注意时，偷拿走几样，导致这些村社被罚。因此，后来各村摆好果品后都要派专人看护。在笔者看来，这个说法在某种程度上表达了外村人对于处于强势的坎头的不满。在各村社内部，各家族的地位也不平等。坎头的 6 日供坛都设在廖氏祠堂，龙归与鹿口黄氏分别享有各自村社一半的供日，这些都暗示其在社区中的特殊地位。

通过对坎头惠安祠沿革过程及其祭典活动的考察，可发现，惠安祠的祭祀空间与神明格局，是在长期的历史变迁中文化积淀的结果。该庙的起源与社神崇拜密切相关，在兴建之初，可能是作为春秋社祭的场所。宋代，则演化为供奉本地神明"黑面王"的庙宇。同时，欧阳祐与五通神信仰传入和平社区，进入惠安祠。随着上官家族的崛起，族中士人开始有意识地对祖源和谱系进行梳理，在此过程中祖先神上官泊的故事被构建出来，并以"民主王"的形象取代黑面王。惠安祠也成为具有上官家族祖祠性质的庙宇。

宋元鼎革，上官家族式微。明代官方大力推行里社祭祀制，惠安祠逐渐成为坎头等九村所共同祀奉的中心庙宇。在此背景下，上官家族为了继续保持文化优势，维持对惠安祠的支配地位，便在族谱中对惠安祠的信仰历史进行了重新书写，使之更符合自身的利益。与之相应的是，明清惠安祠形成了一系列的祭典活动，这些活动已经融为社区生活的一部分，强化了九村居民的社区认同感和凝聚力。同时，祭典亦具有较强的地方权力象征性与指向性，仪式中，各村之间与村内各宗族的待遇并不相同，这种差别反映了社区内部历史发展和地域关系的不同，展现了村落关系与权力格局。

需要特别指出的是，黑面王虽被民主王所取代，但并未消失，其形象特征依然体现在民主王的塑像中，留存在乡民的口头传说里。明清时代，虽然上官氏失去了对惠安祠的支配，但相关的祭典仪式中仍保留了对该家族的特别优待。可见，在长时段的文化变迁过程中，新旧文化传统之间不是相互替代，而是叠加融合的。

惠安祠的个案研究表明，唯有将民间信仰的研究置于宽广的历史背景与具体的地理空间之下，从社区生活内部的长期历史和文化因素的视角出发，才能更好地理解传统时期中国民众的心态和村落日常生活的转变。

小　结

　　地方庙宇与家族组织存在着极为密切的互构关系。唐宋以来，闽北邵武乡村民众大量施产建庙，其后代子孙亦不断捐施，世守不失，形成了众多具有族产属性的家族庙宇。族庙兼具祖先崇拜、神明信仰与控制山林资源等重要功能，一般由施主家族创建，招"住持人"管理。双方通过订立规约，明确各自的权利与职责。施主承担捐施资产、代缴课赋及不得借势欺压的责任。住持人也需尽到遵守清规，维护庙产，备办饮福，提供礼仪服务的职责。

　　尽管有规条约束，但施主家族与住持人及其他家族间，因争夺庙宇支配权而引发的纷争，屡见不鲜。从明正德至清乾隆间，坪上梁氏为保护光源寺的控制权，与寺僧及罗姓发生了数次纠纷。这一过程增强了族人的家族认同感和凝聚力，成为扩大家族结合的契机。讼争结束不久，梁氏先是首次编修族谱，接着又创建了大宗祠，原本相对松散的梁氏各房支被整合为内部关系更为密切的家族组织。

　　与此同时，神明祭典与村社生活有着密切的关系。明中叶以来，里社祭祀制度松动，跨村社的中心庙宇形成，与之相应的祭典活动也愈发活跃，祭典期间的供品分配和游神仪式也是社区关系的展演。邵武惠安祠的祭祀空间与神明格局，是在长期的历史变迁中文化积淀的结果。与之相应的祭祀活动已经融为社区生活的一部分，这些活动或直接，或间接地反映了地域社会的性质、内部关系、权力网络及其历史变迁。

第五章 明清商业活动与大众信仰：
以邵武和平镇为例

明清以来，随着山区商品经济与市场的发展，以及跨区域商业网络，特别是纸业、茶叶及竹木贸易繁荣，闽西北的商业市镇逐渐兴起。邵武和平镇的个案表明，商业活动与大众信仰的传播关系密切。商品经济的繁荣，跨区域商业网络的形成，促进了外来的妈祖信仰在武夷山区的传播。商品贸易为宗族建设与信仰活动提供了雄厚的经济基础，强化了大众信仰对于地方公共事务和民众生活的影响。这种影响体现在铺路造桥、建庙设坛、组建会社、演戏酬神、饮福聚会、赌博狂欢等活动中，并受到商业浪潮的浸染。

第一节 商业浪潮下的宗族与社区建设

宋代，邵武和平里（今和平镇官坊墟、坎头一带）无疑是整个闽西北最为引人瞩目的村落之一，由于上官氏、黄氏、危氏诸姓在科举上的成功，涌现出数十位进士、举人，形成了鼎盛的仕宦家族。然而，由于战争与科举制度的转变，元代以降，和平的科举盛况再也无法持续。同时，随着明清社会经济的发展，一个商业市镇——旧市街（今和平镇和平村）逐渐兴起，成为新的地域中心。

一、开基传说与乡绅活动

对于旧市街聚落形成的确切时间，现在已经难以考证。但通过一些文献片段与民间传说，我们或许可以找到蛛丝马迹。《庆亲里李氏族谱》中保留有一份元大德十年（1306）的《开辟旧市地基并延喜庵记》，涉及了旧市街早期历史的线索，兹摘引如下：

> 夫吾姓派自江夏，迁于闽地鹳薮，开基居于中城，余祖于宋隆兴五年丁亥岁，由中城迁于黄家坊，接绍宗支，未能恢宏先人事业。于元初定鼎以来，敬择成宗六年庚子岁，卜居于此。只缘黄氏数家，居于闾里之上。余择庵宇之下，开基架屋，见有石砌沟圳、街道基趾形迹，取名旧市……但惜庵宇前遭巢贼剿灭，此地年深月久，朽坏难堪，仅存正栋，墙壁俱无。爰于八年壬寅岁，将价向丁凤翔买转庵宇，择十月初十日辰时，将庵旋转，坐西向东，作申寅字向，修整正栋，筑其墙壁，安吾祖默夫公之神主。及十年七月间，丁益三与吾相争庵宇构讼，承李冠群尽力相帮，后蒙县主杨爷断归于吾，为默夫之魂庵，不许丁姓相侵。[1]

按，撰者黄仲茂，具体事迹不详，查和平《竹粟黄氏家谱》可知，黄仲茂是宋隆兴元年（1163）进士黄通的曾孙，其世系关系为：通→默夫→宣龙→仲茂。[2] 记文回顾了在南宋初至元初的一百多年间，竹粟黄氏从中城迁黄家坊，后转迁旧市街、开辟新居的历程。由落款时间看，撰者亲历了黄氏入居新址的过程，记文的可信度应当较高。[3] 从中我们至少可以得出两条信息：其一，元初以来旧市街经历了一个再开辟的过程。在黄氏迁入之前，当地可能曾存在过较为繁华的聚落，或许因战乱被摧毁，成为废墟，但石砌的沟渠、街道基址尚在，因此取名"旧市"。其二，元初本地的住户至少有丁、李二姓，黄氏通过向丁姓购买延喜庵，取得了入住权。黄氏将庵宇改造为祖父默夫公的坟庵，也因此与丁姓发生讼端，但在李姓的支持下取得胜利，这也是此记文之所以出现在李氏族谱中的重要原因。

---

① 和平《庆亲里李氏宗谱》卷10《开辟旧市地基并延喜庵记》，民国三十三年7修本，第175页。

② 和平《竹粟黄氏宗谱（敬爱堂）》卷1《世系》，民国三十四年9修本，第12页。关于黄通的传略，（宋）佚名《南宋馆阁续录》卷7载："黄通，字景声，邵武人。隆兴元年木待问榜进士出身，治诗赋。二年八月除十月为浙西提举"（《景印文渊阁四库全书》第595册，第507页）。弘治《八闽通志》卷70《人物·邵武府·文苑》作："黄通，字景声，邵武人。隆兴元年进士第，以不附韩侂胄出为江西提刑，遂请老归，自号熙堂野老"。黄氏宗谱的记载与《八闽通志》略同。

③ 按，黄仲茂对南宋先祖迁徙时间的记载有误，查隆兴是南宋孝宗年号，只有2年（癸未、甲申），不可能有"五年丁亥岁"。

233

现存的旧市街李、丁、邱等姓的族谱资料也显示，其先祖在宋代时由外乡迁居此地。《邱氏族谱》中还保留了一条反映旧市街早期形态的资料："乡谚相传，三湾结而成墟，三姓起而为市"①。族谱注明："三姓者，邱、会、李也。三湾者，山湾、楮树湾、白果树湾也。"经笔者多方调查，和平未有会姓，"会"疑为"黄"之讹。

此外，当地还广为流传一个这样的传说：很早以前，和平只有几户人家，住在今南门外水口（一说住北门外圩头坪）。一家人养了一群鸡，主人发现有几只母鸡很少下蛋，经常到远处的灌木丛觅食，于是主人便偷偷跟着去看究竟，看到荒草丛里已经有一群小鸡了，在母鸡们经常用抓刨土觅食的地方显露出一些石板。主人将荒草拨开，发现有以前的房屋、街道遗迹，于是便搬过来居住、重建。后来，陆续有人家搬来，逐渐繁衍成人烟稠密的街市。这就是旧市街的由来。②

通过文献片段与传说故事，我们可以推测，旧市街可能具有更为久远的历史，但在宋元之际，经历了被重新发现和开辟的过程。早期的聚居点可能是三个湾地，它们互不连属，人户稀少。可以确定的是，元初已经有延喜庵了，它先属于丁氏，而后易手为黄姓的坟庵。总之，此时的旧市还只是邵南地区众多农业聚落中的普通一员。

在地理环境方面，旧市拥有不错的农业基础。罗前溪与禾田溪在此交汇，形成了一片狭长的河谷小平原。不论是水利灌溉，还是田土质地与面积，在邵南地区都是首屈一指的，故旧市也称禾坪。南宋以来，民众陆续徙居此地，他们有的来自江西，更多的是来自邻近村落（表5-1）。随着人口的日渐稠密，到明代中后期，旧市已经是邵南地区的一个重要农业社区。它由数个家族组织构成，其中庆亲里李氏、敬爱堂黄氏、东垣黄氏都完成了编修族谱、建造祠堂的收族工作，成为旧市的强宗大族。

---

① 和平《邱氏族谱》卷首《（乾隆三十二年初修）序》，民国二十七年 3 修本，第 15 页。
② 笔者田野调查笔记，2014 年 2 月 16 日，邵武市和平镇和平村。

表 5-1　邵武市和平镇旧市街主要宗族情况简表

序号	宗族名称/堂号	始迁祖	迁入时间	迁出地	修谱时间	修祠时间	备注
1	庆亲里李氏/本仁祠	胜公，号万峰	南宋	邵武水北庆亲里	崇祯十七年	崇祯十七年	族谱言：始祖为宋李巽；胜公乃宋宰相李纲第七子秀之的曾孙
2	樵南丁氏	勤勉公	南宋	江西黎川	乾隆四十五年	光绪七年	族谱言：始祖为唐代丁照
3	邱氏	六十公	宋代	江西南丰	1938年	无祠堂	
4	竹粟黄氏/敬爱堂	鼎正公，号乾六	元代	和平竹粟	康熙三十四年	嘉靖二十一年	族谱言：唐末入闽始祖黄膺，号惟淡。鼎正是茂公次子
5	竹粟黄氏/锡类堂（信义黄）	鼎兴公，号万四	元代	和平竹粟	嘉庆十七年	康熙五十七年	族谱言：唐末入闽始祖黄惟淡。鼎兴是茂公长子
6	东垣黄氏/睦九堂	万四公，名巽二，号东垣	元末明初	和平西岭	万历十二年	万历二十九年	族谱言：始祖为五代黄峭，乃唐末入闽祖黄惟淡之孙
7	和平后兴黄氏/敦睦堂	琼老公	元初	和平西山	道光七年	无祠堂	族谱言：始祖黄惟淡
8	陈氏	永杰公	明末	江西丰城	1919年	无祠堂	
9	北门黄氏/俗称大东家	贵卿公	康熙初	江西黎川	乾隆四十六年	无祠堂	黄氏仍在黎川修谱、建祠
10	廖氏/惇叙祠	文选公	康熙后期	福建将乐	同治四年	嘉庆七年	尊东汉武陵校尉廖权为始祖
11	恒盛李氏	应松公	康熙间	闽西宁化	光绪十四年	咸丰初年	
12	黄氏/福兴	永卿公	乾隆间	龙岩宁洋	光绪二十年	无祠堂	
13	潘氏	不详	咸丰间	江西新城	同治十二年	无祠堂	潘氏仍在新城修谱、建祠

资料来源：(1)《庆亲里李氏宗谱》，民国三十三年7修本。(2)《樵南丁氏族谱》，1997年6修本。(3)《邱氏族谱》，民国二十七年3修本。(4)《竹粟黄氏宗谱（敬爱堂）》，民国三十四年9修本。(5)《竹粟黄氏宗谱（锡类堂）》，民国二十九年5修本。(6)《东垣黄氏宗谱（睦九堂）》，2000年8修本。(7)《樵南敦睦黄氏宗谱》，道光七年初修本。(8)《陈氏族谱》，民国8年初修本。(9)《江

西黎川黄氏家谱》,1994 年 10 修本。(10)《樵南惇叙廖氏家谱》,民国三十一年 3 修本。(11)
《恒盛李氏宗谱》,2011 年 3 修本。(12)《福兴黄氏族谱》,光绪二十年初修本。(13)《江西
新城联奎潘氏宗谱》,同治十二年 11 修本。

　　明嘉靖以后,由卫所和民壮构成的乡村防御体系逐渐失去实际效能。[1] 时
人何乔远观察到明末福建"各府县机兵,今隶在官籍役,弓兵隶巡检,亦徒具
数,不责逐捕盗贼"[2]。邵武亦然,明后期地方社会一直陷于动荡之中,[3] 旧市
成为"土寇"袭扰的目标。不过,人口与经济的发展,也为大型公共工程的开
展累积了坚实的人力与财力基础。于是,万历十六年(1588)旧市拉开了建造
土堡的序幕。

　　修筑工程持续了数年,最终修成一座周长 360 丈,高约 1 丈的土堡。其墙
体皆用鹅卵石垒筑,辟 8 个城门,东、西、南、北 4 个主城门,上建谯楼。万
历三十三年(1605)黄迪五所撰《建城堡上寿记》记录了这一壮举:

　　　　余乡同姓异姓,虽迁于吾先人之后,而其后胤日见繁盛,住屋渐密。
　　于万历十六年戊子春,邀众酌议筑建城堡,自己出十分之四,编派丈尺,
　　分上、中、下三等率户供役。蒙天福庇,城堡告竣。[4]
　　此外,《东垣黄氏宗谱》也有如下记载:

　　　　若歧公,讳景慎,性倜傥,好善乐施。时土寇窃发,公与族兄景华
　　公、乡人聂太三等鸠众创建土堡,周围三百六十丈。厥后土寇屡起,莫能
　　为患,皆公等力也。事载郡志,举乡饮宾,寿七十四而终。

　　　　显歧公,讳景华,乡里义举,公每首董其事。时土寇窃发,偕堂弟若
　　歧公创建土堡,周围丈尺仿周天缠度之数,堡内外余地各广三尺为公地。
　　事载郡志。尤敦孝行,严督课。其子孙俱以仕显者,皆公庭训也。举乡饮

---

① 万明:《晚明社会变迁问题与研究》,商务印书馆 2005 年版,第 292 页。

② (明)何乔远:《闽书》卷 40《扞圉志》,第 1 册,第 982 页。

③ 如,嘉靖四十三年,"流贼"犯邵武。四十四年,"香寮贼"逼邵武。万历二十二年春三月,
"盟香贼"作乱。崇祯九年,无为教倡乱。十四年,邵武七台"山寇"窃发。参见光绪《重纂邵
武府志》卷 13《寇警》,第 229 页。

④ (明)黄迪五:《建城堡上寿记》,载和平《庆亲里李氏宗谱》卷 10,民国三十三年 7 修本,
第 176 页。

宾，寿八十四而卒。①

可以看出，东垣黄景华、黄景慎两兄弟是具有雄厚经济实力，而又热心资助社区公益事业的乡绅。"乡里义举，公每首董其事""举乡饮宾"表明他们享有较高的威望，是乡里的领袖人物。此外，景华还致力于宗族事务，热衷于编纂族谱，修造祠堂，训迪族人，其子孙中至少有 4 人拥有举人、贡生等功名。②

土堡的修筑并没有动用官府的力量，从万历《邵武府志》中"旧墟街新立有土堡，周围三百六十丈，乃黄景华、黄景慎、聂泰三等呈详上司为之"③ 的记载看，旧市的乡绅是在得到官府的准许后，自己筹资完成的。东垣黄氏兄弟是工程的主导者，他们不仅联合聂姓首发起倡议，而且捐助近半数的经费，同时，组织村民"编派丈尺，分上、中、下三等率户供役"。

土堡建成后，黄氏又与李定荣等商议，欲"及敬老尊贤之义"，决定效仿官方的乡饮酒礼。遂"出己财将〔延喜〕庵宇修整，下廊及大门鼎新建造"，于万历十八年（1590）创立"祝筵圣寿会"，每年八月中秋，邀请里中"寿年登七十及百岁，并游泮及科甲者诣庵饮福，簪花送往迎来"。④ 这一提议得到 5 个家族的鼎力支持。各族都以祖先的名义捐助现银和散粮。如敦睦堂黄氏以支祖四六公名义，捐银 10 两，散粮一斗六升正。此外，敬爱堂黄氏、锡类堂黄氏、庆亲里李氏，以及黄迪五所在的东垣黄氏，也分别以始迁祖的名义，各捐银十两，散粮一斗六升正。而黄迪五本人捐银 50 两，散粮 8 斗正，占总捐银 100 两的一半。这笔经费用于买田放租，共买田 400 秤，年收租谷 40 石正。由于资助有功，黄迪五以及 5 个宗族都有饮福的奖励，而且这种奖励可以代代相承，"每年八月中秋，祠中值年迎神者诣延喜庵，领上寿一桌。六月初二日，领茶筵肉贰份，酒一份。又四月初八日，领馒首一份"⑤。至清康熙十四年

---

① 和平《东垣黄氏宗谱（睦九堂）》卷 6《若岐公传》《显岐公传》，第 10 页。

② 和平《东垣黄氏宗谱（睦九堂）》卷 2《世系》，第 15 页。

③ 万历《邵武府志》卷 2《舆地志二·里图》，第 11 页。

④ （明）黄迪五：《建城堡上寿记》，载和平《庆亲里李氏宗谱》卷 10，民国三十三年 7 修本，第 176 页。

⑤ 和平《庆亲里李氏宗谱》卷 10《祝筵圣寿会规条》，民国三十三年 7 修本，第 177 页。

（1675），又有李、黄、叶、宁、张、谢、聂、陈等 8 姓 24 人，以个人名义捐施行 15 至 80 秤不等的助田，共筹得 662 秤的助田。①

在倡筑土堡的同时，东垣黄氏还进行着另一项公益事务——修造文峰塔。这项工程的主导者是黄六臣、黄穆生父子。族谱是这样记录他们的：

> 六臣公：公颖异，十岁能诗文，年十四入邑庠，试则冠军。尝以人杰必由于地灵，而〔旧市街〕水口缺少文笔，遂捐金董建聚奎塔，惜年三十二而卒，仅成三层，嘱子穆生公继董其事。计费金二万有奇，阅寒暑二十余功始竣。乡人义之，祀于塔院焉。

> 穆生公：公才敏捷，与族兄肄业郡治丹台山。作文挥毫立就，族兄叹为笔下有神。试辄冠军，补邑弟子员。为人豪爽旷达，轻货财，重气谊。家以是窘，而公怡然自若也。②

明清时期旧市街地方民众崇信风水之说，认为正是由于村东南的水口缺少文笔的象征——文峰塔，才导致文脉不通，文风不畅。为此，黄六臣捐资鼎造，惜仅成 3 层便亡故，后由其子接续。该塔创建于万历四十四年（1616），历时 20 余年，方才告竣，"计费金二万有奇"。这项浩大的公益举动得到了官方的肯定，时任邵武知县的明末名将袁崇焕亲自题书塔名"聚奎塔"。③

对各项公益事业的捐助，展现出东垣黄氏雄厚的财力与在乡间的较强号召力。特别值得注意的是，黄六臣父子都具有生员身份，建塔之目的也是要借以振兴旧市的文风，塔名"聚奎"二字即蕴含其义。这些都昭示着一个士绅群体的存在。

明代中叶以来，旧市各族陆续有人跻身仕宦，虽然他们大多数的身份只是生员、贡生，但文风因此日渐兴起。士绅文人以结社的方式维持着彼此的联系。如崇祯初年，黄、李二姓士绅 8 人，因常聚会切磋学问，"其互相观摩

---

① 和平《庆亲里李氏宗谱》卷 10《祝筵圣寿会规条》，民国三十三年 7 修本，第 177 页。
② 和平《东垣黄氏宗谱（睦九堂）》卷 6《六臣公传》《穆生公传》，第 10—11 页。
③ 按，聚奎塔平面呈六角形，五层，通高约 20 米，砖木石混构。袁崇焕的题书位于塔底层门额，系阴刻行楷，全文："天启元年秋月吉旦 聚奎塔 赐进士第知邵武县事袁崇焕立"。这是目前全国仅存的袁崇焕亲笔书法文物。1989 年，该塔被列为邵武市文物保护单位。

以各有其志者非一日矣"，于是组成"文社会"。①"犹虑其继之难久，是以酌议各助纹银二两正，历年放积"，各人捐银 3 两设立基金，放贷取利，作为文会开销。崇祯十年（1637），又于延喜庵后，建文昌阁，奉祀文昌帝君塑像，并"将银付出买租数石，以为每年春秋庆贺之费，所余纹银拾两存众轮流管理"。②

通过上述分析，可以发现明代旧市街的公共事务主要由乡绅阶层主导，他们有的是财力殷实的地主，有的是拥有功名的文人，都来自东垣黄氏、敬爱堂黄氏以及庆亲里李氏等少数几个入居较早的大族。不论是祝筵圣寿会，还是文社会，都以延喜庵为活动中心。我们应当注意，乡绅的会社，本质上是一种少数人拥有的身份性的组织，这些组织与庙宇同社区普通民众生活的联系远不如清代的那么紧密。

二、地域行政中心的形成

万历间土堡的修筑，使地方安全得到了保障。旧市街逐渐形成一个社区整体，并发展为邵南地区往来江西贸易的枢纽。明清易代之际，闽北社会秩序重新陷入混乱，邵武地区也多遭殃及。和平《竹粟黄氏宗谱》记载："甲乙更朝、戊庚寇乱，吾乡残毁殆半"，"族人罹乱，居室遭焚"。③康熙十三年（1674），耿精忠叛清。康熙十五年、十六年耿精忠余部江几、杨一豹"聚邵武大竹篮诸处作乱"。④和平一带也遭到波及。康熙年间《重建惠安祠志》记言："康熙丙辰耿变，逆党杨一豹败逃，道经本境，黎舍、旧市俱受其害。"⑤

尽管如此，与宋元之际的动荡相比，这次的战乱并没有严重摧毁和平村落

---

① 按，这八人是：李友杜、李友桃、黄廷用、黄以宁、黄廷试、黄圣仪、黄儒根、黄圣衡。其中，前两人的身份信息较为明确。李友桃，字公植，顺治五年岁贡生。李友杜，字公树，康熙二十七年岁贡生。友桃还参与崇祯十七年庆亲里李氏始修族谱的编撰，并作序。参见和平《庆亲里李氏宗谱》卷 10《荣名志》，第 71 页。

② （明）黄廷用：《文社会记》，载和平《庆亲里李氏宗谱》卷 10，民国三十三年 7 修本，第 181 页。

③ 《创置祠事源流纪》（康熙十年），和平《竹粟黄氏宗谱（敬爱堂）》卷 16，第 17 页。

④ 光绪《重纂邵武府志》卷 13《兵制·寇警》，第 230 页。

⑤ （清）黄家椿：《重建惠安祠志》（康熙五十年），载《惠安祠簿》卷首，第 11 页。

的社会结构。经过近 20 年的恢复，旧市又重新繁荣起来。到了乾隆年间，旧市作为邵南重镇的政治地位日益凸显。乾隆三十三年（1768），知府将原设于邵东拿口的县丞改驻旧市，置禾坪分县，辖邵南 12 个都，隶属邵武府。次年，修建县丞署。同时，设立把总署，委派武官，驻兵防守。① 旧市街至此确立了作为邵南地域的政治中心和军事重地的地位。这对于地方信仰生活也产生了深刻的影响。

县丞署建立不久，旧市街便建造了城隍庙。里人廖元瑞《重建禾坪城隍庙劝捐序》记言：

> 城隍神，主厉坛之属，守土官祀之。乾隆间，移设禾坪县丞署，分治十二都，例得分建城隍庙，以祀其神。俾主一方之治，所以佐阳教之不及，而造福于生民也。②

与他处一样，旧市街城隍庙也是用来祭祀城隍神的庙宇，其城隍神是和平分县辖下的 12 个都的冥界守护神。历史上，城隍信仰由来已久，而经过明洪武初年的礼制改革，城隍信仰被制度化，城隍庙具有了官方身份，建于都、府、州、县各级行政治所，成为治所必备的标志性建筑之一。

由上述记文可知，旧市街城隍庙是设立分县的产物，是一种官方的行为。不过，从后来的修葺或重建可以看出，城隍庙在旧市街的运作仍与商业发展有密切的关系，前引廖元瑞记文这样写道：

> 嘉庆间，乔二尹欲新庙而未果。道光癸卯秋，里中耆旧英俊，扩旧址而鼎新之，迄乙巳岁落成，费钱三千有余贯。聿新庙貌，其宏敞壮丽，庶几可以妥神灵。而咸丰丁巳、戊午间迭遭贼马蹂躏。八年夏尽毁西逆……庚申春，佥议仍于旧基再营新庙。虽运会艰难无异天造草昧，而师旅之后尚不至于饥馑。其犹可勉强输将乎。伏冀各善信量力题捐，或钱、或米、或功力，踊跃赞襄，以鸠工庀材，早观厥成。使神得所安享，而一方之

---

① 光绪《重纂邵武府志》卷 6《公署》，第 114 页；（清）廖元瑞：《重建禾坪城隍庙劝捐序》，载和平《樵南惇叙廖氏家谱》卷 12《艺文志》，第 12 页。

② （清）廖元瑞：《重建禾坪城隍庙劝捐序》，和平《樵南惇叙廖氏家谱》卷 12《艺文志》，第 12 页。

中，阴阳不愆，风雨以时。民无夭札，物鲜疵厉，永迓神庥于无既。①

上述材料表明，城隍庙自乾隆年间落成后，历经两次重修。嘉庆时县丞乔煌便有新修的计划，可能是由于经费的原因，没有实行。② 从道光二十三年（1843）始，"里中耆旧英俊"耗时三载，费钱三千余贯，才得以扩建翻修。虽然材料中没有具体说明这些捐修者的身份、职业信息。不过，从族谱资料中可以知道，廖元瑞之父廖其章是修葺活动的董事。按照乡中的惯例，倡首者应当捐一大笔钱，以示表率，但当时廖其章手中并无太多盈余，而廖元瑞为预备父母的棺木，购置了一批木料，其章要求将其捐给城隍庙，他是这样说服儿子的：

> 汝置此非为吾老身设乎？本市近建城隍庙，我为董首，宜题缘为各户劝。尔所置材不惜助归神用，神必佑汝。我将借此多延数年之寿，亦未可知。③

第二次重修发生在咸丰间。咸丰七年、八年太平军两度攻陷邵武，城乡惨遭兵燹，旧市大半房屋被焚毁，城隍庙也未能幸免。④ 虽然刚历经战祸，但是廖元瑞认为，城隍神对邵南地方的庇佑至关重要，"恭惟尊神座下，秉箓符于冥漠，敷布统经十二都；佐赏罚于苍昊，权衡聿协千万户。有干有年于兹土"⑤。因此，咸丰十年（1860）他联合其他士绅及宗族领袖，倡议信众捐助钱米或出力重建，撰写了《重建禾坪城隍庙劝捐序》。重建倡议得到乡民的积极支持，"荐绅耆旧，既经营倡率于前；商贾农工，亦踊跃赞襄于后"。⑥

由族谱可知，廖其章是一名热心于宗族与乡里事务的乡绅，不论是廖氏祠

---

① （清）廖元瑞：《重建禾坪城隍庙劝捐序》，和平《樵南惇叙廖氏家谱》卷12《艺文志》，第12页。

② 按，乔煌，字西村，山西闻喜人，于嘉庆十九年至二十二年间任县丞。《邵武府志》评价他"文雅多才，持身廉洁"。参见光绪《重纂邵武府志》卷14《职官》，第252页；卷15《名宦》，第296页。

③ 和平《樵南惇叙廖氏家谱》卷8《兰谷公行状》，第41页。

④ 按，关于太平军战争对邵武的严重摧残，可参见光绪《重纂邵武府志》卷12《寇警》，第231—232页；卷22《人物·忠节》，第475—486页。

⑤ （清）廖元瑞：《迎城隍神归新庙文》，和平《樵南惇叙廖氏家谱》卷12《艺文志》，第34页。

⑥ （清）廖元瑞：《和平城隍庙上梁文》，和平《樵南惇叙廖氏家谱》卷12《艺文志》，第33页。

堂，还是城隍庙，他都是倡建人之一。①他的长子廖元瑞，号兰谷，是一位当地知名的士绅，获同治四年（1865）的岁贡，授职候补儒学正堂。②尽管廖其章父子都没有直接从事商业，但是从后文的讨论可以知道，道光、咸丰间正是廖氏家族商业最鼎盛的时期，他们的堂兄弟、叔侄中不乏成功的商人。城隍庙的修建离不开富商的支援。

在旧市街设立禾坪分县的次年（1769），旧市建立了和平书院。据县志记载：

> 和平书院，在禾坪县丞分辖之旧市街。〔乾隆三〕十四年，士民黄浩然等，请以昔年所置迎神号佛田租，建塾延师，以教子弟。台司嘉其义，许之。知府张凤孙即文昌阁辟地创始，以唐宋旧名名之。③

黄浩然出自竹粟黄氏，邑增生。他在书法方面颇有造诣，时人赞其书法"为一郡冠"。④在县丞设立之际，他顺势将本房置办的迎神田捐出，倡建和平书院。此举与官方设立禾坪县丞以"广教化，移风俗"的初衷正相契合，⑤因而受到邵武知府张凤孙的大加赞赏。他将书院地址择定于文昌阁，并亲自作记文。

随着市镇商业的繁荣，旧市形成了两条主要的商业街道：一条是贯通南北的旧市街，另一条是东门街。旧市街长约 600 米、宽 6—8 米，临街建筑多为前店后住形式，街道两侧为集市设置的固定摊点，多在屋檐滴水以内，秩序井然。这是道光三年（1823）街道整治的成果。竖立于街口的一块禁碑记曰："此街狭窄，上下人多，两边不许堆积卖物，违者公罚。清道光三年，合市修理。"⑥这次整顿一定程度上改变了之前拥挤和混乱的贸易局面，改善了旧市街

---

① 和平《樵南惇叙廖氏家谱》卷 8《先君行述》，第 37 页。

② 和平《樵南惇叙廖氏家谱》卷 8《兰谷公行状》，第 41 页。

③ 咸丰《邵武县志》卷 7《学校·和平书院》，第 194 页。

④ 和平《竹粟黄氏宗谱(敬爱堂)》卷 5《德行录·理轩公传》对黄浩然的书法有如下记载："卓然自成一家，尤工匾额大书。腕力深厚，精神饱满。尝与琴山李韦杭先生善，先生称其书法为一郡冠。故其挟术遨游，一时名士大夫或馆为师，或聘邸幕。"（民国三十四年 9 修本，第 51 页）

⑤ 知府张凤孙《和平书院记》首句便是："设官分治，教其首务矣。禾坪县丞之设，所以广教化，移风俗也。"参见咸丰《邵武县志》卷 7《学校·和平书院》，第 194 页。

⑥ 《旧市街管理碑》（道光三年），载李军、蔡忠明、傅再纯编著：《邵武历代碑铭集录》，第 14 页。

的商贸环境。

晚清时期，在绅商的推动下，旧市街还设置了社区义仓。关于旧市义仓的创立始末，光绪十三年（1887）里人黄志高所撰《创立旧市义仓序》有详细记载，现摘引如下：

> 义仓者，济荒之美德美法也。曩时李翁光瑾、光玖兄弟曾向吾商及此举，自惭才疏力弱，未能肩任。荏苒迄今，垂廿余载。兹有廖君少山者，余挚友岐山兄哲嗣也。岐山当日亦尝殷殷以此为念，时告语其家人，惜乎志未遂，旋促命主芙蓉城矣。今夏岁歉民荒，其德配黄太恭人召少山而命之曰："义仓之建，尔父志也。明岁予寿八旬，其称觞之费可裁割以毕尔父志。尔兄贸易于外，责成在尔，尔其勉旃。"少山闻命，随即开局，邀集余等赞襄其事，倡捐银壹仟两正……①

可知，恒盛李氏光瑾、光玖兄弟早在 20 多年前即找过黄志高商议筹建旧市义仓，但因"才疏力弱"，未能启动。纸商廖德昌（号岐山）生前也有意倡建，亦未能如愿。光绪十三年，年近八旬的岐山之妻黄氏嘱咐其子廖玉翘（号少岐）、廖玉堂（号少山）继承父志。于是，廖氏兄弟以其父廖岐山的名义捐现银 1000 两，倡设义仓，廖玉堂作为"倡首"，总理其事。这一义举得到旧市绅商的踊跃支持，同为纸商的恒盛李氏，以祖父李熙雯的名义"捐皮骨田租壹百四十石正"，② 李菁华（号芳蹊）也出任义仓"协理"。陈元恺、谢榕、黄敬爱祠、李本仁祠、黄睦九祠、黄顺德祠、大东家黄时拔等旧市各族或出祠产、祖先祭产，或是个人捐赠，均广泛参与，捐谷总数达 962 石。光绪《重纂邵武府志》亦载："和平义仓，在旧市街。光绪十四年，绅士廖玉翘、李行升倡捐银一千两、田租七十石，并劝募各股户，现存谷一千四百余石。"③

义仓的管理者都是旧市绅商的代表。廖玉堂任倡首，杜璘光、黄志高、黄敬先、傅有光 4 人为董理，黄显瑞、谢炳彪、李菁华、黄上游、李春荣 5 人为协理。规定"举管理义仓事务者，须定五谷神诞日当众金举素行公正、干练、

---

① （清）黄志高：《创立旧市义仓序》，载《旧市义仓便览》，民国八年木活字本，第1—3页。

② 《始创旧市义仓各户乐捐题名碑》（光绪十四年），载李军、蔡忠明、傅再纯编著：《邵武历代碑铭集录》，第88页。

③ 光绪《重纂邵武府志》卷8《仓储》，第157页。

精明之人，不得私行擅举。议定公举总理一人，协理一人"。"其管理人议定三年一换，每年给酬劳洋银共一拾两正。"① 义仓还编订了《旧市义仓便览》，详细记录了旧市义仓的创建缘由、管理者、捐助者芳名及捐赠钱粮田地数量、管理条规、官府批文等。

综上可知，乾隆年间禾坪分县的设立，确立了旧市作为邵南区域政治、军事中心的地位。随着官方机构的进入，地方官员理应会对旧市有较强的影响力和控制力。但是在处理公共事务时，特别是财力方面，必须仰赖本地士绅的支持，方能顺利实施。而对于一些大型工程，如兴建土堡、城隍庙、书院和义仓等，官府往往是扮演政治授权者的角色，而具体的操作则基本由乡绅与宗族完成，于是促成了基层社会的"自治化"倾向。② 这种倾向，在清后期旧市街的商业化浪潮中表现得更加明显。

第二节　商业活动与妈祖信仰

明清时代，随着闽西北的山林经济获得长足发展，僻处闽北内陆山区的邵南乡镇，逐渐通过区域经济网络联结到了全国性的市场体系中。邵南乡间的纸张、笋干、稻米等特产被大量销往福州。纸业贸易更是蓬勃发展，产品远销至南昌、武汉、苏州、上海、北京、天津等各大城市。在此过程中，本地商人家族陆续崛起，外来商贩和移民及各种工业品纷纷流入，与之相伴的还有外来的文化观念和神明信仰。

一、邵武的大宗商品

闽西北境内山环水复，林木茂盛，物产丰富。乾隆间福建布政使福德主编的《闽政领要》就介绍："延平府属顺昌、将乐二县之纸；建宁府属各县之杉木，崇安之茶叶，建安、瓯宁之夏布、香菇、冬笋，松溪之笋干、红菇，浦城、建

---

① 《旧市义仓便览》"义仓规条"，民国八年木活字本，第16—28页。
② 对于明清基层社会"自治化"倾向的论述，参见郑振满：《明清福建家族组织与社会变迁》，中国人民大学出版社2009年版，第183—195页。

阳之莲子、生熟烟丝；邵武府属泰宁、建宁二县之夏布、笋干……均有客商贩运，各省赖以资用。""本省贸易之大，无过茶叶、杉木、笋干三项。"① 邵武的商品以稻米、木材、竹纸、笋、茶、香菇、夏布等土特产为大宗，属于典型的闽北山区产品。1929 年上海《工商半月刊》曾刊载了《福建邵武县物产状况及行销情形》（表 5-2），从中可知，产自邵武乡间的农副产品已远销福州、江西以及华北天津地区。

表 5-2　福建邵武县物产状况及行销情形表

物产名称	出产地点	全年出产总额	运销地方
米	四乡各处	约 16—17 万石	福州
红茶	四乡各处	约 20 万斤	福州转售各洋行
把笋	东乡洋圳坑、北乡二都桥	约 10 万斤	江西河口、福州
香菇	四乡各处	约 8—9 万斤	福州
松木、杉木	四乡各处	约 10 万斤	天津、福州
夏布	南乡和平	约 400 疋	销售本省各处
连泗纸	东南乡	约 2—3 万篓	天津、福州

资料来源：《福建邵武县物产状况及行销情形》，《工商半月刊》(上海) 1929 年第 1 卷第 23 期，第 40 页。

（一）稻米

闽北的延平、建宁、邵武三府，是福建的粮食主产区。明清时期，闽江上游府县向下游沿海地区运销的最大宗商品是稻米。② 乾隆间《闽政领要》一书指出："上游延平府属南平、沙县、顺昌、将乐四邑，地土稍厚，米谷出产亦多，尚有客商贩运。尤溪、永安二邑只敷本地民食；建宁七属、邵武四属田多膏腴，素称产谷之乡，而浦城、建宁两邑尤为丰裕，省城民食不致缺乏者，全赖延、建、邵三府有余之米得以接济故也。"③ 乾隆《邵武府志》也记载："曩者斗米百钱，民无所籍于公，陈陈相因，或有红朽之虑。今自延、建以东，至于行省，咸仰此一方

---

① （清）德福编：《闽政领要》卷中《各属物产》，陈支平主编：《台湾文献汇刊》第 4 辑第 15 册，厦门大学出版社、九州出版社 2004 年版，第 86—87 页。

② 陈支平：《闽江上下游经济的倾斜性联系》，《中国社会经济史研究》1995 年第 2 期。

③ （清）德福编：《闽政领要》卷中《岁产米谷》，陈支平主编：《台湾文献汇刊》第 4 辑第 15 册，第 83 页。

之贩运，大势翔踊，公家供粜兼施，犹恐不及。"①

米价的波动深受供需关系的影响。清代乡绅为控制粮市，往往私立关卡，限制稻米外运。②不过，在一些官员看来，这种行为极具地方保护主义色彩，扰乱了粮食市场。道光十二年（1832），就任邵军厅同知的陈盛韶即言："邵武土宜稻而北境狭，稻米出于东北与西南者为多。拿口之米，顺流而东运之省城。西南禾坪、古山，市集颇大，城内食米率取诸此。土棍乘米价稍昂，聚匪把持，私禁搬运，托为保固地方。官出差谕名曰开把，悍然不畏，必得贿始放行。境内殷户开粜，城中贫民益困。"③

1942 年的调查表明，邵武所产米谷除自给外，"年可剩余 14〔万〕至 17 万市担，而每年之运出县外者，亦达 15 万担之多"。运销地主要在福州一带，"福州所谓之溪米，多指邵产之籼米而言"。④邵武的米商多为福州人，"其销售法，系由藉居邵武之福州人，开设店铺，遣人向四乡采购米谷。或由乡民自行肩挑到市，售给米商。米商采购成数后，分别等级，加以包装，以民船直接运至省垣。"⑤

（二）木材

闽西北山区盛产木材，尤以杉木知名，是福建最大宗的输出货物之一。万历《邵武府志》记载："杉，旧本地少种之者，故郡之老屋犹多用松木为栋梁。近三四十年来，郡人种杉弥满岗阜。公私屋宇悉用之，皆取诸本土而足。且可转贩以供下四府宫室之用。盖骎骎乎与延、建之杉等矣。郡人之所谓货，此其最重者也。"⑥可知，邵武的种杉业在明后期发展迅猛，与延平府、建宁府等著名杉产地呈比肩之势，成为当地最重要的外销货物。明末何乔远亦云，杉木，

① 乾隆《邵武府志》卷 9《仓储》，乾隆三十五年刊本，第 1 页。

② 《禁止稻米外运碑》（清中后期），载李军、蔡忠明、傅再纯编著：《邵武历代碑铭集录》，第 31 页。

③ （清）陈盛韶：《问俗录》卷 5《邵军厅·开把》，《四库未收书辑刊》第 10 辑第 3 册，第 259 页。

④ 翁绍耳：《邵武米谷产销调查报告》，私立福建协和大学农学院农业经济学系 1942 年印行版，第 18 页。

⑤ 李治：《邵武农业概况》，《建民周刊》（福州）1936 年第 1 卷第 18 期，第 32 页。

⑥ 万历《邵武府志》卷 9《物产》，明万历四十七刊本，第 31 页。

"建、延、汀、邵、福宁为多，是插而生者。"① 清代邵武府依然盛行种杉。泰宁县"邑号杉阳，以县北之山多产杉木，其巨有合抱者，通商贸易"②。建宁县"所植惟东乡最盛。大者用锯解，名方板，货之四方，以为宫室，或土人自运，或外商行贩。道途搬木，相续不绝。"③

晚明时期，闽北的杉木已远销浙江宁波，转运江南各地。明末浙江巡抚张延登曾奏言："福建延、汀、邵、建四府，出产杉木。其地木商，将木沿溪放至洪塘、南台、宁波等处发卖，外载杉木，内装丝绵，驾海出洋。每赁兴化府大海船一只，价至八十余两。其取利不赀。"④ 文中提到的洪塘与南台，是福州两个著名市镇，也是闽江上游商人与外省商人交易的地方。木商先通过闽江水运将闽西北山区的杉木，集中于福州，再租赁兴化（今福建莆田市）商人的海船，由海路输往浙江宁波，转运江浙等地出售。

这一贸易形式一直延续到清代，乾隆年间，建木销路渐开，形成了一整套木材运销系统。江浙办木的庄客大量来闽设庄，采购木材。闽北各地也有不少人在延平、福州开设木行、木商行，专门从事木材转运和销售。⑤ 正如光绪《闽县乡土志》所言："木业，业此者分为四种，植木者曰山主（又曰木主），入山购木者曰山客（又曰木客），代客转售者曰木行（即木牙），浙宁商帮向行购买运销出口者曰木帮（即木商）。"⑥

（三）竹笋

竹笋是闽北山区重要的土特产，有春笋、冬笋之别，除一部分供当地人食用外，大宗则被制成明笋（笋干），运销外地。南平县的笋"煮熟，以火焙

① （明）何乔远：《闽书》卷150《南产志》，第5册，第4452页。
② 乾隆《泰宁县志》卷1《舆地志·物产》，《福建师范大学图书馆藏稀见方志丛刊》第40册，第143页。
③ 乾隆《建宁县志》卷6《物产》，乾隆二十四年刊本，第48页。
④ （明）计六奇撰，魏得良、任道斌点校：《明季北略》卷5《张延登请申海禁》，中华书局1984年版，第103页。
⑤ 吴邦才主编：《闽商发展史》（南平卷），厦门大学出版社2016年版，第78页。
⑥ （清）朱景星修、郑祖庚纂：光绪《闽县乡土志》"商务杂述四"，光绪三十二年铅印本，第346页。

干，贩行四方"。①"远市吴越、江淮，为南邑之溥利焉。"②邵武的笋干产量较大。清乾隆年间《闽政领要》记载："邵武府属泰宁、建宁二县之夏布、笋干……均有客商贩运，各省赖以资用。""本省贸易之大，无过茶叶、杉木、笋干三项。"③民国时期的不少调查报告也都提到邵武竹笋的产销情况。例如，1929年《工商半月刊》报道，邵武县每年产笋约十万斤，行销福州，江西上饶铅山县河口镇等商业城镇。④1936年《邵武农业概况》载："〔笋〕每年产量亦颇可观，惜无统计，难知其确数。其销售之地，为福州、上海等处。"⑤1938年陈秀夔调查指出："本县产笋年可三万余市担，除供本县消费外，可制成笋干约八千市担，运销闽江各县。"⑥1939年的《邵武冬笋装罐试验》报告提道："邵武冬笋，除一部分供当地人民食用外，大宗则干制而贮藏之。至五六月，运输至江西、香港、上海、天津、福州等地……每年输出约达五千余担。"⑦

（四）竹纸

闽西北山区普遍种竹，是明清时期国内最重要的竹纸产地。如明人宋应星在《天工开物》中称："凡造竹纸，事出南方，而闽省独专其盛"。⑧万历《闽大记》云："楮，有竹纸数色，白出顺昌，黑出建、邵诸邑……其用普于四方。"⑨明后期邵武的纸业已较为发达，产品远销至湖广与江南地区。万历《邵武府志》记载："纸……俱出邵武县，四方商贾多结贩往湖广、南直隶诸处变

---

① （清）傅尔泰修，陶元藻纂：乾隆《延平府志》卷45《物产志》，乾隆三十年刊本，第31页。

② （清）杨桂森修，应丹诏等纂：嘉庆《南平县志》卷1《物产》，同治十一年增修本，第4页。

③ （清）德福编：《闽政领要》卷中《各属物产》，陈支平主编：《台湾文献汇刊》第4辑第15册，第87页。

④ 《福建邵武县物产状况及行销情形》，《工商半月刊》（上海）1929年第1卷第23期，第40页。

⑤ 李治：《邵武农业概况》，《建民周刊》（福州）1936年第1卷第18期，第32页。

⑥ 陈秀夔：《邵武县农村经济概述》，《协大周刊》（邵武）1938年第3卷第6期，第14页。

⑦ 沈孝容：《邵武冬笋装罐试验》，《协大农报》（邵武）1939年第1卷第3期，第183页。

⑧ （明）宋应星著，潘吉星译注：《天工开物译注》卷中《杀青·第十三》，上海古籍出版社2008年版，第225—230页。

⑨ （明）王应山纂修；陈叔侗，卢和校注；福建省地方志编纂委员会整理：万历《闽大记》卷11《食货考》，中国社会科学出版社2005年版，第195页。

卖。本郡诸货，惟此颇得利。"①清代中后期，邵武纸商队伍更加壮大，相继在福州、苏州、北京等地开设会馆。民国时期，邵武主要生产毛边纸与连史纸等熟料纸，其品质在福建各县中仅次于连城，属于"上选"。规模庞大，产地密集，全县从事竹纸生产的村落有一百多个。②一份1936年的调查报告指出："曩昔该县产纸之数量，多至五十余万担，运销上海、天津之间。近年因洋纸畅销，以致土纸被其压倒。"③

清代以降，邵武纸业市场不断成熟，形成了一套由槽户、纸行、庄客、纸栈密切配合的产销网络，邵武产纸得以远销福州、苏州、天津、北京等地。邵南地区和平、大埠岗、宝积、金坑等地不少人经营纸业，成为富商巨贾。全面抗战时期，由福州内迁至邵武的私立福建协和大学农学院师生，曾对当地农业经济开展调查，其中邵武籍学生江福堂在翁绍耳教授指导下，历经两年多的努力，于1943年完成了《邵武纸之产销调查报告》，为我们了解邵武纸业产销情况提供了翔实的资料。④

1. 槽户　家庭作坊是邵武竹纸生产的基本单位，开设作坊的家庭称为槽户。据江福堂调查，邵武纸产基本依赖槽户。槽户又有专业与副业之别，前者俗称长槽，专营纸业，资金相对雄厚，设备较为齐全，雇佣的纸工数目亦多。后者俗称短槽，系农户利用农闲开槽造纸，资本微小而设备简陋。1917年前后，为邵武槽户最盛时期，有400余槽。邵武的纸张产地主要分布在邵南乡村，尤以大埠岗、宝积、和平、桂林、神宿、沿山等地最为密集。该区竹林茂密，竹质优良，槽户众多。

2. 纸行　纸行专门从事竹纸的收购与批发。其资本雄厚，多为专业者，与槽户具有金融上之互助关系。槽户生产前，先向纸行借贷资金，等纸造成后再廉价售予纸行。本县纸行有：营茂昌、黄天利、何兴华、中兴仁、新兴

---

① 万历《邵武府志》卷9《物产·货之属》，第33页。

② 林存和编：《福建之纸》，（永安）福建省政府统计处1941年版，第19、26页。

③ 李治：《邵武农业概况》，《建民周刊》（福州）1936年第1卷第18期，第32页。

④ 翁绍耳、江福堂：《邵武纸之产销调查报告》，私立福建协和大学农学院农业经济学系1943年印行本；江福堂：《邵武纸之产销》，政协邵武市文史资料工作委员会编：《邵武文史资料选辑》第8辑，1987年内部资料，第53—73页；江福堂：《邵武纸之产销》（续），《邵武文史资料选辑》第9辑，1989年内部资料，第57—66页。

华、永兴生、新永泰、新丰仁（清记）、新丰仁（立记）、新丰仁（林记）、新丰仁（福记）、祥兴仁、源远来、远兴祥、秋成、群益联营贸易公司等15家。这些纸行绝大多数开设在大埠岗，该地成为邵南地区纸业集散中心。纸行经营者基本都是邵南本地人，既有数人合股，也有独家经营。

3.庄客　庄客来自外销市场，散布于初级市场，专责收购各种纸类，直接运销至外地纸店。庄客与槽户亦时有金融上的借贷关系。

4.纸栈　纸栈的业务主要有四：（1）为纸行或槽户、庄客保管纸品。（2）代槽户、纸行接洽外销市场。（3）为纸行代垫运费或融通资金。（4）代雇船只运往外销市场销售。纸栈的收益主要在抽收手续费和佣金。其经营者多系福州籍，对行使富屯溪的船只极为熟悉。

表5-3　民国时期邵武县纸业市场分布表

地名	区号	市场种类	备注
大埠岗	三	初级市场兼次级市场	为第三区纸业集散中心，直接挑售黎川各地
宝积	三	初级市场	专为收购槽户所产之地
南坑	三	初级市场	专为收购槽户所产之地
神宿	四	初级市场	多挑往墟市交易
沿山	四	初级市场	多趁墟期交易
桂林	四	初级市场	多趁墟期交易
县城	一	次级市场	本县纸业集散中心地
福州		外销市场	为本县主要之外销市场

资料来源：翁绍耳、江福堂：《邵武纸之产销调查报告》，（邵武）私立福建协和大学农学院农业经济学系1943年印行本，第14页。

5.运输　江福堂调查发现"本县纸制之销路有二，一为福州，一为赣湘"①。运输路线主要有三：（1）邵武县城（沿富屯溪船运）→拿口→水口寨→大干→顺昌→洋口→峡阳→王台→南平→水口→福州；（2）邵武县城（肩挑）→黎川（改船运）→南城→抚州→南昌→九江→湖南；（3）邵武县城→黎川→资溪→贵溪→上饶→湖南。由于产纸最多的邵南地区水浅滩多，不利行船，因而纸行

① 翁绍耳、江福堂：《邵武纸之产销调查报告》，私立福建协和大学农学院农业经济学系1943年版，第12页。

购纸后，均须请力夫肩挑至县城后再行转运。

明清时期，随着农产品的日益商品化，闽西北的墟市贸易不断兴盛起来，乡村墟市数量明显增多。"墟"又作"圩"，是南方地区对农村集市贸易点的称呼，墟市也叫赶墟、圩集。① 据徐晓望统计，明代前期邵武府的商品经济便有一定规模。该府 4 个县，在弘治年间共 25 个墟市，是福建各区域墟市数量最多的一个府。其中，邵武县有 14 个墟市，是弘治时福建墟市最多的一个县。明代后期当地墟市仍有增长，嘉靖年间邵武府有 43 个墟市，至万历年间，更增长到 48 个墟市，总数比明代前期增加了近一倍。其中邵武县有 23 个墟市，仍是福建墟市最多的一个县。② 在此过程中，一些大型市镇逐渐成长起来，例如邵武的和平、大埠岗、沿山、拿口、朱坊、洪墩等。③ 市镇有街道和固定商铺，是当地乡村集市贸易的中心。"这些城镇与墟市构成的商业网络与沿海及沿江的商业网络连成一片，它不仅构成了山区商品经济运行的基础，也是闽浙赣边山区商品输出沿海、沿江的通道。"④

二、邵南地区的商业家族

闽西北的商业活动大致兴起于明代中后期。据嘉靖《邵武府志》记言："邵、光、泰三邑之民，力田树艺，鲜为商贾，商贾亦鲜至。土地小狭，人民众，无兴贩贸通之利，以侈大其耳目，而荡其心。财源鲜薄，安于食稻茹蔬，故其俗纤俭。"可见，明代前期邵武民众以农耕为主，自给自足，少有经商者，风俗亦勤俭节约、朴实无华。随着商品经济的发展，明中叶以后社会风气有所变化。嘉靖《邵武府志》接着谈道："闻十年之前，未有以鹅筵宾者，今间或有之，蜜添饭至数十品，衣帽渐鲜，亦有为商贾者矣。"⑤ 嘉靖《邵武府志》刊刻于嘉靖二十二年（1543），此时当地的饮食衣饰已日渐丰富，商贾逐渐增多。到了

---

① 翁绍耳：《福建省墟市调查报告》，私立福建协和大学农学院农业经济学系 1941 年版，第 57—59 页。

② 徐晓望：《明清东南山区社会经济转型——以闽浙赣边为中心》，第 352 页。

③ 王运天：《邵武几处较大的圩市》，《邵武文史资料选辑》第 14 辑，1993 年内部资料，第 110—112 页。

④ 徐晓望：《明清东南山区社会经济转型——以闽浙赣边为中心》，第 347 页。

⑤ 嘉靖《邵武府志》卷 2《风俗》，第 43—44 页。

明末，更因商业发展，城市繁华，侈靡之风盛。① 万历《邵武府志》云："今之富民子弟，服必罗绮，色必红紫，长袖大带，自为得意，一人倡之，十人效之，浮侈已极。"② 不仅衣饰讲求华奢时新，饮食也讲究排场，一席菜肴"味必珍奇"。

明清鼎革之际，闽西北的经商风气一度中断，但随着时局的稳定，商业活动重新恢复。乾隆《邵武府志》载："旧时邵、光、泰三县之民鲜为商贾，商贾亦少至。财源啬薄，安于食稻衣布，故其俗朴。近来亦乐商贾。筵宴服饰，往来酬赠，渐尚华侈。"③ 清中期以降，随着商品经济持续发展，越来越多邵武人参与到互通有无的商贸活动中。他们源源不断地将纸张、稻米、木材等山货土产从本地市场贩运至全省乃至全国。这些商人虽走南闯北、出入江海，但仍与本地家族、乡族保持着密切关系，有些更是父子相继、兄弟携手，形成颇具实力的商业家族。

（一）大东家黄氏家族

康熙中期，江西黎川人黄贵卿、黄友卿兄弟徙居和平旧市街，"农贾是业"。至黄贵卿之子黄振徽，农耕之外，兼业商贩，这时家庭"方小康"。④ 黄氏的发迹始于第 3 代。黄振徽之子黄时拔，字萃中，号蔚南、别号浑斋，青年时的奋斗目标是科举入仕，"少习葩经，业制科学"，"壮岁隶学籍"。然而，其父突然离世，失去经济来源，遂弃儒从商，大获成功，"不十余年间，资日以丰，富遂甲于乡"。⑤ 黄时拔经商致富后，热心于各种义举。族谱记载：

> 愁思岭，闽、江孔道，而崎岖峻险，几同剑阁。古道崩塌，更逢苦雪，行人苦甚。先生〔黄时拔〕倡首捐修，登《新城县志》有传。余如本市万寿宫，郡城府县学、文庙、城垣与一切桥亭道路之修，无不慷慨解囊。⑥

---

① 徐泓：《明代福建社会风气的变迁》，《浙江学刊》2007 年第 5 期。
② 万历《邵武府志》卷 10《风俗》，第 5 页。
③ 乾隆《邵武府志》卷 6《风俗》，第 2—3 页。
④ 和平《江西黎川黄氏家谱》卷首《浑斋黄先生传》，第 16 页。
⑤ 和平《江西黎川黄氏家谱》卷首《浑斋黄先生传》，第 16 页。
⑥ 和平《江西黎川黄氏家谱》卷首《浑斋黄先生传》，第 16 页。

愁思岭隘道是连接福建邵武与江西黎川的贸易要道，崎岖难行，大东家黄氏迁自黎川，江西也是黄氏商业活动的主要区域，因此黄时拔倡首捐修。此外，黄时拔还倡建旧市街万寿宫，助修邵武府学、县学、文庙、城垣及相关桥、亭、道路。

至黄时拔次子黄映璧时，黄氏的商业臻于鼎盛。黄映璧字有俊，号拱垣，生于乾隆三十六年（1771），卒于道光十七年（1837），幼时即显露出经商才能。他"性机敏，成童已知佐家政，稍长，商豫省，见者以少年老成目之"。"壮岁，资益丰，贾益巨，由豫章达燕、吴、楚，兖、冀曾数历焉"。[1] 可见，黄映璧早年主要是延续着父亲开辟的与江西方面的贸易往来。而中年以后，随着资本积累日渐雄厚，商业网络已经沿着长江与京杭运河扩展到武汉、苏州以及华北兖州、直隶、北京等地。

在商业领域大获成功的同时，黄氏也开始追求功名身份。黄映璧之兄黄映奎，通过捐纳成为太学生、布政司库大使。黄映璧本人也捐纳为太学生，职州同，诰封五品奉直大夫。其父黄时拔、祖黄振徽也因此被诰封为奉直大夫，号称"一门三大夫"。黄映璧五子，有 4 人为生员、1 人入太学。孙辈亦有数人获得生员身份。[2] 黄氏也因此成为和平最显赫的家族之一，据说从延喜庵至北城门一带的街道两旁店铺、房屋大多为黄氏所有。此外，还拥有数量巨大的田产。和平居民遂以"大东家"名之。

（二）惇叙廖氏家族

康熙四十一年（1702），将乐县人廖文选携妻小迁居和平旧市街。文选在将乐祖居地继承有祖上遗留的产业，到旧市后又艰苦经营，不断有所添置，因而家境较殷实，"虽未敢称素封，而举家衣食颇有余饶"。[3] 廖文选有二子，长子廖根绍留在身边处理家事，"殚心竭力，出入戴星，不避艰苦，经营创造……持家政，秩然以序"[4]。次子廖根映，字孙雪，"行贾京师"。从族谱的记载可知廖根映是一位出色的商人：

---

① 和平《江西黎川黄氏家谱》卷首《拱垣黄君传》，第 18 页。

② 和平《江西黎川黄氏家谱》卷首《拱垣黄君传》，第 18 页。

③ 和平《樵南惇叙廖氏家谱》卷 5《始祖母分授仁股根绍玉字号分关序》，第 75 页。

④ 和平《樵南惇叙廖氏家谱》卷 7《根绍公行述》，第 23 页。

尝春治装计偕帝畿，岁暮归。子母记籍，悉授兄，无寸铢私积。一出一入，禀兄命。公尝病市道诈伪，持信义，言诺不苟。既而交易者任之，有不重千金，惟公一言为契。①

廖根映代表家庭远赴北京地区经商，他春季出发，冬季回家，就像候鸟一般奔波。他将收入和账簿交由兄长统筹，并无私藏，又秉持信义，受到同行的信任。此外，他在京师也积极经营人际网络，热心周济、帮助遇到困难的同乡士绅，"乡人试京师，及赴铨者多交好于公，薪刍有阙则给之，病者药之，殁者赙之。或力不自给，遍致同人赞襄之"。②廖根映还通过将乐县族人、户部侍郎廖腾煃结识了福建同乡、名儒李光地，并获得后者的高度评价。这种以同乡为纽带的关系网络，对于廖氏的商业经营应当不无裨益。

廖氏家族商业的巅峰是由第六世廖德昌与其子开创的。廖德昌之父廖其泰，号醒轩，又号健顺，年少时发奋苦读，父故后弃举业，攻医术，被称为"国手"，不幸早殁。③廖德昌（1808—1870），号岐山，早年继承父业，"仍业医药，极其拮据"，至同治二年（1863）转向纸业贸易，"始命次子传琼运纸赴天津，三子传珍每年赴闽省转运，因而顺遂殷实"。④德昌次子廖传琼（1834—1916），字玉翘，号少岐，"少时半耕半读，以佐理家政，后就小商，铢积寸累，遂得小康。不数年就业纸商，与先父〔廖传珍〕同心协力，悉心经营，客津卅余载，而中间失败虽经屡次，然其志不稍馁，刻苦耐劳，兢兢苦干，而家道日益昌盛"。⑤德昌三子廖传珍（1843—1898），字玉堂，号少山，辅佐父兄经营纸业。廖氏父子三人相互配合，德昌在本地收购纸货，传琼与传珍分别在天津、福州经营"廖和堂"纸栈，并以父祖廖其泰之号"廖健顺"作为商号名称。廖氏的商业颇为成功，据说一度成为天津纸业巨头。⑥廖传琼的三子廖家拭（1867—1901），号竹铭，"初业儒"，由太学授中书科中书之职，后来继承

---

① 和平《樵南惇叙廖氏家谱》卷7《根映公行述》，第24页。
② 和平《樵南惇叙廖氏家谱》卷7《根映公行述》，第24页。
③ 和平《樵南惇叙廖氏家谱》卷8《荣赠志·诰赠奉直大夫醒轩廖翁府君家传》，第58页。
④ 和平《樵南惇叙廖氏家谱》卷8《荣赠志·诰封奉直大夫岐山府君墓志铭》，第62页。
⑤ 和平《樵南惇叙廖氏家谱》卷7《胞伯少岐公行述》，第48页。
⑥ 和平《樵南惇叙廖氏家谱》卷8《荣赠志·廖少山先生家传》，第73页。

家业，"商贾之经营，操劳独任"。①

廖德昌父子积极赞助地方公益事业。同治八年（1869）廖氏祠堂重建，廖德昌"独力任其事"，"自兴工以至告竣，并未捐派族人一钱一工"。"若创建家谱及本市有兴义举、培地脉诸务，亦必捐助以赞襄。"②廖传琼"建祠宇以妥先灵；创义仓以济民食；造桥梁、修道路以利行人。凡公益善举，莫不慷慨解囊，以巨资相助"。③廖传珍也以乐善好施为乡人称颂。他主持地方保甲联务，"侃侃直言，虽至亲无少偏"；筹设廖氏仓义、义学，"并出赀购业，以广储积"；"又解巨囊，为一乡倡设义仓，乡人亦莫不量力捐助，以襄成其事，一切经营筹画，先生则秉公竭诚，惟恐不善"；还倡建旧市街水口石桥。④

廖氏家族热衷于投资子弟的教育。从乾隆年间至光绪初，廖氏产生了21名太学生，28名生员和贡生，两名举人。⑤太学生基本是通过捐纳方式取得的。科举功名的成功获得，与商业活动相辅相成，为其提供政治上很好的保证。

（三）恒盛李氏家族

康熙年间，恒盛李氏始迁祖应松公从闽西宁化徙居和平旧市街，家世贫寒，务农为生。至第4世李熙雯（1769—1849）弃农从商，家族命运开始转变。⑥李熙雯的堂姐嫁给了廖其泰，两家成为姻亲，并借此关系进行密切的商业合作。李熙雯诸子皆能辅佐其经营纸业。次子李光琚（1798—1848），"初以赀客豫章，继客东昌及津沽，铢积寸累，佐父起有赀产，故其父之兴创而公力居多"。李光琚刚到天津经商时，资金微薄，遭到一位财大气粗同乡的欺压，但他不予计较，潜心经营，"阅数年，公骤富为津中大贾"，道光二十八年（1848）卒于天津。⑦李熙雯的三子李光瑾（1800—1876），号锦堂，总理家政，并负责打理本地的商号。⑧

---

① 和平《樵南惇叙廖氏家谱》卷7《竹铭公行述》，第50页。

② 和平《樵南惇叙廖氏家谱》卷8《荣赠志·诰封奉直大夫岐山府君墓志铭》，第62页。

③ 和平《樵南惇叙廖氏家谱》卷7《胞伯少岐公行述》，第48页。

④ 和平《樵南惇叙廖氏家谱》卷8《荣赠志·廖少山先生家传》，第73页。

⑤ 和平《樵南惇叙廖氏家谱》卷11《荣名志》，第112—116页。

⑥ 和平《恒盛李氏宗谱》卷1《熙雯公家传》，2011年3修本，第34页。

⑦ 和平《恒盛李氏宗谱》卷1《诰封奉直大夫光琚墓表》，第37页。

⑧ 和平《恒盛李氏宗谱》卷1《光瑾公墓表》，第38页。

李熙雯的六子李光玖（1807—1867），号琼斋，"未及冠，家贫不能自给，以父命弃儒而商，经纪积十余年间，累资钜万"。由于他特别精明能干，因此"疑难大事及在外诸重务"均委其经理，"由是走吴越，经沧海，以达燕齐，往来东昌、津沽。凡通都大邑，山川名胜，一切幽峭怪异奇险之地，罔不经"。①李光玖对于地方事务也非常热心，"生平造桥梁，治道路，建庙宇，凡有义举，必以公为首善，而公无不应"，"他如广祠租，设祀田、学田诸法，指不胜屈"。②李光琚长子李奇川（1818—1878），号香泉，"因接理天津贸易……由是数十年出入江海，航海梯山，积商资巨万"③。

除了经营纸业，恒盛李氏还涉足糖业，在旧市设立糖店。李氏的贸易网络遍及福建、江西、山东、天津，开设有"恒盛"（又作行昇）、"隆兴"等多家字号。④同旧市其他家族一样，李氏发家后也热衷于追求科举功名，以跻身士绅行列。通过捐纳，李光玖祖孙共有 7 人获得太学生身份，先后有 9 人得到奉政大夫、奉直大夫的诰赠，另有 10 名登仕郎，号称"一门九大夫"。

（四）庆亲里李氏家族

旧市街土著庆亲里李氏家族也不乏坐贾行商。咸丰七、八两年太平军攻入旧市，作为武庠生的李报瑶（号斗垣）看到"家园庐舍几成坵墟，恻然忧之"，"乃力营货殖，行贾四方"。⑤其子李春荣也因战乱后"井里为墟，室无长物。遂弃学而服贾"。⑥李春荣与其侄李华国（号蕴山）从事邵武至京津间的纸张贩运贸易。时值晚清，政局动荡，远距离的大宗贸易风险不小，据族谱记载：

> 前清庚子之役，列强以重兵逼京畿，津门危急，吾地纸业因之停滞。先考〔李春荣〕顾瞻时局及农村拮据，慇焉忧之。亟命先伯兄〔李华国〕罄市肆之余资，另集的款，惨淡经营。槽农无饿殍之虞，商贾获倍徙之利。⑦

---

① 和平《恒盛李氏宗谱》卷 1《候选同知琼斋公墓志铭》，第 41 页。

② 和平《恒盛李氏宗谱》卷 1《候选同知琼斋公墓志铭》，第 41 页。

③ 和平《恒盛李氏宗谱》卷 1《香泉公家传》，第 46 页。

④ 和平《恒盛李氏族谱》卷 1《先考香泉府君事略》《香泉公家传》，第 46、53 页。

⑤ 和平《庆亲里李氏宗谱》卷 10《赠言·李斗垣公行述》，第 98 页。

⑥ 和平《庆亲里李氏宗谱》卷 10《赠言·先考筱园公家传》，第 117 页。

⑦ 和平《庆亲里李氏宗谱》卷 10《赠言·先考筱园公家传》，第 117 页。

对于此次危机，族谱中李华国的传记也有记录：

> 光绪庚子之岁，西夷围逼京畿，纸业一落千丈，伯兄〔李华国〕乃奋然曰："时不可失，陶朱公所谓'人弃我取，人取我与'之义，应趁此良机，保存百年来纸业之历史，为纸业争生存。"丁兹千钧一发之秋，乃商诸于先府君〔李春荣〕，罄市肆所蓄，余资另筹凑集，惨淡经营。不旋踵夷事解决，货至津门，莫不利市三倍。①

八国联军侵华战乱，使纸业陷入严重的危机中，但是李氏叔侄却认为这是难得的商机，反而增加投入，扩大收购规模，危局解除后，不仅自身获利3倍，也借此稳定了旧市的槽农，为纸业争得生存。正是凭借这种过人的胆识，李氏的商业经营蒸蒸日上，"使二百年来'和济'字号轰轰烈烈于大江南北城市"②。

李氏其他房支也有经商者。如光绪年间，李春华便因家境式微，"家无储蓄，继以农商，克勤克俭，乃创鸿业，以垂裕后昆"。③李熙旺"弃儒业农，兼理懋迁，不辞劳苦，雅善经营"。④李章秀（号雅轩）因父母早逝，兄弟分家析箸，遂弃儒从商，"资财稍裕，乃集股为'六吉号'纸商，而家道渐小康焉……里中之建义仓，修路亭，造桥梁，靡不解囊襄事，义行难悉数之。"⑤

（五）宝积黄氏家族

大埠岗是邵武竹纸主产地之一，也是邵南纸业集散中心，当地及周边宝积、南坑等村有不少人因此发家致富。清中叶以来，宝积黄氏家族涌现出多位纸商。例如黄匡宇，字栖凤，邑庠生，因科场受挫，遂于嘉庆年间"经商南北"，道光四年（1824）创立家族义仓。⑥黄裳吉（1812—1866），字匡珏，号玉山，"遭粤匪之变，多年积资荡于汉阳，而改由北辙，获利尤多。由是夏运冬还，年有常息。渐次置田庄、创居室，为诸义举"。黄裳吉兴家创业，"经营足迹遍及燕、楚，甘苦备尝"，同治五年（1866）在前往天津贸易途中病逝。⑦

---

① 和平《庆亲里李氏宗谱》卷10《赠言·伯兄蕴山家传》，第124页。
② 和平《庆亲里李氏宗谱》卷10《赠言·伯兄蕴山家传》，第123页。
③ 和平《庆亲里李氏宗谱》卷10《赠言·熙祀公家传》，第95页。
④ 和平《庆亲里李氏宗谱》卷10《赠言·熙旺公家传》，第110页。
⑤ 和平《庆亲里李氏宗谱》卷10《赠言·世叔雅轩李君传》，第101页。
⑥ 大埠岗《宝积黄氏族谱》卷3《匡宇公事略》，1947年6修本，第8页。
⑦ 大埠岗《宝积黄氏族谱》卷3《诰封朝议大夫玉山黄公家传》，第15页。

黄道中，字正邦，号建屏，太学生，"年及冠，客贾汉阳，顷获蝇头之利，未足为奇。迨咸丰年间，转而北辙，利获三倍。不数年，家以饶用，置田庄，美轮美奂"。① 黄裳吉、黄道中都曾在武汉经商，遭遇太平天国战争后，改道京津冀地区，获利倍增。黄道中更是"客游燕、冀二十余年，遂成巨室"。

黄道中之子黄廷皋也是一位成功的纸商。黄廷皋（1854—1913），字淇洲，号子虞，邑庠生，例授奉直大夫，"少励学业，补弟子员"，其后"以父贳贾津门，懋迁十数载，能先人所积货，常博大利润"。黄廷皋处事有道，颇受乡民敬重，"其自奉甚简约，然于乡里宗族，间或有以急求者，未尝过吝也；遇公事力能为者，必以身先劳瘁……以故人多服焉"。②

黄氏族商的经营区域广大，遍及大江南北。黄景星（1831—1881），字廷亮，号子明，附贡生，同治年间"与堂叔正根、正京、正立、从弟廷献五人，采买纸货，合贾江右、天津……数年间家遂以起"。③ 黄正身（1854—1905），字宗干，邑庠生，"中途辍业，糊口远方。尝办纸货于江西吴城，或运于汉镇、浙江以及上海、天津等处出售"。④ 黄廷浩（1857—1913），字琪滢，例授太学生，"少习商，贩运纸张远销津、沪，艰辛备历，兴隆振家"。⑤ 廷浩之子黄麟祥，字源水，谱名体会，号玉书，邑庠生，"以父命习商，遂辍读。公家固屡世为纸商，自是经营惨淡，岁往来于津、沪、潮汕间，奔波跋涉"。⑥

黄麟祥祖孙几代都是纸商，其子黄焕南更是邵南纸业翘楚。黄焕南（1906—1942），字仁宇，高等小学毕业后，"习贸迁，佐乃父经营纸业"。当时大量洋纸涌入国内市场，民族纸业深受冲击，"业此者率皆折阅，君〔黄焕南〕家亦亏蚀累累，几无以支柱"。黄焕南"乃集产户悉心规划，力图改良。不数月，反绌为赢，已而所业益昌，信用大著。他人则而效之，悉获奇羡，而农村经济亦寖寖活跃矣"。通过一系列的改良举措，黄焕南不仅让自家扭亏为盈，

---

① 大埠岗《宝积黄氏族谱》卷 3《诰封中宪大夫建屏公传》，第 16 页。
② 大埠岗《宝积黄氏族谱》卷 3《岳父廷皋黄公行述》，第 12 页。
③ 大埠岗《宝积黄氏族谱》卷 3《景星黄公传》，第 21 页。
④ 大埠岗《宝积黄氏族谱》卷 3《祭胞兄正身文》，第 22 页。
⑤ 大埠岗《宝积黄氏族谱》卷 3《琪滢黄公传》，第 23 页。
⑥ 大埠岗《宝积黄氏族谱》卷 3《外舅黄公家传》，第 23 页。

也带领邵南纸业走出困境，获得纸商们的高度肯定，"南陵纸商不下三四十户，其中老于此业，素善居积者实至夥，至是咸钦佩之"。①

大埠岗傅氏家族与江氏家族也有一些知名纸商。傅穹，字希上，号健庵，父母早逝，"稍长，力图营生，越十余年，南北经商，飘江越海，善相机宜，累赀至巨万"。②傅穹经营纸业商号"东昇号"大获成功，不仅在大埠岗街上建了"中翰第""下东昇号"两座豪宅，③还于道光五年（1825）创建傅氏义塾，"构屋数十楹，书斋、讲堂以及庖温器具，靡不俱举……又置附近田租壹百五十余石，延师督课"。④江正权，号燮庵，"既冠，乃服贾，遍历大江以南、大河以北，观时变以权子母，术无不中"。⑤江正权长子江敦化，字涵雨，"更走南北，经纪商务数年"。⑥江正权次子江敦素，号朴斋，弱冠时，即被其父"付以重赀，命贾闽江、吴越、齐鲁、荆豫、燕赵、雍冀者三十余载，果积赀数倍于前人"。⑦嘉庆间，敦化、敦素兄弟秉承其父遗嘱创建江氏义学"毓秀园"。

以上所举都是邵南各家族中较具典型性的例子，类似的还有不少。当中既有远走他方的纸商，也有扎根本地的店主、游走于城乡的商贩。清代以来邵武族谱中大量记载商人事迹、商业活动的现象，表明了商业浪潮对该地社会的巨大影响。值得注意的是，在纸商李春荣与黄焕南的例子中，我们看到由于八国联军侵华战争，以及外国洋纸充斥，使得京津和苏沪地区的纸业市场深受冲击，地处千里之外的邵武也遭波及，纸业购销一度停滞，农村经济萧条，槽户陷入收入断绝的处境。这一系列的连锁反应表明，闽西北的商品经济通过闽浙赣边区市场网络以及闽江水运贸易扩展到了全国性的市场体系之中。这一历史

---

① 大埠岗《宝积黄氏族谱》卷3《黄君焕南家传》，第25页。按，大埠岗别称南陵。

② 大埠岗《樵南傅氏宗谱》卷2《傅太翁健庵公传》，民国三十四年7修本，第33页。

③ 傅唤民：《山区邵武的妈祖信仰之谜》，《邵武文史资料选辑》第27辑，2014年内部资料，第170页。

④ （清）傅穹：《鼎建傅氏家塾记》（道光五年），大埠岗《樵南傅氏宗谱》卷2，第15页；光绪《重纂邵武府志》卷23《人物·义行·傅穹传》，第543页。

⑤ 大埠岗《江氏族谱》卷20《朝议大夫燮庵公传赞》，光绪十四年9修本，第50页。

⑥ 大埠岗《江氏族谱》卷20《明经涵雨先生传》，第55页。

⑦ 大埠岗《江氏族谱》卷20《江朴斋先生传》，第58页。

变迁对于大众信仰领域造成了深刻影响，妈祖信仰的传播与演变即是一个典型的例子。

三、妈祖信仰在邵武的传播

明清时期，特别是清中叶以降，邵武城乡兴建了至少 11 座奉祀妈祖的宫庙。① 这些宫庙都靠近交通要道，或处于规模较大的墟市中。妈祖原是福建沿海民众笃信的海上女神，为何地处内陆山区的邵武会有这么多妈祖庙宇？妈祖信仰又是如何进入邵武的？这一方面源于明清王朝的积极推崇，另一方面则与商人群体、商业活动密切相关。

妈祖的现实原型可能是北宋初期，生活于福建莆田湄洲屿的一名灵媒，以善于预测吉凶而闻名。她死后，被湄洲百姓祭祀、立庙，以后逐渐传向内陆，被认为是莆田灵验最著的神灵。从宋元至明清，不断获得朝廷的册封。至元十五年（1278），元世祖封其为"天妃"，这就确立了妈祖在四海诸神中至高无上的权威。乾隆二年（1737），朝廷正式给予妈祖"天后"称号，使得妈祖信仰在国家祀典中的地位达到了顶峰。②

（一）作为官方祀典的天后宫庙

妈祖信仰可能早在明初即已传入邵武。据嘉靖《邵武府志》记载：

> 天妃宫，旧名灵慈宫。在石岐山左。神姓林，世居莆阳湄洲屿……民言："永乐间，邵武卫官军从征西洋，舟楫颠危，赖神以济。因立庙于

---

① 这 11 座天后宫庙分别是：(1) 富屯溪沿线有水北镇龙斗天后宫、邵武城区 3 座天后宫（石岐山天后宫、福州会馆与兴安会馆）、晒口天后宫、卫闽天后宫、洪墩天后宫；(2) 由邵南经济中心和平镇前往邵武城区沿途有和平镇旧市天后宫、大埠岗杨家炉妈祖庙、宝积妈祖庙、城郊镇山口天后宫。（笔者田野调查笔记，2024 年 5 月 12—20 日、2025 年 1 月 20—26 日，邵武市卫闽镇、洪墩镇、水北镇、城郊镇，另参见傅唤民：《山区邵武的妈祖信仰之谜》，《邵武文史资料选辑》第 27 辑，2014 年内部资料，第 167—175 页；傅唤民主修：《邵武市大埠岗村志》，邵武市大埠岗镇 2014 年自印本，第 180 页；黄自棋：《探寻消逝的大埠岗纸业与商贸》，《邵武文史资料选辑》第 29 辑，2017 年内部资料，第 187—194 页；雨轩：《洪墩镇桥头天后宫》，载政协邵武市文史资料委员会、邵武市民宗局编：《邵武宗教寺院概览》，2018 年内部出版，第 194—197 页）

② 关于妈祖信仰源流，参见林国平、彭文宇：《福建民间信仰》，福建人民出版社 1993 年版，第 146—162 页；李献璋：《妈祖信仰研究》，郑彭年译，澳门海事博物馆 1995 年版；徐晓望：《妈祖信仰史研究》，海风出版社 2007 年版。

此。"嘉靖十六年〔邵武县〕令叶朴重建，祭无时。①

石岐山在邵武城东郊、富屯溪畔。若乡民传言属实，则邵武的妈祖信仰最早是在明永乐间邵武卫官军从外地带入的。他们在随下西洋的过程中，接触到了妈祖信仰，并感念其庇佑，因此回乡后立庙奉祀，初名灵慈宫，后来更名天妃宫。嘉靖十六年（1537），邵武县令主导重建，此后，天妃宫被列入祀典，不定期地接受地方官祭祀。万历二十九年（1601），推官赵贤意拓增前殿，修建跨虹楼。清康熙二年（1663）天妃宫毁于大火，②但邵武地方官员致祭妈祖的传统并未就此中断。

雍正十一年（1733），清廷下令各省城境内凡有天后祠宇的，都要由当地最高长官——总督与巡抚亲自祭祀。若天后祠宇未在省城，而在府州县者，令地方官修葺，照例春秋致祭。③这一政令对于普及妈祖信仰具有重要意义。乾隆十六年（1751），在参将永兴的主持下，邵武官方重建了天后宫，并制定了完备的祭典礼仪，规定每年春秋二季各致祭一次，由知府主祭。祭品为羊一、豕一、爵三、帛一、铏一、簠簋各二、笾豆各四、罇一。有祝文，行二跪六叩首礼。军民日常祭祀则随时举行。④光绪二十二年（1896），地方官员再次修缮天后宫。邵武知府、参将"首倡捐俸，并饬文武员弁捐资，修理正殿及两回廊，宫门、楼阁一律完固"⑤。

在清廷的推动下，雍正、乾隆年间闽西北各县均陆续建立了天后宫，地方官春秋致祭，祭仪也都比照府城天后宫。例如光泽县"天后宫，在城西洪济坊，国朝雍正间建，祭日、仪典与府同"⑥。泰宁县"天后宫，在县西丁家巷，乾隆三年文武官捐建，乾隆五十七年重建，岁祭与府同"⑦。建宁县"天后宫，在显武坊都司署左，岁祭与府同"⑧。

---

①　嘉靖《邵武府志》卷 10《祀典》，第 15—16 页。
②　乾隆《邵武府志》卷 11《秩祀》，第 13 页。
③　徐晓望：《妈祖信仰史研究》，海风出版社 2007 年版，第 216 页。
④　乾隆《邵武府志》卷 11《秩祀》，第 14 页。
⑤　光绪《重纂邵武府志》卷 11《典礼·邵武县》，第 180 页。
⑥　光绪《重纂邵武府志》卷 11《典礼·光泽县》，第 185 页。
⑦　光绪《重纂邵武府志》卷 11《典礼·泰宁县》，第 186 页。
⑧　光绪《重纂邵武府志》卷 11《典礼·建宁县》，第 186 页。

(二) 作为民间信仰的天后宫庙

在官方的天后宫之外，邵武还有不少民间建立和维持的天后庙宇，旧市天后宫就是其中的典型代表。这座天后宫大约建于清中叶嘉道年间（1796—1850），位于和平镇旧市街北门。宫庙呈长方形，占地400多平方米，宫内建有戏台，两廊有吊楼，中间有一天井，分上下两殿。上殿供奉一尊木雕天上圣母像（俗称马祖娘娘），着宫衣，裹脚穿小尖鞋，脚踏狮子，悬挂神帐。殿楣一匾，书颜体正楷"世隶牂牁"四个大字。又一匾为行书"海不扬波"。殿下两旁，左边站千里眼，右边立顺风耳两尊神像。①

旧市天后宫的兴建，得到了惇叙廖氏纸商家族的鼎力支持。其中，廖斐然、廖元瑞父子与廖光增都是关键人物。廖斐然（1770—1854），谱名其章，号成斋，例赠修职郎（正八品）。据其子廖元瑞所撰《先君行述》可知，由于父母早逝，廖斐然的成长经历十分坎坷，"少多疾病，早失怙恃，茕茕相依，惟弱弟耳"②。不过，他并未气馁，"尝奋然力志于为人"，很可能通过经商改善了家境。廖斐然热心参与族中与乡里的公共事务。道光二十九年（1849），福清县儒学训导曾辅堡在《章翁老年伯大人八旬寿序》中夸赞廖斐然"年弥高而德弥邵，行谊素为里人士矜式。以故里中建创，如天后宫、城隍庙及一切培养地脉，多籍公以告成。其勇于为善至不倦，又不仅建祠于家，以康祖宗之灵已也"③。可知，廖斐然作为倡建人之一，在修建廖氏祠堂、旧市天后宫、城隍庙等祠庙过程中均扮演了重要角色。

廖斐然的修庙之举，得到其子廖元瑞的大力支持。廖元瑞（1809—1879），谱名德来，号兰谷，岁贡生，例授修职郎，以设馆授徒为业。咸丰七年（1857），太平军攻陷邵武，廖元瑞响应官府号召，办理团练，"督率练勇防剿"④，"筹饷筹勇，设谋立策，其间颇多区画焉"⑤。同治四年(1865)，廖元瑞

① 杨柱栋等：《和平的古建筑和古迹》，《邵武文史资料选辑》第10辑，1989年内部资料，第42页。

② 和平《樵南惇叙廖氏家谱》卷7《先君行述》，第37页。

③ （清）曾辅堡：《章翁老年伯大人八旬寿序》，和平《樵南惇叙廖氏家谱》卷8《荣赠志》，第5页。

④ 光绪《重纂邵武府志》卷23《孝友·邵武县·廖元瑞传》，第522页。

⑤ 和平《樵南惇叙廖氏家谱》卷7《先考行状》，第43页。

主撰《廖氏族谱》。廖元瑞对于地方修庙造桥事务，也充满热忱，积极倡议，并撰写序文、劝募文。① 其子廖传恺所撰《先考行状》称颂他"平正公直，遇善举，乐赞成而志序之，以质后来者之执守"②。《廖氏家谱》收录了廖元瑞撰写的《祝天后圣母文》，其文曰：

> 伏以天性全孝兹〔慈〕之粹，彪炳典型；后德赞化育之功，长绵祀事。寅清定叙，丑纽迎祥。恭惟殿下圣恩洋溢，母道光昭，德具坤维，媲娲皇而济美绩，敷坎泽垮夏后。而为神浪静风恬，功在朝野；民安物阜，泽遍海邦。致膰荐牡之仪，肇兴先代；衮服绣裳之典，崇重本朝。供养人天下云衢而瞥尔，因缘香火照殿宇而烟然。欣万里之樯帆，乘风无恙。乐千村之鸡犬，抱月长眠。由秉直而亶聪，故御灾而捍患。某等叨依桑梓，敬荐苹蘩，慈航可渡，大千宝相，更瞻丈六。由缙绅而迄众庶，皆致享焉；自郡邑以至村坊，无不祠也。伏愿驻灵旗于恍惚，动宝帜于依稀。仰巍巍之尊，不可思议；救劫劫之苦，永赖怜悯。肃布寅衷，敬求丙照。谨告！③

祝文主要是歌颂妈祖的恩泽，称赞她"为神浪静风恬，功在朝野；民安物阜，泽遍海邦"的功绩，表达对妈祖庇佑的感激和敬仰之情。同时，祈求妈祖继续保佑旧市民众水运平安、社区安宁。

在创修天后宫的同时，廖氏族人廖光增还成立了祭祀天后的会社——天后社。廖光增（1743—1829），字如川，号恒斋，出生于一个儒士家庭。他年轻时立志于科举，彻夜苦读，后大病一场，几乎丧命，在庙宇中静养两年，才逐渐康复。其弟子廖元瑞所撰《如川公行述》记载："〔廖光增〕尝夜灯达旦，声出金石，遂病瘵，几殆。入翠云峰，却药物，一念不萌，如是者二年，病愈。"④ 或许是这段传奇般的经历，让他大彻大悟，"其后养益粹，学益纯"，乾

---

① 按，廖元瑞撰写了大量序文、劝募文书，存留至今者有 10 篇，包括《修崇瑞坪总管庙劝捐序》（道光三年）、《新建厉坛碑序》（同治七年）、《建醮祭厉坛序》（同治七年）、《建罗汉岩古刹募捐序》、《募修罗汉岩古兰若引》、《重建禾坪城隍庙劝捐序》、《和平城隍庙上梁文》、《迎城隍神新庙文》、《祝天后圣母文》、《东门城外修路募缘引》。参见和平《樵南惇叙廖氏家谱》卷 12《艺文志》，第 9—34 页。

② 和平《樵南惇叙廖氏家谱》卷 7《先考行状》，第 43 页。

③ （清）廖元瑞：《祝天后圣母文》，和平《樵南惇叙廖氏家谱》卷 12《艺文志》，第 23 页。

④ 和平《樵南惇叙廖氏家谱》卷 7《如川公行述》，第 30 页。

隆四十二年（1777）考中举人，出任福州府闽清县儒学教谕，后执掌杉阳书院及和平书院。廖光增撰有《天后社序》一文，记录了设立天后社的因由，文曰：

> 伊古以来，有功德于民者则祀之，而所祀有久近广狭之不同，则又视其功德之浅深、大小以为量。我国家褒封崇祀之典，自宣圣、关帝而外，莫隆于天后，良有以也。考天后灵迹，多显于江汉河海，往来舸舰间。有谓："荒陬僻壤，即欲供而奉之，神眷且有所不及。"余曰："不然。夫清晏之功德，寥廓乎无垠，凡宇内之食味别声被色者，畴不在怙幪之内。况夫'精意以享谓之禋祀'，人果竭禋祀之忱，以事其可祀之神，则其神未有不格之歆之，而锡之以福。《书》曰'至诚感神'，岂不然哉！"
>
> 昔苏文忠题《潮州韩文公庙碑》，谓公之神在天下，而嘉潮人独信之深，思之至，譬之凿井而得泉。余于兹会，殆欲以文忠之嘉潮人者嘉之也。若夫本此崇祀灵祇之意，而推及于同此崇祀灵祇之人，相亲相睦，无诈无虞，以共附于保，受赒赒宾之义。凡与兹会者，谅有同志，其亦无俟余之赘也夫！是为序。①

这篇序文没有落款时间，廖光增卒于道光九年（1829），享寿87岁，序文当在此前完成。该序文反映出妈祖信仰传入邵南乡镇的早期情形，主要在说明两个问题：

其一，邵武山区崇祀妈祖的意义。尽管清王朝对妈祖推崇备至，"国家褒封崇祀之典，自宣圣、关帝而外，莫隆于天后"，然而，"考天后灵迹，多显于江汉河海，往来舸舰间"，这一信仰主要还是流行于沿海沿江地区。因此，有人质疑在僻处内陆山区的旧市街奉祀妈祖的必要性。廖光增却不以为然，他解释道，妈祖有"清晏之功德"，泽被广大，山区民众若能虔诚供奉，"至诚感神"，同样能获得神佑。

其二，廖光增还援引苏轼题《潮州韩文公庙碑》的典故，来说明天后社的存在价值。唐代著名文学家、思想家韩愈曾被贬至潮州，此地距京城万里之遥，韩愈不到一年即移转他处。有人据此认为，倘若韩愈死后有灵，是不会眷恋此荒服僻境的。然而，潮州人却对韩愈"信之深，思之至"，倍加崇敬，建

---

① （清）廖光增：《天后社序》，和平《樵南惇叙廖氏家谱》卷12《艺文志》，第7页。

庙祀之，并邀请文学大家苏轼作碑文，此举深得苏轼嘉许。廖光增提出，创立天后社的目的便是要效仿苏轼的做法，支持在旧市街奉祀妈祖。通过组织天后社，将信众团结起来，"相亲相睦"，同帮互济。

据后人回忆，天后宫设董事若干人，管理产业及经营事宜，同时，置有田产，以维持常年活动经费。晚清以降，旧市街的元宵节庆祝活动都是以天后宫为中心进行的。每年元宵节，妈祖出巡，乘坐八人抬的宫轿，花灯游街。宫内演戏娱乐，热闹异常。这已成为旧市街重要的民俗活动，对社区生活产生了深刻的影响。①

由上可见，在旧市天后宫建立之初，廖氏士绅发挥了重要的作用。尽管他们可能没有直接经商，但他们的亲属有不少人从事纸业贸易。道光以来，旧市街的恒盛李氏家族与惇叙廖氏家族先后在纸业贸易中大获成功，涌现出廖传琼、廖传珍、李光琚、李光玖、李香泉等一批商业巨子。他们出入江海、远赴津沽，在贸易往来的过程中，对妈祖应当也是崇奉有加。此外，当时还有不少福州客商前来收购土产，因此，旧市天后宫既是当地民众奉祀妈祖之所，也是纸商聚集议事、洽谈生意之处。这也就不难理解为何当地人又将旧市天后宫称作福州会馆了。②

（三）作为客商会馆的天后宫庙

晚清民国时期，随着商品贸易的发展，不少外地客商聚集邵武。一份1936年的调查资料提及，寄居邵武的福州、莆田、江西等地民众，大部经营工商业。③1938年的《邵武县政年刊》也记载："商贾以福州人居多，兴化次之，闽清次之，江西、汀州又次之。"④城区东关沿富屯溪一带，为水陆津要，是商贾云集之地，兴安会馆、福州会馆、江西会馆、广东会馆都位于此。其中，兴安会馆和福州会馆都有奉祀妈祖。

---

① 傅唤民：《和平天后宫与纸业贸易》，《邵武文史资料选辑》第21辑，2003年内部资料，第44页。

② 笔者田野调查笔记，2014年8月17—29日，邵武市和平镇。

③ 李治：《邵武农业概况》，《建民周刊》（福州）1936年第1卷第18期，第31页。

④ 《邵武县民国廿七年度县政年刊》（1939年），福建省邵武市档案馆藏，档案号：0001—001—0318。

兴安会馆，在邵武城东门外中山路大街，晚清时期由兴化府（今莆田市）客商创建。兴化商帮在邵武商界的经济地位仅次于福州商帮。兴化帮主要从事百货业经营，经销苏杭布匹、绸缎及沪、广百货，在上海、福州等地都设有采办庄，进货便利，利润颇丰。加之莆田客商多能吃苦耐劳，善于经营，不少人从小商贩做起，逐渐积累资金，发家致富。例如，方金奇初来邵武时，以挑花担（货郎担）谋生，走乡串户零售。后又摆货摊，开设店铺。待资金逐渐雄厚时，迁到福州开商行，从事外贸生意，经营"鲜货"，获利甚厚，成为巨商。①

兴安会馆坐南朝北，单进殿，殿后辟花园。大门前临街砌青石栅栏，门额上有两方青石匾。上方为直匾，刻"天后宫"三字；下方为横匾，镌"兴安会馆"四字。两边侧门亦有青石门额，分别镌刻"海晏""河清"四字。门内建有戏台，两廊建酒楼。正殿中央设神龛，供奉天上圣母（妈祖）神像，左右站立千里眼、顺风耳塑像。

每年正月十五元宵节，兴化同乡相聚会馆，宴饮庆贺。三月二十三日妈祖娘娘诞辰和九月初九妈祖忌辰，会馆也都延请道士诵经，举行普度仪式，祈求神灵降福，庇佑合帮平安，并请戏班唱戏，热闹非凡。

福州会馆建于1924年，也位于邵武城东门外中山路大街。福州商帮在邵武主要经营京果、盐、米等生意，从邵武采购大米、纸张运到福州供应市民，又从福州贩运海产、京果、食盐等来邵武销售。因资金周转较快，获利甚厚。兼之闽清"麻雀船"兴起后，加强了商业竞争力。② 福州帮在激烈的市场竞争中飞速发展，居邵武各商帮经济之首。实力上升后，为谋求同乡的团结和共同利益，由该帮大商号老板游登哥等人倡议筹建会馆，得到同乡及闽清船帮的大力支持，筹集了雄厚的资金，在较短的时间内完成会馆建筑工程。③

---

① 吴钟：《邵武城区三会馆》，《邵武文史资料选辑》第14辑，1993年内部资料，第125页。

② 按，清光绪年间，江西贵溪帮的"鸡公船"几乎总揽了邵武至福州的航运业务，是江西帮的黄金时代。到了民国初年，福州人、闽清人相继来到邵武，开始了内河航运的竞争。当时闽清人的"麻雀船"与贵溪人的"鸡公船"相比，船体小，速度快，行驶灵活，逐渐占据优势，从助长了福州帮和闽清帮经济的发展。参见吴钟：《邵武江西会馆概述》，《邵武文史资料选辑》第3辑，1984年内部资料，第167页。

③ 吴钟：《邵武城区三会馆》，《邵武文史资料选辑》第14辑，1993年内部资料，第121页。

福州会馆门额上方有青石直匾，刻"天后宫"三字，下方青石横匾刻"福州会馆"四字，系时任福建省省长萨镇冰手书。两扇侧门门额分别刻"腾蛟""起凤"四字。进门为戏台，两侧建酒楼，正殿中央神龛中供奉"天上圣母"塑像，两旁为千里眼、顺风耳塑像。据老人回忆，会馆落成之日，按照旧俗，举行新建戏台开台活动，延请道士建水路道场，还特地从福州请来"善传奇"名戏班唱演闽剧。此后，每年农历正月十五举行元宵节庆祝活动，张灯结彩，大摆筵席，聘请福州知名评话演员用福州方言演讲评话。三月二十三日妈祖诞辰及九月初九妈祖升天日，均举行集会，延请道士举行普度仪式。

福州会馆设董事若干人，管理会馆产业及经济交际等事宜。每逢集会举行活动时，由董事轮流负责筹办。每年元宵节改选董事，原任董事要把上年经管财务收支账目向会员公布。会馆常年活动经费由福州帮商店和闽清船户捐募。①

四、外地邵武会馆与妈祖信仰

明清时期，随着跨区域商业活动的发展，许多邵武人走出闽西北，前往福州、苏州、天津、北京等地贸易经商。当他们客居异乡时，为了应对外界挑战，协调同业利益，需要团结一致，强化联系。此时，"乡贯和省籍认同成了最有效的黏合剂之一，会馆或具有地方信仰特色的庙宇因而于移居地成立"②。明清的会馆几乎都供奉神灵，以作为会馆生存的精神支柱。福建的会馆除了供奉常见的城隍、文昌帝君、财神等以外，普遍奉祀天后妈祖。这些具有同乡会性质的地域性会馆，既是外地邵武士商敦睦乡谊、祈求神佑的场所，也是工商业者联络同业、互通信息的行帮，成为链接广大客籍人士的强有力纽带。

（一）北京"邵武会馆""延邵会馆"

明清时期，北京不仅是全国的政治、文化中心，也是北方的经济中心。各地官员要定期进京述职或在京为官，举子入京会试，商贾往来贸易。这三种人进京之后，都有解决食宿、联络乡谊、维护利益的需求，因而"会馆"也就

---

① 吴钟：《邵武城区三会馆》，《邵武文史资料选辑》第14辑，1993年内部资料，第121—123页。

② 陈启钟：《清代闽北的客民与地方社会》，天津古籍出版社2016年版，第335页。

应运而生。① 会馆的服务对象各有侧重，大致可分为士大夫会馆和商人会馆。正如清代一通会馆碑刻所言："京师为四方士民辐辏之地，凡公车北上与谒选者，类皆建会馆以资憩息；而商贾之业同术，设公局以会酌事谊者，亦所在多有。"② 不过，这两类会馆并非截然不同，很多时候是兼容并包的。

北京是明清王朝的首善之区，同时也是会馆最为集中之地。明中叶以来，随着文化教育和经济的发展，福建很多府、州、县都在京设立同乡会馆。据统计，福建各地在京会馆达 26 所，这还不包括议而未建成的福宁会馆。③ 其中，与邵武相关的有邵武会馆与延邵会馆。

邵武会馆坐落北京正阳门外东草厂二条胡同，明万历三十四年（1606）黄克谦创建。黄克谦，号文谦，万历二十六年（1598）进士，官至广东布政司参政。据其所撰《邵武会馆创始志》可知，黄克谦祖籍邵武，虽然父祖几代都已定居浙江杭州，但是他仍保持着强烈的故乡认同，常与邵武籍士人相聚，"岁时宴集"。在得知福建其他州府在京皆有会馆，而邵武独缺后，黄克谦决心倡建会馆，"爰岁余，集千五百缗市廛焉，市凡三易，乃得今所"④。此后，邵武会馆便成为在京邵武府属四县士人应试暂居之地与联谊聚会之所，"乡人士聚会于斯，畅叙幽情，联络梓谊，洵乐境也"⑤。直到 1940 年代，"旧馆之规模尚在也"⑥。

会馆大堂悬挂黄克谦手书"嘉会堂"匾额，堂中供奉武圣关羽肖像及其神位。东神堂附祀玄坛赵元帅、增福财神及府属邵武、泰宁、建宁、光泽四县城隍神主；西神堂则附祀多位乡贤的木主，包括：宋风雅宗匠沧浪严羽、宋理学名儒果斋李方子、宋理学名儒德言刘刚中、清朝修辟本馆诸先生、明始创建本

① 王日根：《乡土之链：明清会馆与社会变迁》，天津人民出版社 1996 年版，第 63—79 页。
② 《新置盂县碓磴行六字号公局碑记》（嘉庆二年），载李华编：《明清以来北京工商会馆碑刻选编》，文物出版社 1980 年版，第 89 页。
③ 胡春焕、白鹤群：《北京的会馆》，中国经济出版社 1994 年版，第 79—109 页。
④ （明）黄克谦：《邵武会馆创始志》（万历三十四年），李景铭编撰：《闽中会馆志》卷 3《邵武会馆》，1943 年铅印本，第 21 页。
⑤ 《廖登衢馆志序文》（民国四年之后），李景铭编撰：《闽中会馆志》卷 3《邵武会馆》，第 26 页。
⑥ 李景铭编撰：《闽中会馆志》卷 3《邵武会馆·沿革》，第 17 页。

馆诸先生、建馆以来凡有在馆中物故诸先生、在馆已故无祀诸公、本郡在京已故诸公。这种奉祀乡贤的做法具有较强的道德导向性，其目的是"俾后之览者，知乡先辈之礼让，足为后起诸贤法"，使邵武会馆成为"乡土贤能与会馆创建人的纪念馆"①。

延邵会馆位于北京崇文门外缨子胡同。会馆正殿为天后殿，神龛内供奉天后神牌，大殿檐前悬挂"敕封天上圣母"匾额。殿前高悬的"海邦仰圣"团龙金字匾，为乾隆四十七年（1782）经筵讲官、吏部尚书、协办大学士兼管国子监事务蔡新所题。殿前有楹联云："荼壁药房，环佩九天来姹婳；蕙蒸兰藉，馨香万里驻连蜷。"②正殿前有大戏台，悬挂"安澜永庆""裕国佑民""响遏流云""赏心悦目"等题匾。戏台抱柱楹联云："疏缓节兮安歌，水肥帆饱恩波远；陈瑟竽以浩倡，楚尾吴头利泽长。"③

关于延邵会馆的建造沿革，民国时期李景铭《闽中会馆志》记言："盖延平、邵武两郡纸商，每岁运纸来京。海上得天后灵佑，故集资建馆，广置戏台，为谢神演剧、聚宴联欢之所，敦乡谊即以妥神庥也。"④可知，闽北延平、邵武两府纸商每年前往北京售纸，同乡欢聚一堂，酬祭妈祖，聚餐演戏。道光十六年（1836）邵武籍进士、时任刑部四川司主事的上官懋本所撰碑文对于此会馆的修造缘由有更详细的记载⑤，兹摘引如下：

> 都门之东，有吾闽延、邵二郡纸商会馆，为祀天后而建也。天后系出吾闽莆田林氏，自曾祖保吉公始居莆之湄屿……
>
> 延、邵二郡纸商，每岁由闽航海，荷神庇，得顺抵天津。既在帡幪之中，宜隆享祀之报。乾隆四年，乃金谋于崇文门外缨子胡同，合建会馆，以祀天后。厥后随时修葺，兼拓旁楹，然殿止数武，观瞻未壮。今年复协群策而广之，更于左边增构基址，袤者以正。自始建迄今，统费万金

① 王日根：《中国会馆史》，东方出版中心2018年版，第414页。
② 李景铭编撰：《闽中会馆志》卷3《延邵会馆》，第4页。
③ 李景铭编撰：《闽中会馆志》卷3《延邵会馆》，第4页。
④ 李景铭编撰：《闽中会馆志》卷3《延邵会馆》，第3页。
⑤ 按，上官懋本，邵武府光泽县人，道光十五年（1835）进士，见光绪《重纂邵武府志》卷17《选举》，第340页；卷20《人物·上官懋本传》，第432页。

有奇。用是殿炳日星，廊绚虹蜺，后宇前台，左馆外舍，环以琼垣，金碧
交错，麟哉焕矣。商人每于岁之冬十月，售纸入都，敬享后，因会饮于
一堂，既答神贶，而乡谊亦可敦焉。《书》曰："亦罔不能厥初，惟其终。"
继自今商人各由旧章，计纸出金，以为敬神、演戏、会饮之资，其羡则公
存备馆。行之永久，不衍不忒，庶几长敦乡谊，而妥神庥于勿替也。是
为记。

　　赐进士出身、诰授奉直大夫、刑部四川司主事加一级，里人上官懋本
撰并书

　　　　　　　　皇清道光十有六年岁次丙申季秋月小浣谷旦

　　　　　　　　　　福建延平、邵武二郡纸商公立①

碑文显示，北京延邵会馆始创于乾隆四年（1739），由清代延平（今南平）、邵
武二府纸商合建。这些纸商每年冬十月将货物由福州海运至天津，而后转运北
京销售。为答谢妈祖的庇佑，遂建会馆奉祀之。会馆自建成后，不断扩修，规
模渐增，至道光十六年再次重修，形成了殿宇、长廊、戏台、馆舍、围墙等建
筑布局，总计"费万金有奇"，"金碧交错，麟哉焕矣"，规模宏大，富丽堂皇。
延邵会馆为两郡纸商提供了聚会议事、敬神祈祷、演戏会饮的场所，兼具商
务、信仰和娱乐功能。

（二）苏州"邵武会馆"

　　明清时期，江南与福建两大区域之间保持着密切的经济联系，大量福建客
商汇聚江南，尤以苏州为最。②因吴淞江与京杭大运河的江南河段在此交汇，
便利了苏州与全国的交流，使之成为明清主要的工商业城市之一。雍正元年
（1723），江苏巡抚何天培论及苏州治安时说："福建客商出疆贸易者，各省马
头皆有，而苏州南濠一带，客商聚集尤多，历来如是。"③苏州织造胡凤翚也指

----

① （清）上官懋本：《延邵纸商会馆碑文》，载李华编：《明清以来北京工商会馆碑刻选编》，
文物出版社 1980 年版，第 98—99 页。

② 范金民：《明清时期江南与福建广东的经济联系》，《福建师范大学学报（哲学社会科学
版）》2004 年第 1 期。

③ （清）鄂尔泰、张廷玉编次：《雍正硃批谕旨》，雍正元年五月二十四日何天培奏，国家图
书馆出版社 2008 年版，第 8 册，第 2 页。

出："苏州系五方杂处之地，阊门南濠一带，客商辐辏，大半福建人民，几及万有余人。"①

福建八府商人在苏州皆有会馆。明万历年间，福州商人首建三山会馆；清康熙年间，霞漳会馆（漳州会馆）、邵武会馆、汀州会馆、兴安会馆、温陵会馆（泉州会馆）先后建立；延平、建宁两府的延津会馆建成最晚，落成于乾隆九年。这些福建会馆主要集中在苏州商业黄金地段——阊门外南濠街，且都奉祀妈祖，殿宇壮丽，彰显着福建商帮的强大经济实力。②

关于邵武会馆的修造缘由，乾隆年间谢钟龄所撰《邵武会馆天后宫记》中有详细记载，文曰：

> 圣朝运际昌隆，德静鲸波。四海安澜，扬帆无恙。吾闻之物产，汇集于金阊南濠，若三山、温陵、霞漳各建会馆，为乡人联聚之地。独吾邵郡向未有馆，旅遇星分。康熙五十年，吾乡之人倡义醵金，购地于平江小日晖桥之北，创建天后宫。前临河埠，后界新巷。大殿宅其中，特祀天后之神。殿前构立观台，分翼回廊。殿后辅以楼，楼之下为乡人讲礼燕集之所。亭轩树石，映带左右。虽地势稍隘，未若三山各馆之闳敞，而结构精严，规模壮丽，亦足以妥侑神灵，绥辑行旅。
>
> 乾隆甲子首夏，余奉简命之任粤西，道经姑苏，维舟诣馆，瞻礼神像。见吾乡之人，涣者萃，疏者亲，雍雍睦睦，奚啻梓里，洵可乐已。是举也，樵属之好义者，踊跃乐施。而绥安仕宦则捐俸输金，商贾则计贷伙助。木石之资，计四万有奇。又购祀田若干以垂绵远。藉非荷神庥而际泰运，曷由睹斯盛哉！③

谢钟龄，字鹤侪，邵武府建宁县人，雍正二年（1724）进士，历任保定知

① （清）鄂尔泰、张廷玉编次：《雍正硃批谕旨》，雍正元年四月五日胡凤翚奏，第48册，第101页。

② 范金民：《国计民生：明清社会经济研究》，福建人民出版社2008年版，第539—541页；范金民：《科第冠海内 人文甲天下：明清江南文化研究》，江苏人民出版社2018年版，第134—136页。

③ （清）谢钟龄：《邵武会馆天后宫记》（节录），载乾隆《吴县志》卷106《艺文》，收入江苏省地方志编纂委员会办公室编：《江苏历代方志全书·苏州府部》第33册，凤凰出版社2016年版，第263页。

县、大城知县、广西横州知州，皆有惠政。① 乾隆九年（1744）谢钟龄由北京前往广西赴任，途经苏州，拜谒邵武会馆，或许是受同乡商人所托，写下此文。由记文可知，客居苏州的邵武府商人有感于福州、泉州、漳州的商人都建有会馆，遂于康熙五十年（1711）捐资建造邵武会馆。会馆大殿奉祀妈祖，殿前设戏台、回廊，殿后建有楼宇，"为乡人讲礼燕集之所"，又有亭、轩、树、石，映带左右。虽然面积不如福州等各会馆之闳敞，而"结构精严，规模壮丽，亦足以妥侑神灵，绥辑行旅"。会馆的修建，为流寓苏州的邵武籍官员、商贾提供了驻足和贮存货物之所，也是同乡共聚祀神、宴会联谊之地。因此，寓居苏州的邵武士商都积极捐资助力，共计费用"四万有奇"。同时，会馆还购置了祀田，以便持久维持。

乾隆二十二年（1757），乾隆帝南巡江南，驻跸苏州，曾给当地的几座福建会馆题写庙额及楹联。其中，书赐三山会馆天后宫额曰："德乎广济"，联曰："忠信涉波涛，周历玉洲瑶岛；神明昭日月，指挥水伯天吴。"书赐霞漳会馆天后宫额曰："祥飙慈应"，联曰："灵昭千里风涛，看航通绝域；惠普万帆云影，验雅舞神霄。"邵武会馆天后宫也获得题赐，额曰："灵佑恬波"，联曰："广著神庥，锦浪平时开素练；长昭福佑，彩云飞处展灵旗。"② 当时的苏州是江南最繁荣的城市。乾隆皇帝巡视江南，一个目的便是募集军费。他给各处寺院、庙宇题匾，同时也得到当地各界商人的大笔捐款。"福建三大会馆并不是接待皇帝的地方，他们能得到赐匾，应是给乾隆皇帝捐纳了大笔款项。"③

（三）福州"绥安会馆"

明清时期，随着闽江航道商业的发展，以及福州城市对外交通水道和商业区的变迁，福州南郊的南台商埠日渐兴盛。特别是清代以来，南台"分担福州城市的商业机能，又在闽江沿岸诸商埠中脱颖而出，成为整个闽江流域商业中心。"④ 诚如清人所言："南台距省十五里，华夷杂沓，商贾辐辏，最为闽省繁

---

① 光绪《重纂邵武府志》卷20《人物·谢钟龄传》，第441页。

② （清）高晋等编：《钦定南巡盛典》卷88《名胜》，《景印文渊阁四库全书》第659册，第369页。

③ 徐晓望：《妈祖信仰史研究》，海风出版社2007年版，第222页。

④ 黄忠鑫：《近世区域商人与商埠论集》，中国社会科学出版社2018年版，第65页。

富之地。"① 在此背景下，大量来自广东、浙江、江西以及福建各地的商人群体进入南台，兴建了一批商业会馆。

据资料所见，建宁县商人是邵武府属各县中最早在福州建立会馆的。② 建宁商人在福州创建了两处绥安会馆，一处位于城内郎官巷，建于道光初年；一处位于南台上杭街，始创于乾隆年间。③ 由清代碑刻《创修天后宫记》可知，早在乾隆年间，建宁米商即开始主持南台绥安会馆的集资事宜，惜缺乏起造会馆建筑费用而一直未能如愿。直至嘉庆年间，在建宁盐商的协助下，才筹足资金。嘉庆二十四年（1819）秋动工，次年夏季落成。"前祀天后，后祀财神，巍峨壮丽，金碧辉煌。"道光年间，盐商继续完善会馆建筑规制，购买后山坡增设后殿，奉祀天后的先代祖先，后又改建梳妆楼。如此一来，会馆的规模扩大，"宏敞高峻"，成为一处观景胜地，"邑之人登斯楼也，仰怀天妃拥护舟楫之灵，俯瞰大江波涛之荡漾，烟屿风帆，了然在目"。④

光绪三年（1877），邵武商帮加入绥安会馆。次年成文的《新附绥安会馆碑记》对此有的详细的记录，其碑文如下：

盖闻会馆之设，原以崇乡祀而联梓谊，故凡通都大邑，仕商之客其地者，皆庀材首建馆舍。建邑前辈盐米商，梯航辐辏于省会，咸仗神圣呵护之灵，爰在南台上杭街创建绥安会馆，崇祀天后，以昭顶礼，并为岁时聚会之区。迄今垂六十载，庙貌常新，典祀无缺，皆建邑醵米商按年抽收厘金，以资公用。盖前有其举之而莫敢废也。

邵武为建之同郡邑，比年纸、木、茶、笋等帮，贸迁至省暨转运天津等处者，险历滩河，逾越海澨，莫不感戴神灵。生计日隆，备臻利涉，思有以报答天后鸿慈，图建会馆，艰于得善所而因之未逮也。丁丑秋，邵邑纸帮傅济川、曾玉轩诸公，商于绥安会馆各董事，以同邵之谊，公捐番银

① （清）张集馨撰，杜春和、张秀清点校：《道咸宦海见闻录》，中华书局1981年点校版，第298页。
② 关于商帮力量兴替与福州绥安会馆的运营，参见黄忠鑫：《清代会馆运营与商帮力量的互动——以福州绥安会馆为例》，《中国社会经济史研究》2018年第2期。
③ 民国《建宁县志》卷6《祀典·天后宫》，第2页。
④ （清）饶景昕：《创修天后宫记》，民国《建宁县志》卷6《祀典·天后宫》，第2—3页。

三千员助入会馆，添置产业。暨援建邑醣米帮例，所有邵邑至省各项生意，永远按抽厘金，悉充会馆经费。凡遇伏腊圣诞禴祀之期，与及同乡岁时燕集，宜得随事献酬，以舒景仰。即于今年七月既望，敬上匾额，会集同人，以志盛举。

　　若夫会馆之建，溯自乾隆年间以来至于今，其间展拓后殿，增美前规，以及随时修葺，重焕丹青，前人荒度之功，靡伊旦夕。有善其始者，必有以继其成，庶神道历久而弥新，气谊日推而愈广。今者邵邑诸公乐附同志，乡风未改，可无苔岑之殊；旦月联欢，弥洽梓桑之谊。上以贶神庥，下以孚众志。登绥安之旧馆，不啻合澜水于一家也，何有畛域之分乎？爰志颠末并登条约于左……①

据碑文可见，邵武商帮加入建宁商帮创建之绥安会馆的原因有二：其一，邵武县与建宁县同属于邵武府，具有地域认同，乡谊更为亲近。其二，邵武县的纸、木、茶、笋等帮，顺闽江而下，经由福州南台口岸转运天津等地，长途贩运，"险历滩河，逾越海滋"，"生计日隆"。商帮感念妈祖庇佑，"思有以报答天后鸿慈，图建会馆"，但未寻觅到合适的会馆地址。职是之故，光绪三年秋，邵武纸帮傅济川、曾玉轩等人提出加入绥安会馆的请求，经过协商，获得建宁商帮同意。

随着邵武商帮的加入，绥安会馆的运作方式也随之调整，新增规约十条②，大体涵盖以下三个方面。

第一，会馆的管理。由两地商帮共同推举董事，主持会馆事宜，"会馆董事新设，由两邑延请公正长者主持，以资综理事务""会馆事宜，悉凭董事主裁"。但同时规定，会馆不得更名，"永远颜为绥安会馆，以守旧规而重根本"。

第二，会馆的经费及其使用。一方面，邵武纸帮"公捐番银三千员助入会馆，添置产业"，即一次性缴纳一笔不菲的入馆费用。另一方面，邵武商帮也需比照建宁盐帮、米帮的惯例，对所有运往福州的货物，"永远按抽厘金"，作为会馆的日常经费。此外，会馆殿宇修理之时，"邵邑各帮均宜协力捐助"。

---

① 《新附绥安会馆碑记》（光绪四年），民国《建宁县志》卷6《祀典·天后宫》，第3—4页。
② 《新附绥安会馆碑记》（光绪四年），民国《建宁县志》卷6《祀典·天后宫》，第3—4页。

第三，会馆的祭祀。"馆每逢新正、开堂、元宵、圣诞、谢年，建邑原言定期，邵邑宜另择吉以展诚敬"，即节庆祭祀两帮分别进行。建宁商帮保持已有的祭拜日期，邵武商帮需另外择期。同时，规定会馆系敬神之所，"凡有同乡客商到省，不得任意寓处并寄储货物"。

上述规约表明，建宁帮在接纳邵武帮加入绥安会馆的同时，也始终希望保持会馆主导权，让邵武帮处于依附地位。[1] 当双方力量均衡时，这种模式尚能维持，而随着邵武商帮实力的不断增强，邵武帮愈发想改变"寄人篱下"的状态。1930 年邵武商帮就以"既为两县共用，当为共建共有"的名义，试图更换馆名匾额，引发诉讼。最后诉诸于南京国民政府最高法院，时任刑事庭科长、建宁人丁德立依据原先两帮的议约，将会馆判还建宁。[2] 此后，邵武商帮从绥安会馆退出，在福州灯柱街单独成立邵武会馆。

值得一提的是，在附入绥安会馆之前，邵武商帮已在福州南台活动。据"闽中两浙木商"刊印的《天后圣母圣迹图志》载，"同治乙丑，武彝潘、邱二氏复经翻刻，板存闽中建邵会馆"。[3] 翻刻书籍的潘、邱两人籍贯为崇安县（今武夷山市），隶属建宁府。所称建邵会馆，当为建宁府商人设立的、位于今福州市延平路的建郡会馆。这一资料表明，至迟在同治四年（1865），邵武商人已与建宁府商人联合运营会馆。到了光绪初年，邵武帮又以地域认同和天后信仰为由，附入本府建宁县商人的绥安会馆。直到 20 世纪 30 年代，随着商业资本的不断积累，邵武商帮才在福州独自设置了本县会馆，结束了附入寄居的历史。

从宋代到清代、民国的数百年间，妈祖的形象不断在转变，李伯重将其归结为三大形象，即福建"乡土之神""公务之神"和"全国海商之神"。他认为，在早期妈祖是福建"乡土之神"，是保佑福建地方，总管民众社会生活各个方面的神灵。到南宋之初，妈祖的形象开始向全国性的"公务之神"演化。即神

---

[1]　黄忠鑫：《清代会馆运营与商帮力量的互动——以福州绥安会馆为例》，《中国社会经济史研究》2018 年第 2 期。

[2]　聂德仁：《丁德立与绥安会馆》，《建宁文史资料》第 13 辑，1995 年内部资料，第 138 页。

[3]　《天后圣母圣迹图志》，1870 年福州安澜会馆刻本，浙江省图书馆藏，转引自黄忠鑫：《清代会馆运营与商帮力量的互动——以福州绥安会馆为例》，《中国社会经济史研究》2018 年第 2 期。

灵的主要工作，是帮助国家执行其若干重要职能，如平乱、征战、御敌、漕运、出使、救灾、水利等等。而随着沿海贸易的发展，福建海商将妈祖信仰带到各地，从而使其由"福建海商之神"演变为"全国海商之神"。[①] 这三类划分，实质上分别体现了维持妈祖信仰的四种力量：普通地方民众、官员、士绅和商人。当然，实际的信仰活动往往更为复杂，四者时常互有交叉，不过这并不影响上述分类的意义。明清邵武地方官员不断修建、维护天后宫的努力，正是妈祖作为"公务之神"的写照；不论是旅京的邵武纸商，本地的纸商，抑或客居邵武的福州、兴化商人，他们对妈祖的崇奉体现了天后具有"海商之神"的性格。作为外来神明的妈祖进入邵武后，逐渐演变为本地的"乡土之神"。

第三节　迎神、傩事与会社组织

闽西北素有"信鬼好祀"的传统，民间信仰极为兴盛。[②] 明代邵武府志即言："邵俗信鬼好祀不移，尤尚跳师。"府志编纂者站在正统儒家的立场，认为浓郁的鬼神信仰不仅造成了铺张浪费，而且使民众愚昧落后，有碍教化，理应禁革。然而，从"号咒鼓角之声，无城内外，日夜相闻"到"男女老稚，罗拜纷纷"的记载来看，神明信俗早已深入人心，成为民众日常生活的重要内容，官府纵使屡禁而"弗能革也"。[③]

延至晚清民国，随着商品经济的发展，大量财富流入到信仰活动，更助长了各种迎神赛会的兴起。由于各家族对信仰活动的重视，旧市街族谱中留下了不少祭祀规仪，为研究民众的信仰世界与社区生活提供了珍贵的资料。必须说明的是，在很多时候，信仰活动的参与单位是家庭而非宗族，但是对于前者留

---

① 李伯重：《"乡土之神"、"公务之神"和"全国海商之神"——简论妈祖形象的演变》，《中国社会经济史研究》1997年第2期。

② 按，闽西北的民间信丰富仰多样且具有很强的地方性，各县市所拜神灵皆有自己的特点，甚至各县、各乡镇都创造了富有个性的地方神。参见徐晓望：《闽北文化述论》，中国社会科学出版社2009年版，第254—268页。

③ 嘉靖《邵武府志》卷2《地理·风俗》，第43页。

下的记载实在太少，故本节拟以族谱为中心，结合其他材料，大致按时间顺序，依次论述之。

表 5-4　晚清民国时期邵武县旧市街主要信仰活动表

序号	时间	庙宇/神灵	活动内容
1	正月初一	祠堂/祖先	各族于祠堂祭祖
2	正月前半月	城隍庙/城隍	各族依次迎里社尊王（城隍）到祠堂供奉
	正月十五夜	城隍归宫	各族、各户送神归庙
	正月十六	城隍庙/城隍神	城隍庙作功德，各族、各户助缘
3	正月十六	天后宫/妈祖	妈祖出巡
	正月十七夜	天后宫/妈祖	妈祖回宫
4	二月初四	祠堂/三王尊神	各族于祠堂奉祀三王
5	三月清明、谷雨	祠堂、祖墓/祖先	各族于祠堂和墓地祭祖，饮福（即春祭）
6	六月	祠堂/五谷菩萨	各祠设劝首茶筵，请僧作保禾忏法事
7	七月中下旬	庙宇不详/元帅公	各祠依次迎元帅公到庵供奉
8	八月初一	祠堂、祖墓/祖先	各族于祠堂和墓地祭祖，饮福（即秋祭）
9	八月上旬	延喜庵/四圣祖师	各祠依次迎四圣祖师到祠供奉
	八月十五夜	延喜庵/四圣祖师	各族、各户送神归庵
10	十月下旬	翠云庵/三佛祖师	各祠依次迎三佛祖师到祠供奉
	十月廿七	延喜庵/三佛祖师	庵中作功德，各族、各户助缘
	十月廿八	翠云庵/三佛祖师	各族送佛旋宫

资料来源：(1)《樵南敦睦黄氏宗谱》，道光七年初修本。(2)《陈氏族谱》，民国八年初修本。(3)《庆亲里李氏宗谱》，民国三十三年7修本。(4)《竹粟黄氏宗谱（锡类堂）》，民国二十九年5修本。(5)《樵南惇叙廖氏家谱》，民国三十一年3修本。(6)《竹粟黄氏宗谱（敬爱堂）》，民国三十四年9修本。(7)《东垣黄氏宗谱（睦九堂）》，2000年8修本。(8)《恒盛李氏宗谱》，2011年3修本。

一、迎神赛会

从表5-4中，我们可以发现当时旧市街社区一年中多个月份都有大型信仰活动。除了元旦和春秋的祭祖活动（1、5、8）外，其余均与某一神祇祭典有关。特别是4次游神活动（2、3、9、10），持续时间长、参与民众多，既是乡民的狂欢，也是地域关系的展演。

（一）城隍出巡

清代农历正月期间，旧市街有城隍神出巡的风俗。一般认为，城隍神由上古腊祭八神之一的水庸演化而来。汉代至唐五代，城隍的主要职能是保护城池。宋代之后，其职能扩大为主管本城的抗旱防涝、五谷丰收、生儿育女、生死寿夭等阳间之事，以及职掌阴司。明代城隍祭典被列入国家祀典，受到特别重视。① 明清各级行政治所都建有相对应的城隍庙，在州县以下的各地市镇、寨堡也出现了大量城隍庙。② 旧市街城隍庙是在乾隆三十三年（1768）禾坪成为县丞驻地后才建立的，是官方祭祀的庙宇。此后，城隍神逐渐被当地民众接纳，成为旧市的社区守护神，"向因里社旧制，以奉祀其神"③，至道光间，乡民普遍以"里社尊王"名之，并逐渐形成了正月游神的习俗。

据老人回忆，旧市街城隍庙原址在南门外西溪旁（现已圮），前殿为城隍殿，后殿为杨公殿。前殿供城隍爷神像，比真人略大，白脸有须，端坐神案后，着软质官服。旁有赤面、黑面判官各一，两边排列牛头马面等八班皂吏十余尊。左侧门内塑一巨大白无常，右侧门内塑黑无常。白无常受乡人特别崇拜，其跟前香炉亦特大。后殿祀杨公、杨母，神像有真人般大小。杨公着官服，杨母为民女打扮。殿内还有历年所塑杨公、杨母像数种，但形制小得多，无其他陪祀神像。④

对于杨公的来历，乡民多语焉不详。民俗学者杨慕震从当地民间传说中有杨公爱民的故事，推测杨公即道光间邵武知县杨乾初。⑤ 据咸丰《邵武县志·杨乾初传》记载，杨乾初，字榕树，道光九年（1829）出任知县，"爱才好士，勤恤民隐"。道光十四年（1834）夏，洪涝袭城，又遇饥荒，民情汹汹，杨乾初忧愤成疾而死，"士民不忍忘，建祠于县署内"。⑥ 由此可知，邵武知县杨乾

---

① 林国平：《闽台民间信仰源流》，人民出版社 2013 年版，第 133—134 页。

② ［日］滨岛敦俊：《明清江南农村社会与民间信仰》，朱海滨译，厦门大学出版社 2008 年版；张传勇：《明清陕西城隍考——堡寨与村镇城隍庙的建置》，常建华主编：《中国社会历史评论》第 11 卷，天津古籍出版社 2010 年版，第 62—83 页。

③ （清）廖元瑞：《重建禾坪城隍庙劝捐序》，和平《樵南惇叙廖氏家谱》卷 12《艺文志》，第 12 页。

④ 杨慕震：《邵武市和平镇的跳弥勒》，载杨慕震：《绚丽多彩的武夷风情：锁歌·傩舞·茶灯戏》，中国文联出版社 2005 年版，第 119 页。

⑤ 杨慕震：《邵武市和平镇的跳弥勒》，杨慕震：《绚丽多彩的武夷风情：锁歌·傩舞·茶灯戏》，第 119 页。

⑥ 咸丰《邵武县志》卷 13《名宦·杨乾初传》，第 317 页。

初确有因生前爱民，死后受到立祠祭祀的经历。不过，杨乾初的事迹较为晚近，很难在短时间内演变为邵武乃至闽北乡村普遍奉祀的神明。

闽北各地存在大量的杨公庙，有的庙宇壮丽，有的只有神龛。例如，南平市延平区夏道镇有杨公庙，祀三尊"杨公菩萨"；政和县、松溪县等地村口大树下或水口处，往往有杨公庙，似鸡舍般大小，杨公与土地混称。① 邵武城乡亦遍布大大小小的杨公庙。值得注意的是，杨公常与阳公混用，杨公庙也被称作阳公庙。而唐代忠烈"睢阳王"张巡是邵武城乡普遍崇奉的神祇，祠庙众多，正如咸丰《邵武县志》所言："张平祠，一名张王庙，又名睢阳庙，祀唐张巡，其祠城乡所在多有。"② 创建于清嘉庆、道光间的邵武大埠岗镇睢王庙，又称东平王庙，俗称"阳公庙"。③ 地方文史学者傅唤民由此提出杨公系阳公之讹称，实为"睢阳王"张巡。④

旧市街城隍庙的城隍与杨公虽各有塑像，但在当地乡民眼中杨公就是城隍。每年正月城隍出巡时也是抬着杨公、杨母塑像。据亲历者回忆，迎神队伍的规模可大可小，大致组成如下：(1) 神铳：一般二支，在队伍最前列，以预告迎神队伍即将到来，各家各户准备香案。(2) 彩旗队：各色彩布旗幡，上书"有求必应""佑我一方"及各式各样的"杨"字。(3) 锣鼓队：由二人抬的大堂鼓为主组成锣鼓队。(4) 香花担：一人挑一担子，一头为大香炉，内插香烛，一头为纸花篮。(5) 杨母神舆。(6) 凉伞：又称万民伞，周边有长布条，上书众多还愿者姓名。(7) 杨公神舆。(8) 凉伞。(9) 鼓吹班：由二至四支唢呐及细锣鼓组成。(10) 随从香客及围观者。⑤

从城隍庙出发后，沿途各家各户都在门前摆香案，备供果迎候，在执香火拜后放鞭炮，并与香花担交换香枝。各族依次将神迎至祠堂供奉，每祠停留

---

① 杨慕震：《闽北民间俗神信仰及其影响》，载杨慕震：《绚丽多彩的武夷风情：锁歌·傩舞·茶灯戏》，第145—146页。

② 咸丰《邵武县志》卷9《民祠》，第227页。

③ 傅唤民编撰：《大埠岗村志》，《大埠岗村志》编委会2014年自印本，第180页。

④ 傅唤民：《"杨冠张戴"睢阳王》，《邵武文史资料选辑》第27辑，2014年内部资料，第176—178页。

⑤ 杨慕震：《邵武市和平镇的跳弥勒》，杨慕震：《绚丽多彩的武夷风情：锁歌·傩舞·茶灯戏》，第120页。

1—3 天。初九是锡类堂黄氏、十一日是东垣黄氏，敬爱堂黄氏在十四日。这期间应该还有别的家族参与，惜资料阙失，无法确定他们的准确迎神时间。

迎神活动是向外展示宗族凝聚力和实力的重要场合，也是家族聚会的好时机，因而各族对此都很重视。敬爱堂黄氏"每次迎神，族中凡登六十者、业儒者务必率子弟严正衣冠迎接，以昭诚敬，以肃观瞻"①。锡类堂黄氏要求："初九绅耆登祠迎城隍神"②，供首须准备供品：香、烛、净茶、净酒、果子、时菜、海味、曲桴、糖糕、仙桃、三牲。初十日，供首要请绅耆及祠堂管理人，及司乐四位、道士一位。午刻饮福，席上菜肴有：每席生肉一斤、油豆腐三箱、鸡一碗、冬笋、山药、菜，酒。

东垣睦九堂黄氏的供品更为丰盛，既有常见的荤肉，还有海味，以及各种小吃：籼米一斗、煎豆心、海味一席、鸡、猪肉、鱼、猪下水四色、斋菜四色、面馂、山粉、包子、冬笋、山薯、果子（即瓜子、花生等干果）四色、炮三十、米糕、粉干、檀香、钱纸、香、大烛一对，小烛三对。还要款待和尚晚饭，赠送香、米、忏钱、米糕、煎豆心、籼糍、买灯钱，共计四百文。③

神驾入祠、出祠，要请法师拜忏，即下马忏和起马忏。法师中既有职业的僧道人士，也有某些笃信佛道的居士斋公。他们为迎神提供了祭祀礼仪方面的服务，祠中也要给予相应的报酬。敬爱堂黄氏规定："和尚下马忏、起马忏，共花红钱五十文。同时，赠僧糍八个、鸡腿一只、熟肉十两、糕一方、煎豆心四片。此外，款待和尚、司乐者午饭。送夜间神前岁烛一支。十五夜间岁烛再送一支，司乐者半夜须待酒，外带茶钱一百文，不得减少"④。

正月十五元宵晚上城隍神"旋宫"。各族准备花灯护送，如东垣睦九堂黄

---

① 和平《竹粟黄氏宗谱（敬爱堂）》卷 3《祈报年规》，民国三十四年 9 修本，第 130 页。

② 和平《竹粟黄氏宗谱（锡类堂）》卷 6《迎神规额》，第 34 页。

③ 和平《东垣黄氏宗谱（睦九堂）》卷 6《祀事志·供首祈报年规》，第 90 页。敬爱堂的迎神供品同样丰盛，族谱记载："正月十四，迎接里社尊王到祠，整备：灯、烛、茶、酒、粉干、果品一席，海味一席，肉、鸡二斤，鱼、糖糕一盘、面食一盘、蕨粉包子一盘。如有缺少及潦草者，罚钱四百文"[《竹粟黄氏宗谱（敬爱堂）》卷 3《祈报年规》，民国三十四年 9 修本，第 127 页]。

④ 和平《竹粟黄氏宗谱（敬爱堂）》卷 3《祈报年规》，民国三十四年 9 修本，第 131 页。按，在邵武市南部地区，僧人有时指法师，包括和尚、道士、斋公等仪式专家。和尚只吃斋饭，若是道士和斋公则不忌荤腥。拜忏仪式一般需一二名法师，加上 4 名左右司乐配合完成。

氏，"值年供首备精雅花灯二对，送神归庙"。① 敬爱堂黄氏要求供首买灯龙二对、花灯二对，"每对定钱四百文，不得抵借塞数，并丑陋者，如违罚钱三百文"。② 锡类堂备花灯二对，灯烛自办，锣一对。家族奖励那些为迎神出力的族众："擎灯、鸣锣工资，祠中给钱，各四十文；扛神，一人给钱五十文"。③

正月十六，城隍已归庙，庙中要做功德。各家各户有所助缘。如东垣睦九堂黄氏额送僧钱三百文，并赠有香、纸、烛若干。锡类堂"香、烛、炮外，帮钱二百文。用费拨店租一所"。④ 敬爱堂族谱记载更为细致："十六日城隍庙，送僧食米一斗、铜钱三百文、豆子五升、大烛二对、香一百支、纸一百张，不得减少"⑤。

明清王朝规定地方官员应当参与城隍的日常祭祀活动。"凡守牧、县令入境，必先至〔致〕祭，而后到任。及祈祷水旱，又必先为牒告"⑥。而每年例行的祭祀则由知府/县令率文武官员，"以春秋二仲月戊日，合祭于山川坛"⑦。此外，每年祭厉坛时，也要迎城隍神到坛供祀，"先期，诣城隍庙读告文，请主祭。至期，迎像莅坛"。⑧ 可见，城隍神的祭祀活动被列入国家祀典，具有浓厚的官方色彩。而在旧市街的信仰活动中，城隍信仰与社神崇拜高度融合，城隍神被当地原有的里社之神——杨公所取代。官方主导的城隍信仰就是以这样的"变异"方式，融入旧市街社区的生活中，获得了民众的接纳。

（二）天后出巡

邵南乡村元宵节有名为"擎菩萨"的游神习俗，即将当地信奉的主要神祇用轿子抬出巡游。旧时旧市街元宵节的节俗活动是以天后宫为中心举行的。⑨

---

① 和平《东垣黄氏宗谱（睦九堂）》卷6《祀事志·供首祈报年规》，第90页。

② 和平《竹粟黄氏宗谱（敬爱堂）》卷3《祈报年规》，第129页。

③ 和平《竹粟黄氏宗谱（锡类堂）》卷6《迎神规额》，第35页。

④ 和平《竹粟黄氏宗谱（锡类堂）》卷6《迎神规额》，第35页。

⑤ 和平《竹粟黄氏宗谱（敬爱堂）》卷3《祈报年规》，第129页。

⑥ 咸丰《邵武县志》卷8《祀典·城隍庙》，第214—215页。

⑦ 光绪《重纂邵武府志》卷11《典礼·府城隍庙》，第179页。

⑧ 咸丰《邵武县志》卷8《祀典·厉坛》，第215页。按，厉坛每岁三祭：春清明节日，秋七月十五，冬十月初一。

⑨ 傅唤民：《和平天后宫与纸业贸易》，《邵武文史资料选辑》第21辑，2003年内部资料，第44页。

据老人回忆，游神活动从正月十五至十六日夜，持续两天两夜，遇到下雨，则要顺延。十五日上午，乡民将木雕天后娘娘神像用轿子抬着"出宫"，先放三响神铳，之后鞭炮齐鸣，锣鼓喧天。娘娘出巡的路线是有规定的，不得随意乱走。所过之处，家家户户焚香放爆竹迎接。从北街，往北门城楼走，到了北城楼下稍作停留，再往东边沿着城墙到达"铁井"一带，再从"堂檐下"拐到的东门街，因为沿途的店铺、百姓家都要焚香、放炮恭迎，当中要花一天时间。

从东门街穿过巷子到恒盛李氏"大夫第"门口，李家做纸张生意赚了大钱，有很多田产，他们专门将一部分族产用作恭迎妈祖娘娘的花销，据说有100多石稻谷。李家用这笔钱买了大量的大炮仗，不是那种一串串的鞭炮，而是那种一颗颗的大炮，非常响，还有礼花炮，估计有几百上千个。李家不间断地放炮迎接，要持续一天。

而后，将娘娘抬到县丞衙署前的校场，又要停放一会儿，供人祭拜。再经过谢傅巷，抬到南门城楼，停留一下，供人祭拜。之后，沿着大街向北直走，最后抬到妈祖宫，叫作"回宫"，沿途商铺众多，走走停停，这又要花一天时间。特别是"十字街"口附近的廖氏大厝时，要专门停留下来，等廖家迎接。妈祖巡游两日天后宫都有演戏，特别是娘娘回宫那晚，要连演两场。①

上述材料有两处值得我们注意，一是商户，特别是惇叙廖氏与恒盛李氏两个商业家族在活动中的地位得到凸显。游神线路主要是沿着旧市街，但却可以要绕道僻处弄巷中的恒盛李氏大宅，而且在两姓门前停留的时间最长，这些都彰显了两家的雄厚经济实力和地位。而事实上，正如前文提到的，天后宫的主要倡首就是廖、李两姓。这也就不难理解巡游线路为何如此设计了。二是游神活动体现的王朝观念。乾隆以后，清政府在和平建立了一套完整的政权机构，实现了对这一地区的全面控制。县丞、把总等官僚的设立，保证了政府对村落职权的顺利行使。在思想领域，城隍庙、厉坛的建立，科举考试的制度化，儒家伦理的灌输、士大夫礼仪的推广，乃至对忠烈神祇的表彰，则代表了官方以

---

① 笔者田野调查笔记，2014年8月26日，和平镇水口灵仙观，庙祝沈秋水（81岁）口述。

一种潜移默化的方式对乡村社区实行的教化和整合。① 县丞衙署并不在街面，但游神线路中县丞署的较场是一个祭祀点，神像要在此停留供人祭拜，这或许可视作乡民对王朝正统认同的一种体现。

（三）其他神明巡游

六月水稻开始抽穗，是生长的关键时期，旧市街各族请僧人念经作忏以"保禾"。如睦九堂黄氏于六月初三日，在祠中行保禾忏，预备果、酒、香、纸、烛、糍、豆心干、米。② 敬爱堂黄氏"二十八日保禾作忏，果三色，每色三文，酒二瓶，烛一对，香、纸。大份糍十二个：劝首四个，和尚八个。豆心干六块：劝首二块，和尚四块。又小份糍十二个。米一升，归庵"③。也有乡民自行向神祈祷，我们在考察中获得了一条祈神咒语："五谷经，五谷神，先求五谷后求人，求得五谷来仓仓满，求得子孙来万万年。"④

七月中下旬、八月上旬、十月下旬，旧市各族依次要迎接元帅公、四圣祖师和三佛祖师到祠供奉。其迎神仪式大同小异。神明出巡要遵从固定的路线和步骤，这些信息往往被编成歌谣，使妇孺皆知。如《迎菩萨歌》唱道：

> 鸡公花迎过牌门黄家，牌门黄家不开门，迎过西门。西门打一下墩，迎过大臼窑。大臼窑不交租，迎过东土窑。东土窑搭个寮，迎过五曲桥。五曲桥在溪边，迎过西山。西山馒头冇料，迎过城隍庙。城隍庙打一面鼓，菩萨打横走。庵里敲一下钟，菩萨大归宫。⑤

这首歌谣有押韵，用和平方言读起来朗朗上口。它包含了游神所经的几处关键地名：牌门黄家、西门、大臼窑、东土窑、五曲桥、西山、城隍庙。同时也涉及部分仪式。类似的歌谣还有和平镇坎下村《中乾庙迎神歌》：

> 菩萨打个唯，抬到西坑。西坑搭个棚，抬到上坪。上坪砍根竹，抬到

---

① 李军：《村落中的国家印记、宗族与民间信仰——以闽北和平古镇为个案的考察》，《农业考古》2014 年第 3 期。

② 和平《东垣黄氏宗谱（睦九堂）》卷 6《祀事志》，第 90 页。

③ 和平《竹粟黄氏宗谱（敬爱堂）》卷 3《祈报年规》，民国三十四年 9 修本，第 130 页。

④ 笔者田野调查笔记，2013 年 6 月 15 日，邵武市和平镇和平村。

⑤ 邵武市民间文学集成编委会：《中国歌谣集成福建卷（邵武市分卷）》，1992 年内部资料，第 45—46 页。按，《迎菩萨歌》没有明确说明所迎何神，据笔者田野情况来看迎接元帅公或四圣祖师的可能性较大。

土尾宿。土尾宿酒酸，抬到厂山。厂山雾又雾，抬到高趾窠。高趾窠撑块瓦，抬到坎下。坎下饭迟，抬到坑池。坑池米糙，抬到官厝。官厝杀个鸡公，菩萨回宫。①

上述歌谣记录了中乾庙游神所经坎下、西坑、上坪、土尾宿、厂山、乌石下（高趾窠）、坑池、前山坪（官厝）8个村的路线，也包含各村的风土人情。如西坑是山区小村，没有大庙能容纳游神队伍，因而每次都是临时搭棚接待；上坪村竹木资源丰富；土尾宿、厂山、乌石下地势高寒、多雾，不利酿酒等。

二、傩事活动

邵南地区的游神赛会多与傩事活动相伴。傩事是流行于各地的一种具有驱鬼逐疫、祭祀祈福的民俗活动。傩事活动历史悠久，源远流长。《周礼·占梦》载："遂令始傩驱度"，《论语·乡党》曰："乡人傩，朝服而立于阼阶。"宋代福州除夕日有"驱傩"风俗，淳熙《三山志》云："乡人傩，古有之，今州人以为打夜狐。"②明代泉州的傩礼隆重热烈，家家户户广泛参与，时人记载："祭厉日，俱行傩礼。或十月不傩，移于腊月，谓之大傩。傩用狂夫一人，蒙熊皮，黄金四目，鬼面，玄衣朱裳，执戈扬盾。又编茅苇为长鞭，黄冠一人执之。择童子年十岁以上，十二以下十二人，或二十四人，皆赤帻执桃木，而噪入各人家室，逐疫鸣鞭而出。各家或用醋炭以送疫。若腊月大傩，黄冠倡，童子和。"③

邵武和平镇坎下村前山坪保留着一通道光十五年（1835）"诸坊公立"的游神规约碑，与傩祭活动相关，碑文如下：

> 且夫迎神者，缘系春祈秋报，农人庆大有之年；护国庇民，群生荷帡幪之力。爰中乾庙宇安塑三位尊王金身，自宋代始创，迄今历数百载。年例：立冬之日，诸坊奉迎尊王圣驾出游乡境，受民香供。昔者规额仍照于旧，迨至道光年间，规矩将来颓缺。诸坊人等邀集绅耆合公酌议，复整前

---

① 笔者田野调查笔记，2013年9月7日，邵武市和平镇坎下村前山坪，胡水秀阿婆（70岁）口述。

② 淳熙《三山志》卷40《土俗类二·岁时》，《景印文渊阁四库全书》第484册，第584页。

③ （明）叶春及：《惠安政书》卷十《里社篇》，福建人民出版社1987年标点本，第352页。

规。年届圣驾所经之处，当途荆棘、秽污、坡坎，住持之人预宜修砍，以免上挂下碍。至旋宫之日，值年劝首暨新劝首者，各装"八蛮""番司"一班，诸坊供首亦各扮古今故事一架，旗锣鼓乐，三品响炮。是日午后，必须齐集于前山坪俟候，值年劝首亦宜查点规条。每供放炮三声，护送圣驾旋宫。自前山坪、官坊墟、上井村、石碑前、北胜寺、墈下村本庙中，各处俱要发炮三声。至于绅耆士庶，务须肃整衣冠，诣石碑前拈香迎接，护送旋宫。以上数规，自勒石碑之后，各宜遵循，毋得缺少。如不从规，至庙合众公罚，决不徇情。恐蹈前辙，所勒石碑于前山坪，以杜后之争端。自兹已后，各宜恪慎，不惟人民受惠于今日，即亦神灵默佑于他时云尔。①

碑文显示，中乾庙始创于宋代，奉祀福善王、民主王、五通王三位神明。旧时每年立冬之日墈下、前山坪、官坊圩、上井等 8 个村都会举行隆重的游神活动，此碑规定了游神路线、仪式流程、备办物品等。值得注意的是，当中规定，神驾旋宫之日，值年劝首与新劝首须"各装'八蛮''番司'一班"，即以傩舞表演酬神还愿。清代《中乾庙众簿》对于神驾归宫仪式有更详细的规定，也提到值年劝首与新劝首各须"装番僧一班"。

年例：三位尊王旋宫规额，各坊要装奇巧故事一架，铳炮、鼓乐、吹打、铜锣俱要至前山坪俟候。圣驾起马，各要发炮三声，不得缺少。一计老劝首所擎鸾驾、牌板、宫灯、绌采，不得推诿。一计值年劝首所办之事：旗、锣、凉伞，新麒麟扛圣主牌，扛神圣，装番僧一班，铳炮不得缺少。一计新劝首所办之事：装番僧一班，火把迎接圣驾登殿，不得推托。圣驾归宫之日，各坊耆老绅士，先至石碑前拈香迎接，或有某坊缺少规额，合众公罚。②

邵武傩舞主要分布于邵南乡镇及周边的泰宁县、建宁县部分乡村，各地傩舞的表现形式很大差异，主要有《跳番僧》《跳八蛮》《跳弥勒》等节目。

---

① 《中乾庙游神规约》（道光十五年），李军、蔡忠明、傅再纯：《邵武历代碑铭集录》，第160 页。

② 《中乾庙众簿》，清光绪十八年重修版，第 162—163 页。

（一）《跳番僧》

《跳番僧》，又作《跳幡僧》或《跳番生》，流传于邵武市大埠岗镇河源村、和平镇坎下村、桂林乡、金坑乡大常村、肖家坊将石村、邻近的泰宁县朱口镇等地，各地《跳番僧》的表演时间、形式有所差别。每年农历六月初一、初二，大埠岗河源一带的上龚家、下龚家、杨源、隔岭、山坑、丁家坊等几个小村落都会组织迎奉"三佛祖师"的跨境游神仪式。舞者位于迎神队伍中部，每到村头村尾择一宽敞处，由开路神清理场地后跳一遍《跳番僧》。① 表演时，由 6 名男子头戴面具，分别扮演开路神（红脸獠牙，手执一对红漆木棒作为双锏）、弥勒（白脸含笑，手执木鱼，大腹便便）以及唐僧、孙悟空、猪八戒、沙僧。唐僧师徒四人各挑一副"经担"，"经担"前头系一扁鼓，后头挂一写有"经"字的布幡。舞蹈内容意在表现在开路神、弥勒的开路和护卫下，唐僧师徒历尽艰险，终于到达西天，取回真经。真经传到民间，百姓消灾解难、人畜兴旺、五谷丰登。《跳番僧》表演者，各乡均是按年轮流担任。轮到者参加表演，其余各乡做糍粑酬谢之，待迎神仪式毕，才分给表演者，以示祝贺，亦寓意平安与吉祥。②

和平坎下村是在立冬日迎奉中乾庙三位神明的跨村落迎神活动中，进行傩舞表演。其人物有弥勒公、弥勒婆和四个童子。原有面具，后改为涂脸。道具无"经担"，弥勒公、弥勒婆持双棍和木鱼外，其他人均持扁鼓。③ 桂林乡大岭村的《跳番僧》有大、小两组同时表演，《大番僧》为成年组，《小番僧》为少年组。《大番僧》有开路神、弥勒和四个"番僧"，面具为苎麻布质，道具"经担"和表演形式与河源傩舞基本相同。《小番僧》无面具，全部用涂脸，画关公、张飞、番将等戏剧脸谱，每人额前用红布裹扎一根长三四寸的翘角。①

（二）《跳八蛮》

《跳八蛮》又作《跳八祃》《跳八马》，主要流传于邵武大埠岗河源村、肖家坊将石村、桂林乡大岭村和建宁县溪源乡楚尾村。河源村"八蛮"的扮演者为8人，当地人称为"八大神"或"八大王"。他们分别为：开路神2位、弥勒2位、红脸神2位、绿神2位。除弥勒外，大都面具为面目狰狞、形象凶恶的面相。开路神左手执锣、右手握槌，弥勒双手握铜（木棍），黑脸神、绿脸神胸前挂一扁鼓，双手握鼓槌。②《跳八蛮》的舞蹈寓意是：八大神为四方之保护神，他们巡游四方，驱鬼逐疫，安太极，定八卦，为民保平安。《跳八蛮》舞者的动作、穿着与《跳番僧》大体相似，但突出地体现了道教的宗教观念。其方位设置及动作设计明显符合太极、九宫、八卦方位，同时，严格保持两两相对的对应格局。③

（三）《跳弥勒》

《跳弥勒》流传于和平镇与大埠岗镇，一般在正月十五的祭祀社火中表演。该舞人物仅弥勒公、弥勒婆二人。弥勒公戴白色欢喜佛面具，手执方巾、拂尘，身穿棕色长大褂；弥勒婆脂粉涂面、戴珠花，打扮妖冶，手执方巾、蒲扇，身穿红袄绿裤。舞蹈形式有跑、跃、扭步、对换位置、舞方巾、挥拂尘和蒲扇等动作，表演一些打闹逗趣、戏弄调情的情节，引人捧腹大笑。仪式结束，舞者必须脱去面具、服饰，并将杂物和火把弃之水中后回家，以示驱邪禳灾。据说，表演者都是地位卑下的人，或无家可归，或流寓祠堂的外地流民，多因被迫而勉强演出，近于受辱。④《跳弥勒》表演者的装扮、动作和情节均滑稽可笑，娱乐性强，深受乡民喜爱。⑤

杨慕震注意到，《跳弥勒》与李寿卿所作元曲《月明和尚戏柳翠》有密切

---

① 杨慕震：《邵武傩舞及其相关文化背景》，载杨慕震：《绚丽多彩的武夷风情：锁歌·傩舞·茶灯戏》，第32页。

② 中国民族民间舞蹈集成编辑部编：《中国民族民间舞蹈集成·福建卷》，第609页。

③ 叶明生：《福建省邵武市大阜岗乡河源村的"跳番僧"与"跳八蛮"》，第69、79页。

④ 叶明生：《论闽北傩舞及其文化意义》，《民族艺术》1993年第2期。

⑤ 傅唤民编撰：《大埠岗村志》，第152页。

关系，两者在人物、形式、情节等方面有较大相似性。后者在明代逐渐演化出"赶柳戏"，流传于内蒙古、河北、山西、江西及两湖、江浙等地。①《中国民俗辞典》"赶柳戏"条写道："旧时，江浙一带多由一人扮大头和尚，持破葵扇，跟一年轻女人'柳翠'戏耍，妙趣横生，逗人发笑。"② 也有学者观察到，泉州民俗表演活动中，以男、女二人分别扮火鼎公、火鼎婆，扮相滑稽；二人一前一后，扛一炉炭火；二人且行且进，相与戏谑，不时做种种逗笑动作。演出时往往观者如堵，热闹非常。③

傩祭原为腊月举行的一种驱瘟逐疫、禳灾祈福仪式，庄严肃穆，后来逐渐转向娱乐方面。清代邵武的傩事活动，虽古意犹存，但已发展成为娱乐性的风俗活动，并向傩舞发展。傩舞与迎神赛会及元宵等节日活动融合在一起，营造出浓烈的欢乐喜庆氛围。作为一种娱神娱人、自娱自乐的民俗活动，傩舞寄托了乡民祈福消灾的愿望，在一定程度上满足了他们娱乐休闲的精神需要。

三、会社组织

明清时期，神明信仰方面一个值得注意的进展，是大量会社组织的涌现。④ 在清代、民国的邵南地区族谱中，可以发现众多会社的记载。例如，和平《竹粟黄氏宗谱（锡类堂）》提及谷雨社、黄氏灯社、二仙社；⑤ 和平《陈氏族谱》记载翠云庵众会、元帅会、黄氏锡类祠花灯会、李氏本仁祠灯会；⑥ 和平《庆亲里李氏宗谱》中有祝筵圣寿会、文昌社、三王会；⑦ 坪上《仁顺梁氏族谱》提到灯会、弥陀会、迎神会；⑧ 大埠岗《樵南傅氏宗谱》中有上元会、

---

① 杨慕震：《邵武市和平镇的跳弥勒》，杨慕震：《绚丽多彩的武夷风情：锁歌·傩舞·茶灯戏》，第132页。

② 郑传寅、张健：《中国民俗辞典》，湖北辞书出版社1990年版，第311页。

③ 汪毅夫：《闽台历史社会与民俗文化》，鹭江出版社2000年版，第98页。

④ 参见刘永华：《礼仪下乡：明代以降闽西四保的礼仪变革与社会转型》，生活·读书·新知三联书店2019年版，第296—298页；陈宝良：《中国的社与会》（修订本），人民出版社2023年版，第445—479页。

⑤ 和平《竹粟黄氏宗谱（锡类堂）》卷6《迎神规额》，民国二十九年5修本，第35页。

⑥ 和平《陈氏族谱》卷3《众会》，民国八年初修本，第57页。

⑦ 和平《庆亲里李氏宗谱》卷10，民国三十三年7修本，第177—182页。

⑧ 坪上《仁顺梁氏族谱》卷16《契书文类》，1997年9修本，第56—63页。

三官会、谷雨会、天后会、朝华会、财神会。①

　　这些都是围绕某一种神明崇拜和祭祀仪式结成的功能性会社，社员有的来自同一宗族，也有不少会社是跨宗族的。会社一般都有祭田，会员轮值收租，办理祭祀和酒席。例如，和平《庆亲里李氏宗谱》的《三王会规条》记载：

　　　　乾隆五十五年十一月初一日，经族结明帐：三十五家，二月初四日午刻饮福，将前所置租谷四石八斗正，三万三千六百文赎去，其钱作三十五股，人均分，每股分去钱九百四十文。其本年冬收有光谷四石八斗，众棠出谷钱四千文，三十五人愿存至本祠理事人手收管。每至二月初四日，本祠出息钱五百文，值班人向理祠事人手收，作上午敬神办三牲之费。此系族中人等批据，每年七人定班轮办。二月初四日上午，七人到祠同办香、纸、烛、三牲，敬三圣尊王。

　　　　一班，咸丰五年轮起，乙年、庚年。在根、鸿元、鸿聚、羽仪、熙族、模兴、模科。二班，丙年、辛年。在璜、在文、模光、鸿亨、熙族、在端、在政。三班，丁年、壬年……四班，戊年、癸年……五班，己年、甲年……②

　　可知，乾隆五十五年（1790），庆亲里李氏 35 位族人成立了神明会"三王会"，分作 35 股，将会金存入祠堂，每年二月初四日三王诞辰，向祠中支取息钱 500 文，用以筹办祭品，组织会饮。咸丰五年（1855），会员分作 5 班，每班 7 人，值年轮办。"三王"疑为福善王、民主王、五通王，即与邻近的坎头惠安祠、坎下中乾庙供奉同样的神明。

　　这些会社组织大多按股份组成，股份可代代相承，也可按房轮收。例如，和平《陈氏族谱》记载："锡类祠花灯会，共六股。翠云众会：二班，灿奎公二股、利乾公一股、亨虬公六股；四班，灿奎公一股、利乾公一股、亨虬公六股、地波公一股。元帅会：灿奎公二股（原注：此会亨虬公四年轮一年）。"③

---

　　①　大埠岗《樵南傅氏宗谱》卷 11，民国三十四年 7 修本，第 89—119 页。
　　②　和平《庆亲里李氏宗谱》卷 10《三王会规条》，民国三十三年 7 修本，第 177—182 页。引文中省略部分为第三班至第五班值班人姓名。
　　③　和平《陈氏族谱》卷 3《众会》，民国八年初修本，第 57 页。翠云众会，是清代旧市街乡民围绕观星峰翠云庵祭祀活动组成的会社组织。

元宵节旧市街各家祠堂都办有花灯会，有的是独家办理，有的是数个家族合作举办，锡类祠黄氏的花灯会便属于后者，陈氏占了 6 股。翠云众会、元帅会都是清代旧市街乡民围绕观星峰翠云庵祭祀与元帅公信仰组成的神明会社，分作若干股份，陈氏有数名族人参股。大埠岗《樵南傅氏宗谱》亦记载族人会社参股信息，意在提醒子孙承袭股份，维护股权。其言："秉芷公：本祠灯会二股、童家坊上元会一股、三官会一股、谷雨会一股、天后会一股；逢求公：天后会一股，祭主登席；财神会一股，祭主登席。"①

会社成员享有"饮福""分胙"的权利，即受邀参加酬神庆典活动，登席宴饮，分得胙肉、糍粑等物品。康熙年间，和平锡类堂黄尚灿与陈日增、李有能等街坊设立灯社，"积有余资，置有皮骨田一处，计田 50 秤，年纳光谷四石正。年规：正月初九晚，众办饮福，其钱将租谷出售，有余之钱照份数均分"。②黄氏族谱明确记载此社股份共 40 分，其中二仙社 5 分，黄应福 12 分，黄尚定 6 分，黄乾茂 1 分，陈日 6 分，李有能 2 分，聂佛 1 分，顺德祠黄景文 1 分。饮福、分胙的权利可以世代承继。例如，炉阳梁氏恭房组织开路念佛会，梁隆宏与梁华林分别助田 10 秤，梁氏族谱载明："每年开路之日，颁胙肉一斤，粮钱一百文，交隆宏公、华林公子孙世领。"梁荣樟助田 5 秤，"每年开路之日，颁胙肉半斤，粮钱五十文，交荣樟公子孙世领"。③

会社组织的股份可以分别继承、买卖、转让、典押，因而其成员也是可以随股份的转移而变更的。④ 和平《黄氏宗谱（敦睦堂）》保留了一份同治八年（1869）族众所立《合同议字》，兹摘引如下：

> 立合同议明字人正锡、正熹、天偶、天星、心茂、心信等，原祖手遗下有众分祭田数处……共收光谷叁硕玖斗正。兹念族居散处，路途窎远。年至新正，迎王公庙城隍尊神；隔年一值，〔八月〕迎延喜庵四圣祖师。秀通、秀达二股子孙各居散处，路途跋涉，有难往还。酌将正柯公承

① 大埠岗《樵南傅氏宗谱》卷 11，民国三十四年 7 修本，第 89—119 页。
② 和平《竹粟黄氏宗谱（锡类堂）》卷 6《迎神规额》，民国二十九年 5 修本，第 35 页。
③ 坪上《仁顺梁氏族谱》卷 16《契书文类》，1997 年 9 修本，第 63 页。
④ 郑振满：《乡族与国家：多元视角中的闽台传统社会》，生活·读书·新知三联书店 2009 年版，第 252 页。

佃该交祭租谷七斗正，存分完纳均显公花户内，钱粮仓米之费外，存壹石，以帮正月迎神之资。又年存壹石，以为隔年输值，八月迎神之费。日后迎神，不涉秀通、秀达两股子孙之事，其余壹石贰斗以作年岁清明祭扫之费……①

敦睦堂黄氏有参与旧市街王公庙城隍神与延喜庵四圣祖师的迎神活动，并将值年筹备任务分解给族众。秀通、秀达二股子孙因居所遥远，往来不便，遂将祭田租谷转为迎神之资。二股子孙不再承应迎神值年事务，同时也将迎神股份转给了其他房支族人。

清代会社股份的买卖现象在闽北、闽南以及徽州地区都有出现。②傅衣凌、陈支平曾在闽北浦城调查到 10 份"神会土地买卖"契约，兹举一例，以见一斑：

立卖天后宫赐福堂会契。陈金秀承祖置有前洋天后宫敬奉天上圣母香灯需用产业，递年合众入宫祭祀，演戏庆贺，自合壹股。今因乏用，自托言中，将其分内壹股立契出卖与沈宅立森边为业。是日经中言议，卖得土风时值会价光洋伍元正，即日收讫未少，卖受两愿，亦无贪逼等情。其会系祖手自起，与门房人等无涉。自卖之后，任凭沈边进宫入簿助祭庆贺，陈姓不得与言。先议后定，各无反悔，今欲有凭，立卖契为照。道光拾玖年玖月拾陆日立卖赐福堂契陈金秀。③

由会契可知，前洋天后宫赐福堂置有产业，以供敬奉天后香灯之需。陈金秀的先祖是会员，拥有 1 股，享有"入宫祭祀，演戏庆贺"的权益。陈金秀将会员股份转卖沈边之后，沈边及其子孙也就获得了赐福堂"助祭庆贺"，"饮福""颁胙"的权益。

总之，频繁的游神赛会活动已经成为旧市居民日常生活的重要组成。迎神日，轮值头首做东，宰猪杀鸡，招待游神队伍，也把亲戚请来，比过年还热闹。此外，同一庙宇和神明对于不同的家族的意义是有所差异的，在相应的迎

---

① 和平《黄氏宗谱（敦睦堂）》卷 6《合同议字》，同治八年木活字本，第 25 页。
② 郑振满：《乡族与国家：多元视角中的闽台传统社会》，第 252 页；陶明选：《明清以来徽州信仰与民众日常生活研究》，光明日报出版社 2014 年版，第 104 页。
③ 傅衣凌、陈支平辑述：《明清福建社会经济史料杂抄》，《中国社会经济史研究》1986 年第 1 期。

神活动中家族扮演的角色也各不相同。这些涉及家族与庙宇的复杂关系。

第四节　大众信仰影响下的娱乐生活

大众信仰及相关习俗对于闽西北民众的日常生活有着多方面的影响，然而囿于史料的限制，本节仅尝试从饮福、赌博和演戏三个主题切入，希望借此加深对这一问题的理解。这些集体活动与信仰仪式密切相伴，又具有世俗化和娱乐化的特点。饮福与演戏既是一种酬神娱神的信仰需求，也是一种热烈欢快的娱乐消遣。而"花会"赌博活动则是带有神秘色彩的纵欲狂欢，让人深陷其中，难以自拔。

一、饮福：神人共享

所谓"民以食为天"，饮食生活无疑是人类最基本的生活需要和生活形式。在日常生活，特别是各种祭祀仪式过程中，人们利用特定的食物和饮食行为作为媒介，向神明祈福纳吉，沟通人与神的信息。同时，民众在举行祭祖、神诞等祭祀过程中一般会有盛大的饮福聚餐。

邵武民众对饮福活动尤为重视，方言甚至将清明节家族祭祖、饮福称为"吃清明"。清人陈盛韶也记载当地饮福时必定要有酒有肉，大快朵颐，以至于祭祖仪式被认为是为吃肉才举行的活动。[1] 其言：

> 三月清明，率其子弟扫墓，计丁分钱，曰登山钱……归祭于祖，祭毕合食，男先女后，皆由祭田开销。食重豕肉，每席议定秤重若干，轻则众口咄咄。既醉既饱，小大稽首。其知者以为为肉焉。[2]

---

[1]　按，嗜肉、奢靡的饮食风俗不仅体现在祭祀场合，婚丧筵席也如此。如陈盛韶记言："邵武婚礼，为酒食以召乡党、朋友，五六日至于旬时。其肴以豕肉为上，堆盘盈七八勒，亦有宰牛享客者。赴宴曰'某家作客'，又曰'某家吃肉'。新妇入门，家从此窘。"参见（清）陈盛韶：《问俗录》卷 1《邵武厅·吃肉》，《四库未收书辑刊》第 10 辑第 3 册，第 257 页。

[2]　（清）陈盛韶：《问俗录》卷 1《邵武厅·登山钱》，《四库未收书辑刊》第 10 辑第 3 册，第 256 页。

又曰：

> 俗嗜饮食，春秋祭祖、饮腊贺年必餍酒肉而后反〔返〕。其习使之然也。①

祭祀饮福不仅要满足凡人的口腹之欲，更要为神明准备丰盛的宴馔，使其一饱口福，从而赐福禳灾，保境安民。兹以坎头惠安祠"摆果台"为例。

所谓"摆果台"，指的是每年八月初五欧阳祐诞辰，惠安祠为神明准备的宴馔祭典。具体做法是在三王神像前摆放一张巨型的方桌，桌上摆满四季各色粮食糕点、干鲜蔬果、山珍海味共 150 余种。这些祭典饮食不仅历史悠久、品类丰富和烹饪、保存技艺高超，而且包含着多重的文化象征意蕴。

（一）祭品的种类

1. 三牲。《惠安祠簿》规定的三牲由豚肉（猪肉）、熟鸡、鲜鱼组成。2013年 8 月我们考察摆果台时，看到的三牲是猪头、鸭和鲤鱼。猪头和鸭都是半熟的，两条鲤鱼是活的，用水盆养着。有老人表示，三牲要具备天上飞禽、地上走兽、水中游鱼的代表。只有在大型的仪式中才会准备这些祭品，表达对仪式的重视，所以被称为"大礼"。

2. 各色菜肴、蔬果。《惠安祠簿》记载："八月初五日备五烧、五蒸、油煎、面食、各色糖果、海味八色，斋菜四色，猪腹五内俱全，及各色配菜，俱要丰洁齐备，不得缺少。"从"摆果台"的 150 味祭品来看，是以山珍为主，再配以海味以及粮食类的各种制品，体现了鲜明的内陆山地的饮食特点。②

（1）山珍类。在前文提到的猪头、熟鸡之外，还有猪心、肝、肚、肺、肾等"猪腹五内"，羊筋、熟鸭、熟鹅、兔俚（兔子）等荤菜 11 味。另有香菇、木耳、金针以及春笋、盐笋干、冬笋片、观音笋等 7 味菌类与笋类素菜。

（2）海味类。有海参、鲍鱼、沙翅、福墨（鱼）、汉蜓、金钩（即海产虾米）等 6 味。

（3）蔬菜类。包括 34 味干鲜蔬菜，如生家葛、生豆角、奈姑子、豆角干、

---

① （清）陈盛韶：《问俗录》卷 1《邵武厅·吃肉》，《四库未收书辑刊》第 10 辑第 3 册，第 257 页。

② 按，《惠安祠簿》中多以邵武和平方言记载摆果台的祭品名称，笔者将一些生僻难懂的名称转换为通用的称呼，以括弧内的文字标注。

石菰干（一种腌干的野菜）、油酥豆、菱角、苦瓜干、生豆荚、冬瓜干、浸蒜条、红萝卜（胡萝卜）、生王瓜（黄瓜）、浸王瓜（用酒腌渍的黄瓜）、赤小豆（红豆）、刀背豆、浸薤子、浸葱菟（用酒腌渍的葱白）、莲藕、生苦瓜、黄瓜干、浸子姜、腌菜菟（用盐水腌渍的一种青菜）、豆荚干、生子姜、无孙姜、扁豆干、稍瓜（佛手瓜）、扁豆、酿冬瓜、腌苦瓜、浸茄子、白萝卜、腌匏瓜。

（4）野果、水果类。共计 60 味，包括柑俚（桔子）、毛栗（栗子）、百合花菟（百合花根部）、藕丝糖、莲子、白番薯（地瓜）、糖煎藕叶、毛桃干、柿俚（李子）、查梨子、莲蓬房、糖茄干、生木瓜、海棠梨、浸杨梅、杨梅干、法豆子、桃仍（桃子）、南瓜干、蜜榄、梨俚（梨子）、桃干、木樨花、葡萄干、柿霜饼、匏仍（柚子）、乞俚（柿子）、金弹子、绿梅子、西瓜、生马荠（荸荠）、包粟子（玉米）、炒包粟（炒熟的玉米粒）、丁香、生葵花（葵花籽）、蒲萄子、石榴、茅楂、榛子、油煎番薯、核桃、蜜梨片、青枣、藤梨（猕猴桃）、酸枣、腌白姜、落花生、糖匏干（用腌渍的柚子皮）、杏仁、木瓜干、砌瓜子塔、冬梅子、浸蒜菟、腌菜干、浸加庆子（李子蜜饯）、盐榄子、甘蔗、蜜梨子、盐梅干、鸡脚梨。

（5）粮食制品、糖果类。由米、面、豆及糖制品组成。如粉皮、米糕、蕨饵、五色米、黄腐干（一种当地特制的豆腐干）、油煎黄腐、面饽三色、白果（白粿）、糍酥子、生糖、白糖、麻子糖、糖豆子、姜糖、糖果、煎果、满汉糕饼、炒煎糕、大福果三个、大料饼三个、佛手三支。

（6）中草药类。共有 10 味：梧桐子、门冬、枸杞子、五味子、香元、使君子、苦楮、地茄子、鬼灯笼、甜楮。

3.饮料与其他。包括福香、寿酒、寿烛、燔殽五鼎、岩茶等 5 种。

4.日常用品。祭品中还有纱帽、衣服、鞋子等日常用品。神诞庆典中有一个"换新装"的仪式，为三王尊神换纱帽与龙袍。三王的纱帽上饰满人造珍珠，类似凤冠。龙袍则福善王红袍、民主王黑袍、五通王绿袍，胸前皆绣龙纹。据了解，纱帽和龙袍并非年年要换，若有人还愿，买来新的，便替换。若没有的话，只要给三王"点光"，掸去身上灰尘即可。2013 年，有人还愿，从福州买来三顶饰满珍珠的纱帽。至于龙袍，则没有替换。

还要"烧衣裳"。早在数日前，弥陀会的老姬们，便"缝"好衣裳，"纳"

图 5-1　邵武坎头惠安祠"摆果台"①

好鞋。衣裳和鞋都是用纸张制作的，包括三王在内，庙中每位神明都有一件上衣和一双鞋。这些衣裳事先用竹竿穿好，晾在大殿两旁。每件衣服的左胸前都贴着一张红纸条，上面写着神祇的名字，如"福善王纳"。除了民主王的衣裳是黑色，其他神祇的都是粉红色，无太大区别，看上去颇为喜庆。据笔者统计，2013 年 8 月祭典中拥有衣裳的神明共有 18 位，分别是：福善王、民主王、五通王三位尊神；灶君祖师、社公社母、五谷大神、土地大神；天官、地官、水官三官大神；郭仙大圣、邱仙大圣、王仙大圣三仙菩萨；灵官祖师、财神大圣、地藏王、观世音。

值得注意的是，三王衣裳的型号至少比其他神明的大一倍，而其他神明衣裳的大小与真人相近。三王鞋子的型号也比众神大一号。当地老人说，三王神威广大，所以需如此。而实质上这种差别反映出作为社区主神，三王在九乡民众心目中拥有超越众神的独尊地位。

---

①　2013 年 9 月 9 日笔者摄于邵武市和平镇坎头村惠安祠。

(二)祭品的文化意涵

1. 祈福消灾的寓意。既有研究表明,中国的节庆饮食往往带有祈求平安幸福,迎接光明的色彩。在人们的观念中,逐渐形成一些具有祈福纳吉性质的象征食物——吉祥食物①。惠安祠摆果台祭品也同样具有吉祥寓意。如米糕代表高升,桃子象征吉祥、长寿,金桔寓意甘甜、幸福,因为在和平方言中,桔子读作"柑俚","柑"与"甘"同音,金桔也就有了幸福甘甜的含意。此外,花生、葵花籽、李子、桂圆、栗子、糖果等都属于吉祥食物。

还有一味祭品名为"糖豆子",这是邵武南部地区一种蕴含喜庆色彩的甜点心,做法较简单,将麦芽糖、白砂糖熬成胶状,再与炒熟的黄豆相拌即可。"豆子"与"多子"谐音,甜蜜的味道则象征主人家添丁进口的喜悦。一般是小孩出生时,主人家大量制作,分发给邻里、亲朋,既是分享喜庆,也是一种传达喜讯的方式。

与祈福相对立的祭祀目的便是消弭灾祸。在传统时期,百姓最恐惧的灾祸莫过于爆发时疫与疾病缠身。人们面对它们的威胁而感到无能为力,往往向神明献祭来祈求福佑。这也就不难理解,在摆果台祭品中有门冬、使君子、五味子等 10 味中草药了。

2. 将神与人类比的信仰观念。"敬神如神在"是传统社会民众重要的信仰观念。象征主义研究者瞿明安指出,"食物之所以被当作祭品献神,其根源在于人们把神与人自身进行类比,即认为神跟人一样有相似的食欲,对各种美味佳肴有着浓厚的兴趣,只有让神的各种食欲都得到充分的满足,它才可能对人有所回报"②。惠安祠神诞祭典很好地体现了这种思维。首先,神诞活动本身便是源于民众认为神明同人一样也有生日寿辰,也需为之祝寿的观念。其次,神诞贺寿仪式、神馔中的吉祥食物、送新的纱帽、衣服、鞋等礼物,这些都比照凡人的庆寿流程进行。再次,由于受到当地奢靡风俗的影响,神诞祭典的排场与开销与民众的庆典活动一样,充满了攀比与铺张。

明末以降,邵武的风俗趋于奢靡。正如康熙年间邑人黄衍所言:"邵邑

---

① 瞿明安:《中国饮食文化的象征符号——饮食象征文化的表层结构研究》,《史学理论研究》1995 年第 4 期。

② 瞿明安:《中国古代宗教祭祀饮食文化略论》,《中国史研究》1998 年第 3 期。

处万山中，素号贫瘠，乃风俗奢侈。每一婚嫁，动费金数百，一宴会费钱数缗。筐筐累累，炫耀耳目，山珍海错，罗列几筵。富家仅足自完，中产一挥已罄。"①黄衍指出，邵武虽属贫困山区，但风俗奢靡，婚嫁花费甚巨。而能在筵席中将山珍海味罗列于桌的，恐怕至少是中产之家。即使如此，这些富裕的人家也还是难以招架，更遑论普通百姓家。这种奢侈景象同样出现在惠安祠的神诞筵席中，如海参、鲍鱼、沙翅、墨鱼等海味类祭品皆属高档佳肴。在考察中，有老人告诉我们，旧时农民收入微薄，食物匮乏，普通人家办宴席能用上鸡鸭就不错了，邵武地处闽北内陆山区，平日难得见到海鲜，因此这些祭品绝对称得上是奢侈品了。但同时，他解释说之所以要准备如此丰盛和高档的祭品，一方面是体现对三王尊神的虔诚和崇敬；另一方面是因为，坎下中乾庙的附近的庙宇祭典都很隆重，若我们不跟上的话，容易让外乡人觉得寒酸、小气。

3."与时俱进"的祭祀思维。2014 年我们在对摆果台的考察时，看到神案上有许多现代的物品，如果冻、面包、夹心饼干、塑料假花等。这些现代的食品和装饰物既便宜又方便，随处可买，易于保存，已经成为人们日常祭祀神明最普遍的祭品了。诚如王连茂在考察泉州传统祭品及其现代变迁时，感叹的那样："人们的（祭祀观念）已经改变，而且得到了重新的解释。这种祭祀方式甚至在不断地被仿效，现代化就是如此地改变着旧的传统，而新的传统也许就这样被创造出来了。"②

4.其他文化意涵。在众多祭品中有一种比较特殊，即"佛手"。《惠安祠簿》规定摆果台时要准备佛手三支。我们在考察神诞祭典时，见到三王神像的面前放了三支大佛手。每一支都是用发面蒸成手的形状，层层叠叠地放在一起。笔者访问了许多村民，但没人能说出佛手的象征涵义，也没人知道为何要在神案的显著位置上摆放它，笔者推测这可能是一种具有宗教意涵的糕点类祭品。

此外，还有关于祭品的禁忌问题。有老年乡民介绍，他们祭品不用牛，因

---

① （清）黄衍：《上郡守魏苍石先生请正风俗书》，载咸丰《邵武县志》卷 17《风俗》，第 533 页。

② 王连茂：《泉州的传统祭品与象征及其现代变迁》，载《第十届中华饮食文化学术研讨会论文集》，中国饮食文化基金会 2008 年版。

为牛辛苦耕田，有功于人类，不忍宰杀作祭品。也不用猪的肠类，因为认为不洁净和不雅，上不了大雅之堂。

人类学家李亦园在讨论祭品的逻辑时指出："民间举行祭典时所用的牺牲祭品有时看来极为琐碎，但若仔细分析却可以看出有一定的原则存在，那就是用不同的祭品来表达对不同神灵的尊敬和亲疏态度。"[1]从惠安祠神诞祭典的个案可见，信仰仪式是一种含有一定原则的象征行为，乡民通过在祭典活动中贡献食物等祭品来表达自身的信仰观念，以饮食活动来作为媒介沟通人与神明的信息传递，达成与神之间的互惠关系。同时，借此表达现实的村际与族际，以及不同阶层群体的权力格局。就此而言，研究祭典中的饮食活动对于理解传统时期民众的日常生活与信仰心态具有重要意义。

二、赌博：财富迷梦

清代赌博之风盛行，自乾嘉以降愈演愈烈，性别、职业、文化和地位不同的各类人皆有嗜赌者。[2]赌博的方式有很多种类，其中，"花会"影响颇大，且与信仰活动密切相关。前人研究表明，花会赌博流行于浙江、江西、安徽、广东、福建、上海、天津等地，以闽粤为重，清中叶以后兴盛。[3]乾隆四十四年（1779）原任福建巡抚黄检疏称："闽省民俗刁顽，无赖棍徒，诡立花会名色以赌输赢，多者至一二百人。"[4]嘉庆间福建巡抚姚棻奏称："〔福建〕向来聚赌恶习，惟花会为甚。率皆无赖棍徒，于深山旷野之中，伙同开设，捏造字号，密藏布袋，诱人猜压，压著者，每钱一文赔钱三十文。愚民贪图多赢，男妇老幼堕其术中，多者聚集至数百人，少亦不下数十人，大为风俗人心之害。"[5]可见，花会因获利高，迷惑性大，诱惑性强，闽地男女老幼多受

① 李亦园：《祭品的逻辑》，载李亦园：《人类的视野》，上海文艺出版社1996年版，第290页。
② 参见冯尔康、常建华：《清人社会生活史》，天津人民出版社1990年版，第283—290、312—313页。
③ 冯尔康、常建华：《清人社会生活史》，第287页。
④ 《清高宗实录》卷1080，乾隆四十四年四月丙辰条，中华书局1986年版，第507页。
⑤ 《宫中档嘉庆朝奏折》第2辑《护福建巡抚姚棻奏为拿获开设花会棍徒并打夺伤差各犯审明分别定拟折》，台北故宫博物院1993—1995年版，第683页。

其害。

道光年间曾在邵武、建阳等地任官的陈盛韶，对花会之害深有体会：

> 漳、泉流害上四府，花会其尤也。赌博人尚少，花会合富贵贫贱，内外老少，一网打尽。邑令会营严拿，动费多金。且垤皇屡动，密响潜通，兵差迫近，彼火其茅厂而去。兵差甫退，彼率其伴侣而来。①

陈盛韶认为邵武、建宁、延平、汀州等福建上四府的花会是从闽南漳州、泉州传入的。花会吸引了各个阶层的人参与，"富贵贫贱，内外老少，一网打尽"。官府虽屡行禁令，派兵捉拿，然收效甚微。

咸丰年间曾任邵武县教谕的林昌彝也指出，"人心风俗之坏，由于赌博，赌博之害莫甚于花会"。民众一旦沾染，极易深陷其中，难以自拔，"士农工商，悉弃其业，而甘受其愚。迨至亏输累次，往往轻生自尽。或有为势所迫，男则为盗，女则为娼，深可浩叹"。②

据老人回忆，民国时期邵武和平等地也盛行花会。"参赌人数之众，胜于任何一种赌博，当时群众中流传着：'为了三十二，不惜卖儿典妻室'。故一处开庄，四邻八保，男妇老少，几乎人人参赌"③。这种赌博方法，与"铜宝""麻将""牌九"等不同，是利用民间流传的神话，共编四门，设37庄名，各门庄名都代表一个神话人物或佛像。花会的赌法各地大同小异，以邵武为例，用37庄名中的32名作为赌博目标（另外5个为"空门"），由博者任择一名（票数不限，名数不限），随意下注，各注钱数，用一张纸书写清楚，自行密封交"跑风者"（即中间人）带去赌场，如押中赌场当日所开之人名，则获利注钱之32倍。"跑风者"收2成，博者得30成。④

解放前夕，邵武的花会赌博依然盛炽，当地报纸曾以《县境赌风堪虞，南区有花会厂》进行披露，其言：

> 近来本县赌风甚炽，尤其乡区各墟口之集市，赌博占为最重要之任

---

① （清）陈盛韶：《问俗录》卷1《建阳县·花会》，《四库未收书辑刊》第10辑第3册，第232页。

② （清）林昌彝：《射鹰楼诗话》卷4，《续修四库全书》第1706册，第329页。

③ 李垂隆：《南区"花会"》，《邵武文史资料选辑》第10辑，1989年内部资料，第113—116页。

④ 李垂隆：《南区"花会"》，《邵武文史资料选辑》第10辑，1989年内部资料，第113—116页。

务，而南区县境边区之花会厂，闻设有数处，聚赌范围数县。此次愁岭匪案被破，救出赌花会之求梦之赌徒肉票一人，可见赌风之盛。深盼当局注意及之，免将来治安堪虞云。①

邵南地区的花会聚赌者涉及周边数县，由此可见花会影响之广，危害之大。材料中还提及"赌花会之求梦之赌徒肉票一人"，即言有花会赌徒到僻处愁思岭的庵庙求梦，而遭土匪绑架。赌徒一般认为输赢不仅在技术，更是命运、运气所致。因而他们特别着迷于神秘力量，希望得到神灵的启示。②"花会迷信色彩非常浓厚，参赌人到处求神拜佛，以求侥幸得中。有个别人碰巧得中的庄名，与自己所梦有点关联，便认为是求神有灵，是鬼神点化或命当发财……花会不仅使人输尽家财，造成家破人亡，而且众人求神拜佛，白天奔神庙、降童身、问仙姑，夜间宿荒冢鬼窟，求鬼神托梦点化，造成人心惶惶，无心耕耘，田地荒芜，不少人输尽家产，妻离子散"③。

从时间和地点看，迎神赛会期间是赌博活动的高发期，偏僻的庙宇庵堂则是聚赌的理想场所。陈盛韶即言："六月早稻初熟，四乡渐次演戏敬神。有盈月者，有盈旬者，藉报赛之名，为窝赌之实。东席西席，比栉而列。从者如归市，观者如堵墙"④。花会庄坛，有固定场所，多在偏僻的寺庙设坛，以逃避当局抓捕。民国时期邵武报纸曾报道警察在禾凤乡（今和平镇）官济庵破获花会厂一处。⑤闽西、粤东等地的花会也是"由主方在乡镇里选择一个地点比较适

---

① 邵武《铁城报》，1948年3月21日第1版。

② 吴祖德详细讲述了旧上海赌徒之种种祈梦方式。他提到甚至有妇女为求梦示，赴荒郊野岭、荒庙乱冢露宿，有的不幸被奸污，但祈梦之风不减。参见吴祖德：《旧上海的打花会》，载《中华文史文库》第20卷《社会民情编》，中国文史出版社1996年版，第705页。

③ 李垂隆：《南区"花会"》，《邵武文史资料选辑》第10辑，1989年内部资料，第113—116页。

④ （清）陈盛韶：《问俗录》卷1《建阳县·暨公佛》，《四库未收书辑刊》第10辑第3册，第234页。

⑤ 邵武《铁城报》，1948年5月1日第1版《南区花会厂破案，廖发贵逃而复获》报道："本县警察局于四月八日奉县政府密令，处理金石、禾凤等乡开设花会厂一案。该局当即派出刑事员警多人，前往各该乡查缉。乃于十三日会同禾凤乡公所人员，在该乡龙源保官济庵地方，破获花会厂一处。当场拿获花会犯廖发贵、钟细祥根等二名，及花会名牌一幅，号码签一把，花会印子三个，算盘二架，花会登记簿一本，国币四十万元。随即解城法办。途经芜窟，在该村中饭，廖犯乘机逃逸，追踪无着。"

中的祠堂或庙宇等为聚赌场所，曰'花会厂'"①。

赌博危害甚剧，不少官员和地方士绅对此也有深刻认识，纷纷提出处治主张。前引乾隆四十四年（1779）原任福建巡抚黄检奏疏即指出，以往对花会案犯之惩处太轻，建议加大惩处力度："为首之犯，照造买赌具例，发边远充军。同伙开设、辗转纠人之犯，照贩卖为首例，杖一百，流三千里②。在场帮收钱文等犯，均照为从例，杖一百，徒三年，仍依赌博本法，先于该处枷号两个月。被诱入会之人，枷号三个月，满日，杖一百。如匪徒另立名色诱赌，聚众至三十人以上者，均照此例办理。"③对于受贿包庇的地保、汛兵、保甲等基层治安人员，以及失察、匿报之州县文武官员也严加治罪。乾隆帝采纳了黄检的建议，然而，赌博之风仍屡禁不止。

清中后期，邵武地方官员三令五申禁赌，但赌博已侵入乡民日常生活，禁令多是形同具文。嘉庆年间邵武知县房永清颁布《正俗条约》即有一款："禁纵妇，以肃家法也。赌博有干例禁。男子溺赌，荡产无疑；女子斗牌，诱淫有渐。近有饱暖之家，纵妻女聚赌取乐，不思赌博乃奸淫之媒，人言可畏，谤毁从生，其何以堪?"④可见，当时不仅有男子聚赌，一些妇女也深陷其中。

道光二十一年（1841），邵武县三十四都（今肖家坊镇一带）绅耆向官府报告，因地僻民稀，山高岭峻，"间有外来积匪及本境土窍，于深山古庙之中，日则聚赌，夜则行窃，攫取民间鸡犬，残害栽种芸生，砍伐山中竹木，恣意横行，或加稽察，及肆咆哮，藉端图赖"。⑤地痞无赖还开设花会，为害地方。因此，当地绅耆主动请求推行联甲，得到邵武知府中祐的支持。清人认为保甲

---

① 李汉冲：《花会赌博种种》，载《中华文史文库》第20卷《社会民情编》，中国文史出版社1996年版，第707页。

② 按，此处《实录》记载"流三千里"有误，当作"流二千里"。参见（清）清高宗敕撰：《钦定皇朝文献通考》卷205《刑考十一》，《景印文渊阁四库全书》第636册，第719页。

③ 《清高宗实录》卷1080，乾隆四十四年四月丙辰条，第507页。

④ 咸丰《邵武县志》卷17《风俗》，第533—536页。按，房永清，直隶栾城举人，嘉庆五年至十一年间任邵武知县。光绪《重纂邵武府志·名宦志》认为其精干有略、善治盗、善安抚民众。（参见光绪《重纂邵武府志》卷15《名宦·邵武县·知县》，第294页）

⑤ 《邵武县三十四都奉宪联甲碑》（道光二十一年），载李军、蔡忠明、傅再纯：《邵武历代碑铭集录》，第12页。

制是弭盗安民，维护乡村治安之良法，得到朝野上下的拥护。联甲法的特点在于以小村联大村，以远村附近村，同心缉捕关防，从而达到保固乡邻、树立村庄正气的目的。① 光绪三十年（1904）邵武知府立碑示禁六事，其一便是"纠演赌戏"，仍是希望通过"清查户口，整顿联甲"的方式推行。②5 年后的宣统元年（1909）邵武知县再次例行公事，总结了"病民事者十事"，包括图赖、窝娼、赌博等，宣称要严办，并饬令各村勒石公禁。③

邵武的乡规民约中也多有禁赌条规。同治四年（1865），沿山危家窠"阖乡通众"公议立碑，禁革争箱演戏、溺女、聚赌等"积弊"。其禁赌条曰："一禁开场聚赌。引类呼朋，贤否不一。诱良家之子弟，丧行倾家；招无赖之匪徒，为非致盗。例禁綦严，凛当遵奉。违者分列轻重议罚。"④ 光绪二十六年（1900），沿山镇百樵等地"六乡公立"《奉宪严禁烟馆赌博》碑，规定："惟赌博一项，年例正月无事，亲朋往来，准以纸牌、骨牌两宗消遣。若开庄赌宝及花会诸博，亦不准赌。至二月初一，各安事业，仍照烟馆执行永禁。"⑤碑文允许乡民正月期间以纸牌、骨牌进行娱乐消遣，但严禁"开庄赌宝及花会诸博"，二月初一之后纸牌、骨牌也被禁止。

宗族组织也多在族规家训中的设立禁赌约定。此类例子比比皆是，试以金坑下坊《琴山李氏宗谱》收录乾隆十六年合族所立《戒赌条规》为例：

> 败坏风俗，倾荡资财，莫甚于赌博，试以其害言之。盖开场设赌，破己之家，既自贻伊戚，而引诱少年子弟，游手荒嬉，入其牢笼，不数年间，鱼肉殆尽，致使食不能以举火，衣不能以蔽身，尤堪切齿。甚且比匪匪人，莫可究诘，最伤风化，不特此也！当其撒手下注，虽多不惜，

① 雷家宏：《中国古代的乡里生活》，商务印书馆 2017 年版，第 29 页。

② 《邵武府正堂正俗碑》（光绪三十年），载李军、蔡忠明、傅再纯：《邵武历代碑铭集录》，第 25 页。

③ 《邵武府县正堂正俗碑》（宣统元年），载李军、蔡忠明、傅再纯：《邵武历代碑铭集录》，第 26 页。

④ 《公议革除积弊以挽淳风碑记》（同治四年），载李军、蔡忠明、傅再纯：《邵武历代碑铭集录》，第 20 页。

⑤ 《奉宪严禁烟馆赌博》（光绪二十六年），载李军、蔡忠明、傅再纯：《邵武历代碑铭集录》，第 24 页。

及釁起一时，虽少必争，凶殴打架，辱身及亲，祸且不测。此皆有违功令，不可不思患预防者也……今与族人谆切申诫，嗣有犯者，照依规条公议责罚。有顽梗不率者，立刻送官，决不徇情。凡我族人共遵守不可违也！①

以上《戒赌条规》先是说明赌博之害，不仅"败坏风俗，倾荡资财"，而且容易引起冲突械斗，连累家人族众。接着，以严厉的口吻声明禁赌立场，并提出了具体的惩罚措施，可谓苦口婆心、用心良苦。后来李氏历次重修族谱，都不断重申《戒赌条规》，1944 年，合族制定了更具体的惩罚规定："一开场窝赌者责打三十板，罚银二两；同居隐讳不报，罚银一两。一借陪奉宾客游戏纸牌者，将东人罚银五钱。一窝赌赌博，责成各房房长及各家父兄，查获登祠，报名责罚。"②

综上所述，纸牌、骨牌等博戏在民间智力、机遇性竞技游艺基础上产生，具有刺激性和趣味性。它既是一种影响广泛的娱乐活动，也成为一些人追求暴富迷梦的"捷径"。赌局的输赢具有一定的不确定性，加之对金钱的狂热追求，这些都加剧了赌徒对鬼神的迷信，从而使包括花会在内的赌博活动与神灵信仰密不可分。

三、演戏：悦神娱人

传统时代，福建民间社会、庙会的赛神仪式，始终与戏剧相生相伴。早在宋代，便有此俗。南宋福建籍理学家陈淳在《上傅寺丞论淫戏札》中写道：

某窃以此邦陋俗，当秋收以后，优人互凑诸乡保作淫戏，号"乞冬"。群不逞少年遂结集浮浪无赖数十辈，共相唱率，号曰"戏头"，逐家敛钱物，豢优人作戏，或弄傀儡，筑棚于居民丛萃之地，四通八达之郊，以广会观者。至市廛近地，四门之外，亦争为之，不顾忌。③

陈淳观察到闽南漳州地区民间"俗好演剧"。尤其是每当秋收之后，艺人便互

① 金坑《琴山李氏宗谱》卷 1《戒赌条规》，民国三十三年 9 修本，第 68 页。
② 金坑《琴山李氏宗谱》卷 1《约束规条》，第 71 页。
③ （宋）陈淳：《北溪先生全集》卷 47《上傅寺丞论淫戏札》，《景印文渊阁四库全书》第 1168 册，第 875—876 页。

凑角色在各乡镇演出，俗称"乞冬"，以演戏庆祝好年景，深受民众喜爱。但在理学家陈淳看来，"乞冬"戏乐内容低俗，有伤风化，便于庆元三年（1197）上书漳州知州傅伯成提出禁演。南宋莆田诗人刘克庄（1187—1269）晚年在家闲居，经常观看"优戏"演出。演出地点有时在祠庙的戏台上，"巫祝欢言岁事详，丛祠十里鼓箫忙。衣冠优孟名孙□"[①]；有时戏棚搭在广场上，"抽簪脱袴满城忙，大半人多在戏场"[②]。演出规模盛大，观众甚为踊跃，"空巷无人尽出嬉，烛光过似放灯时。山中一老眠初觉，棚上诸君闹未知"[③]。

明清以降，演戏之风更为兴盛。每当时令节日、神佛诞辰、丰收之后便是演戏最频繁的时期。如每年八月初五福善尊王圣诞，坎头惠安祠举行"摆果台"祭典，"设果陈馔、演戏建功，诸坊皆朝贺圣寿"。[④]康熙十五年（1676）耿精忠部下败逃，道经邵武南部地区，"黎舍、旧市俱受其害。惟〔坎头〕诸坊秋毫无犯"。乡民将免遭战祸之幸归功于惠安祠神明之默佑，"于是群黎感戴，演戏半月余，以报神恩"。[⑤]清人陈盛韶《问俗录》有不少闽北演戏风俗的记载，如乡民在秋天稻谷收割后，将闲田租与人放鸭，"合得租若干，演戏还愿，至有每社演戏一月者，藉此赌博，流荡忘反〔返〕"[⑥]。"六月早稻初熟，四乡渐次演戏敬神。有盈月者，有盈旬者，藉报赛之名，为窝赌之实。东席西席，比栉而列。从者如归市，观者如堵墙。娼于斯，窃于斯"[⑦]。可知，由于吸引了大量民众参与，酬神演戏也往往为赌徒、娼妓的活动提供了便利。为此，陈盛韶提出应限制演戏时间，"传谕绅士、联首、保正，使演戏有定日，不得过久。自

---

① （宋）刘克庄著，辛更儒笺校：《刘克庄集笺校》卷21《闻祥应庙优戏甚盛二首》，第4册，第1164页。

② （宋）刘克庄著，辛更儒笺校：《刘克庄集笺校》卷21《即事三首》，第4册，第1199页。

③ （宋）刘克庄著，辛更儒笺校：《刘克庄集笺校》卷21《闻祥应庙优戏甚盛二首》，第4册，第1163页。

④ （清）黄家椿：《重建惠安祠志》（康熙五十年），载《惠安祠簿》卷首，第12页。

⑤ （清）黄家椿：《重建惠安祠志》（康熙五十年），载《惠安祠簿》卷首，第12页。

⑥ （清）陈盛韶：《问俗录》卷1《建阳县·鸭愿》，《四库未收书辑刊》第10辑第3册，第233页。

⑦ （清）陈盛韶：《问俗录》卷1《建阳县·暨公佛》，《四库未收书辑刊》第10辑第3册，第234页。

相管束，禁止赌博"①。

文献中常见"演戏敬神""酬神演戏"的记载，笔者在田野调查时也听到有"菩萨喜欢看戏，所以我们为他们准备戏剧"的说法。看来演戏的初衷是为取悦神灵，感谢其庇佑。不过，民众在一年的辛劳之后，庆其有成，借以娱乐、享受，恐怕也是演戏的重要目的。大体而言，自宋代以来，戏曲演出经历了由娱神为主向娱人为主的转变。这在戏台建筑的发展上有明显的体现。研究表明，宋代以后兴建的民间信仰建筑中，戏台成为一个重要的组成部分。宋金元时期的戏台主要是祭神演出，一般都孤立地位于神庙的庭院中间，面向神殿，不和其他建筑连属。形制也较小、较高，没有考虑到观众的视线要求。明清时期，演戏逐渐转向娱人，神庙的空间格局也相应有所改变。在最初设计时就把戏台纳入了建筑的整体组成，使之成为神庙不可分割的部分。许多神庙都直接利用戏台和厢楼、院墙的连接来分隔庙中空间，戏台已经不再是庙院中间孤零零的存在，而和其他部件连在一起。最常见的一种形式就是把戏台和山门结合为一体而形成山门式戏台。这种戏台下开巷道，戏台骑跨在山门入口通道上，形成过街楼式，人们进入山门时要从戏台下穿过，然后到达庙院。②戏台面向大殿，两翼为看楼。邵武的戏台多采用山门式，而且可以灵活拆合，演时搭台，平时收起以便通行。

民国时期，邵武各地不少庙宇和祠堂仍留存有古戏台。如东岳泰山庙戏台，始建于明嘉靖间，约100平方米，台下系露天场地，可容观众千余人。每年农历正月和七月祭神普渡期间必请戏班演出。城区江西会馆（万寿宫），祀许真君，内设戏台，四周环立看台、酒楼，可容观众数百人。每年农历七月三十日始，连演半个月，免费。和平的江西会馆、天后宫也如此，只是规模略小于城区的。大乾福善王祠，总面积达3000多平方米，戏台规模不小，台下可容纳几百人。此外，和平惠安祠、中乾庙等戏台也颇有名。可以说，除了少数佛寺、道观，邵武几乎所有的神庙和祠堂都有戏台，赛会时都有戏曲

---

① （清）陈盛韶：《问俗录》卷1《建阳县·暨公佛》，《四库未收书辑刊》第10辑第3册，第234页。

② 参见林然：《福建民间信仰建筑及其古戏台研究》，华侨大学2007年硕士学位论文。

图 5-2 坎头惠安祠"摆果台"演戏 [1]

演出。[2]

　　从形式上看，这些演出可以分为两种：一种由专业的戏子扮演，需要时请戏班；另一种是迎神赛会时扮演故事杂剧，百姓自己饰演，悦神娱人。[3]

　　前者一般请专业戏子演出三角戏。三角戏是一种流行于闽北邵武、光泽、泰宁一带的地方戏剧。它起源于明代江西的"采茶灯"（又称采茶戏），形成于清乾隆以后。起初，剧中只有二旦一丑 3 个角色，故名。后来演变为二旦一丑一生 4 人，外加乐队 3 人组成，人称"七子班"。[4]

　　三角戏的内容多为家庭纠葛、男女情爱、悲欢离合之类的故事。剧中人物

---

　　① 2013 年 9 月 9 日笔者摄于邵武市和平镇坎头村惠安祠。

　　② 黄启明：《邵武的民间戏班与古戏台》，《邵武文史资料选辑》第 8 辑，1987 年内部资料，第 106—110 页。

　　③ 关于明清民间的社戏演出，可参见陈宝良：《中国的社与会》（修订本），第 480—484 页。

　　④ 张四维：《三角戏拾遗》，《邵武文史资料选辑》第 7 辑，1986 年内部资料，第 114—120 页。

无非是员外、小姐、农民、商贩、市民及市井无赖等。既没有波澜壮阔的战争
题材，也没有错综复杂的政治斗争。剧本都是取材于普通民众的日常生活，故
别称"家庭戏"。三角戏的表演形式载歌载舞，活泼自由，没有严格的科步。
演员的台位始终以三角形不断交换，看似单调，却保留着农村原始艺术的特
色。它的唱词通俗易懂，每段唱词最后一句常重复一遍。形式活泼，短小精
悍，诙谐有趣，有时还特意插些邵武方言，而且大多数是喜剧，有的是闹剧。
传统剧目有《界牌岭》《李仕休妻》(《凤凰山》)《割麦草》《磨豆腐》《金莲送茶》
《白扇记》《山伯访友》《采桑》《雇长工》《菜刀记》等。民间流传三角戏是"没
有皇帝没有官，农民越看心越宽"①。

　　道光年间萍乡人黄启衔在其《近事录真》书中写道："采茶戏，亦名三
脚班……二旦一小花脸。所唱皆俚语淫词。乡村彻夜搬演，浅识者多为所迷
惑。"② 这则记载透露出两点信息：一是三角戏深受乡民喜爱，二是其内容多涉
及男女情爱，为正统士人所鄙夷。因此，传统时代三角戏屡遭当局禁演，只是
由于观众热情高涨，禁令多成具文。民国时期，邵武著名的戏班有城关林朴臣
家庭戏班、龙斗保保仔戏班、故县丁德山戏班、拿口关某戏班、廖家排廖某
戏班、洪墩戏班、南关戏班等。和平坎头也有戏班，组建于清后期，演员达
四五十人，多系本地农家子弟。每年农闲之际，除在邵南地区参演外，还往返
于邵武、泰宁一带乡村巡演。③

　　关于"装故事"（或"古事"），前文已有述及，指的是在迎神赛会时扮演
故事杂剧的活动。与专业戏曲不同，这是纯粹的民间社戏，没有固定的戏台和
专门演员，多以儿童饰演。旧时邵南地区凡举办跨村落的游神活动必有"装故
事"。如清代《中乾庙游神规约》记载：旋宫之日"诸坊供首亦各扮古今故事

　　①　张四维：《邵武的三角戏和三角戏剧团》，《邵武文史资料选辑》第 2 辑，1983 年内部资料，
第 99—106 页。

　　②　（清）黄启衔：《近事录真》，转引自张四维：《三角戏拾遗》，《邵武文史资料选辑》第 7 辑，
1986 年内部资料，第 117 页。

　　③　黄启明：《邵武的民间戏班与古戏台》，《邵武文史资料选辑》第 8 辑，1987 年内部资料，
第 106—110 页；杨慕震：《闽北三角戏调查》，载杨慕震：《绚丽多彩的武夷风情：锁歌·傩舞·茶
灯戏》，第 44—61 页。

一架，旗锣鼓乐，三品响炮"①。笔者在当地考察时，多次听到老人讲述他们孩童时装扮故事的情形。从文献记载可知，不仅是邵武，在整个闽北、闽西和邻近的江西都很盛行装故事。② 其中，民国《吉安县志》的记载尤为详尽，兹引如下：

〔元宵节〕更择童男女之美者，扮"凤仪亭""雷峰塔""弄玉跨凤""麻姑晋爵""天女散花"诸故事。美童多，则故事之扮以十数计，或数十计，弗自行，舁以人，惟扮渔翁、蚌精者自行。别有武士数十，踏六七尺木脚随于后。依仗之盛，绵亘里余。所过商户，燃爆竹迎之，隆隆之声不绝于耳。观者填街塞巷，遗舄堕钗不知数。嘻，壮哉！然糜金过巨，惟城市能任之。③

邵武扮故事的情形与吉安县大体一致。只是吉安县的扮故事在城市举行，而邵武的农村也盛行，这应该是两地经济水平不同所致。

戏曲表演深受乡民喜爱，然而，因争抢戏班，造成的冲突斗殴也屡见不鲜。为此，一些乡村在村规中予以约束。如同治四年（1865）沿山危家窠《公议革除积弊以挽淳风碑记》载："一禁出乡演戏。本乡春祈秋报，演戏奉神，自应不议。出乡演戏穿灯，搅扰亲友，永禁不宜。违者罚钱陆仟文。一禁接箱演戏。亲戚朋友喜相庆，忧相吊，礼尚往来。接箱演戏，启争端，萌祸害，弊

---

① 《中乾庙游神规约》(道光十五年)，载李军、蔡忠明、傅再纯编著：《邵武历代碑铭集录》，第 160 页。

② 按，闽北的例子，如建阳县"〔正月〕十四夜，城东居民扮古事迎神，钲鼓笙箫，喧阗数里，其饰卤簿者竞为华采，不少吝"（赵模等主修：民国《建阳县志》卷 8《礼俗·岁时习俗》，载《中国地方志集成·福建府县志辑》第 6 辑，上海书店出版社 2000 年版，第 229 页）。崇安县农历二月间各村办蜡烛会，迎辟支古佛。是日，或迎仙以助兴，"以童男女扮演古事，抬之以游行，谓之'迎仙'。或演剧以侑神，爆竹震耳，士女如云，为一邑极热闹繁华之一日。"[民国《崇安县新志》，转引自丁世良、赵放主编：《中国地方志民俗资料汇编》（华东卷），书目文献出版社1995 年版，第 1255 页] 闽西的情形，参见钟德盛：《武平县城关的庙会与醮会》，载［法］劳格文主编：《客家传统社会》，中华书局 2005 年版，第 210—235 页。江西金溪县新年时"好事者或扮人物故事，杂以纸灯，遍行近村，正月尽方罢"。(道光《金溪县志》，转引自丁世良、赵放主编：《中国地方志民俗资料汇编》（华东卷），第 1126 页)

③ 民国《吉安县志》，转引自丁世良、赵放主编：《中国地方志民俗资料汇编》（华东卷），第 1145 页。

宜永革。违者罚钱陆仟文。"① 危家寞父老绅耆认为"春祈秋报，演戏奉神"理应支持，而村民外出演戏，或争抢戏班，则危害不浅，是伤风败俗之举，应当禁革。

传统时代的迎神赛会活动，具有文化娱乐功能。② 平民百姓劳作之余需要有神灵的寄托，更需要找到逗闷的乐子。演戏极大地丰富了民众的文化生活，成为他们闲暇时重要的娱乐内容。戏曲亦是一种雅俗共赏、十分有效的宣传手段，广大民众在参与敬神活动的同时，享受戏曲文化传播的文化信息，在不知不觉中获取了一定的文化和历史知识，接受了传统价值导向的教化。同时，演戏活动也为神庙招揽香火，为百姓提供很好的交往机会。因此，酬神演戏实际上是通过悦神以达到娱人的目的。

小　结

明清以来，随着商品经济与市场的发展，闽西北的一些农业聚落转变为商业市镇，邵武和平镇旧市街即是一个很好的个案。宋元之际，旧市街经历了被重新发现和开辟的过程，居民日渐稠密。至明中后期，旧市街已成为邵武南部地区的一个重要农业聚落，几个入居较早的家族相继完成了编族谱、造祠堂的收族工作。与此同时，乡绅群体逐渐形成，在他们的主导下，旧市街乡民修造了土堡、聚奎塔，组建了祝筵圣寿会、文社会。清中期，和平作为邵南重镇的政治地位日益凸显。乾隆三十三年（1768）置禾坪分县，先后创修县丞署、把总署、城隍庙、和平书院、旧市义仓等。这些大型公共建筑的修筑，基本都是在乡绅及其宗族的支持下完成的。

清中叶以降，随着山林经济的发展、墟市贸易兴盛，邵武山乡的纸张、稻米、竹木等山货土产被源源不断地贩运至省会福州，甚至远销南昌、武汉、苏

---

① 《公议革除积弊以挽淳风碑记》（同治四年），载李军、蔡忠明、傅再纯编著：《邵武历代碑铭集录》，第20页。

② 赵世瑜：《狂欢与日常：明清以来的庙会与民间社会》，生活·读书·新知三联书店2002年版，第192—197页。

州、上海、北京、天津等各大城市。在此过程中，一批本地商业家族陆续崛起，例如和平大东家黄氏、惇叙廖氏、恒盛李氏、庆亲里李氏，大埠岗傅氏、江氏与宝积黄氏等。当中不乏商业巨子，他们父子相继、兄弟携手，走南闯北、出入江海，将闽西北的商品经济拓展到了全国性的市场体系之中。市镇经济与商品贸易的发展为大众信仰提供了强劲的动力，商人群体的社区参与也显著增强，尤以妈祖信仰较为典型。

妈祖原是流行于福建沿海的海神，大致在明初由卫所官军从外地带入邵武。雍正、乾隆年间，在清廷的推动下，闽西北各县陆续建造了天后宫，并由地方官春秋致祭。不过，妈祖信仰能在闽西北山区广泛传播，主要动力还是来自商人群体。旧市街天后宫的兴建和维持，即与惇叙廖氏及恒盛李氏两大纸商家族密切相关。邵武城内的兴安会馆、福州会馆更是各由兴化客商与福州客商修筑。邵武商人还在北京、苏州、福州等地修造了奉祀妈祖的天后宫，作为同乡会馆，推动着妈祖信仰的传播。

伴随着商品经济的繁荣，大量财富流入到信仰活动中，助长了各种迎神赛会的兴起。由族谱资料可见，晚清民国时期旧市街社区一年中多个月份都有游神与祭典仪式。这些活动既是乡民的狂欢，也是地域关系的展演。迎神赛会又多与傩事活动相伴，营造出欢乐喜庆的氛围。作为一种娱神娱人、自娱自乐的民俗活动，傩舞寄托了乡民祈福消灾的愿望，在一定程度上满足了他们娱乐休闲的精神需要。游神赛会期间的赌博、演戏等活动则让信仰活动充满了浓厚的商业意味。与各类信仰祭典相伴的还有奢靡的饮食活动，这些都使得信仰活动呈现出更加世俗化、娱乐化的面向。

总之，大众信仰从不同角度和层面满足了民众的生活需求，为他们提供着解释生活意义的精神空间，而借助于信仰和仪式，地方民众也营造了其独特的生活世界，展示着丰富多彩的日常生活图景。

结　语

　　由前文的论述可见，宋明以来闽西北地区宗教氛围浓郁，信仰活动复杂多样，与民众生活之间形成极为密切的关系。地方信仰具有悠久的传统，并随着社会的变迁而不断发展变化。因此，若欲明了一种神明崇拜是如何在地域社会诞生、延续与演变及其对民众生活的影响，则必须将其置于具体的地方史发展脉络下考察。历史总是发生在一定的地域内，地域具有层级性，神明信仰的分布同样如此，两者具有一定的相关性，并相互影响。此外，信仰者在身份、文化、经济等方面的差异也是研究信仰生活时应当考量的要素。

一、地方史脉络下的信仰变迁

　　地方信仰的形态、内涵和特点随着时代的变迁而发生变化。这种变化主要受到不同时代的宗教信仰、王朝的制度设计、经济和文化的转型等因素的影响，同时也与地方的传统和情境有关。

　　闽西北地区的早期文明是由闽越土著创造的。从汉初闽越立国，到元封元年（前110）被汉武帝派兵剿灭，闽越国前后存在92年。此后，闽中正式并入汉王朝的版图，但汉武帝并未在闽地设立郡县，而是把闽越人强制迁往江淮，闽地的行政区划被完全撤销了。东汉末年，东吴孙坚、孙策父子经营东南，闽越成为其重要的后方基地。吴永安三年（260），吴主在建安县（今建瓯市）设建安郡，并析其地立昭武等县，属建安郡管辖。昭武（后更名邵武）置县自此始。

　　昭武县的置立揭开了邵武发展的新篇章。但是，这并非大规模汉人移民开发的结果。直到宋代，本地的居民仍以闽越土著为主。此后的数百年间，除了在更名和变动归属时偶尔被提及，邵武淡出了朝廷的视野，整个地区也沉寂于史家的笔端。在魏晋、隋唐时代的中原士人的认知中，福建地区无疑是远离王朝中心的"化外之地",僻处闽西北的邵武更是一个无足轻重"蛮荒"之所,那里大蛇出没,巫鬼之风盛行,"信鬼好巫"是此地信仰形态的主要特征。

唐宋以来,福建成为中央王朝经略东南的重点区域。特别是宋代,福建迎来了发展的黄金时期。太平兴国四年(979),邵武由县升格为"军"一级的建制,王朝对地方行政的控制能力明显增强。在此大背景下,邵武社会也出现了一些重要的变化。第一,地方官员强化行政和文教,移风易俗。通过设立学校,朝廷在当地建立起一套固定的机制普及儒家的伦理、道德与学说。第二,政治控制的强化和儒家文化的渗透,尤其是榷盐与税赋制度的推行,势必与原有的地方利益、文化传统之间发生冲突。矛盾的激化突出表现为"峒乱"频发,而"峒乱"的平复过程也是官府在基层社会强化管理和推行教化的过程。第三,科举与理学兴盛,一些平民通过科举跻身仕途,新的领导阶层——士大夫群体形成。同时,出现了和平上官氏、乌洲李氏等科举、理学世家。这些深受儒家文化浸染的士人对儒家礼仪有高度的认同,他们以不同的方式参与到礼仪改革和教化推广的实践中。特别在宗族的组织化过程中,往往扮演重要的角色。

与此同时,佛道势力在邵武逐渐兴起,并得到官方与地方世族的鼎力支持。这种转变不仅使邵武出现了大量的佛寺和数座道观,而且影响了地方社会的组织关系和日常生活:围绕着一些庵寺形成了诸如"弥陀会"一类的地域性的佛会组织;世家大族对佛寺的参与也很热心,包括施舍土地、营造寺宇、建立坟庵等,坟庵是佛教信仰和祖先崇拜合一的典型产物;同时,当地的上官家族作为宋代的"天下世家",也积极建构并神化祖先上官泪,以进一步提升家族的文化地位。

佛道二教在邵武社会的传布过程,也是与地方民间信仰之间相互影响、互相塑造的过程。一方面,作为正统的、"高级"的宗教形式,佛道影响和改变着民间信仰的仪式和内容;另一方面,佛道也不断吸收民间的崇拜形式,或者干脆将地方神祇纳入自身系统。这种宗教传播方式,造成了三教(或多教)合一的局面,使宗教信仰与民众社会生活产生更加密切的联系,并出现了世俗化、生活化的面向。三佛祖师信仰和欧阳祐信仰便是两个很好的例子。

宋代邵武境内流传的三佛祖师属于佛教密宗瑜伽教圣者。瑜伽教是佛教、道教与民间信仰相互融摄的产物,因而三位圣者既有道人的特征,又有僧人的形态，同时也是地方信仰的重要神祇。他们是官方和民间重要的祈雨对象，可以明确的是，其中的龚圣者在南宋前期获得两次封敕，成为朝廷正祀。欧阳祐信仰大约起源于隋唐之际的富屯溪畔邵武大乾（今水北镇大乾村、龙斗村一带），最初很可能是被当作行瘟疫的鬼神而受到崇拜的。其形态经历了由早期没有独立人格的厉鬼，转向拥有独立身份之神明的过程。宋代，欧阳祐信仰更加兴盛，在信众与官府的共同推动下，正式进入祀典，屡获封敕。经过李吕和吴澄等宋元理学家的改造，欧阳祐作为士大夫的形象得以确立，溺水而亡的厉鬼形象淡化，此后在地方历史的叙述中，"忠烈殉隋"逐渐成为其标准形象。同时，该信仰与士人举业建立了联系，成为官员和举子的保护神。

宋元鼎革与元明更迭之际，闽西北地区屡遭兵燹，世家大族纷纷凋零。明中叶以来，村社获得发展，庶民家族成为地方社会的主导力量。明清的地方信仰所呈现出更加平民化、生活化的面向。其特点有三：其一，信众结构的多元化。"男女老稚罗拜纷纷"①，尤其是妇女热衷于参与信仰活动。其二，佛道信仰进一步世俗化和生活化。明清佛道同地方信仰之结合更为紧密，成为日常祭祀活动的重要组成部分。其三，跨村落的区域性神灵祭祀模式的组织化，表现为迎神赛会活动特别繁盛，往往要持续数日，涉及同一祭祀圈中的数个村社。

明清地方信仰的发展离不开家族和村社力量的支持，同时它也深刻地影响着家族组织和村社系统的形成。根据控制权的不同归属，可以将庙宇分作家族型、村社型与独立型三类。家族型庙宇是指受到一个或数个家族供养与支配的庙宇。一些家族拥有庙宇及其庙产的所有权，而庙宇住持的主要职责是看管庙宇、管理庙产并为山主提供神祇信仰、祖先祭祀等礼仪方面的服务。为争夺庙宇的控制权，各方力量往往产生各种纠纷。家族型庙宇对家族及其具体房支的意义并不相同。若是全家族所有，或涉及其他非同姓家族而言时，庙宇可以极大地凝聚族人的向心力，有助于家族的整合。若是某些房支的庙宇，则有利于这些房支的结合，促使其向家族组织的发展。而对于全族而言，则加剧了宗支的分离倾向。

惠安祠三王尊神信仰同坎头九村诸坊的结合，为我们探究地方信仰和村社

---

① 万历《邵武府志》卷 10《舆地志十·风俗》，第 7 页。

的关系提供了很好的个案。该庙的起源与社神崇拜密切相关。宋代，则演化为供奉本地神明"黑面王"的庙宇。同时，欧阳祐与五通神信仰传入和平社区，进入惠安祠。上官氏崛起后，取得了庙宇支配权。宋元鼎革，上官家族式微。明代官方大力推行里社祭祀制，惠安祠逐渐成为坎头等九村所共同祀奉的中心庙宇。与之相应的是，明清惠安祠形成了一系列的祭典活动，这些活动已经融为社区生活的一部分，强化了九村居民的社区认同感和凝聚力。同时，亦具有较强的地方权力象征性与指向性，祭典仪式中，各村之间与村内各宗族的待遇并不相同，这种差别反映了社区内部历史发展和地域关系的不同，展现了村落关系与权力格局。

明中叶以来，伴随跨区域商业活动的兴起，闽西北的纸业、茶叶以及竹笋的山区特产远销至福州、南昌、武汉、苏州、上海、北京、天津等各大城市。旧市街市镇崛起，成为邵武南部地区的经济、政治中心。市镇街道扩展、商人群体与家族涌现，在此背景下，民间信仰亦受到商业浪潮的浸染。这体现在妈祖、许真君等外来信仰进入本地；商人积极参与包括信仰活动在内的地方公共事务。而游神赛会期间的赌博、演戏等活动则让信仰活动充满了浓厚的商业化意味。与各类信仰祭典相伴的是奢靡的饮食活动，这些都使信仰活动更加世俗化、娱乐化。

二、地方信仰的空间格局

人们常常把时间、地点、人物和事件作为构成历史的四大要素之一，此处地点主要指地理空间①。以下笔者所要讨论的是地域空间，它是一种社会和文化空间，其形成既与地理因素相关，又深受政治、市场、象征和神明崇拜等社会活动的影响。

地域空间是人类学和历史学学者共同关注的问题。人类学家施坚雅（William Skinner）把中华帝国空间结构的主要形成机制理解为市场。在他提出的模式中，地方市场体系共有三个等级：基层市场、中间市场与中心市场。基层

---

① 常建华：《重视另一种历史研究方法——历史的"土著性"：空间》，载常建华：《中国社会史研究新探》，北京师范大学出版社 2011 年版，第 191 页。

市场是施坚雅分析的关键，他认为这一区域不仅是商业交换的基本单位，也成为"小传统"的基本载体，农民的生活局限其中。[①] 虽然没有对民间宗教在区域体系中的地位进行具体分析，但是他初步提出了民间仪式受社会空间制度的制约的论题，认为民间信仰和仪式与区域形成和发展的历史息息相关：一方面，地方神的等级与区域的差序正好对称，是区域形成的结果；另一方面，它们又支撑区域体系，是区域体系的维系的要素之一。[②] 施氏的贡献在于将地理学的空间概念引入历史学的考察中，为史学研究开辟了新天地，但他把民众等同于"理性经济人"的做法，受到了诸多学者的挑战[③]。

施坚雅关于仪式和区域体系的论述得到桑格瑞（Steven Sangren）的继承。桑氏将信仰仪式研究引入地域关系问题，从而开启了地域崇拜的研究。他提出一个地方是地域崇拜建构的，地域崇拜围绕对一个神灵崇拜展开，该神灵被认为与一特定的地域有某种关系，地域崇拜通过公共仪式使社区成员建构起来。他根据在台湾的田野考察，将地域崇拜划分为邻里崇拜、村落崇拜、多村崇拜和朝圣四个逐级上推的崇拜层级。[④]

在中国东南地区的地域崇拜研究中，祭祀圈理论影响颇大。它最初由日本学者提出，得到中国学者的推崇，一度成为台湾区域社会文化史的主要理论。郑振满把祭祀圈解释为："特定地域范围内的公众祭祀组织……亦可定义为以神明崇拜为标志的地域性社会组织。这种地域组织通常以聚落或村落为基本单位，逐渐向超村落区域扩展。"[⑤] 在大陆学者的努力下，祭祀圈理论从单纯解释台湾移民社会转到了两岸社会比较研究，成为分析华南神庙祭典组织与地域社

① ［美］施坚雅：《中国农村的市场和社会结构》，史建云等译，中国社会科学出版社1998年版，第21—70页。

② 王铭铭：《中国民间宗教：国外人类学研究综述》，《世界宗教研究》1996年第2期。

③ 对施坚雅理论的批评参见［美］武雅士：《社会等级与文化多样性——对施坚雅中国农民文化观的批评》，载庄孔韶主编：《人类学经典导读》，中国人民大学出版社2008年版，第470—474页；刘永华：《墟市、宗族与地方政治——以明代至民国时期闽西四保为中心》，《中国社会科学》2004年第6期。

④ Steven Sangren, History and Magical Power in a Chinese Community, Stanford: Stanford University Press, 1987, pp.55–92.

⑤ 郑振满：《神庙祭典与社区发展模式——以莆田江口平原为例证》，《史林》1995年第1期。

会关系的有效工具。

如上所述，地域崇拜具有等级性的观点已成为学界的共识①，但是对于导致这种现象出现的原因，人类学的研究却往往忽略了王朝的存在。然而，传统中国是一个以政治为主导的社会，诚如陈春声所言："在中国的乡村社会研究中，'国家'的存在是研究者无法回避的核心问题之一。以往的研究表明，如果只是强调从乡民的感情和立场出发去体验乡村的生活，忘记了与来自大的文化传统的影响的互动，是无从洞察中国乡村社会的实质的。"②

明清朝廷的信仰政策对神明崇拜等级结构的影响是显而易见的。如洪武三年（1370）明太祖颁布《禁淫祠制》诏令按各行政区域的级别，规定其祭祀对象。各家户祭祀祖先、灶神；乡村祭祀里社坛、乡厉坛；州县层面，知州、知县各自负责祭祀山川、风雨、雷霆、城隍坛、社稷坛、城隍庙、邑厉坛及其他祀典所钦定的人格神③。特别是城隍庙，只有都城、府、州县三级才准设立。清承明制，因而邵武和平镇直到乾隆时期升格为分县后才建造了城隍庙。

又如明初推行里社乡厉制，要求每里设乡社坛一所，祀五土五谷之神；立乡厉坛一所，祀无祀鬼神。乡里只可设土坛、立石主，不得建神庙、设神像，也不准祀奉其他杂神。明中叶以后，里社的祭祀仪式和组织逐渐偏离官方规定的轨道，成为地域社会建构认同的一个重要策略。社祭仪式为迎神赛会所取代，本应为不设屋瓦、立坛祭祀的里社也演变成各里之神庙，而一些神庙则逐渐成为统辖数村的地域中心庙宇。尽管如此，并不能认为里社制度完全消失了，里社同地方家族组织和村社力量结合，转型为地域性组织和网络形成的一个基本单位。以至于今天在和平地区的不少村落仍然可以看到"社庙"的存在。

大体而言，闽西北神明崇拜的等级结构可以分为 5 个层次，以邵武和平地区为例：

1. 家户层面：参加者为家庭成员。家中供奉祖先、江十四公、灶君、观

---

① 相关研究还可参照梁永佳：《地域的等级：一个大理村镇的仪式与文化》，社会科学文献出版社 2005 年版。

② 陈春声：《乡村的故事与国家的历史——以樟林为例兼论传统乡村社会研究的方法问题》，载黄宗智主编：《中国乡村研究》第二辑，商务印书馆 2003 年版，第 1 页。

③ 《明太祖实录》卷 53，洪武三年六月甲子条，第 1037—1038 页。

音，有时也有财神、寿星等神明。有条件的弥陀老人会在家中阁楼设置佛堂，供奉小型的佛祖和观音神像。

2. 家族层面：参加者为家族成员。祠堂中供奉历代祖先、土地、三王菩萨。当神明（如和平旧市街的城隍神、元帅公、三佛祖师）出巡时，各祠将神迎至祠堂供奉数日。没有祠堂的家族则各户自行到庙中敬香。

3. 村社层面：各村有自己的社庙，村民称之为"家庙"，供奉社公、社母、五谷菩萨、三官菩萨等。旧市街有城隍神、杨公菩萨。每年正月元宵期间会有舞龙灯或烛桥、抬社公、社母游村等活动。

4. 跨村落层面：往往由数个村社共同参与。形成地域中心神庙，典型代表有坎头惠安祠、坎下中乾庙、罗前小乾庙和坪上化乾庙。供奉福善、五通、民主三王尊神，以及观音、地藏王、三官菩萨等佛道神明。和平至少存在 8 套跨村落游神体系，其中旧市街有 3 套。另外 5 套分属五个村落系统。

5. 跨区域层面：即"朝华"（朝圣），参加者为和平区域乃至周边肖家坊、大埠岗镇的居民，自愿参与。约定每年农历七月份远赴周边的三仙岭（建瓯县）、云盖山（地点不详）和江西的大华山、军峰山朝华。而周边县市的信众则来大埠岗道人峰朝华。朝华活动似乎与道教关系更为密切。

在和平的例子中，我们并没有发现在莆田和台湾地区盛行的逐级"分香"立社庙的现象，而且这 5 个层面也似乎不能看作是一个单一体系。此外，即便是同处于和平区域内，各村落系统的信仰仪式也是有所差别的。旧市街因是商业市镇，家族众多，经济相对发达，所以有数套游神。其信仰也具有更鲜明的商业色彩，如天后宫、万寿宫，只有旧市街才有。而在同样供奉三王尊神的 5 座神庙中，只有坎头惠安祠有"摆果台"的风俗，其他庙宇没有。这些都表明地方信仰具有杂糅性和复杂性，其内部的关系尚需进一步梳理。

三、信仰观念的多元构成

在中国传统社会中，神明崇拜构成了人们日常生活的组成部分，但是神明不只是意味着信仰，意味着一种意义系统，还可视为象征和结构，不同的群体可以对之赋予不同的意义。

各种群体的信仰观念是有差异的。明王朝的缔造者朱元璋建立祀典秩序后，对地方信仰施行打击政策。除了官方的里社乡厉祭祀外，一律禁止民间的各种宗教结社和迎神赛会活动。《大明律》"禁止师巫邪术"条规定："若军民装扮神像、鸣锣击鼓、迎神赛会者，杖一百，罪坐为首之人。里长知而不首者，各笞四十。"① 这条法令也被清朝继承，收入《大清律例》②。

不过，这条法令并未得到严格执行。明清地方官员对有组织的、具有号召力和凝聚力的民间宗教采取了防范和镇压的态度，但对于日常生活中无处不在的民间信仰活动却无法禁止。大部分的地方官员都会对此采取宽容态度或视而不见。

对于正统的官员、士人和理学家而言，浓郁的神明崇拜氛围代表了风俗的败坏，因而必须禁止以正风俗。如康熙年间邵武士人黄衍《上郡守魏苍石先生请正风俗书》提到邵武的四大弊端，其中之一是"妇人入庵庙"，他说："妇人入庵庙宜禁也。佛教蔓延天下，识者忧之。邵邑妇人浸淫其教，每逢朔望，群聚浮屠之室，烧香念佛。而黠僧复多设名色以诈其财物。夫不能止，子不能闲。败俗伤风，莫此为甚。"③ 嘉庆年间知县房永清颁布《正俗条约》18 条款。其中，第 8 条为"禁纵妇，以肃家法"。该条前半部分痛斥了女子赌博的恶俗。后半部分则言：

> 儒释道相沿已久，家中老妇持念六字真经，固属渺茫，女流无知，姑听其便。但不应听妖僧野道藉神寿诞哄引焚香，索钱骗米。甚至少艾女子，入庙求嗣，致男女混杂，有伤风化。不识佛在眼前，家有翁姑，即是生佛；堂有祖先，岂非福神？何必远求。④

以上两则材料中作者都对妇女参与信仰活动提出批判。黄衍认为妇女聚集到庙宇中烧香念佛，易被狡猾的僧人骗取财物。房永清则对老年妇女念佛持宽容态度，只是不满她们听信僧道以神诞为借口骗财。同时，他明确反对年轻女

---

① 万历《明会典》卷 165《律例六·禁止师巫邪术》，中华书局 1989 年影印本，第 848 页。
② （清）徐本、三泰等奉敕纂，刘统勋等续纂：《大清律例》卷 16《礼律·祭祀·禁止师巫邪术》，《景印文渊阁四库全书》第 672 册，第 621 页。
③ （清）黄衍：《上郡守魏苍石先生请正风俗书》，载咸丰《邵武县志》卷 17《风俗》，第 533 页。
④ 咸丰《邵武县志》卷 17《风俗》，第 533 页。

子到庙中求子嗣，认为有伤风化。值得注意的是，二人都没有对男性参与宗教提出异议。可见，他们之所以批评妇女信仰的活动，更多是出于维护妇女贞节的考虑。

其实，官员和士人群体并非铁板一块，从欧阳祐信仰的例子中，许多士人为求登科或获得好前程，而造访大乾庙谒梦，祈祷神助。官员们有时为了祈福禳灾、求雨乞旸，也会积极地求助神灵。

在普通民众看来，神明崇拜能从不同角度和层面满足自身的生活以及精神需求，借助神明的力量达到人—神之间的沟通和交流，使信众顺利度过各种人生困难。人们对于宗教的态度是现实的，仪式和信仰都建立在颇为实用的考虑之上：拜神的目的是有求于神，是为了自己或家庭的利益。

此外，地方信仰及其仪式有助于提高民众的归属感，增强凝聚力。迎神赛会以及期间举办的戏剧演出、饮福会餐、乃至赌博等活动具有文化娱乐功能，为民众提供了娱乐、放松的机会。与此同时，社会、庙会的兴起，为民众提供了很好的社会交往的机会。尤其是女性，参加信仰活动对于扩大他们的社会交往以及休闲娱乐，同样起到了不可低估的作用。

参考文献

一、基本史料

（一）正史、政书、档案

1. （汉）司马迁：《史记》，中华书局 1959 年版。

2. （汉）班固：《汉书》，中华书局 1962 年版。

3. （晋）陈寿：《三国志》，中华书局 1959 年版。

4. （唐）魏徵等撰：《隋书》，中华书局 1973 年版。

5. （宋）欧阳修等撰：《新唐书》，中华书局 1975 年版。

6. （宋）谢深甫纂修：《庆元条法事类》，载杨一凡、田涛主编：《中国珍稀法律典籍续编》第 1 册，黑龙江人民出版社 2002 年版。

7. （元）脱脱等修：《宋史》，中华书局 1977 年版。

8. （明）宋濂等撰：《元史》，中华书局 1976 年版。

9. （明）黄淮：《历代名臣奏议》卷 143，《景印文渊阁四库全书》第 437 册，台湾商务印书馆 1986 年版。

10. 《明实录》，中华书局 2016 年版。

11. （明）申时行等修：万历《明会典》，中华书局 1989 年影印本。

12. （清）德福编：《闽政领要》，陈支平主编：《台湾文献汇刊》第 4 辑第 15 册，厦门大学出版社、九州出版社 2004 年版。

13. （清）鄂尔泰、张廷玉编次：《雍正硃批谕旨》，国家图书馆出版社 2008 年版。

14. （清）高晋等编：《钦定南巡盛典》，《景印文渊阁四库全书》第 659 册。

15. （清）勒德洪：《平定三逆方略》，《景印文渊阁四库全书》第 354 册。

16. （清）徐松辑，刘琳等点校：《宋会要辑稿》，上海古籍出版社 2014 年版。

17. 《清实录》，中华书局 2008 年影印版。

18.《宫中档嘉庆朝奏折》，台北故宫博物院 1993—1995 年版。

19. 上海书店出版社编：《清代档案史料选编》，上海书店 2010 年版。

（二）私人撰史、文集、笔记

1.（汉）郑玄注，（唐）贾公彦疏：《周礼注疏》，中华书局 1980 年版。

2.（晋）干宝撰，李剑国辑校：《新辑搜神记》，中华书局 2007 年版。

3.（唐）刘禹锡著，瞿蜕园笺证：《刘禹锡集笺证》，上海古籍出版社 2021 年版。

4.（宋）包恢：《敝帚稿略》，《景印文渊阁四库全书》第 1178 册。

5.（宋）蔡襄著，吴以宁点校：《蔡襄集》，上海古籍出版社 1996 年版。

6.（宋）陈普：《石堂先生遗集》，《续修四库全书》第 1321 册，上海古籍出版社 1997 年版。

7.（宋）程颐、程颢著，王孝鱼点校：《二程集》，中华书局 1981 年版。

8.（宋）陈傅良：《止斋先生文集》，《四部丛刊》第 1114 册，商务印书馆 1929 年版。

9.（宋）陈淳：《北溪先生全集》，《景印文渊阁四库全书》第 1168 册。

10.（宋）方岳：《秋崖先生小稿》，嘉靖五年（1526）刻本。

11.（宋）韩元吉：《南涧甲乙稿》，清乾隆武英殿聚珍版。

12.（宋）胡寅撰，尹文汉校注：《斐然集》，岳麓社 2009 年版。

13.（宋）洪迈撰，何卓点校：《夷坚志》，中华书局 1981 年版。

14.（宋）乐史撰，王文楚等点校：《太平寰宇记》，中华书局 2007 年版。

15.（宋）李纲著，王瑞明点校：《李纲全集》，岳麓书社 2004 年版。

16.（宋）李觏著，王国轩校点：《李觏集》，中华书局 1981 年版。

17.（宋）李心传：《建炎以来系年要录》，《丛书集成初编》第 3865、3868 册，商务印书馆 1936 年版。

18.（宋）李吕：《澹轩集》，《景印文渊阁四库全书》第 1152 册。

19.（宋）黎靖德编，王星贤点校：《朱子语类》，中华书局 1986 年版。

20.（宋）廖刚：《高峰文集》，《景印文渊阁四库全书》第 1142 册。

21.（宋）刘克庄著，辛更儒笺校：《刘克庄集笺校》，中华书局 2011 年版。

22.（宋）楼钥：《攻媿集》，《丛书集成初编》第 2018—2020 册。

23.（宋）吕祖谦：《诗律武库》，傅璇琮等主编：《全宋诗》第 7 册，北京大学出版社 1995 年版。

24.（宋）普济著，苏渊雷点校：《五灯会元》，中华书局 1984 年版。

25.（宋）惠洪著，吕有祥点校：《禅林僧宝传》，中州古籍出版社 2014 年版。

26.（宋）苏轼著，李之亮笺注：《苏轼文集编年笺注》，巴蜀书社 2011 年版。

27.（宋）王应麟：《四明文献集》，民国四明丛书本。

28.（宋）王象之：《舆地纪胜》，中华书局 1992 年影印本。

29.（宋）吴处厚：《青箱杂记》，《景印文渊阁四库全书》第 1036 册。

30.（宋）谢采伯：《密斋笔记》，《景印文渊阁四库全书》第 864 册。

31.（宋）谢枋得：《叠山集》，《四部丛刊续编》第 442、443 册，商务印书馆 1934 年版。

32.（宋）姚勉著，曹诣珍、陈伟文校点：《姚勉集》，上海古籍出版社 2012 年版。

33.（宋）严羽撰，陈定玉辑校：《严羽集》，中州古籍出版社 1997 年版。

34.（宋）赞宁撰，范祥雍点校：《宋高僧传》，中华书局 1987 年版。

35.（宋）赵抃：《清献集》，《景印文渊阁四库全书》第 1094 册。

36.（宋）真德秀：《西山先生真文忠公文集》，《四部丛刊》第 1270—1286 册。

37.（宋）祝穆撰，祝洙增订，施和金点校：《方舆胜览》，中华书局 2003 年版。

38.（宋）朱熹：《晦庵先生朱文公文集》，载朱熹撰，朱杰人、严佐之、刘永翔主编：《朱子全书》第 24—25 册，上海古籍出版社、安徽教育出版社 2010 年修订本。

39.（宋）周必大撰，王瑞来校正：《周必大集校证》，上海古籍出版社 2020 年版。

40.（元）方回：《桐江集》，《续修四库全书》第 1322 册。

41.（元）黄公绍：《在轩集》，《景印文渊阁四库全书》第 1189 册。

42.（元）刘应李辑：《新编事文类聚翰墨全书》，《四库全书存目丛书》子部第 169 册，齐鲁书社 1995 年版。

43.（元）刘埙：《隐居通议》，《丛书集成初编》第 215 册。

44.（元）吴澄著，方旭东、光洁点校：《吴澄集》，中国社会科学出版社 2021 版。

45.（明）程敏政：《新安文献志》，《景印文渊阁四库全书》第 1376 册。

46.（明）洪朝选：《洪芳洲先生归田稿》，《四库未收书辑刊》第 5 辑第 19 册，北京出版社 1997 年版。

47.（明）黄宗羲辑：《宋元学案》，沈善洪主编：《黄宗羲全集》第 4 册，浙江古籍出版社 1992 年版。

48.（明）宋应星著，潘吉星译注：《天工开物译注》，上海古籍出版社 2008 年版。

49.（明）计六奇撰，魏得良、任道斌点校：《明季北略》，中华书局 1984 年版。

50.（明）谢肇淛撰，傅成校点：《五杂组》，上海古籍出版社 2012 年版。

51.（明）徐师曾著，罗根泽校点：《文体明辨序说》，人民文学出版社 1998 年版。

52.（明）钟惺撰，张国光点校：《隐秀轩文》，岳麓书社 1988 年版。

53.（清）陈盛韶：《问俗录》，《四库未收书辑刊》第 10 辑第 3 册。

54.（清）顾嗣立编：《元诗选》，中华书局 1987 年版。

55.（清）李清馥撰，徐公喜等点校：《闽中理学渊源考》，凤凰出版社 2011 年版。

56.（清）林昌彝：《射鹰楼诗话》，《续修四库全书》第 1706 册。

57.（清）刘世英：《芝城纪略》，光绪七年（1881）刻本，中国国家图书馆藏。

58.（清）陆心源辑：《宋史翼》，中华书局 1991 年版。

59.（清）施鸿保：《闽杂记》，福建人民出版社 1985 年版。

60.（清）周亮工：《闽小纪》，《续修四库全书》第 734 册。

61.（清）张集馨撰，杜春和、张秀清点校：《道咸宦海见闻录》，中华书局 1981 年版。

（三）方志

1.（宋）胡太初修，赵与沐纂，福建省地方志编撰委员会整理：开庆《临汀志》，福建人民出版社 1990 年版。

2.（宋）梁克家纂：淳熙《三山志》，《景印文渊阁四库全书》第 484 册。

3.（宋）潜说友纂：咸淳《临安志》，《景印文渊阁四库全书》第 490 册。

4.（宋）赵不悔修，罗愿纂：《新安志》，载中华书局编辑部编：《宋元方志丛刊》，中华书局 1990 年版。

5.（明）陈道修，黄仲昭纂，福建省地方志编纂委员会旧志整理组等整理：弘治《八闽通志》，福建人民出版社 2006 年版。

6.（明）韩国藩修，侯衮、吴起龙等纂：万历《邵武府志》，万历四十七年（1619）刊本。

7.（明）何乔远：《闽书》，福建人民出版社 1995 年点校本。

8.（明）李贤等撰，方志远等点校：《大明一统志》，巴蜀书社 2018 年版。

9.（明）王应山纂修，陈叔侗、卢和校注，福建省地方志编纂委员会整理：万历《闽大记》，中国社会科学出版社 2005 年版。

10.（明）王世懋：《闽部疏》，《丛书集成初编》第 3161 册。

11.（明）夏英、陆勉修，黄仲昭纂：弘治《邵武府志》，弘治十八年（1505）刻本。

12. （明）夏玉麟、汪佃修纂：嘉靖《建宁府志》，上海古籍书店 1964 年据天一阁藏明嘉靖刻本影印。

13. （明）邢址修，陈让编次：嘉靖《邵武府志》，上海古籍书店 1964 年据天一阁明嘉靖二十二年刊本影印。

14. （清）傅尔泰修，陶元藻纂：乾隆《延平府志》，乾隆三十年（1765）刊本。

15. （清）郝玉麟等修，谢道承、刘敬与纂：乾隆《福建通志》，乾隆二年（1737）刻本。

16. （清）韩琮修，朱霞等纂：乾隆《建宁县志》，乾隆二十四年（1759）刊本。

17. （清）姜顺蛟、叶长扬修，施谦纂：乾隆《吴县志》，江苏省地方志编纂委员会办公室编：《江苏历代方志全书·苏州府部》第 33 册，凤凰出版社 2016 年版。

18. （清）李正芳修，张葆森纂，福建省邵武市地方志编纂委员会整理：咸丰《邵武县志》，1986 年内部发行本。

19. （清）穆彰阿等修：嘉庆《大清一统志》，《四部丛刊续编》第 256 册。

20. （清）钮承藩等纂修：光绪《重纂光泽县志》，光绪二十三年（1897）刻本。

21. （清）王琛等修，张景祁等纂：光绪《重纂邵武府志》，上海书店出版社 2000 年影印本。

22. （清）汪丽日修，王侯聘、吴迪化纂：康熙《邵武府续志》，康熙九年（1670）刊本。

23. （清）徐观海等纂：乾隆《将乐县志》，乾隆三十年（1765）刻本，上海书店 2000 年版。

24. （清）许灿等纂修：乾隆《泰宁县志》，《福建师范大学图书馆藏稀见方志丛刊》第 40 册，据乾隆抄本影印，北京图书馆出版社 2008 年版。

25. （清）杨桂森修，应丹诏等纂：嘉庆《南平县志》，同治十一年（1872）增修本。

26. （清）张凤孙等修，郑念荣等纂：乾隆《邵武府志》，乾隆三十五年（1770）刻本。

27. （清）张琦修，邹山、蔡登龙纂：康熙《建宁府志》，康熙三十二年（1693）刻本。

28. （清）朱景星修、郑祖庚纂：光绪《闽县乡土志》，光绪三十二年（1906）铅印本。

29. 秦振夫等修，朱书田等纂：民国《重修邵武县志》，民国二十六年（1937）铅印本。

30. 张书简、吴海修纂：民国《建宁县志》，民国八年（1919）铅印本。

31. 赵模等主修：民国《建阳县志》，上海书店出版社 2000 年影印版。

32. 詹宣猷等修：民国《建瓯县志》，民国十八年（1929）铅印本。

33. 福建省邵武县地名办公室：《邵武县地名录》，1981 年自印本。

34. 傅唤民编撰:《邵武市大埠岗村志》,邵武市大埠岗村 2014 年自印版。

35. 卓朗然主编:《邵武市志》,群众出版社 1993 年版。

（四）族谱、庙簿

1.《宝积黄氏族谱》,1994 年 7 修打印本,藏于邵武市大埠岗镇宝积村。

2.《陈氏族谱》,民国八年初修木活字本,藏于邵武市和平镇和平村。

3.《东垣黄氏宗谱（睦九堂)》,2000 年 8 修木活字本,藏于邵武市和平镇和平村。

4.《福兴黄氏族谱》,光绪二十年初修木活字本,藏于邵武市和平镇和平村。

5.《福兴黄氏族谱》,民国十八年 2 修木活字本,藏于邵武市和平镇和平村。

6.《恒盛李氏宗谱》,2011 年 3 修打印本,藏于邵武市和平镇和平村。

7.《黄氏宗谱（敦睦堂)》,同治八年木活字本,邵武市图书馆藏。

8.《江氏族谱》,光绪十四年 9 修木活字本,藏于邵武市大埠岗镇。

9.《江西黎川黄氏家谱》,1994 年 10 修木活字本,藏于邵武市和平镇和平村。

10.《江西新城联奎潘氏宗谱》,同治十二年 11 修木活字本,藏于邵武市和平镇和平村。

11.《锦溪杨氏宗谱》,1934 年 5 修木活字本,藏于邵武市肖家坊镇将上村。

12.《廖氏宗谱》,民国七年 4 修木活字本,藏于邵武市和平镇坎头村。

13.《闽樵和平上官氏宗谱》,民国十九年 12 修木活字本,藏于邵武市和平镇坎下村前山坪。

14.《南阳叶氏族谱》,2011 年打印本,藏于邵武市沿山镇叶家窠。

15.《樵南宝积何氏族谱》,光绪十五年刊印本,藏于邵武市大埠岗镇宝积村南坑。

16.《樵南敦睦黄氏宗谱》,道光七年初修木活字本,邵武市图书馆藏。

17.《樵南惇叙廖氏家谱》,民国三十一年 3 修木活字本,藏于邵武市和平镇和平村。

18.《樵南傅氏宗谱》,民国三十四年 7 修木活字本,藏于邵武市大埠岗镇。

19.《樵南丁氏族谱》,1997 年 6 修木活字本,藏于邵武市和平镇和平村。

20.《樵西古潭何氏族谱》,民国三十三年 7 修木活字本,邵武市图书馆藏。

21.《琴山李氏宗谱》,民国三十三年 9 修木活字本,藏于邵武市金坑乡金坑村下坊村。

22.《庆亲里李氏宗谱》,民国三十三年 7 修木活字本,藏于邵武市和平镇和平村。

23.《清河张氏族谱》,光绪三十二年 6 修木活字本,藏于邵武市大埠岗镇谢厝村。

24.《邱氏族谱》,民国二十七年 3 修木活字本,藏于邵武市和平镇和平村。

25.《仁顺梁氏族谱》,1997 年 9 修木活字本,藏于邵武市和平镇坪上村。

26.《嵊衢黄氏族谱》，2009 年 11 修打印本，藏于邵武市桂林乡横坑村。

27.《上官氏宗谱》（残本），嘉庆十七年 10 修木活字本，藏于邵武市和平镇坎下村前山坪。

28.《危氏族谱》，1999 年 7 修木活字本，藏于邵武市和平镇罗前村危家坪。

29.《仪阳罗氏宗谱》，1999 年 7 修木活字本，藏于邵武市和平镇罗前村。

30.《张氏宗谱》，1998 年 5 修本，藏于邵武市和平镇坎下村。

31.《竹粟黄氏宗谱（锡类堂）》，民国二十九年 5 修木活字本，藏于邵武和平镇和平村。

32.《竹粟黄氏宗谱（敬爱堂）》，民国三十四年 9 修木活字本，藏于邵武和平镇和平村。

33.《惠安祠簿》，光绪元年木活字本，藏于邵武市和平镇坎头村。

34.《旧市义仓便览》，民国八年木活字本，藏于邵武市和平镇和平村。

35.《三峰庵田山簿》，民国二十七年抄本，藏于邵武市大埠岗镇乌石村幸家际。

36.（清）张文瑾撰：《道人峰志》，邵武市佛教学会 1997 年据道光二十三年刻本标点，邵武市档案馆藏。

37.《中乾庙众簿》，光绪十八年木活字本，藏于邵武市和平镇坎下村。

（五）其他文献

1.（清）陈荣仁：《闽中金石略》，民国十六年菽庄丛书本。

2.（清）永瑢等撰：《四库全书总目》，中华书局 1965 年版。

3.陈兴乐、郑林宽：《邵武农村经济调查报告书》，私立福建协和大学农学院农业经济学系 1946 年版，厦门大学图书馆藏。

4.陈秀夑：《邵武县农村经济概述》，《协大周刊》（邵武）1938 年第 3 卷第 6 期。

5.《福建邵武县物产状况及行销情形》，《工商半月刊》（上海）1929 年第 1 卷第 23 期。

6.丁世良、赵放主编：《中国地方志民俗资料汇编》（华东卷），书目文献出版社 1995 年版。

7.李华：《明清以来北京工商会馆碑刻选编》，文物出版社 1980 年版。

8.李景铭编撰：《闽中会馆志》，1943 年铅印本，国家图书馆藏。

9.李军、蔡忠明、傅再纯编著：《邵武历代碑铭集录》，西南大学出版社 2023 年版。

10.李治：《邵武农业概况》，《建民周刊》（福州）1936 年第 1 卷第 18 期。

11.林存和编：《福建之纸》，（永安）福建省政府统计处 1941 年版。

12.《邵武县民国廿七年度县政年刊》（1939 年），福建省邵武市档案馆藏，档案号：

0001-001-0318。

13. 邵武《铁城报》，1948 年 5 月 1 日第 1 版。

14. 邵武市民间文学集成编委会：《中国歌谣集成福建卷（邵武市分卷）》，1992 年内部资料。

15. 翁绍耳：《福建省墟市调查报告》，私立福建协和大学农学院农业经济学系 1941 年版。

16. 翁绍耳：《邵武米谷产销调查报告》，私立福建协和大学农学院农业经济学系 1942 年版。

17. 翁绍耳、江福堂：《邵武纸之产销调查报告》，私立福建协和大学农学院农业经济学系 1943 年印行本。

18. 叶明生：《福建省邵武市大阜岗乡河源村的"跳番僧"与"跳八蛮"》，施合郑民俗文化基金会 1993 年版。

19. 叶明生、劳格文：《福建省建阳市闾山派科仪本汇编》，新文丰出版公司 2007 年版。

20. 政协邵武市文史资料委员会编：《邵武文史资料选辑》（第 1—29 辑），1982—2017 年内部资料。

21. 政协邵武市文史资料委员会、邵武市民宗局编：《邵武宗教寺院概览》，2018 年内部资料。

22. 中国民族民间舞蹈集成编辑部编：《中国民族民间舞蹈集成·福建卷》，中国 ISBN 中心 1991 年版。

23.《中华文史文库》第 20 卷《社会民情编》，中国文史出版社 1996 年版。

二、今人论著

（一）著作

1. 蔡忠明、傅再纯、李军：《邵武历代进士辑考》，西南大学出版社 2024 年版。

2. 常建华：《宗族志》，上海人民出版社 1998 年版。

3. 常建华：《社会生活的历史学：中国社会史研究新探》，北京师范大学出版社 2004 年版。

4. 常建华：《明代宗族研究》，上海人民出版社 2005 年版。

5. 常建华：《宋以后宗族的形成及地域比较》，人民出版社 2013 年版。

6. 陈宝良：《中国妇女通史》（明代卷），杭州出版社 2010 年版。

7. 陈宝良：《中国的社与会》（修订本），人民出版社 2023 年版。

8. 陈春声：《信仰与秩序：明清粤东与台湾民间神明崇拜研究》，中华书局 2019 年版。

9. 陈春声：《地方故事与国家历史：韩江中下游地域的社会变迁》，生活·读书·新知三联书店 2021 年版。

10. 陈进国：《于胥斯原：乡族、风水与地方记忆》，中信出版集团 2024 年版。

11. 陈启钟：《清代闽北的客民与地方社会》，天津古籍出版社 2016 年版。

12. 陈支平：《福建六大民系》，福建人民出版社 2000 年版。

13. 陈支平：《福建宗教史》，福建教育出版社 2007 年版。

14. 陈支平：《近五百年来福建的家族社会与文化》，中国人民大学出版社 2010 年版。

15. 戴一峰：《区域性经济发展与社会变迁：以近代福建地区为中心》，岳麓书社 2004 年版。

16. 范金民：《国计民生：明清社会经济研究》，福建人民出版社 2008 年版。

17. 范正义：《保生大帝信仰与闽台社会》，福建人民出版社 2006 年版。

18. 冯尔康、常建华：《清人社会生活》，天津人民出版社 1990 年版。

19. 傅衣凌：《明清社会经济史论文集》，人民出版社 1982 年版。

20. 傅衣凌、杨国桢主编：《明清福建社会与乡村经济》，厦门大学出版社 1987 年版。

21. 傅衣凌：《休休室治史文稿补编》，中华书局 2008 年版。

22. 复旦大学文史研究院编：《"民间"何在：谁之"信仰"》，中华书局 2009 年版。

23. 贺喜：《亦神亦祖：粤西南信仰构建的社会史》，生活·读书·新知三联书店 2011 年版。

24. 何竹淇编：《两宋农民战争史料汇编》，中华书局 1975 年版。

25. 黄建兴：《师教：中国南方法师仪式传统比较研究》，中华书局 2018 年版。

26. 黄志繁：《"贼""民"之间：12—18 世纪赣南地域社会》，生活·读书·新知三联书店 2006 年版。

27. 黄忠鑫：《近世区域商人与商埠论集》，中国社会科学出版社 2018 年版。

28. 科大卫：《皇帝和祖宗：华南的国家与宗族》，卜永坚译，江苏人民出版社 2009 年版。

29. 科大卫：《明清社会和礼仪》，北京师范大学出版社 2016 年版。

30. 李俊领：《天变与日常：近代社会转型中的华北泰山信仰》，社会科学文献出版社

2017 年版。

31. 李献璋：《妈祖信仰研究》，郑彭年译，澳门海事博物馆 1995 年版。

32. 李亦园：《人类的视野》，上海文艺出版社 1996 年版。

33. 梁庚尧：《南宋盐榷：食盐产销与政府控制》，东方出版中心 2017 年版。

34. 梁永佳：《地域的等级：一个大理村镇的仪式与文化》，社会科学文献出版社 2005 年版。

35. 林国平、彭文宇：《福建民间信仰》，福建人民出版社 1993 年版。

36. 林国平：《闽台民间信仰源流》，人民出版社 2013 年版。

37. 刘永华主编：《中国社会文化史读本》，北京大学出版社 2011 年版。

38. 刘永华主编：《仪式文献研究》，社会科学文献出版社 2016 年版。

39. 刘永华：《礼仪下乡：明代以降闽西四保的礼仪变革与社会转型》，生活·读书·新知三联书店 2019 年版。

40. 刘永华：《帝国缩影：明清时期的里社坛与乡厉坛》，北京师范大学出版社 2020 年版。

41. 马西沙、韩秉方：《中国民间宗教史》，中国社会科学出版社 2004 年版。

42. 宁忌浮：《古今韵会举要及相关韵书》，中华书局 1997 年版。

43. 潘桂明：《中国居士佛教史》，中国社会科学出版社 2000 年版。

44. 任继愈主编：《中国佛教史》，中国社会科学出版社 1988 年版。

45. 圣凯：《中国汉传佛教礼仪》，商务印书馆 2020 年版。

46. 水海刚：《口岸贸易与腹地社会：区域视野下的近代福州及闽江流域研究》，厦门大学出版社 2019 年版。

47. 宋燕鹏：《南部太行山区祠神信仰研究：618—1368》，中国社会科学出版社 2015 年版。

48. 陶明选：《明清以来徽州信仰与民众日常生活研究》，光明日报出版社 2014 年版。

49. 谭伟伦主编：《民间佛教研究》，中华书局 2007 年版。

50. 仝建平：《〈新编事文类聚翰墨全书〉研究》，宁夏人民出版社 2011 年版。

51. 王国荣：《福建佛教史》，厦门大学出版社 1997 年版。

52. 王健：《利害相关：明清以来江南苏松地区民间信仰研究》，上海人民出版社 2010 年版。

53. 王锦萍：《蒙古征服之后：13—17 世纪华北地方社会秩序的变迁》，陆骐、刘云军译，上海古籍出版社 2023 年版。

54. 王日根：《乡土之链：明清会馆与社会变迁》，天津人民出版社 1996 年版。

55. 王日根：《中国会馆史》，东方出版中心 2018 年版。

56. 王振忠：《徽州社会文化史探微：新发现的 16—20 世纪民间档案文书研究》，上海社会科学院出版社 2002 年版。

57. 巫能昌：《仪式、神明与地方社会：闽西灵应堂法师传统研究》，新文丰出版公司 2019 年版。

58. 吴滔：《清代江南市镇与农村关系的空间透视——以苏州地区为中心》，上海古籍出版社 2010 年版。

59. 行龙：《以水为中心的晋水流域》，山西人民出版社 2007 年版。

60. 徐斌：《明清鄂东宗族与地方社会》，武汉大学出版社 2010 年版。

61. 徐公喜：《朱子门人学案》，江西人民出版社 2018 年版。

62. 徐文彬：《明清以来福建区域社会史研究》，人民出版社 2019 年版。

63. 徐晓望：《福建民间信仰源流》，福建教育出版社 1993 年版。

64. 徐晓望主编：《福建通史》，福建人民出版社 2006 年版。

65. 徐晓望：《妈祖信仰史研究》，海风出版社 2007 年版。

66. 徐晓望：《闽北文化述论》，中国社会科学出版社 2009 年版。

67. 徐晓望：《明清东南山区社会经济转型——以闽浙赣边为中心》，中国文史出版社 2014 年版。

68. 杨琮：《闽越国文化》，福建人民出版社 1998 年版。

69. 杨俊峰：《唐宋之间的国家与祠祀——以国家和南方祀神之风互动为焦点》，上海古籍出版社 2019 年版。

70. 杨慕震：《绚丽多彩的武夷风情：锁歌·傩舞·茶灯戏》，中国文联出版社 2005 年版。

71. 杨天宇：《礼记译注》，上海古籍出版社 2004 年版。

72. 杨曾文：《宋代佛教与儒者士大夫》，复旦大学出版社 2023 年版。

73. 衣若兰：《三姑六婆：明代妇女与社会的探索》，中西书局 2019 年版。

74. 赵世瑜：《狂欢与日常：明清以来的庙会与民间社会》，生活·读书·新知三联书店 2002 年版。

75. 赵世瑜：《历史人类学的旨趣：一种实践的历史学》，北京师范大学出版社 2020 年版。

76.赵世瑜:《猛将还乡:洞庭东山的新江南史》,社会科学文献出版社 2022 年版。

77.郑振满、陈春声主编:《民间信仰与社会空间》,福建人民出版社 2003 年版。

78.郑振满:《乡族与国家:多元视野中的闽台传统社会》,生活·读书·新知三联书店 2009 年版。

79.郑振满:《明清福建家族组织与社会变迁》,中国人民大学出版社 2009 年版。

80.周鑫:《乡国之士与天下之士:宋末元初江西抚州儒士研究》,天津古籍出版社 2014 年版。

81.[美] 杜赞奇:《文化、权力与国家:1900—1942 年的华北农村》,王福明译,江苏人民出版社 2003 年版。

82.[美] 韩明士:《道与庶道:宋代以来的道教、民间信仰和神灵模式》,皮庆生译,江苏人民出版社 2007 年版。

83.[美] 韩森:《变迁之神:南宋时期的民间信仰》,包伟民译,浙江人民出版社 1999 年版。

84.[美] 韩书瑞:《北京:公共空间和城市生活 (1400—1900)》,孔祥文译,中国人民大学出版社 2019 年版。

85.[美] 贾晋珠:《谋利而印:11 至 17 世纪福建建阳的商业出版者》,邱葵等译,2019 年福建人民出版社。

86.[美] 康豹:《多面相的神仙:永乐宫的吕洞宾信仰》,吴光正、刘玮、刘耳译,齐鲁书社 2010 年版。

87.[美] 罗友枝、[美] 黎安友、[美] 姜士彬主编:《中华帝国晚期的大众文化》,赵世玲译,北京师范大学出版社 2022 年版。

88.[英] 莫里斯·弗里德曼:《中国东南的宗族组织》,刘晓春译,上海人民出版社 2000 年版。

89.[美] 施坚雅:《中国农村的市场和社会结构》,史建云等译,中国社会科学出版社 1998 年版。

90.[美] 施坚雅编:《中华帝国晚期的城市》,叶光庭等译,中华书局 2000 年版。

91.[美] 太史文:《幽灵的节日:中国中世纪的信仰与生活》,侯旭东译,浙江人民出版社 1998 年版。

92.[美] 万志英:《左道:中国宗教文化中的神与魔》,廖涵缤译,社会科学文献出版社

2018 年版。

93.[美] 武雅士:《中国社会中的宗教与仪式》,彭泽安、邵铁峰译,江苏人民出版社 2014 年版。

94.[美] 杨庆堃:《中国社会中的宗教:宗教的现代社会功能与其历史因素之研究》,范丽珠译,上海人民出版社 2007 年版。

95.[加] 宋怡明:《实践中的宗族》,王果译,北京师范大学出版社 2020 年版。

96.[法] 劳格文主编:《客家传统社会》,中华书局 2005 年版。

97.[法] 让·韦尔东:《中世纪的旅行》,赵克非译,中国人民大学出版社 2007 年版。

98.[英]王斯福:《帝国的隐喻:中国民间宗教》,赵旭东译,江苏人民出版社 2008 年版。

99.[日] 滨岛敦俊:《明清江南农村社会与民间信仰》,朱海滨译,厦门大学出版社 2008 年版。

100.[日] 三木聪:《明清福建農村社会の研究》,日本北海道大学图书刊行会 2002 年版。

101.[日] 森正夫:《"地域社会"视野下的明清史研究:以江南和福建为中心》,江苏人民出版社 2017 年版。

102.[日] 田仲一成:《中国的宗族与戏剧》,钱杭等译,上海古籍出版社 1992 年版。

103.[日] 佐竹靖彦:《佐竹靖彦史学论集》,中华书局 2006 年版。

104.[韩] 朴元熇:《明清徽州宗族史研究:歙县方氏的个案研究》,中国社会科学出版社 2009 年版。

105.Kenneth Dean, *Taoist Ritual and Popular Cults of Southeast China*. Princeton: Princeton University Press, 1993.

106.Maurice Freedman, *Chinese Lineage and Society fukien and kwangtung*, London: The Athlone Press, 1966.

107.Steven Sangren, *History and Magical Power in a Chinese Community*, Stanford: Stanford University Press, 1987.

（二）论文

1. 常建华:《清代士人龚炜笔下的吴中科举社会》,载刘海峰主编,郑若玲副主编:《科举学的形成与发展》,华中师范大学出版社 2009 年版。

2. 常建华:《日常生活与社会文化史——"新文化史"观照下的中国社会文化史研究》,《史学理论研究》2012 年第 1 期。

3. 常建华：《中国社会生活史上生活的意义》，《历史教学》2012 年第 2 期。

4. 陈宝良：《好鬼崇佛：明代妇女的佛道信仰及其仪式》，《哈尔滨师范大学社会科学学报》2010 年第 1 期。

5. 陈春声：《信仰空间与社区历史的演变——以樟林的神庙系统为例》，《清史研究》1992 年第 3 期。

6. 陈春声、陈树良：《乡村故事与社区历史的建构——以东凤村陈氏为例兼论传统乡村社会的"历史记忆"》，《历史研究》2003 年第 5 期。

7. 陈春声：《乡村的故事与国家的历史——以樟林为例兼论传统乡村社会研究的方法问题》，载黄宗智主编：《中国乡村研究》第二辑，商务印书馆 2003 年版。

8. 陈春声：《走向历史现场》，《读书》2006 年第 9 期。

9. 陈进国：《中国民间信仰研究述评——以大陆地区为中心》，载路遥等：《中国民间信仰研究述评》，上海人民出版社 2012 年版，第 41—66 页。

10. 陈明华：《清代斋教与山区移民认同的塑造——以闽浙赣地区为例》，《开放时代》2020 年第 2 期。

11. 陈其南：《房与传统中国家族制度：兼论西方人类学的中国家族研究》，《汉学研究》第 3 卷第 1 期，1985 年 6 月。

12. 陈支平：《明清福建的民间宗教信仰与乡族组织》，《厦门大学学报（哲社版）》1991 年第 1 期。

13. 陈支平：《闽江上下游经济的倾斜性联系》，《中国社会经济史研究》1995 年第 2 期。

14. 程民生：《宋代民间的武器及政府管制》，《中国史研究》2013 年第 3 期。

15. 范金民：《明清时期江南与福建广东的经济联系》，《福建师范大学学报（哲学社会科学版)》2004 年第 1 期。

16. 冯国栋：《涉佛文体与佛教仪式——以像赞与疏文为例》，《浙江学刊》2014 年第 3 期。

17. 傅唤民：《山区邵武的妈祖信仰之谜》，《邵武文史资料选辑》第 27 辑，2014 年内部资料，第 167—175 页。

18. 傅衣凌、陈支平辑述：《明清福建社会经济史料杂抄》，《中国社会经济史研究》1986 年第 1 期。

19. 葛剑雄：《福建早期移民史实辨正》，《复旦学报（社会科学版)》1995 年第 3 期。

20. 何俊：《胡安国理学与史学相融及其影响》，《哲学研究》2002 年第 4 期。

21. 黄向春：《"闽越"概念与福建地域文化研究》，载福建省炎黄文化研究会、福建省文化厅编：《闽越文化研究》，海峡文艺出版社 2002 年版。

22. 黄志繁、胡琼：《宋代南方山区的"峒寇"——以江西赣南为例》，《南昌大学学报（人文社会科学版）》2002 年第 3 期。

23. 黄忠鑫：《清代会馆运营与商帮力量的互动——以福州绥安会馆为例》，《中国社会经济史研究》2018 年第 2 期。

24. 劳榦：《汉晋闽中建置考》，《中央研究院历史语言研究所集刊》第 5 本第 1 分，1935 年。

25. 李伯重：《"乡土之神"、"公务之神"和"全国海商之神"——简论妈祖形象的演变》，《中国社会经济史研究》1997 年第 2 期。

26. 李志鸿：《宋元新道法与福建的"瑜伽教"》，《民俗研究》2008 年第 2 期。

27. 李志鸿：《明清以来闽西北的宝卷、图像与仪式》，《福建文博》2022 年第 1 期。

28. 李军：《村落中的国家印记、宗族与民间信仰——以闽北和平古镇为个案的考察》，《农业考古》2014 年第 3 期。

29. 李军：《神人共享：一个闽北村落庙宇的历史变迁及其权力意涵》，《中国社会历史评论》第 16 卷，天津古籍出版社 2015 年版，第 51—76 页。

30. 廖咸惠：《祈求神启：宋代科举考生的崇拜行为与民间信仰》，《新史学》第 15 卷第 4 期，2004 年 12 月。

31. 黎小金：《宋以来闽北乡村宗族与权力迁移——以和平旧市街为例》，厦门大学 2008 年硕士学位论文。

32. 林国平：《"好巫尚鬼"的传统与东南民间信仰》，项楚主编：《中国俗文化研究》第 2 辑，巴蜀书社 2004 年版。

33. 林拓：《福建早期宗教信仰的地域形态》，《宗教学研究》2004 年第 2 期。

34. 刘大可：《闽台客家地区的民主公王信仰》，《福州大学学报（哲学社会科学版）》，2010 年第 5 期。

35. 刘永华：《墟市、宗族与地方政治——以明代至民国时期闽西四保为中心》，《中国社会科学》2004 年第 6 期。

36. 刘永华：《道教传统、士大夫文化与地方社会：宋明以来闽西四保邹公崇拜研究》，《历史研究》2007 年第 3 期。

37. 刘志伟：《神明的正统性与地方化——关于珠江三角洲地区北帝崇拜的一个解释》，

《中山大学史学集刊》第 2 辑,广东人民出版社 1994 年版,第 107—125 页。

38.刘志伟:《地域社会与文化的结构过程——珠江三角洲研究的历史学与人类学对话》,《历史研究》2003 年第 1 期。

39.钱杭:《沁县族谱中的"门"与"门"型系谱——兼论中国宗族世系学的两种实践类型》,《历史研究》2016 年第 6 期。

40.瞿明安:《中国古代宗教祭祀饮食文化略论》,《中国史研究》1998 年第 3 期。

41.谭伟伦:《佛教驱邪镇煞祖师普庵(1115—1169)的一个历史诠释》,《历史人类学学刊》第 19 卷第 1 期,2021 年 4 月。

42.铁爱花、曾维刚:《旅者与精魅:宋人行旅中情色精魅故事论析——以〈夷坚志〉为中心的探讨》,《中国史研究》2012 年第 1 期。

43.王霄冰、任洪昌:《妈祖信俗的概念与内涵——兼谈民间信仰的更名现象与制度化问题》,《文化遗产》2018 年第 2 期。

44.巫能昌:《闽西客家地区的伯公、社公和公王崇拜》,《世界宗教研究》2014 年第 1 期。

45.巫能昌:《制造科仪本:以闽西道坛灵应堂的度亡科本为例》,《道教学刊》2018 年第 2 期。

46.巫能昌:《闽西道教法师传统和法师崇拜考》,《宗教学研究》2019 年第 1 期。

47.吴真:《民间信仰研究三十年》,《民俗研究》2008 年第 4 期。

48.夏广兴:《密教传持与宋代民俗风情——以宋代祈雨习俗为中心》,《民俗研究》2015 年第 1 期。

49.谢重光:《宋代湘赣闽粤边区的社会变迁与民族新格局》,《宁德师范学院学报(哲学社会科学版)》2012 年第 2 期。

50.徐斌:《明清鄂东家族性庙宇的经营与管理》,《武汉大学学报(人文科学版)》2013 年第 2 期。

51.杨家茂:《邵武宋代三医家考略》,《福建中医药》1989 年第 5 期。

52.叶明生:《论闽北傩舞及其文化意义》,《民族艺术》1993 年 2 期。

53.叶明生:《试论"瑜伽教"之衍变及其世俗化事象》,《佛学研究》1999 年。

54.叶明生:《道教闾山派与闽越神仙信仰考》,《世界宗教研究》2004 年第 3 期。

55.张传勇:《明清陕西城隍考——堡寨与村镇城隍庙的建置》,常建华主编:《中国社会历史评论》第 11 卷,天津古籍出版社 2010 年版。

56. 张侃、朱新屋：《"正统"的层累及流动——以唐宋闽北地方神欧阳祐为例》，《学术月刊》2013 年第 5 期。

57. 张文、范梦：《从女鬼故事看宋代妾婢的人间生活——宋代妻妾关系研究》，《安徽师范大学学报（人文社会科学版）》2011 年第 1 期。

58. 郑振满：《宋以后福建的祭祖习俗与宗族组织》，《厦门大学学报》1987 年增刊。

59 郑振满：《神庙祭典与社区发展模式——以莆田江口平原为例证》，《史林》1995 年第 1 期。

60. [美] 毕汉思：《唐末以前福建的开发》，周振鹤译，《历史地理》第 5 辑，上海人民出版社 1987 年版。

61. [法] 劳格文：《福建客家人的道教信仰》，载罗勇、劳格文主编：《赣南地区的庙会与宗族》，（香港）国际客家学会等 1997 年编印版。

62. [日] 小岛毅：《正祠と淫祠—福建の地方志における记述と论理》，《东洋文化研究所纪要》114 册，1991 年。

63. [日] 佐竹靖彦：《唐宋期福建の家族と社会——山洞と洞蛮》，《东京都立大学人文学报》第 277 号，1993 年 3 月，第 35—92 页。

64. [韩] 李瑾明：《南宋初范汝为起义与招安策的施行》，载姜锡东主编：《宋史研究论丛》第 13 辑，河北大学出版社 2012 年版。

后 记

《宋明以来闽西北大众信仰与地方社会研究》是在我博士学位论文的基础上修改充实而成的，也是我学习社会史十余年的一个小结。我要感谢的人实在很多，在向他们致谢之前，我想先简单谈谈为何要选择大众信仰主题的研究。我的家乡福建邵武市地处闽西北、武夷山南麓，正如本书所揭示的那样，当地历史悠久，信仰氛围浓郁，神明崇拜深刻地影响着民众的日常生活。

我对大众信仰的最初印象源于已故的祖母和外祖母。我的祖母是一位"弥陀婆婆"，虽然因缠足行动不便，却积极参加各种信仰活动，热心慈善，初一、十五吃斋诵佛。有一次，她要到远处的庙中赴香会，便将我留在家中，托邻居照看。那时我大概三四岁，死活不愿，抱着她的腿，嚎啕大哭，但她还是挣脱了，依依不舍地离开。这成为我最早的童年记忆之一。我的外祖母是一位在家修行的居士，每日食斋，早晚念经供佛，三十余年从未间断。她虽未受过学校教育，却凭借强大的毅力和旺盛的求知欲学会了读书识字，就连阅读繁体无标点的古文也没问题。她能记诵多部佛经，并记得很多自古流传的信仰故事。尽管她的前半生充满了坎坷，但她始终保持着乐观豁达、坚韧不拔、与人为善的精神品质。

我从未问过她们为何如此虔诚地信仰，也没有特别关注过她们参与过的信仰活动。直到 2012 年 5 月我顺利通过了南开大学博士研究生入学考试，开始集中阅读明清社会史著作，才逐渐意识到宗族和信仰在华南地方社会发挥着重要的作用。随后的暑期，我带着社会史的视角对邵武市和平古镇进行初步的考察。我注意到在漫长的社会变迁过程中，国家权力、宗族组织及民间信仰三者间存在着复杂互动关系，并共同塑造了地方社会的政治、经济和文化面貌。在此过程中，我幸运地收集到了光绪版《惠安祠庙簿》、民国版《上官氏宗谱》《东垣黄氏宗谱》等文献及嘉庆七年《官颁校准官斗碑记》、民国八年《邵武县知事断官廖两姓土地纠纷碑》等碑刻资料。入学后，在导师常建华教授的鼓励下，我很快便写出《村落中的国家印记、宗族与民间信仰——以闽北和平古镇为个案的考察》一文，这也是我的首篇区域史习作。此后，每逢假期回乡，我都会顺道开展考察活动，收集乡邦文献。每次返校后，也都向常师汇报心得。

在硕士研究生阶段，我主要关注明代官方典籍中的制度规定。博士阶段开始后，通过明清社会史课程的学习，我对社会史的兴趣不断增强。常师指出当代社会史研究的特征包括"还历史以血肉""揭示社会精神面貌""由下而上看历史""置社会史于地理空间"，他还大力倡导"日常生活史"研究，受此启发，我逐渐认识到王朝的大政方针固然重要，然而只有落实到具体时空情境、地方脉络中，才更能凸显其存在意义。常师看到我的思想转变，便鼓励我以闽西北区域史为主题进行专门研究，又指导我关注大历史的演进，从更为广阔的时空去思考地域的发展历程。最终，我决定以民间信仰入手，长时段地探讨闽西北乡民的日常生活。

在我求学的不同阶段，得到了许多良师益友的帮助。我的博导常建华教授博闻强识，好学深思，为人温润如玉，虚怀若谷。我的硕导陈宝良教授学识渊博、刻苦勤奋、温文尔雅。每当我提出疑问和困惑时，两位恩师总能仔细倾听、认真分析，悉心指导。他们对学术的热爱和坚守，对研究领域的锐意进取，对学生的激励和关爱，都让我获益匪浅，是我学习的最好榜样。

此外，我还要感谢多位师友在不同场合给予的教导和帮助。西南大学张文教授是我本科毕业论文的指导老师，思想敏锐、风趣幽默，受其熏陶，我萌发了对社会史的兴趣。南开大学余新忠、何孝荣、杜家骥、李金铮等师长在学业上给我诸多指点。博士毕业论文外审和答辩阶段，赵世瑜、郑振满、刘志伟、王跃生、杜家骥、余新忠等诸位老师提出许多宝贵意见。在书稿的修改过程中，吴才茂、张传勇、巫能昌、郭广辉、郭玉峰、梁勇、傅再纯诸兄通读了书稿，并提出建设性意见。吴才茂师兄更是手写千余字修改建议，令我倍加感动。杨高尚、周远航师弟协助校读文稿，指出多处错讹。

在漫漫求学路途上，我有幸能遇到张传勇、吴才茂、罗艳春、安光镐、范喜茹、范莉莉、王春花、张纪伟、秦博、王浩、朱丽莉、金晙永、杨春君、陈旭、陈安民、石嘉、张新超、杨宇翔、汤锐、张楚南、周博、李建武、程彩萍、向珊、李鹏、张冲、项旋、康健等一群志同道合的学友。青葱岁月，大家并肩同行，而今纵然天各一方，但对彼此的牵挂一直未曾改变。

　　从 2013 年开始，我频繁地回到闽西北地区进行田野考察，受到很多乡亲的帮助。邵武市博物馆原馆长傅唤民老师，从 20 世纪 80 年代起，从事地方文史工作，跋山涉水，发掘一手资料。他在邵武古建筑调查、方志整理、信仰与民俗研究、碑刻与族谱收集等领域均有重要贡献。傅老师对地方文化的无限热忱，对后辈的无私帮助，都让我感动不已。傅再纯先生是我默契的田野向导与合作伙伴。我们初识于 2013 年，在此后的多次考察中，一起走乡串户，访碑寻谱，相互分享心得，探讨困惑。邵武市政协原主席蔡忠明同志重视文史研究，对我多有鼓励。在大家的精诚合作下，我们编著了《邵武历代碑铭集录》和《邵武历代进士辑考》，为闽西北地区文史研究者提供了两部工具书。

　　同时，我还要感谢郑永宏、杨华、杨家茂、黄承坤、高绍萍、刘小明、丁建发、黄长迎、黄自明、官道兴、李标国、黄淑容、李维新、黄柏英、吴兴仙、黄兴隆、廖孝德、官道辉、张玉仁等邵武领导和朋友的帮助和支持。感谢邵武市图书馆、邵武市档案馆、邵武市博物馆、光泽县档案局为我查阅资料提供便利。在考察过程中，我还得到许多不知名乡亲的接待，惠允我拍阅族谱、文书，邀请我留宿、用餐。这些平凡人的信任和善举总让我感动于人性的光辉。

　　感谢人民出版社责任编辑翟金明兄为本书的辛苦付出！由于个人原因，拙著交稿时间一再拖延，感谢金明兄的宽容和理解。在书稿的校对过程中，金明兄以严谨的态度和专业的眼光，帮我改正讹误，规范格式，使拙著更加完善。

　　博士毕业之后，我有幸回到西南大学工作，感谢乡村振兴战略研究院肖亚成、李晓阳、潘家恩、袁明宝等同仁的支持。感谢历史文化学院潘洵、张明富、邹芙都、赵国壮、李晶等领导的帮助。

　　最后，我要诚挚地感激我的家人。父亲母亲、岳父岳母总是默默地付出，给予我无尽的包容和支持。我大学阶段最美好的收获便是与内子赵云霞相识、相爱，多年来，甘苦与共，相濡以沫。家人的支持是我前行的动力源泉，我愿以此书作为献给他们的礼物。

由于我的愚钝，本书难免存在一些不足与问题，敬请大家批评指正。

李　军

2025 年 5 月 10 日于重庆北碚伴溪斋

责任编辑：翟金明

封面设计：汪　阳

图书在版编目（CIP）数据

宋明以来闽西北大众信仰与地方社会研究 ／ 李军著．

北京 ：人民出版社，2025. 6. -- ISBN 978 - 7 - 01 - 027391 - 4

Ⅰ．B933 ；K295.7

中国国家版本馆 CIP 数据核字第 2025EK4498 号

宋明以来闽西北大众信仰与地方社会研究

SONGMING YILAI MINXIBEI DAZHONG XINYANG YU DIFANG SHEHUI YANJIU

李　军　著

人民出版社 出版发行

（ 100706　北京市东城区隆福寺街 99 号）

北京建宏印刷有限公司印刷　新华书店经销

2025 年 6 月第 1 版　2025 年 6 月北京第 1 次印刷

开本：710 毫米 ×1000 毫米 1/16　印张：21.75

字数：338 千字

ISBN 978 - 7 - 01 - 027391 - 4　定价：119.00 元

邮购地址 100706　北京市东城区隆福寺街 99 号

人民东方图书销售中心　电话（010）65250042　65289539